AF587481

IMAGINAIRE II

Magic Realism 2010

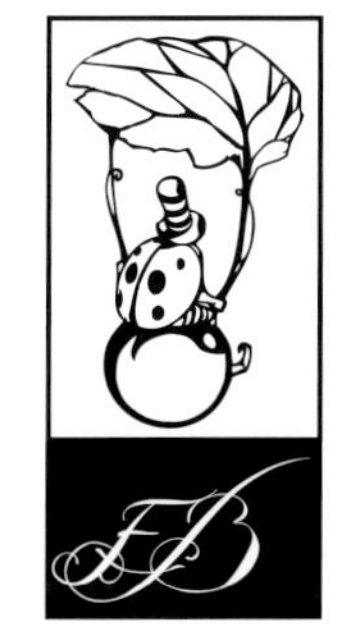

www.fantasmus-art.com

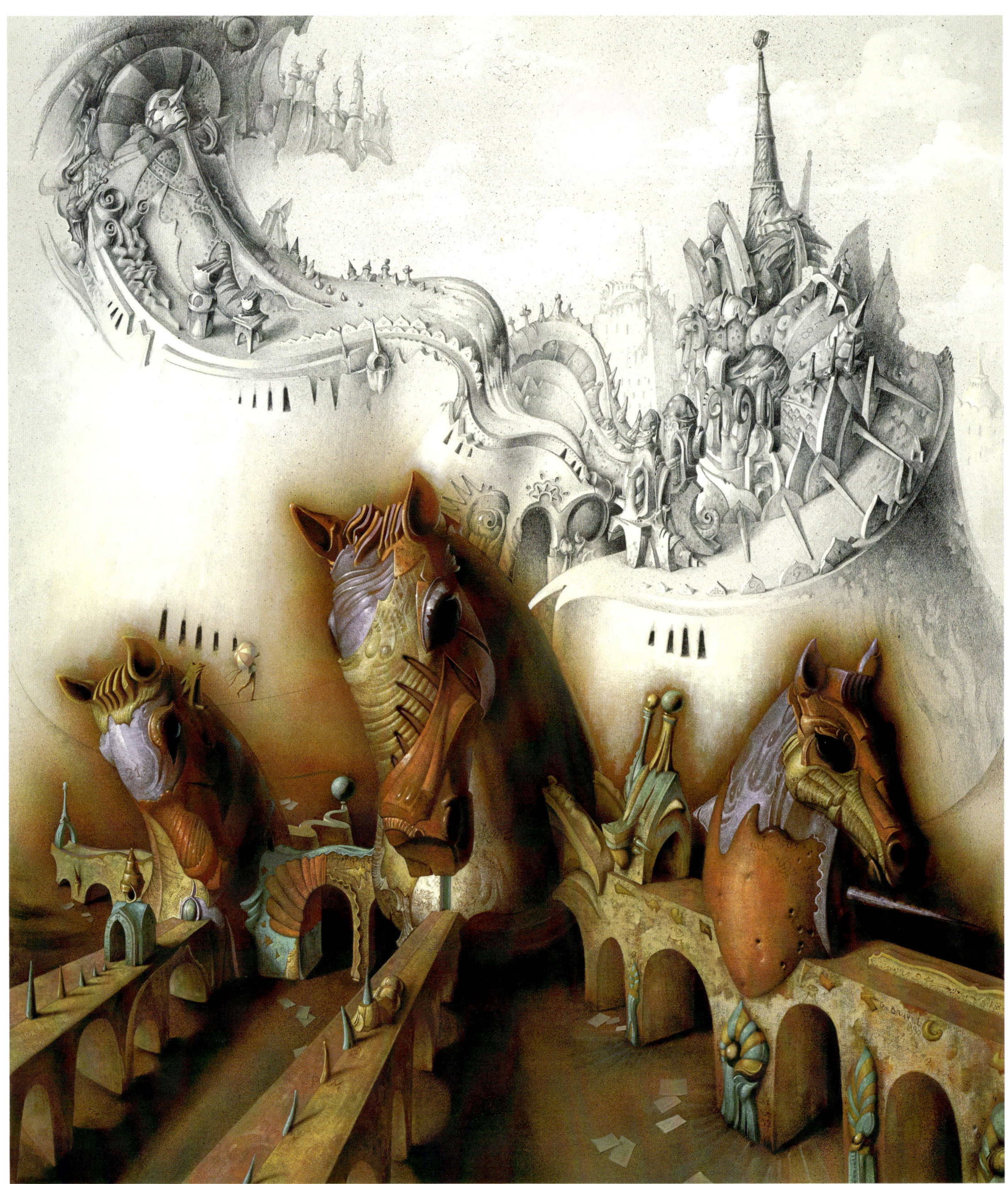

Tightrope Walker · 95 x 80 cm · Gouache and graphite on board

"LE RÔLE DE L'ARTISTE EST D'INTERPRÉTER LE MONDE COMME UNE MYTHOLOGIE."

- Joseph Campbell

On m'a demandé de réfléchir à propos du Réalisme Magique, je pourrais vous dire que c'est de la foutaise. Permettez-moi d'expliquer. Trop souvent, dans l'art contemporain , les oeuvres sont étiquetées "Réaliste Magique" parce qu'elles paraissent illogiques ou étranges, ou bien elles laissent apparemment un fossé entre les éléments réels et des éléments irréels ou magiques, pour produire une oeuvre qui apparait comme hors du naturel ou du monde réel. Ce que je refuse ici, c'est l'utilisation du terme "magique"pour signifier que quelque chose extra-ordinaire...-quelque chose au-delà de l'expérience humaine ...est en train de se produire. Compris de cette façon, le terme Réalisme Magique est devenu un terme commun pour l'art et la littérature pour lequel nous n'avons ni une bonne définition, ni le vocabulaire, ni la compréhension. Au lieu d'illuminer l'art et de donner un regard direct vers ses profondeurs, trop souvent le terme continue à envelopper l'oeuvre de mystère. On peut regarder une oeuvre réaliste magique et, au lieu de la comprendre ou de l'accepter comme un reflet du monde réel, on met de la distance entre soi-même(notre réalité) et l'art, en l'étiquetant de magique ou d'irréelle.

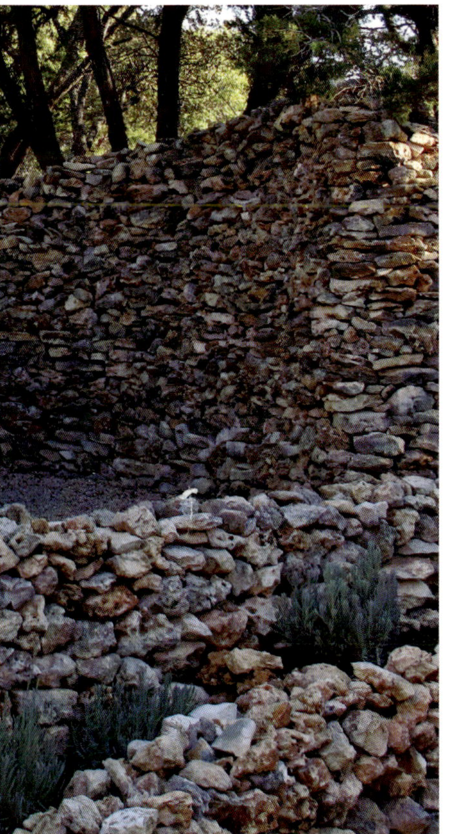

Mon but ici est de sauver le Réalisme Magique de cette interprétation et de cette approche. Que le monde existe en catégories bien définies que nous pouvons étiqueter en "réel" ou "irréel", "magique" ou "banal", semble aussi absurde que vain. Comme un moyen de reconsidérer notre façon de penser au sujet du Réalisme Magique, j'aimerais évoquer le travail de Joseph Campbell quand il écrit : "le rôle de l'artiste est d'interpréter le monde comme une mythologie. Pris dans ce contexte, alors, le Réalisme Magique explore bien plus profondément les royaumes imaginaires, ceux qui ne nécessitent pas forcément d'exister comme séparés du monde, ou comme quelque autre forme de réalité. Un artiste qui interprète le monde comme une mythologie se sert de sa vision esthétique et de son subconscient comme toile de fond pour l'exploration de son expérience de l'imaginaire, mythologie collective, personnelle, rêves et visions, et le monde de l'intuition.

Ce qui en résulte, symboles et couleurs, personnages et histoires, formes et environnement, non seulement annule le fossé entre "réel" et "irréel", mais aussi nous aide à imaginer et étendre nos perceptions limitées du monde, pour "rendre visibles toutes les formes du temps" comme le dit Joseph Campbell. Le Réalisme Magique dévoile le lien entre l'esprit conscient et l'esprit inconscient...avec leur paysage intérieur et la façon de percevoir le fonctionnement de l'univers, de telle façon que le mystère du processus de transformation, ce processus de croissance individuelle et de mouvement peut-être, s'il n'est pas révélé peut au moins être contemplé. C'est pourquoi, si souvent, nous voyons des toiles remplies d'éléments apparemment contrastés, juxtaposés, ou des formes organiques(animées) interagissant avec des structures(inanimées), pour produire quelque chose qui est en partie humain, en partie idée, conscience, esprit. Le Réalisme Magique tente de "chevaucher le mystère", comme dirait Joseph Campbell, la grande machine inconnaissable qui est au centre de toute vie. Bien que nous puissions ne pas être capables finalement d'exprimer le mystère, de le localiser dans le temps et dans l'espace, nous pouvons l'approcher avec un vocabulaire d'images et de métaphores, à travers l'art, la mythologie, le rêve, auxquels on participe collectivement ou individuellement.

Le Réalisme Magique, à travers son utilisation de métaphores et d'images, déroule une base commune pour l'humanité, une sorte de mythologie commune dans laquelle chacun peut trouver sa place et une part de lui-même. En participant à cette mythologie collective, ou mystère si vous voulez, nous devenons les créateurs de notre propre histoire, les héros de nos mythes personnels. Ceci est la fonction de l'art suivant Campbell, "les mythes sont des rêves collectifs, et les rêves sont des mythes privés".

Quelle est la fonction de tels mythes?...Transcendance. Campbell pense que l'univers a surgi d'une force inconnue, à l'origine de tout chose, au sein de laquelle chaque chose actuellement existe, et dans laquelle tout retournera. Selon lui, cette "force élémentaire est finalement inconnaissable car elle existait avant les mots et le savoir". Ici se trouve la place du mystique, du chercheur d'infini, et de l'artiste. Les explorateurs de l'inconnu vouent leur vie à explorer l'inconnaissable, non pas pour le définir, ou l'étiqueter, ou même le connaître, mais pour l'expérimenter. Et tandis que n'importe quel artiste peut puiser dans le vaste réservoir du Mythe, le Réaliste Magique apporte le mythe, avec ses systèmes complexes et ses paysages oniriques, littéralement au coeur du monde.

Le Réaliste Magique vient au secours du Mythe, et le sauve du livre d'histoire, du monde du rêve, même de la religion, et l'expose au grand jour, permettant au public d'expérimenter le mystère de l'univers sous une forme sans mots. De cette façon, l'inconnaissable peut être atteint, à travers le processus de la perception et de l'intuition. Ceux qui regardent l'art Réaliste Magique sentent une impulsion souterraine, un élan de la psyché, quelque chose qui veut surgir à la surface car le Réalisme Magique finalement cherche un lien spirituel entre le moi et la psyché, l'intuition et le rêve. Ainsi, le travail du Réaliste Magique, plutôt qu'être d'un autre monde, est essentiellement humain.

Indépendamment des croyances personnelles ou des définitions de religions, le Réalisme Magique semble être une forme d'art profondément spirituel, en ceci qu'il pose les questions essentielles à propos de l'existence et, comme je l'ai dit, oblige à penser à ce qui est "réel", là sous nos propres yeux. Dans mon travail personnel, je trouve que l'art me place dans des lieux où mes idées sont vraiment le plus réelles, c'est-à-dire que la toile représente des mondes imaginaires mais les paysages sont authentiques, actuels et vrais. Dans ce contexte vient l'idée de Campbell "qu'un objet devient important sur le plan esthétique quand il devient important sur le plan métaphysique"...c'est-à-dire quand le paysage interagit avec notre idée la plus profonde de vérité et d'être pour nous faire vivre une expérience de l'éternité ici et maintenant, ce qui selon Campbell, "est le rôle de la vie". Bien sûr nous trouvons ces moments de vérité dans d'autres domaines, mais il me semble que c'est une intervention providentielle du Réalisme Magique de rappeler au simple chercheur d'infini que l'intemporel et l'éternel sont à notre portée, et de nous inspirer de "l'émerveillement" qui, finalement, dit Joseph Campbell, "nous fait avancer".

Gil Bruvel

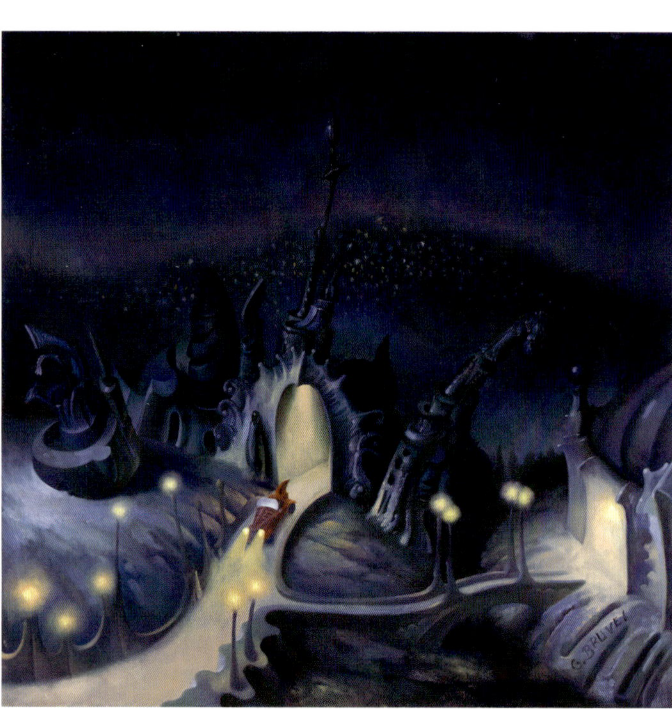

Road trip part 2 · 30 x 30 cm · Oil on canvas

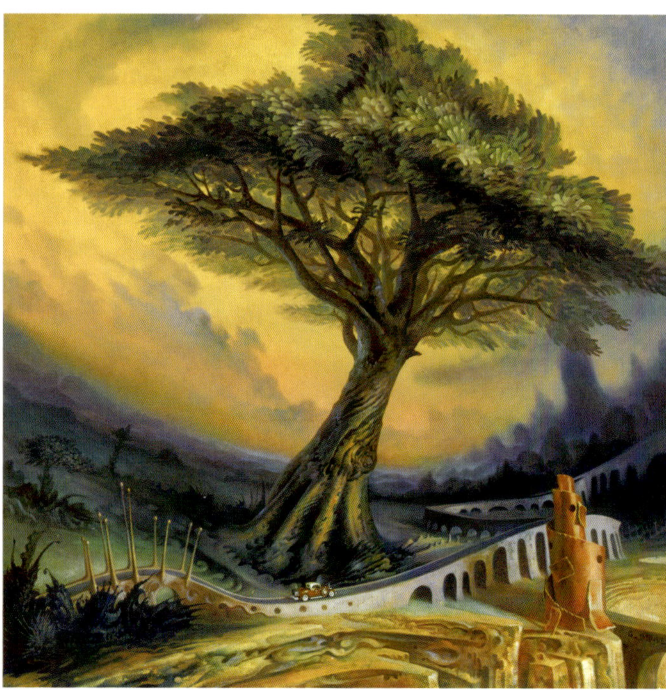

Road trip part 5 · 61 x 61 cm · Oil on canvas

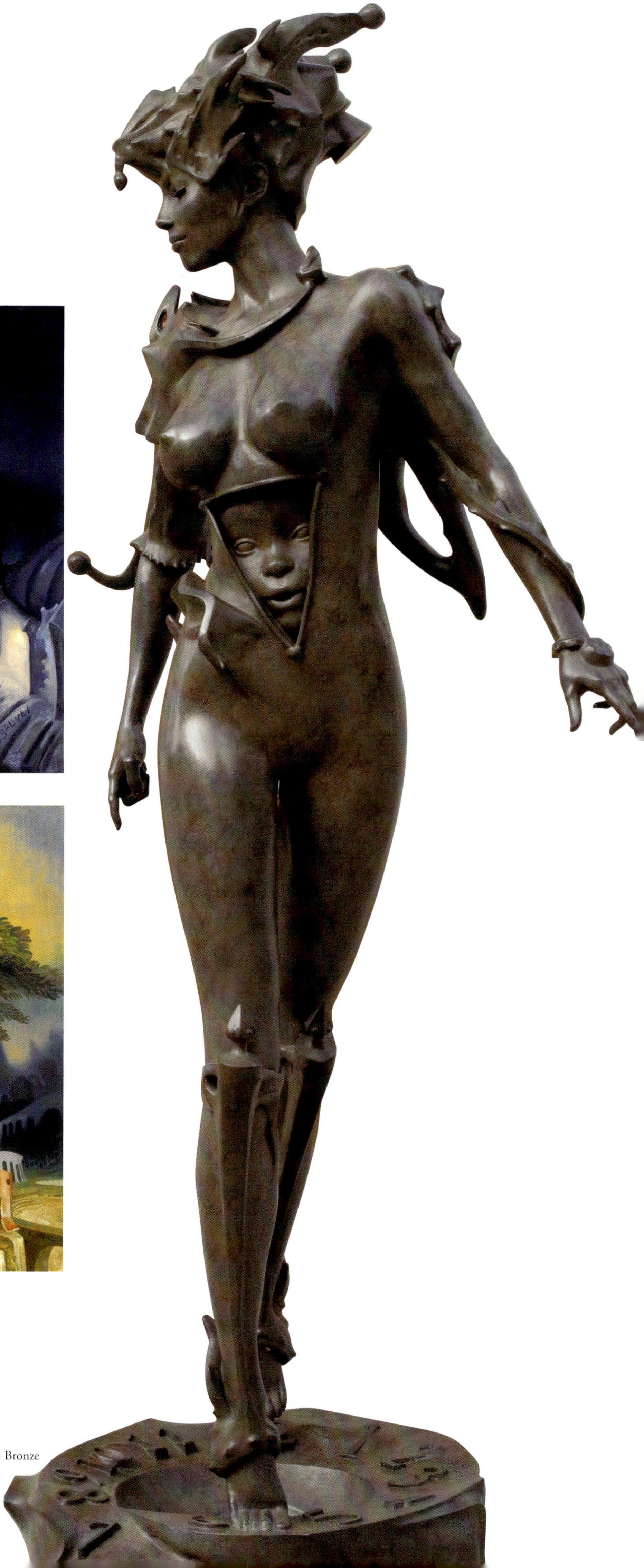

Inner Child · 72 cm H · Bronze

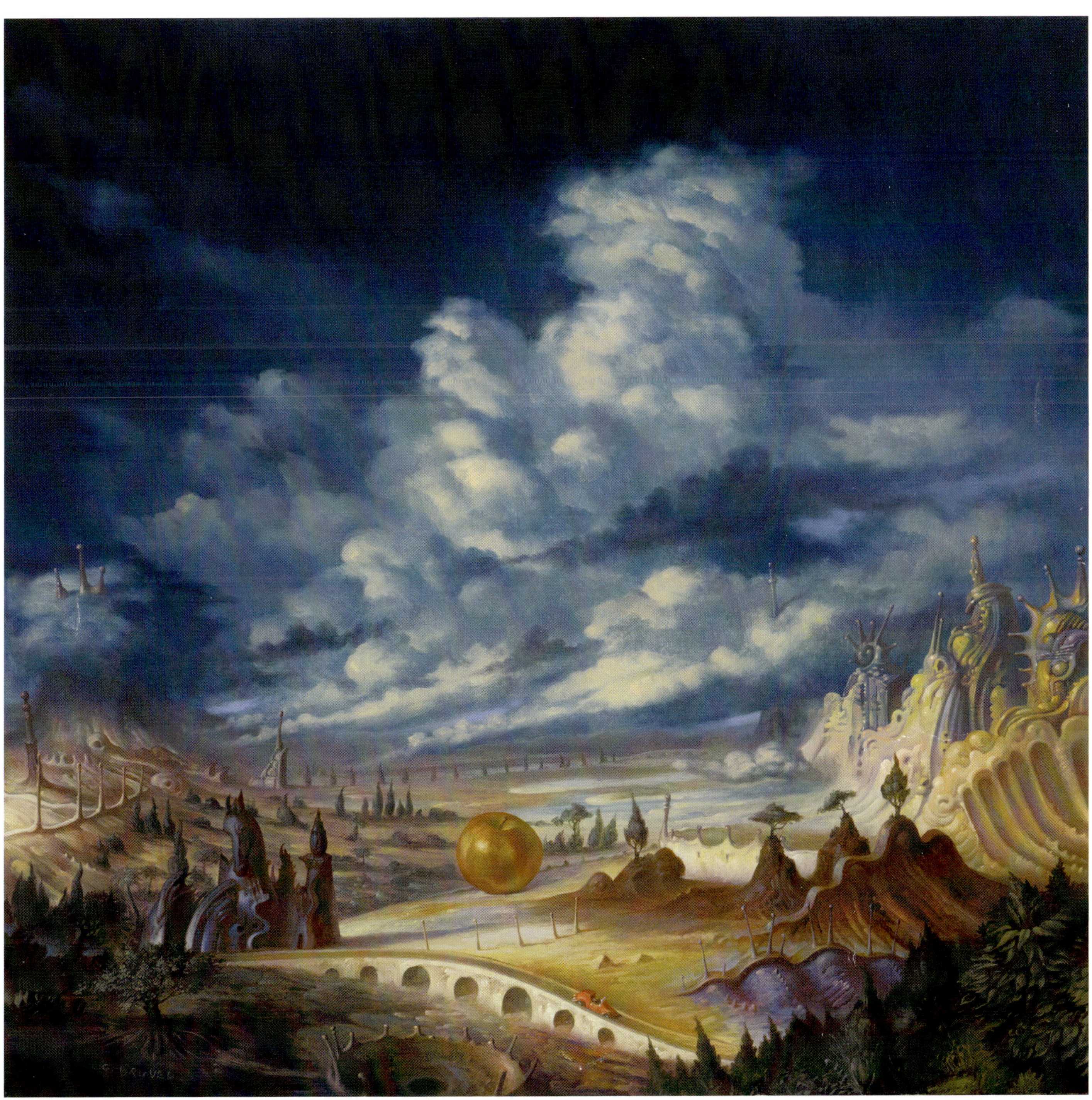
Road trip part 3 · 61 x 61 cm · Oil on canvas

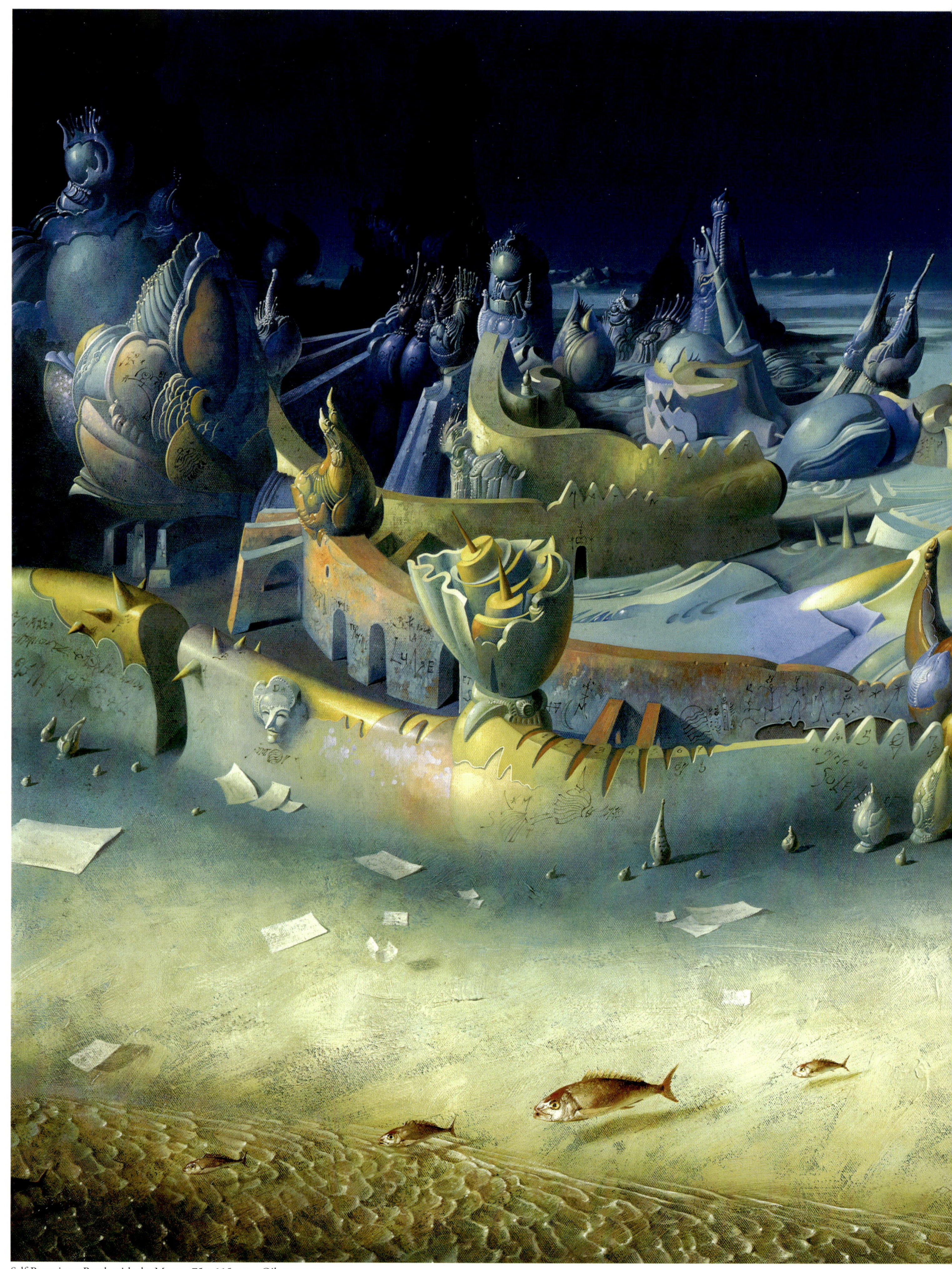

Self Portrait on Beach with the Moon · 75 x 115 cm. · Oil on canvas

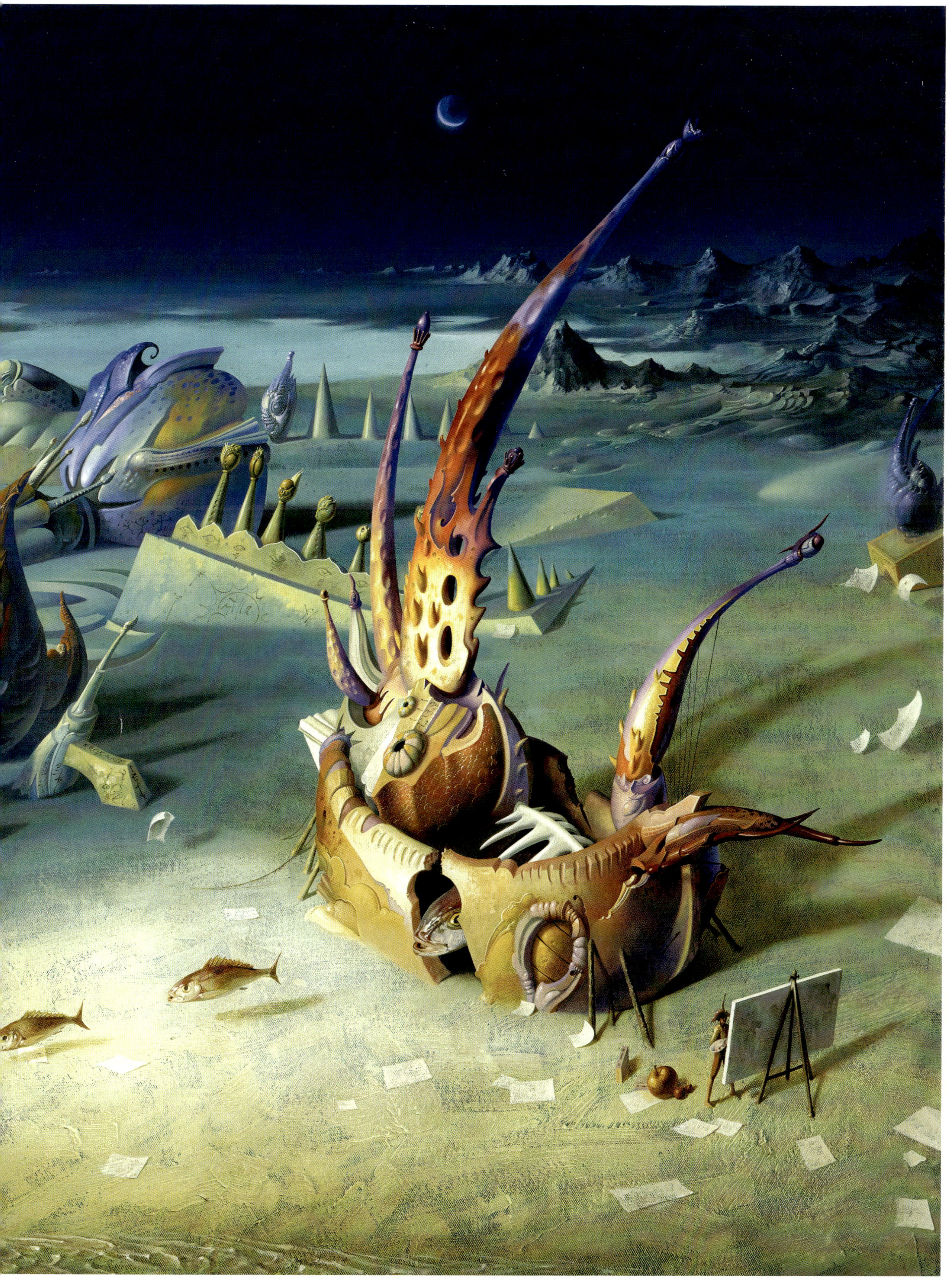

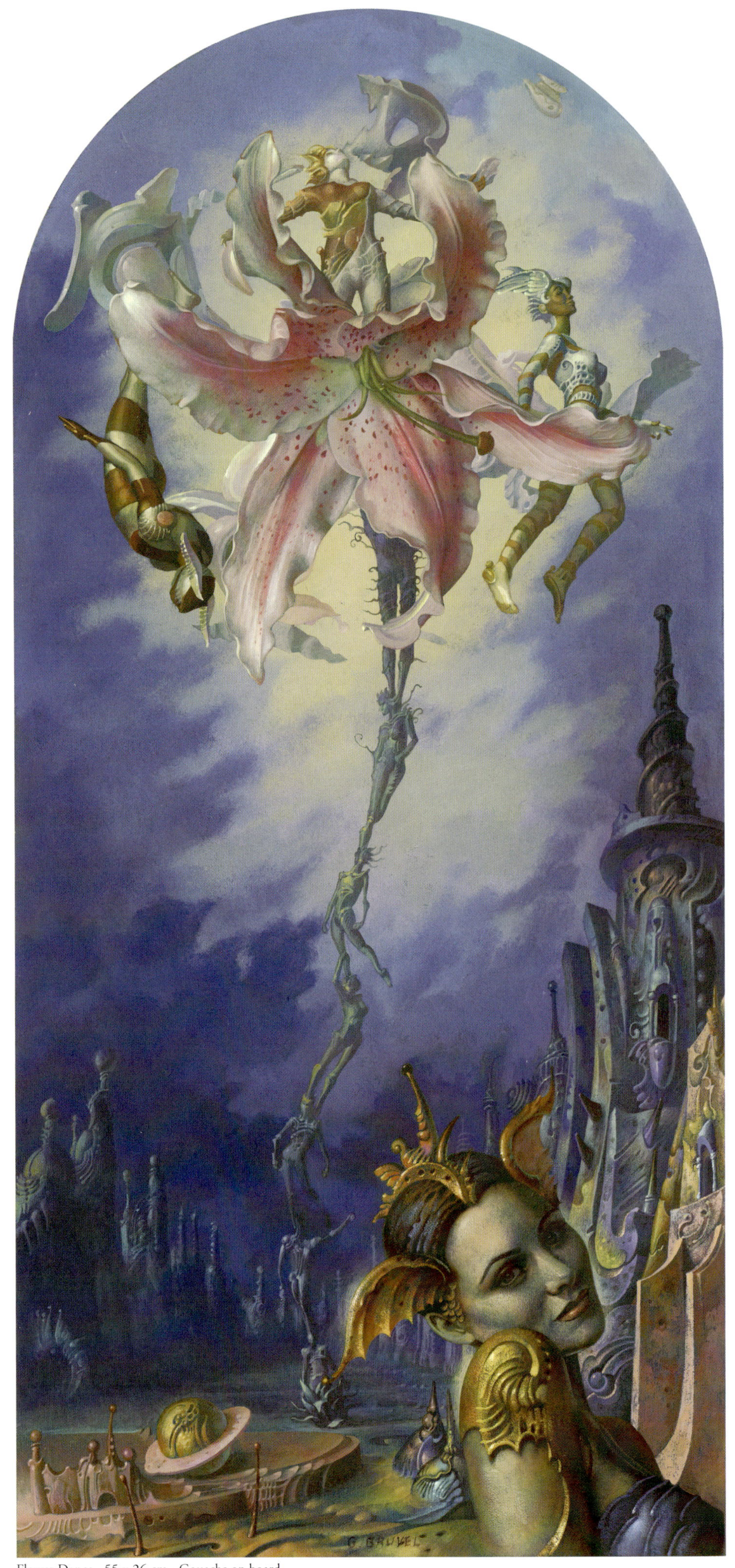

Flower Dance · 55 x 26 cm · Gouache on board

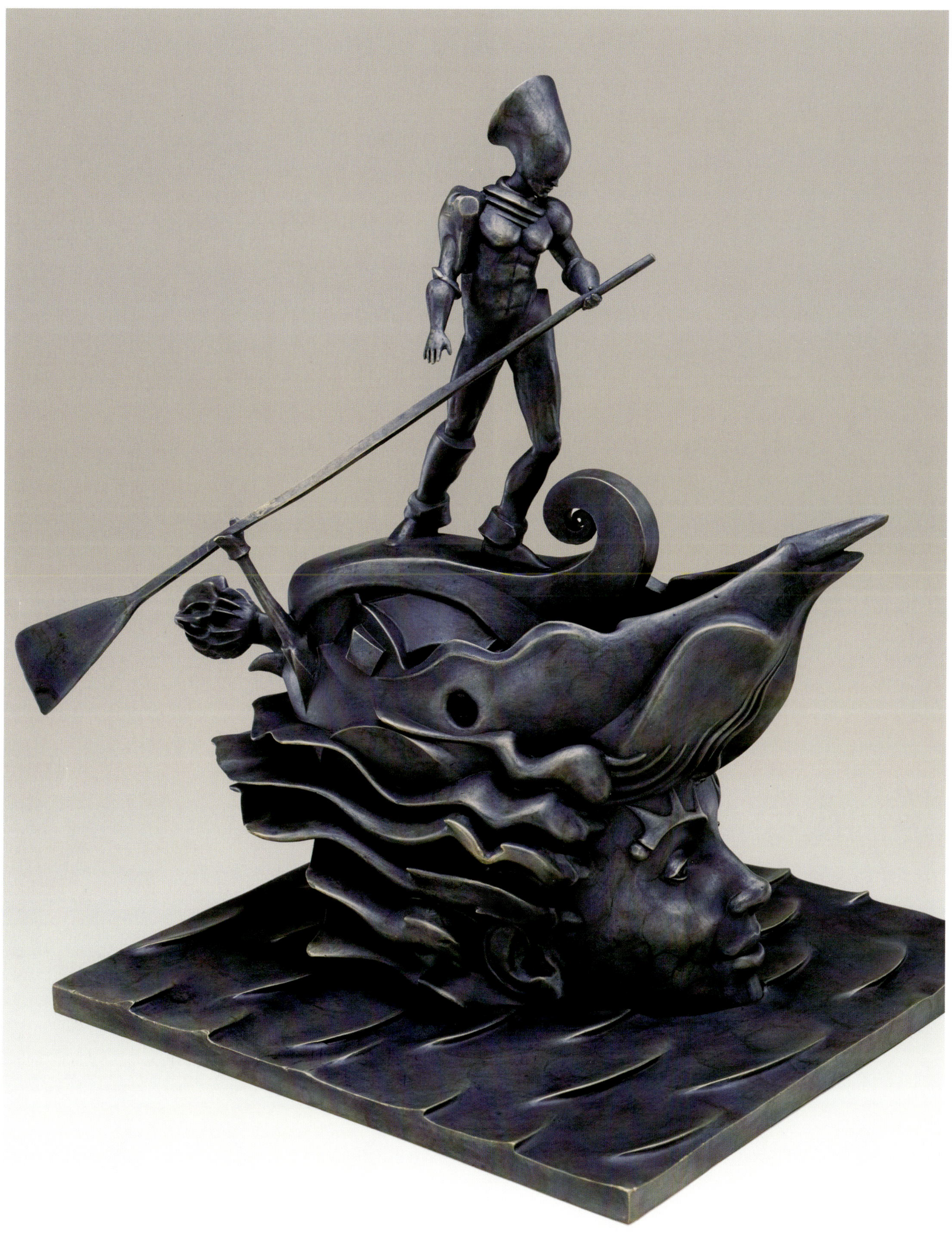

The Passage · 35 x 25 x 46 cm · Bronze

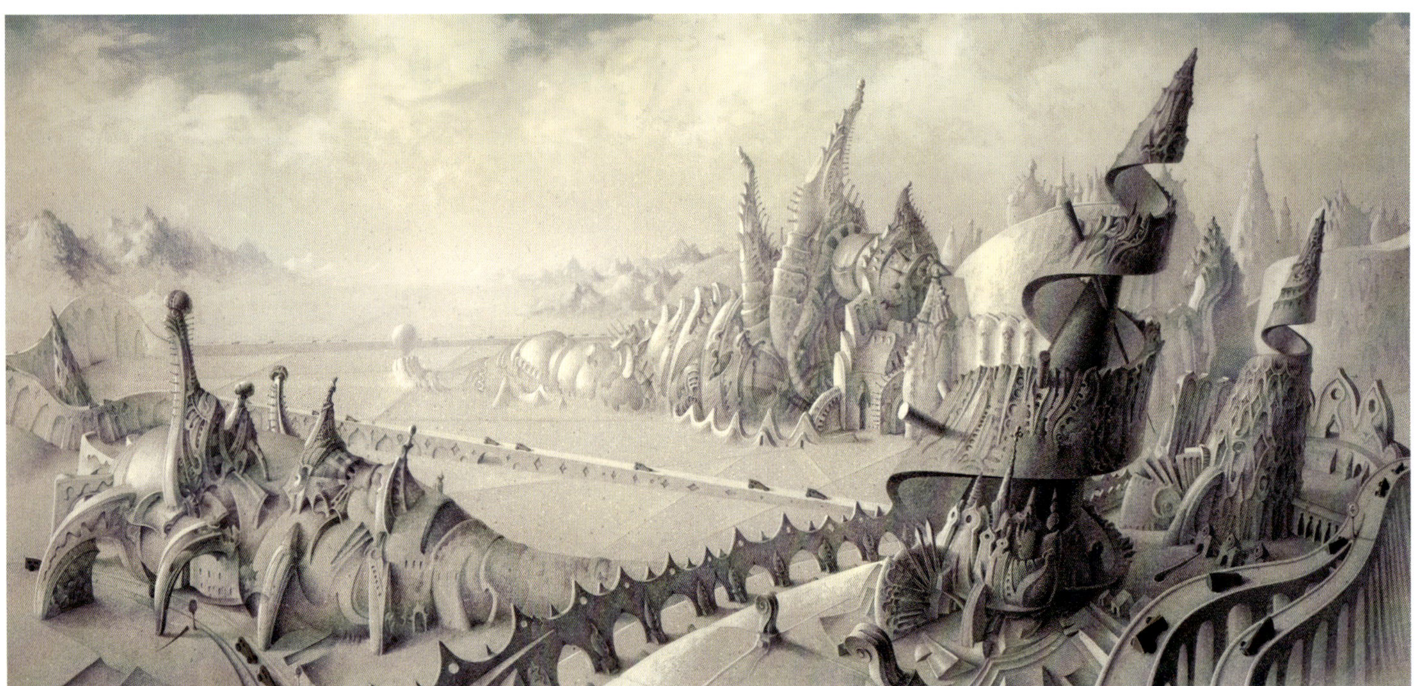
The City · 38 x 79 cm · Graphite and gouache on board

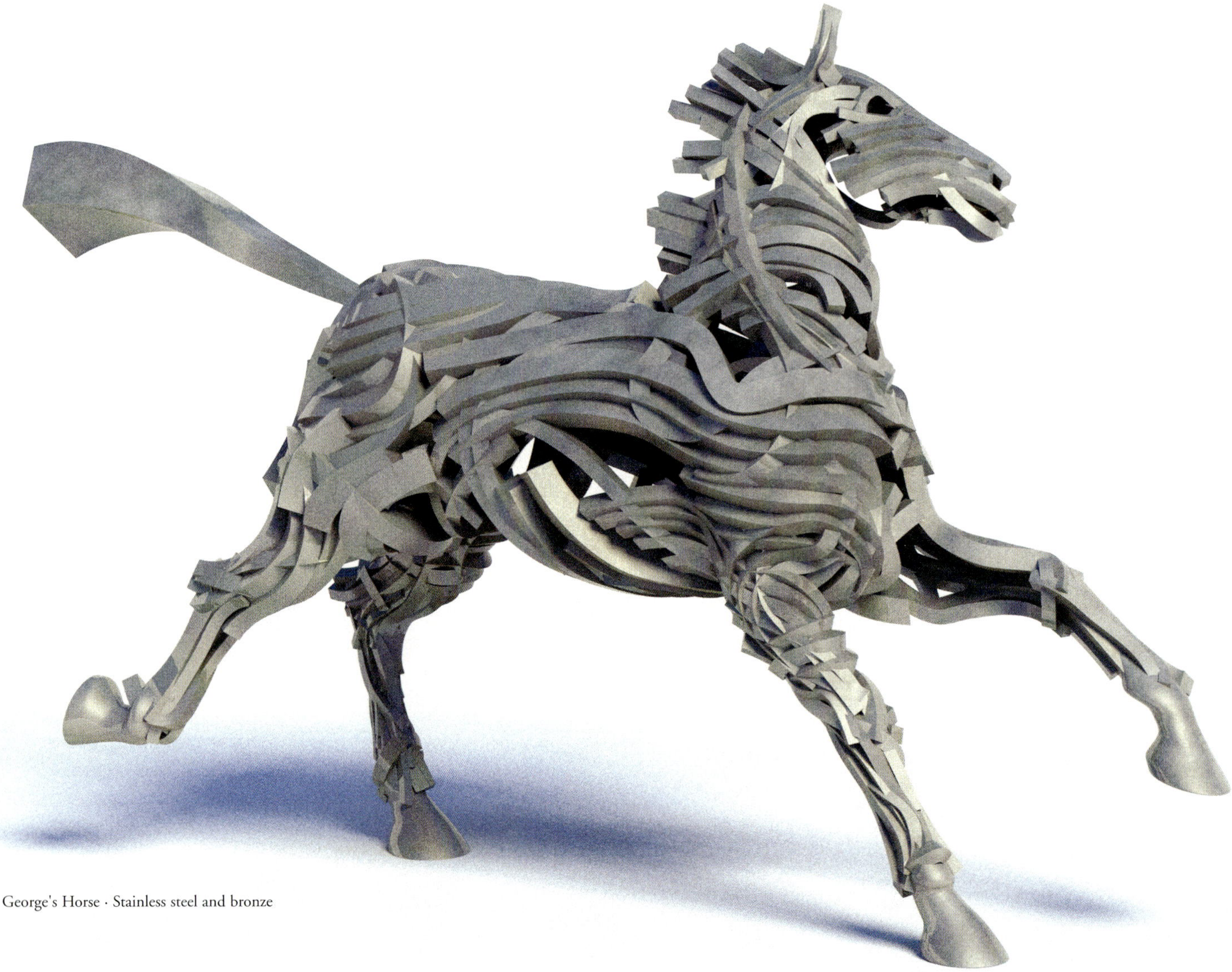

George's Horse · Stainless steel and bronze

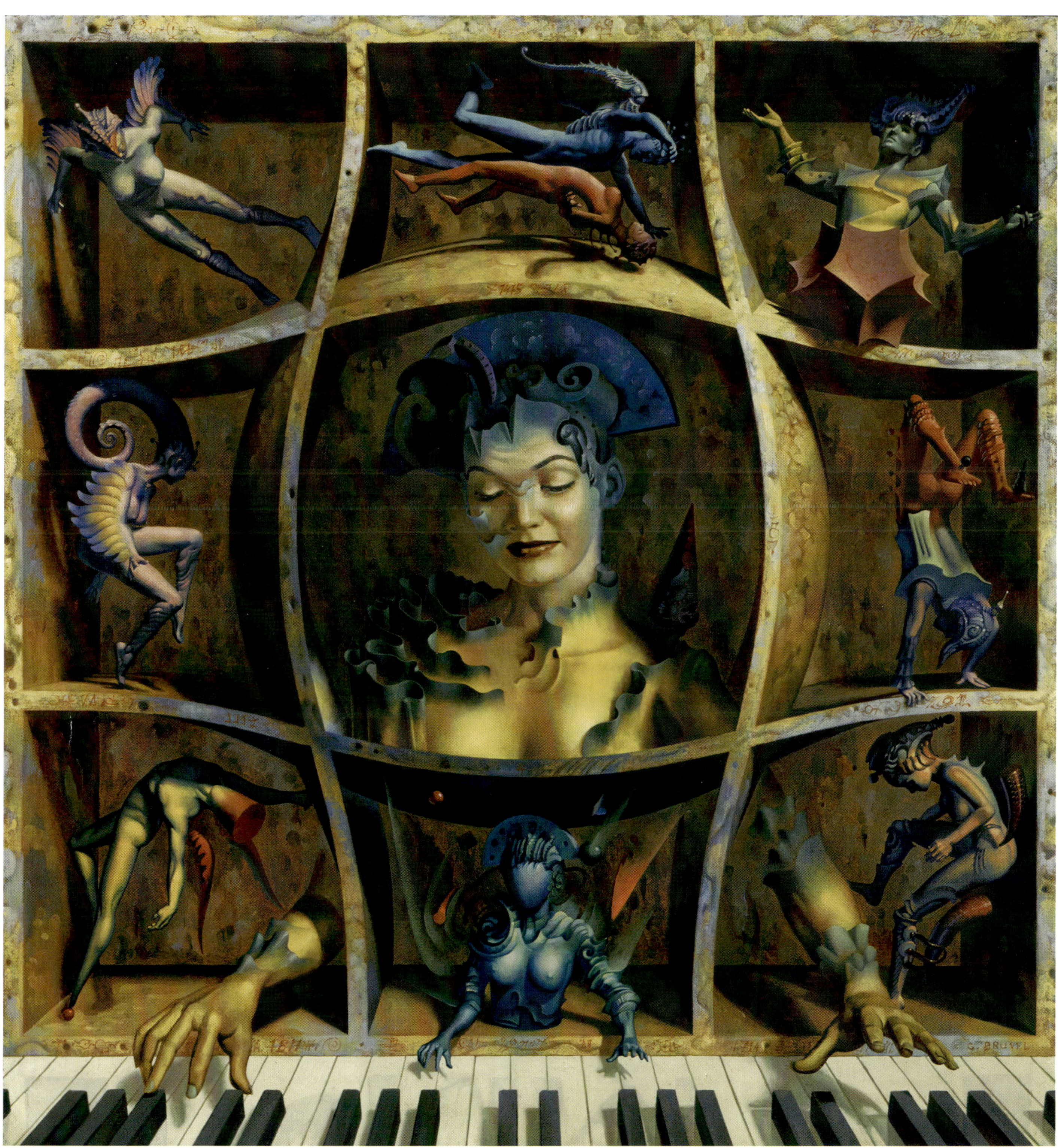

The Player · 65 x 60 cm · Oil on board

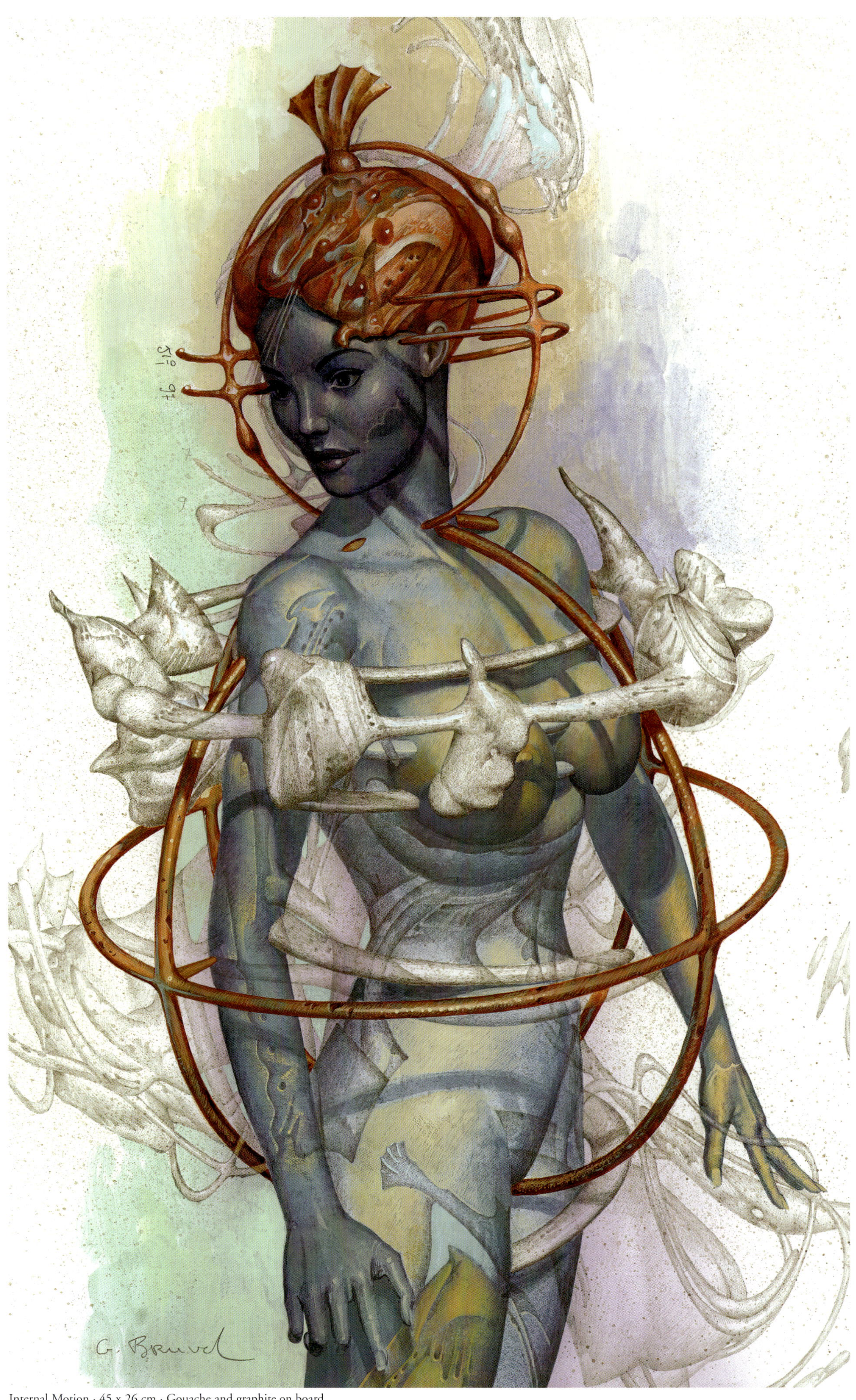

Internal Motion · 45 x 26 cm · Gouache and graphite on board

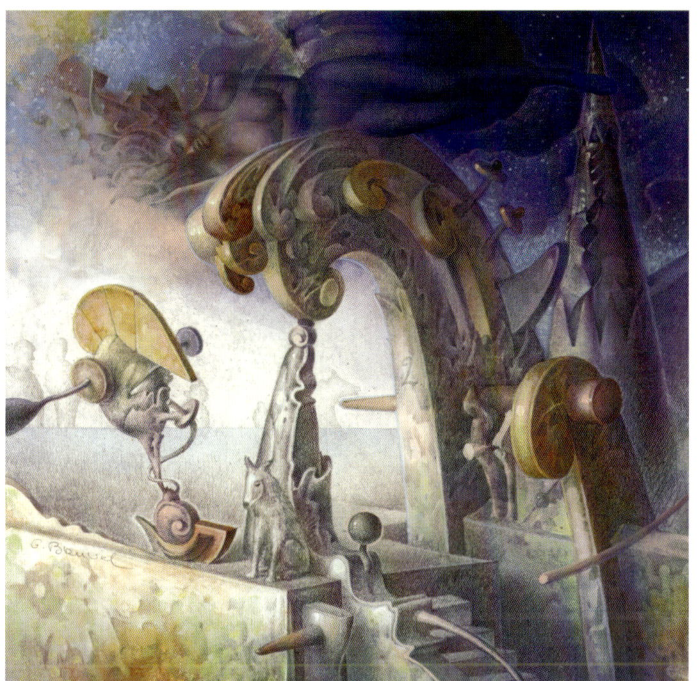

The Balance of Sleep · 30 x 30 cm. Graphite and acrylic on board

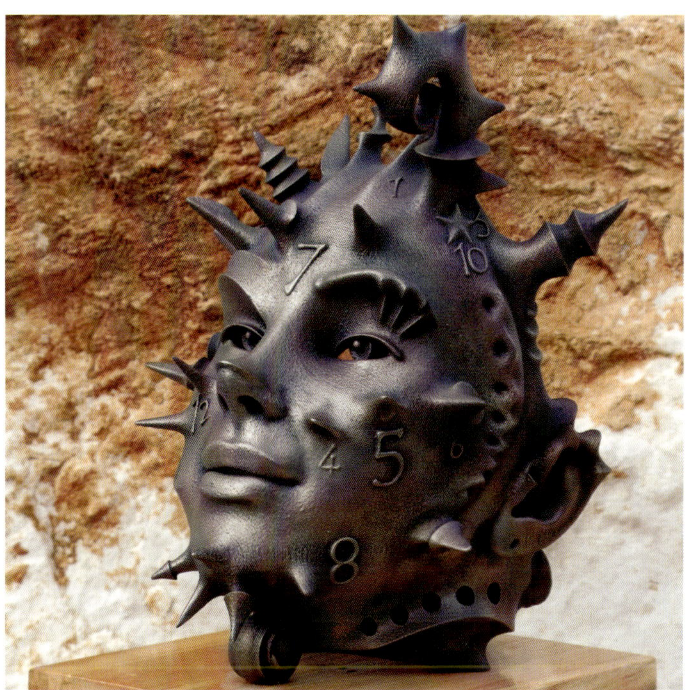

Mask of Intent · 18 x 12,5 x 27 cm · Stainless steel

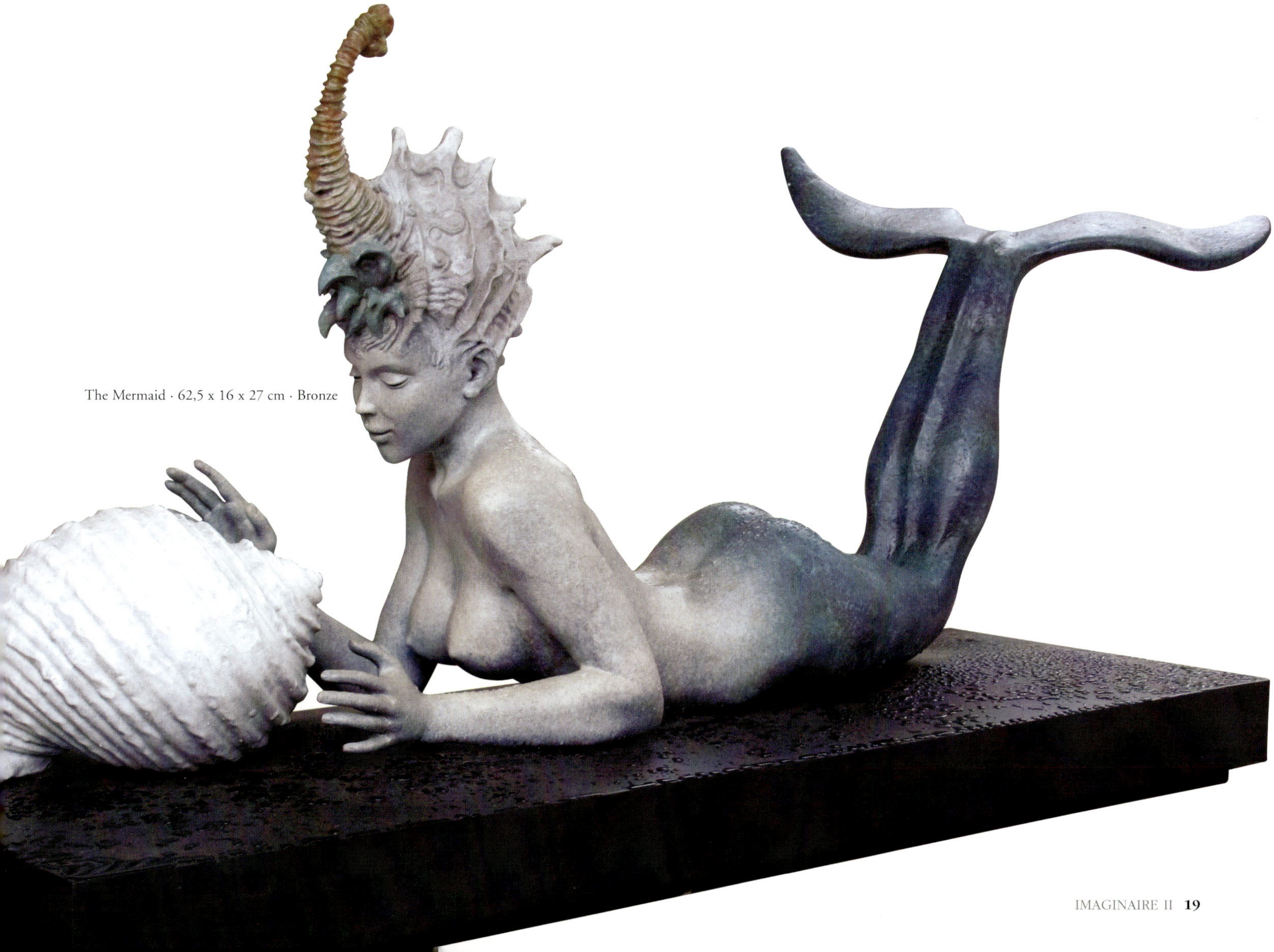

The Mermaid · 62,5 x 16 x 27 cm · Bronze

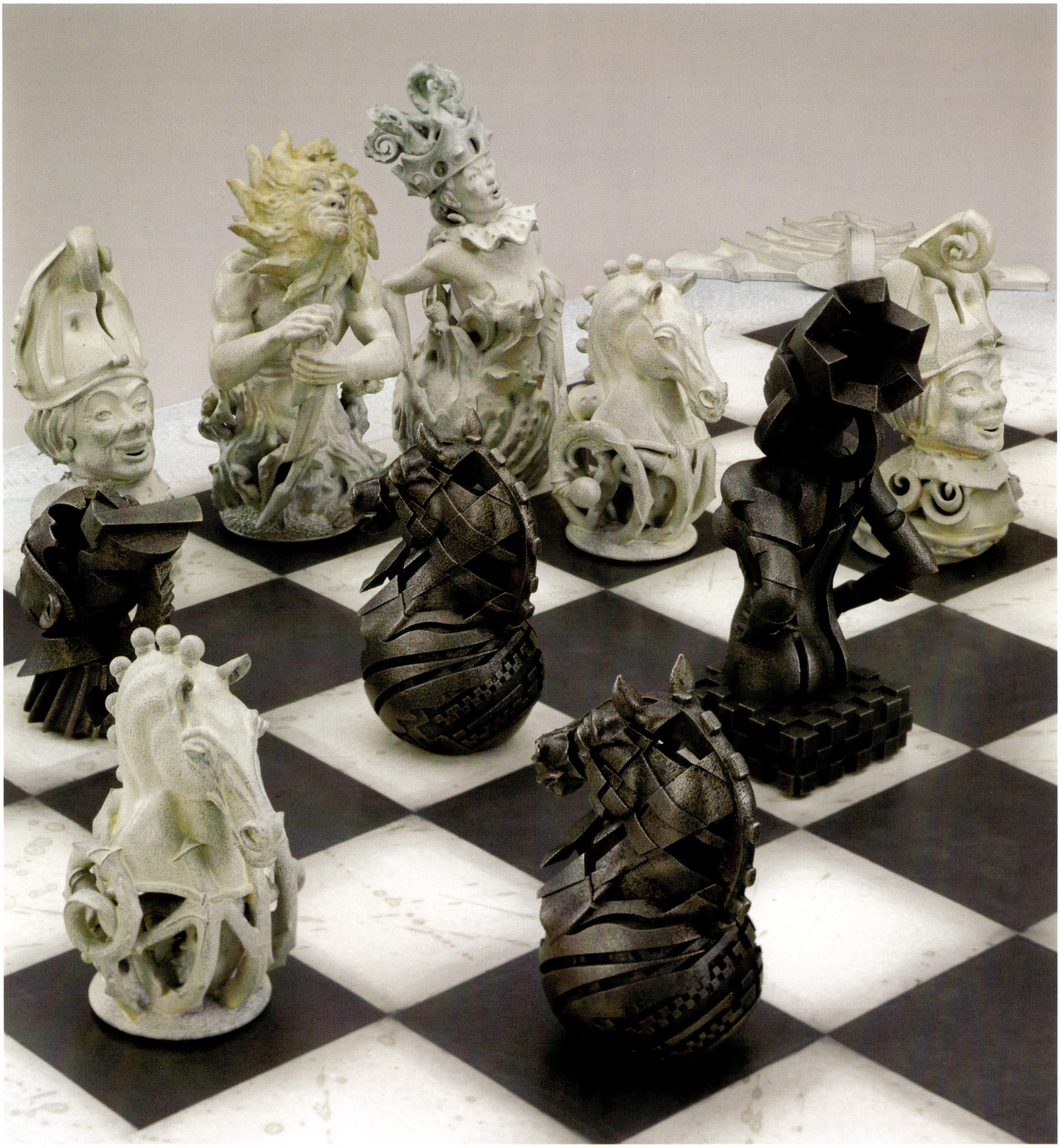

Chess Set · Players & Corners: Bronze + Hardboard

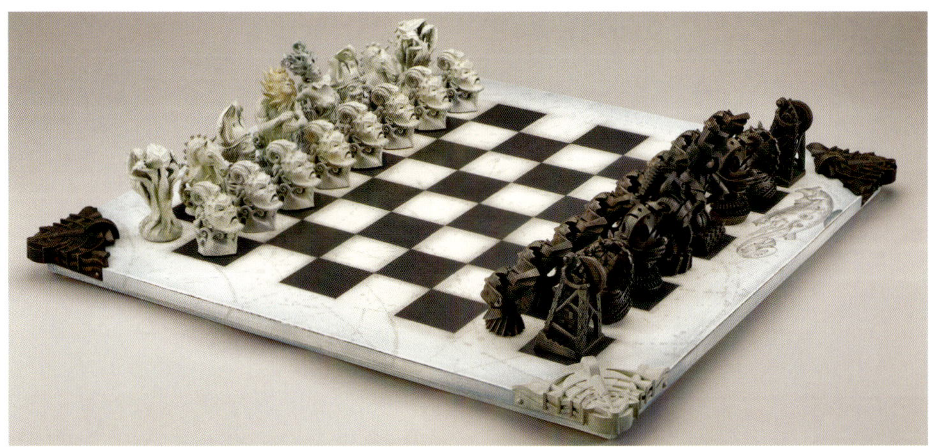

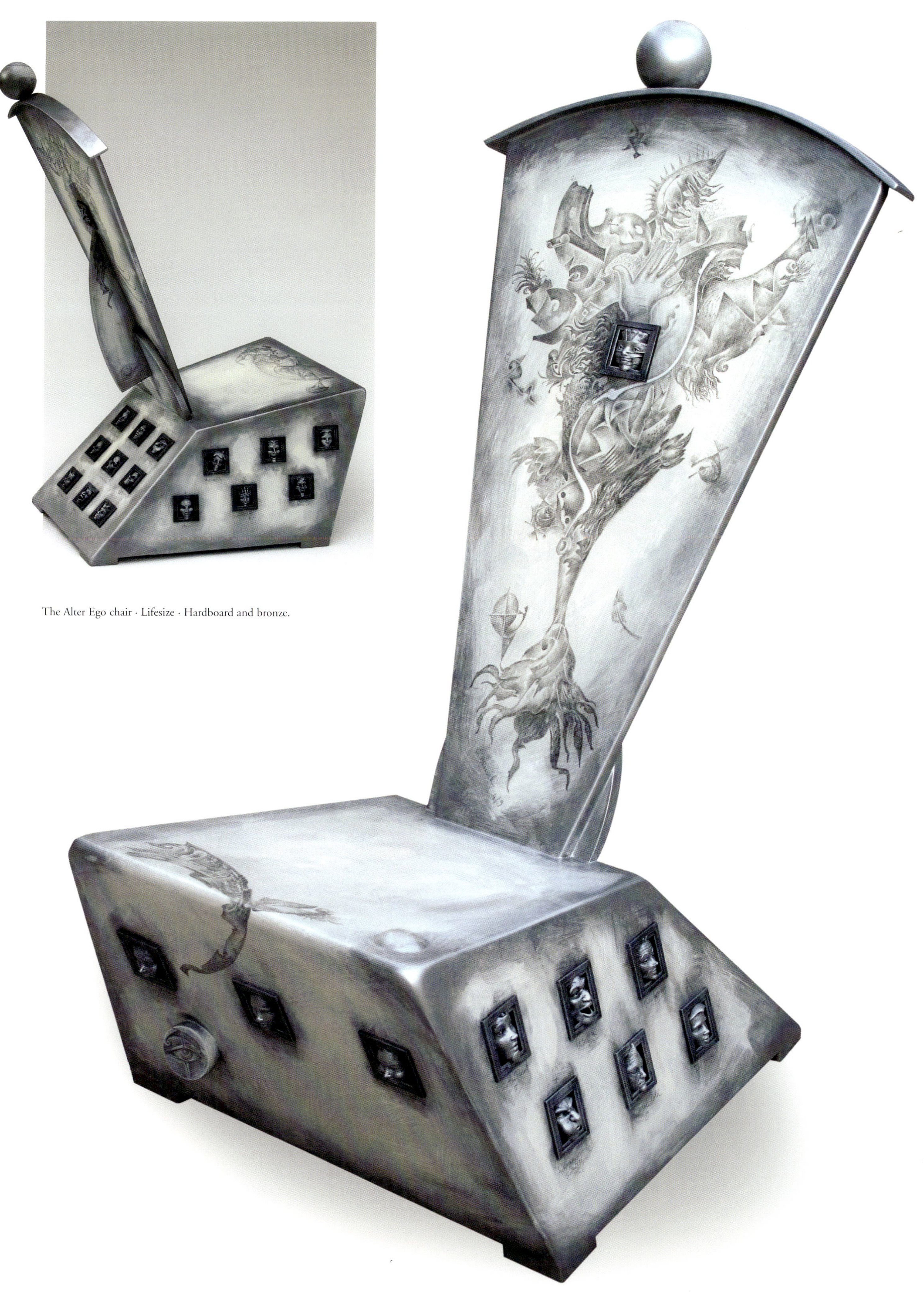

The Alter Ego chair · Lifesize · Hardboard and bronze.

GALERIE
PRINCESSE DE KIEV

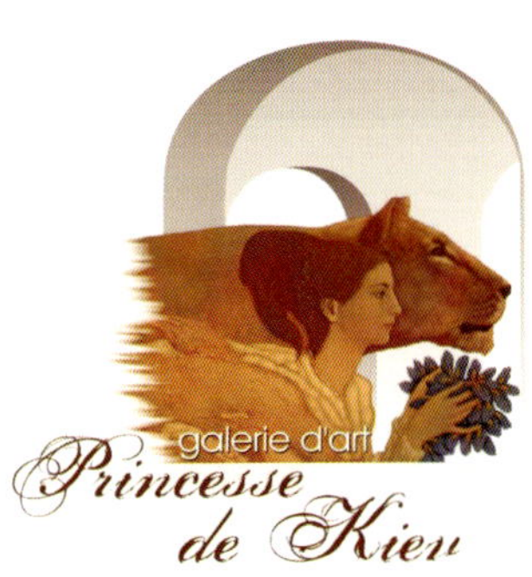

Situated in the heart of Nice, in the new district of galleries, exhibitions and artists' studios, the Gallery "Princess of Kiev" is one of the leaders and one of the most prestigious galleries on the French Riviera .

The selected artists are far from those found in the art galleries said to be contemporary, avant-gardist and institutional. The owners of the gallery want collectors or simple art lovers to take some pleasure in discovering the works of their artists and become aware of their aesthetics and their meaning. The tackled themes are varied - they can be light-hearted or full of meaning, the expression can be figurative or abstract - but these artists master the gesture, the basic artistic techniques, drawing, color work, the knowledge of anatomy... No need for explanation to understand and appreciate.

www.princessedekiev.fr
contact@princessedekiev.fr

Située au cœur de Nice, dans le nouveau quartier des galeries, des expositions et des ateliers d'artistes, la Galerie «Princesse de Kiev» est une des galeries d'art leader et prestigieuses de la Côte d'Azur.

Les choix des artistes présentés sont aux antipodes des galeries d'art dit contemporain, avant-gardistes et institutionnelles. Les propriétaires de la galerie ont voulu que les collectionneurs ou les simples amateurs d'art prennent du plaisir à découvrir les œuvres de leurs artistes (peintres, sculpteurs, portraitistes, designers) et s'en approprient l'esthétique et le sens. Les thèmes abordés sont variés, ils peuvent être légers ou pleins de sens, l'expression peut être figurative ou abstraite, mais ces artistes maîtrisent le geste, les techniques artistiques de base, le dessin, le travail des couleurs, la connaissance de l'anatomie,… Ils respectent l'amateur d'art en produisant des œuvres avec lesquelles ce dernier va être capable de dialoguer sans explications éthérées.

www.princessedekiev.fr
contact@princessedekiev.fr

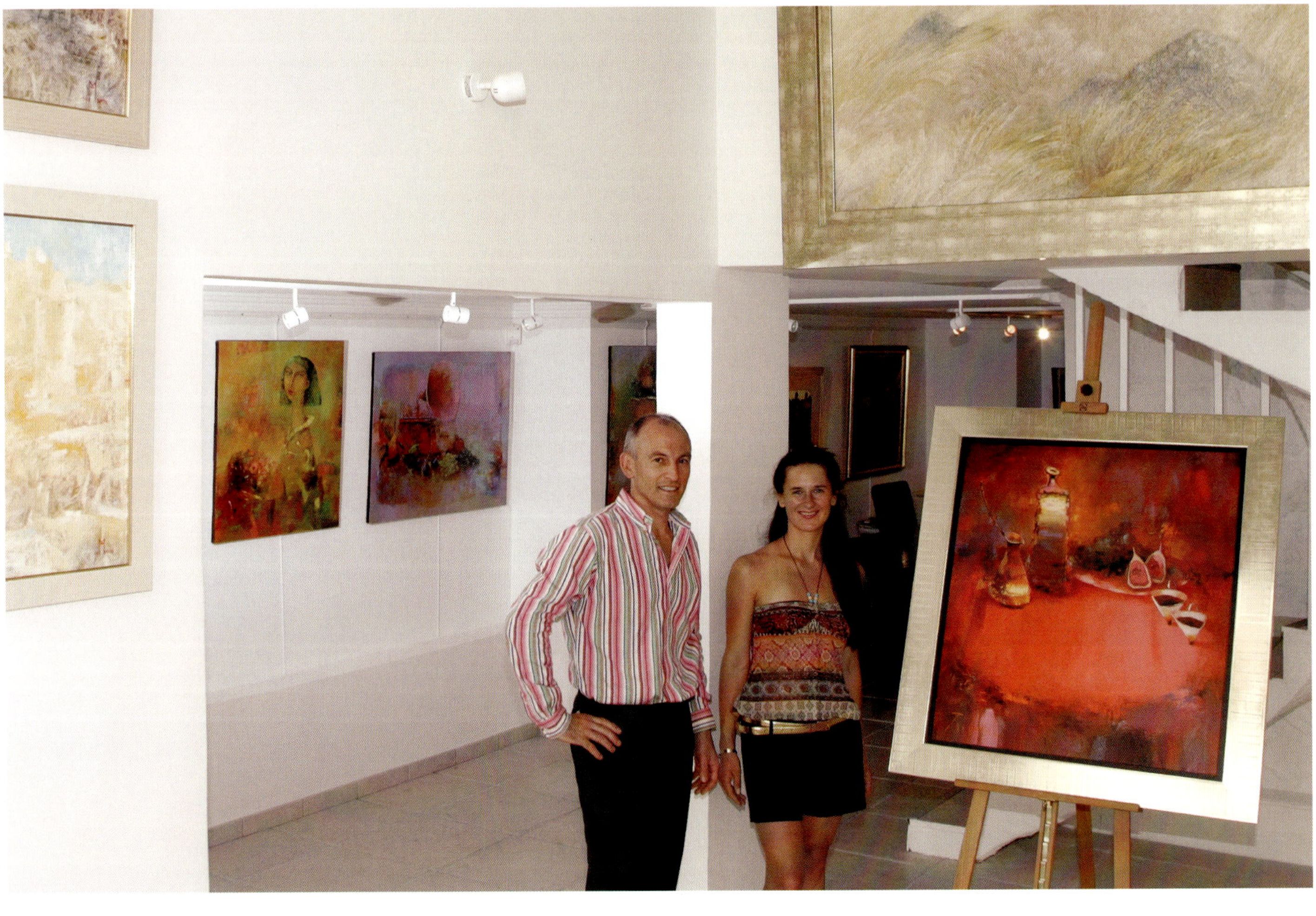

ART DESIGN

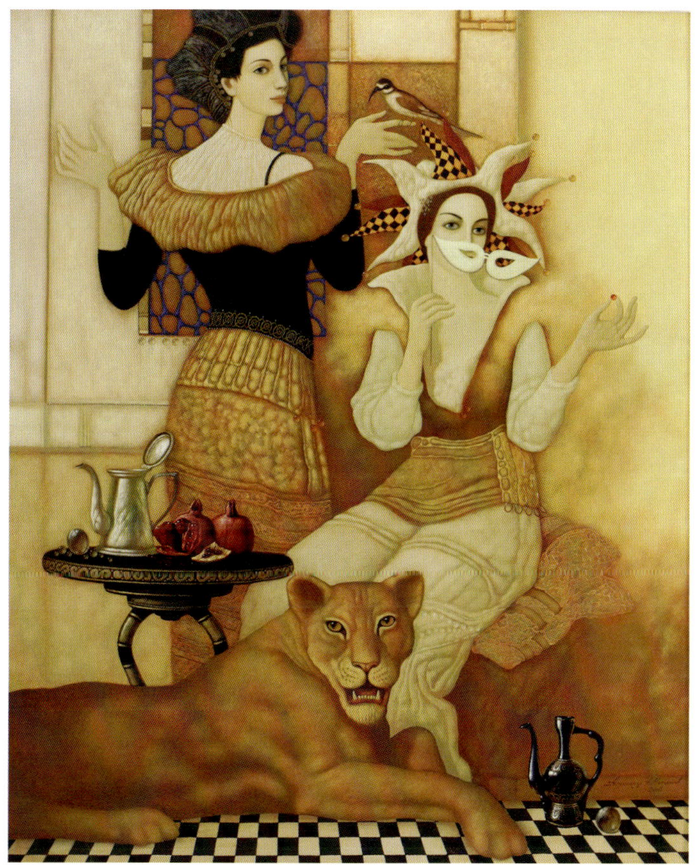
Melnykov · Carnaval · 100 x 80 cm Oil on canvas

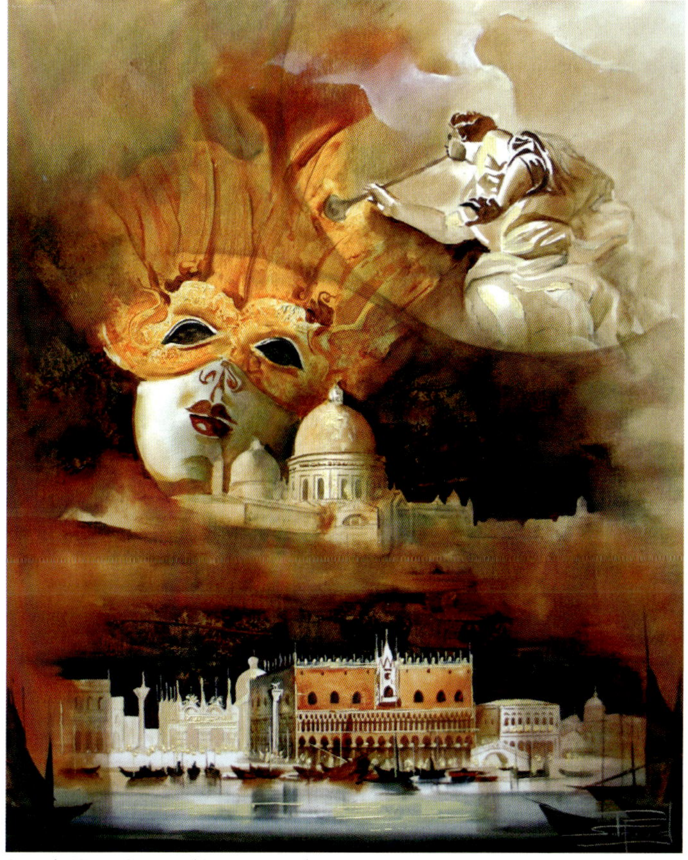
Suraud · Venise Secrète · 46 x 38 cm . Oil on canvas

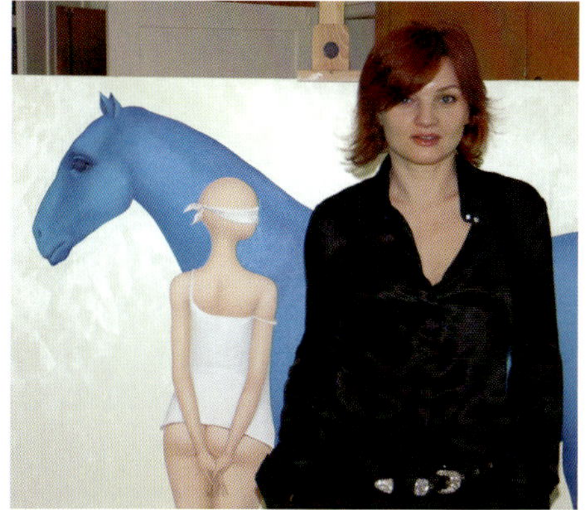
Oxana Yambykh

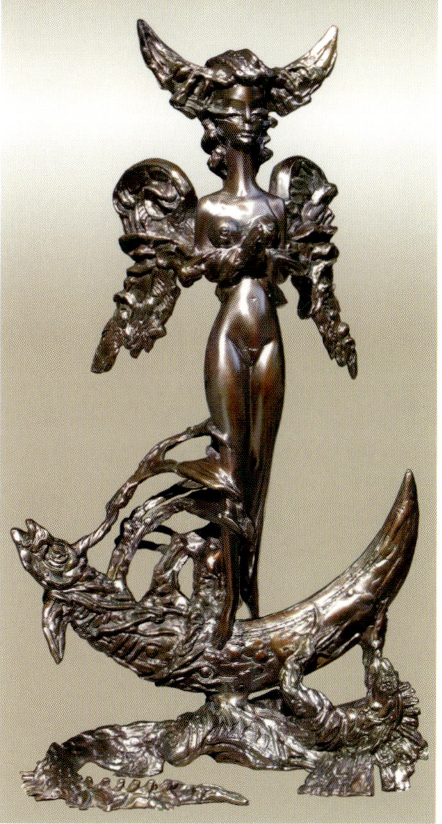
Grechanyk · Beatrice · 60 cm H · Bronze

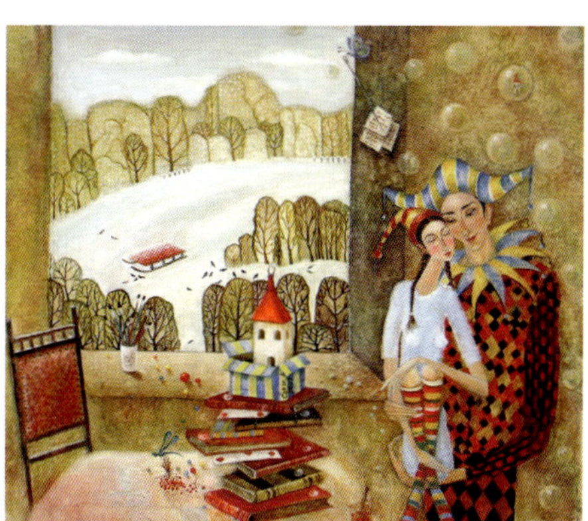
Chakir · Le Rêve d'un homme d'hiver · 53 x 60 cm · Oil on canvas

GALERIE PRINCESSE DE KIEV

Aboriginal art of Australia is still little known by art lovers, but its price is in very sharp increase. It is a pure, original, very contemporary art, the roots of which go back thousands of years. The symbolism is complex but intrinsically connected to the culture of this people.

L'art aborigène d'Australie est encore peu connu par les amateurs d'Art Premier, sa côte est en très forte hausse. C'est de l'art pur, original, très contemporain et dont les racines remontent à des milliers d'années. Le symbolisme est complexe mais intrinsèquement lié à la culture de ce peuple.

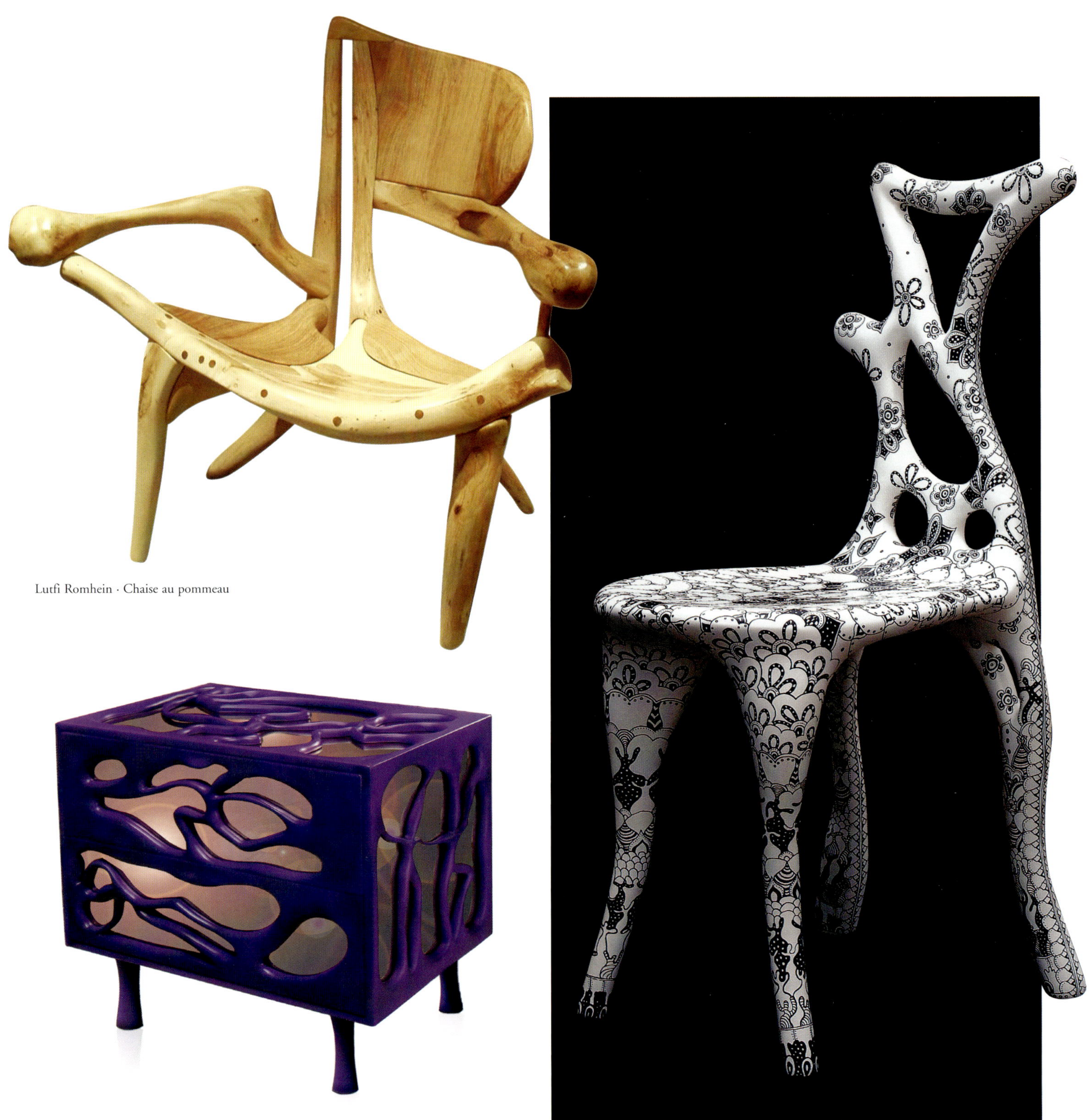

Lutfi Romhein · Chaise au pommeau

Chantal Saccomanno & Olivier Dayot · Coraline

Chantal Saccomanno & Olivier Dayot · Venus

DEVENEZ PRODUCTEUR DE VOS ARTISTES PEINTRES ET SCULPTEURS PRÉFÉRÉS !!!!

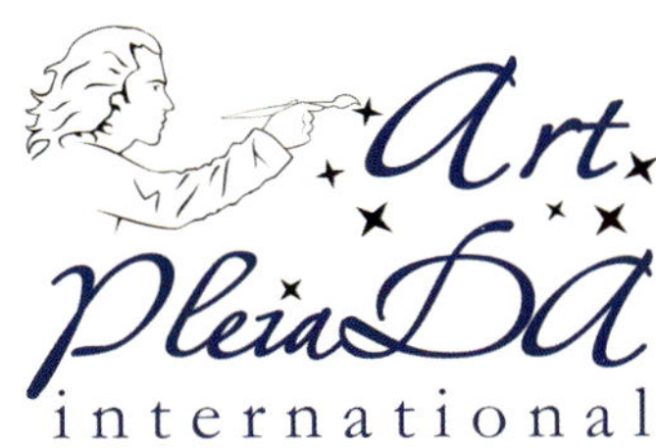

Become a producer of your painters and favorite sculptors!!!!
The Gallery Princess of Kiev is a part of Art PleiaDA International, a group specialized in the promotion and the production at the service of artists and art collectors.
From September 1st, 2009, Art PleiaDA International will launch www.FabriqueDArtistes.com.
This technological platform and associated services will enable artists, art market professionals, collectors and investors to share their projects and for some to work together.
There, collectors can see and buy objects of art, become more acquainted with the artists and their projects, and, possibly, invest either in objects of art or in the career of the selected artists. They will become both producers and agents for these artists.
To know more about it, to make suggestions or to participate, you may connect to ***www.FabriqueDArtistes.com***

La Galerie Princesse de Kiev fait partie de Art PleiaDA International, un groupe spécialisé dans la promotion et la production au service des artistes et des collectionneurs d'art.
A partir du 1er Septembre 2009, Art PleiaDA International lancera www.FabriqueDArtistes.com.
Cette plateforme technologique et les services associés permettront aux artistes, aux professionnels du marché de l'art, aux collectionneurs et aux investisseurs de partager leurs projets et pour certains de travailler ensemble.
Les collectionneurs pourront y voir et acheter des œuvres d'art, mieux connaître les artistes et leurs projets, et, éventuellement, devenir des investisseurs soit en œuvres d'art soit dans la carrière des artistes sélectionnés. Ils deviendront ainsi à la fois producteurs et agents de ces artistes.
Pour en savoir plus, pour faire des suggestions ou pour participer, connectez-vous à ***www.FabriqueDArtistes.com***

These artists do trust us Art PleiaDA International
Ces artistes font confiance à Art PleiaDA International

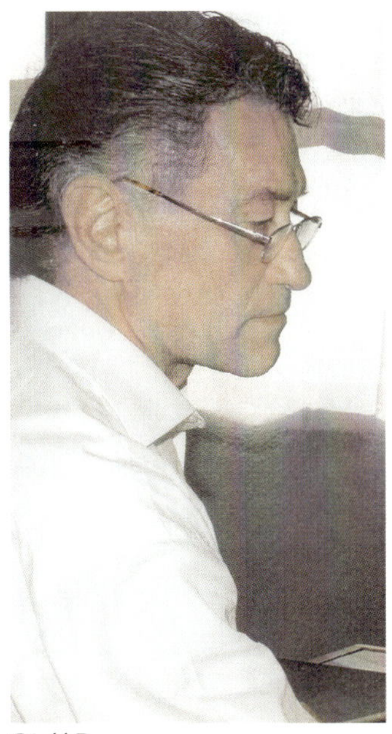
Gérald Dareau

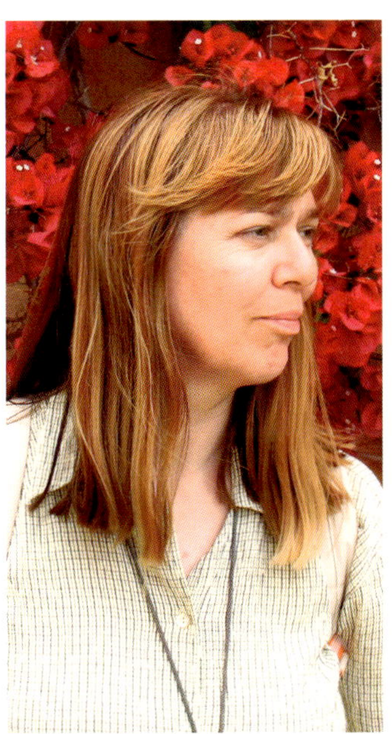
Oksana Levchyshyna

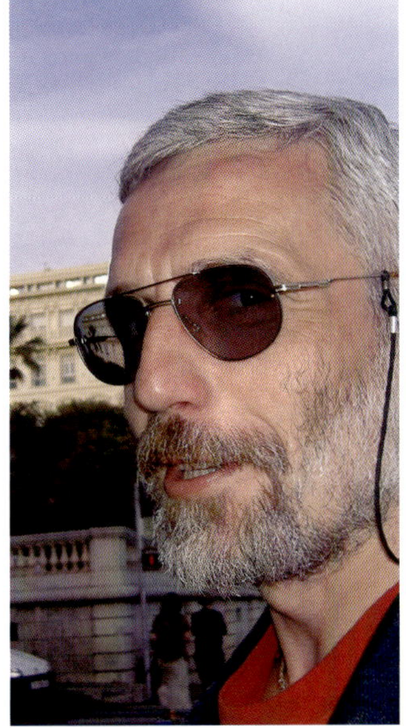
Oleksandr Melnykov

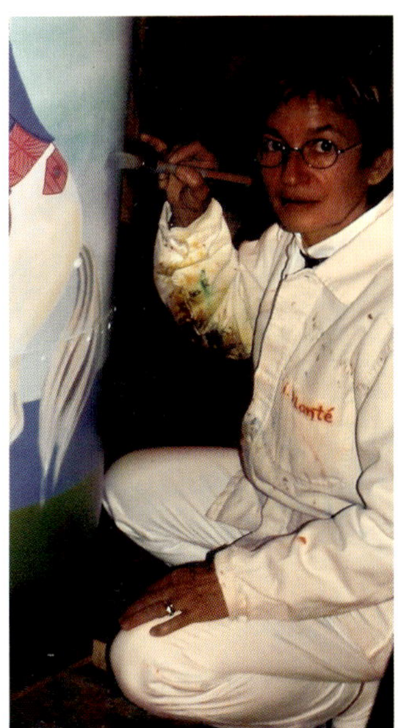
Isabelle Planté

And much more / et beaucoup plus....

www.artpleiada.com - contact@artpleiada.com - Art Marketing - Promotion of artists and communication by art

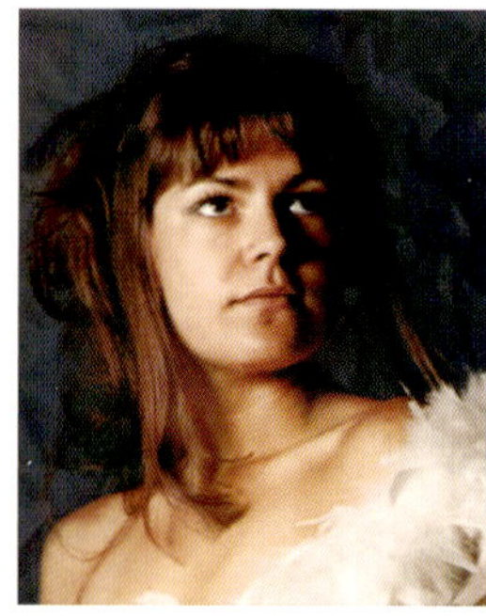

KATARINA ALI

1973 Italy

Katarina Ali was born in 1973 in Zemun, Yugoslavia. In 1993 she graduated in Industrial Design from the School of Design in Belgrade and in 1999 she graduated in Graphic Planning from the Academy of Fine Art and Design in Belgrade.
www.alikatarina.com

Katarine Ali est née à Zemun (Yougoslavie) en 1973. En 1993 elle a obtenu son diplôme en Dessin Industriel à l'Ecole de Dessin de Belgrade et en 1999 celui de Dessin d'Urbanisme à l'Académie des Beaux-Arts et Dessin de Belgrade.
www.alikatarina.com

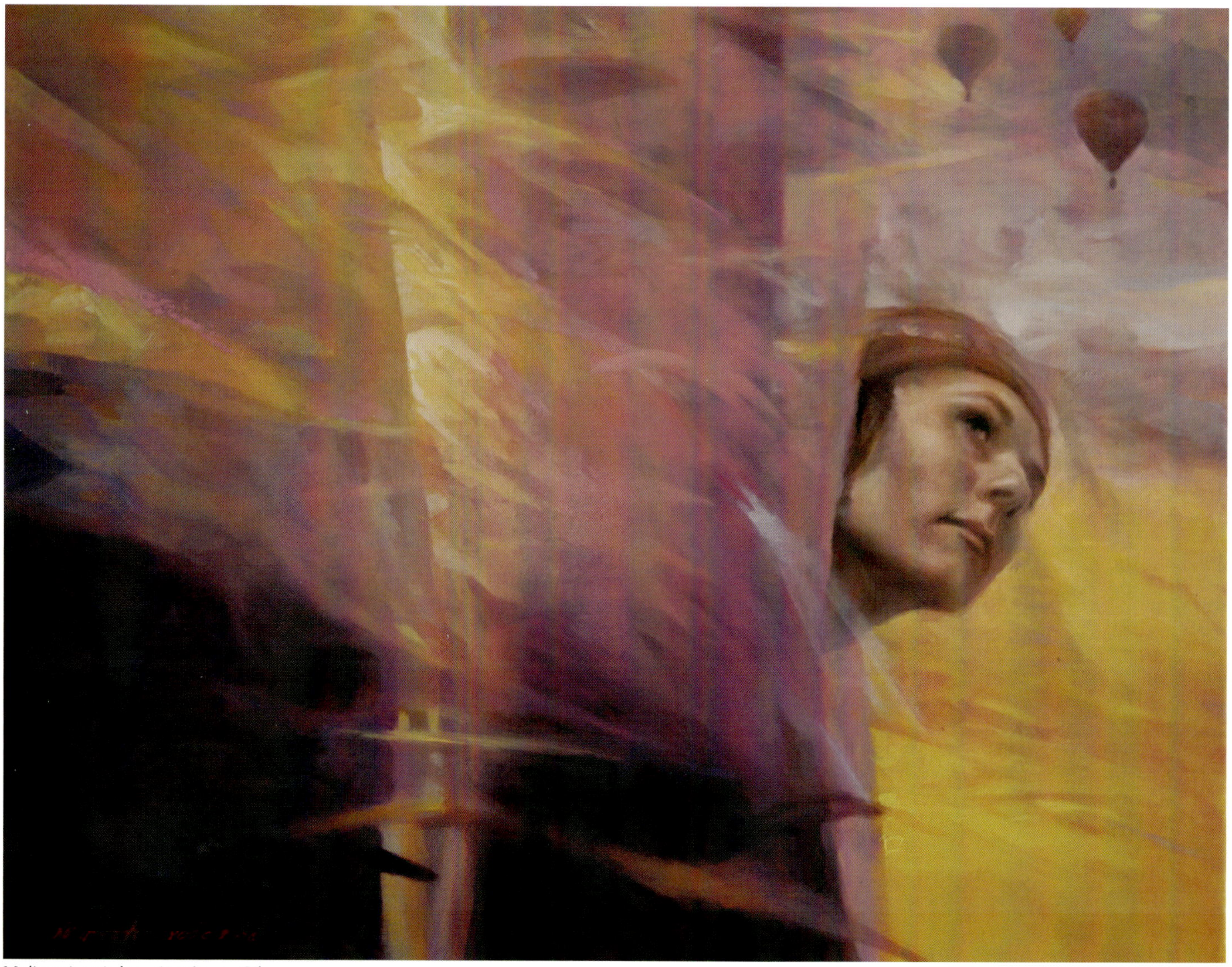

Mediteranian window · 50 x 60 cm · Oil on canvas

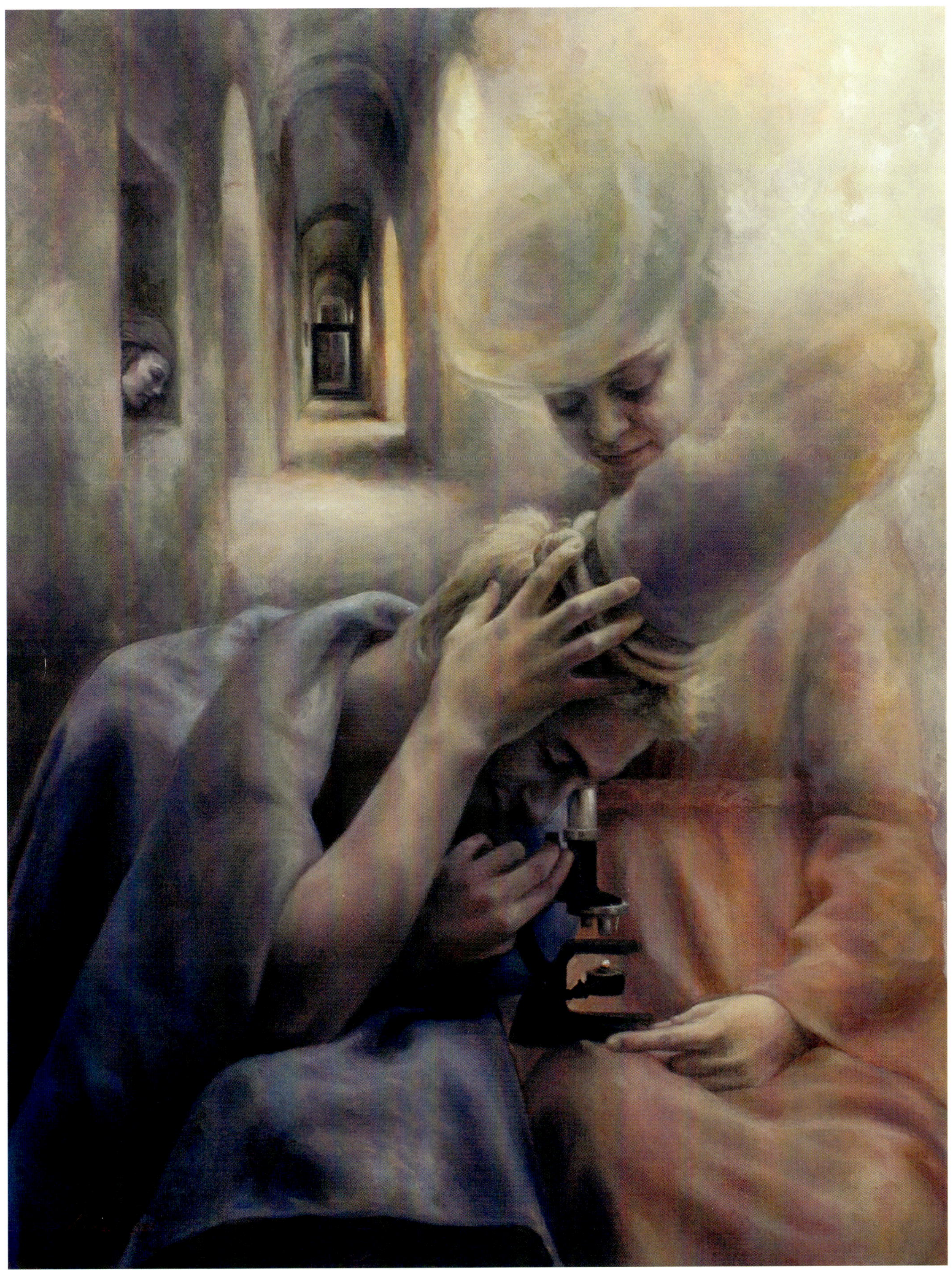

Fecondation · 80 x 60 cm · Oil on canvas

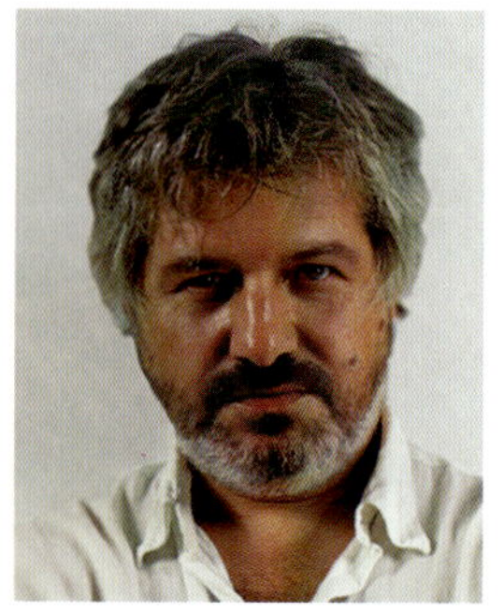

KAROL BĄK

1961 Poland

Karol Bąk is a highly skilled painter and graphic artist with a great potential. He's fascinated with the mystery of the circle and its relations with the square of the image. He creates dreamy worlds filled with illusive spaces.
A great admirer of women and eulogist of femininity. In recent years he has been painting irresistibly beautiful, dreamlike characters. His seraphic heroines flow like in a dream, appearing in immense spaces. They are angels, they are pearl divers, and they are seasons, elements and winds.
The artist sets women in different roles: inter alia mythological and biblical characters. He succeeds in reaching the soul of women through their body denuded from all props. He's the follower of Beauty which follows mysterious paths of ecstasy.

Andrzej Haegenbarth

Karol Bąk - Polish painter and graphic artist. In 1989 he graduated from the Academy of Fine Arts in Poznan; received two diplomas with honors, in the studios of Graphics and Illustration. He has been a professional painter since 2000. His works are arranged in thematic cycles.
His recent works are exhibited in galleries in Poland, Germany, the Netherlands, Great Britain and the United States.
He lives and works in Poznan, Poland.
www.karolbak.com

Karol Bąk, peintre de haute habileté technique et artiste graphique de grand potentiel, est fasciné par le mystère du cercle et ses relations avec le carré et l'image. Il crée des mondes oniriques remplis d'espaces illusoires, où abondent les éloges de la féminité. Dans ses peintures récentes, on peut admirer des personnages irrésistiblement beaux: héroïnes séraphiques représentant les saisons, les éléments ou les vents. Cet artiste recherche l'âme de la femme à travers son corps dénudé flottant dans des immenses espaces: il suit la Beauté, qui, elle, suit les mystérieux sentiers de l'extase."

Andrzej Haebenbarth.

Karol Bąk a obtenu deux diplômes avec honneur à l'Académie des Beaux-Arts de Poznan en 1989: en graphisme et en illustration. Il est peintre professionnel depuis 2000, ses travaux se classant en cycles thématiques.
Ses peintures récentes ont été exposées dans des galeries en Pologne, en Allemagne, aux Pays-Bas, en Angleterre et aux Etats-Unis.
Il habite et travaille à Poznan (Pologne).
www.karolbak.com

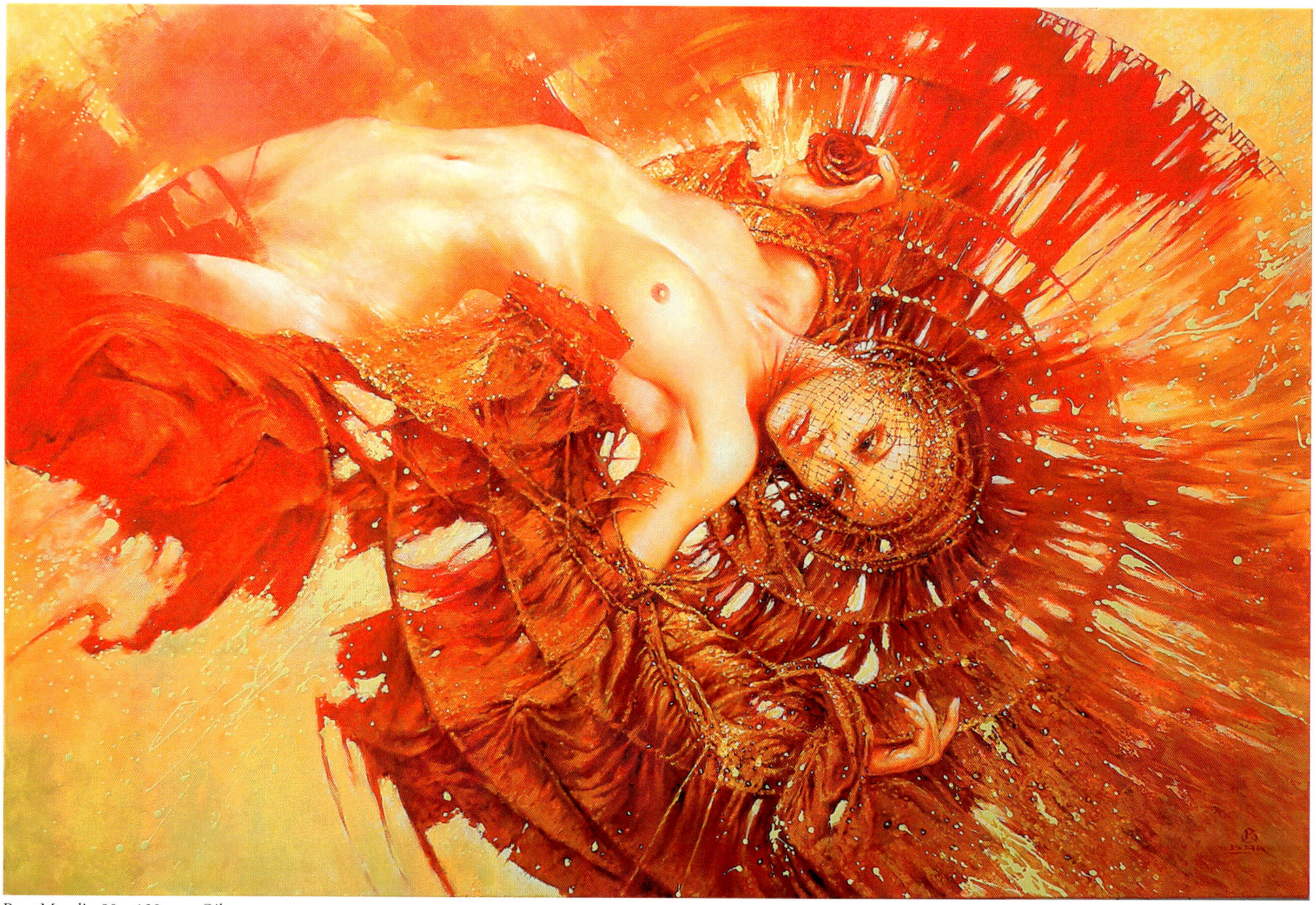

Rosa Mundi · 90 x 130 cm · Oil on canvas

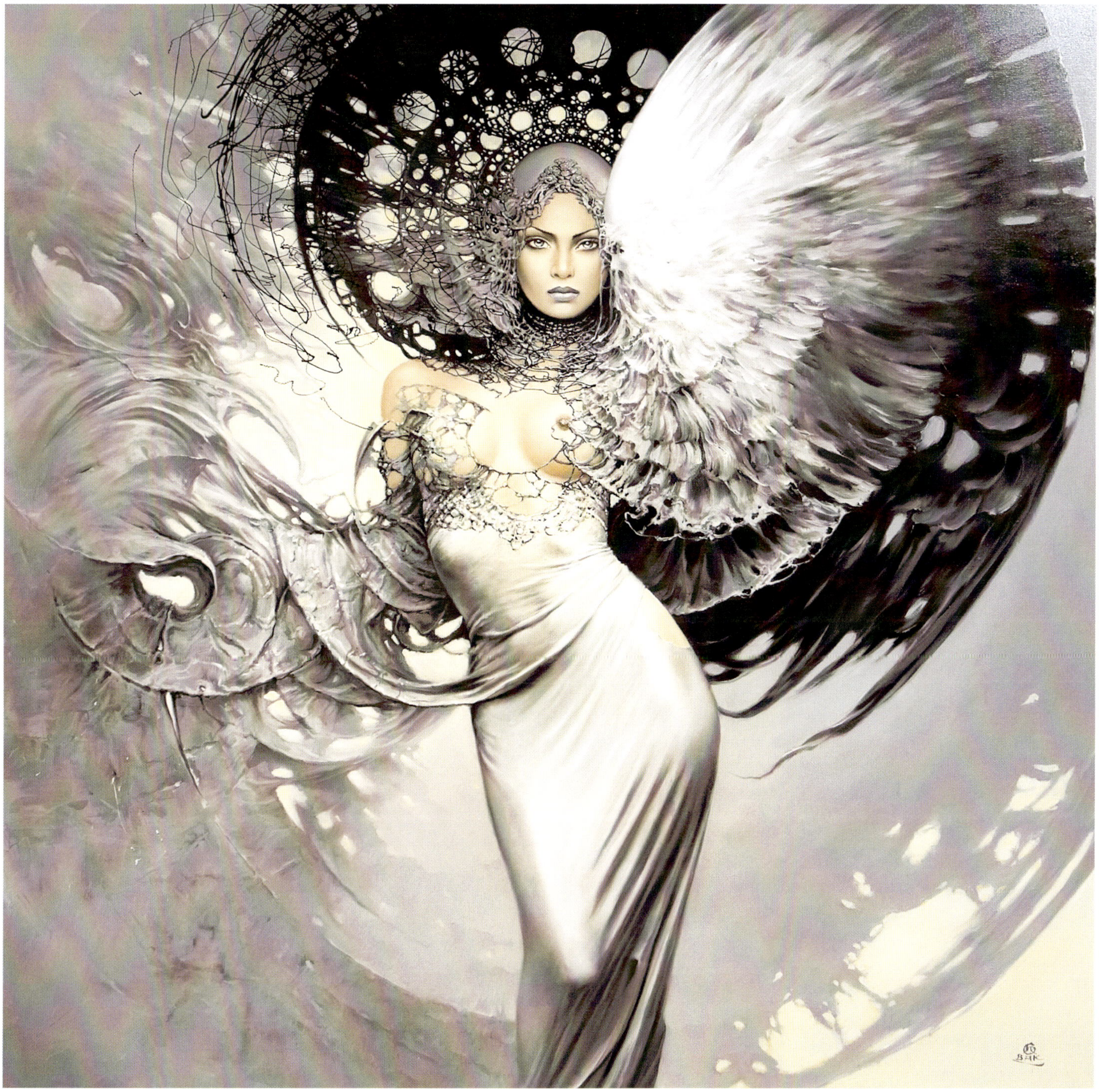

From Dawn To Dusk · 120 x 120 cm · Oil on canvas

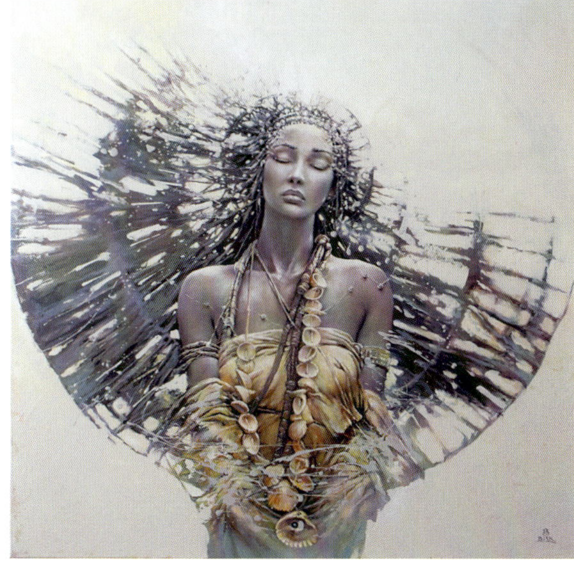

Pearls Diver · 90 x 90 cm · Oil on canvas

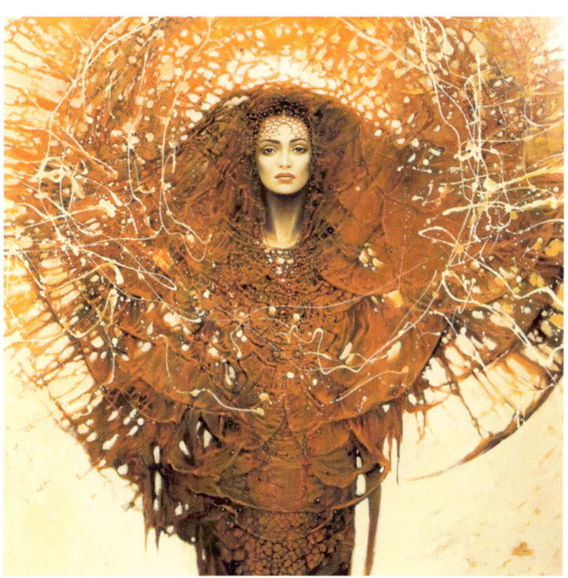

Ariadna III · 100 x 100 cm · Oil on canvas

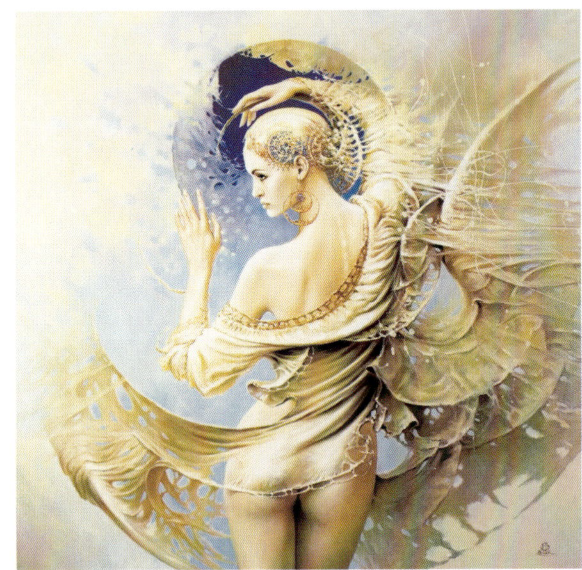

Heaven Touch · 100 x 100 cm · Oil on canvas

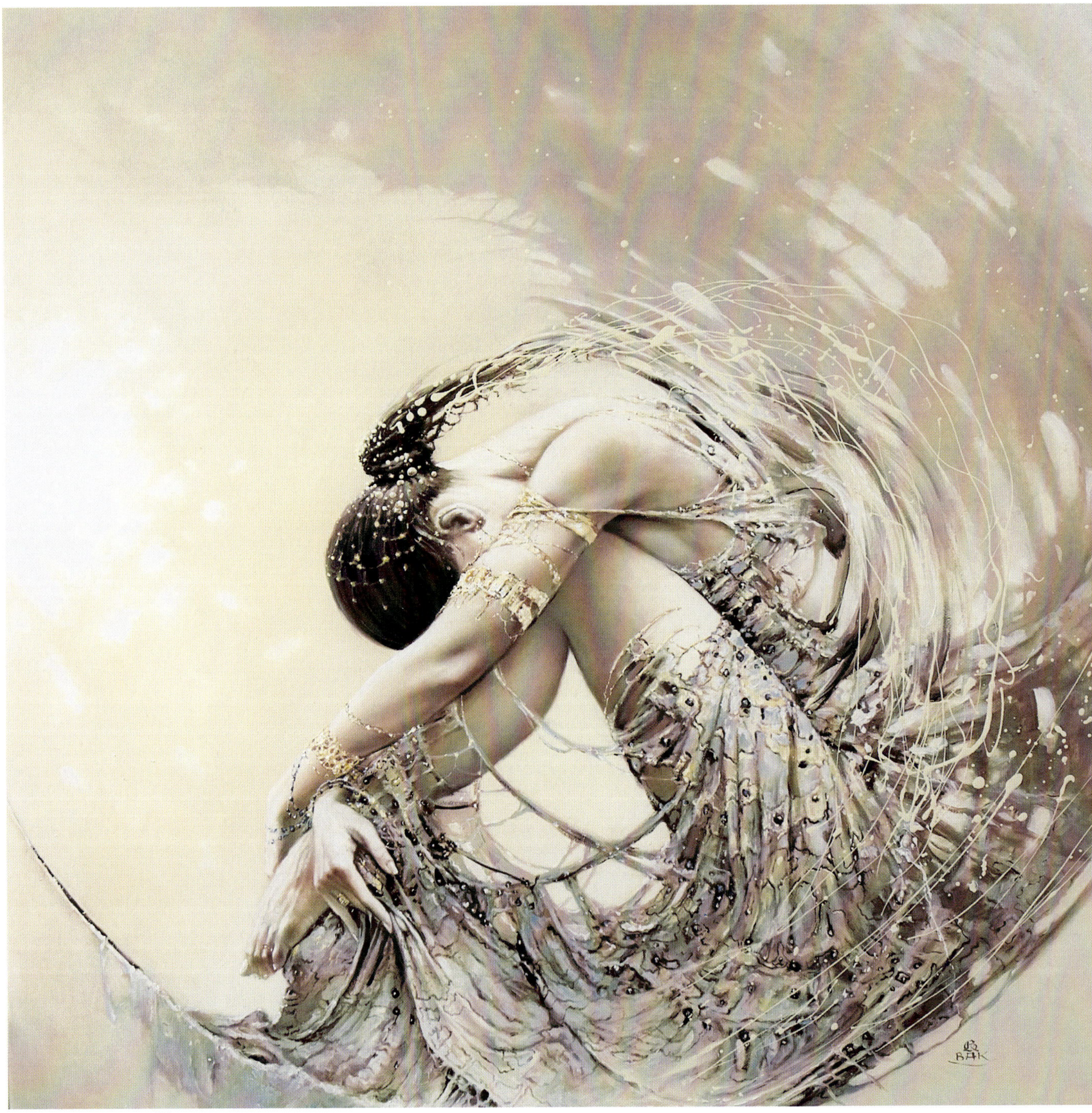

Dream · 100 x 100 cm · Oil on canvas

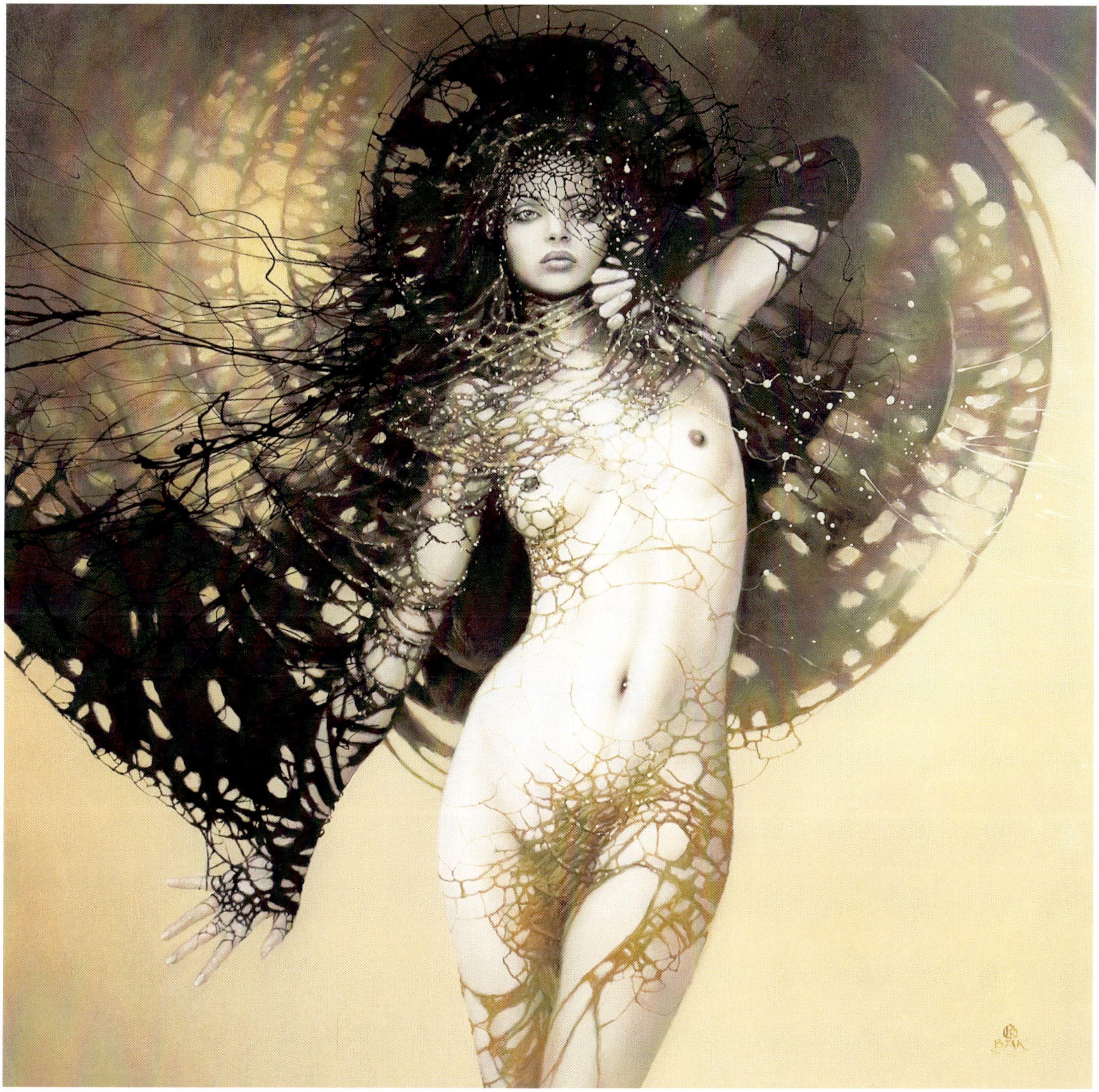

Stigma Noctis · 100 x 100 cm · Oil on canvas

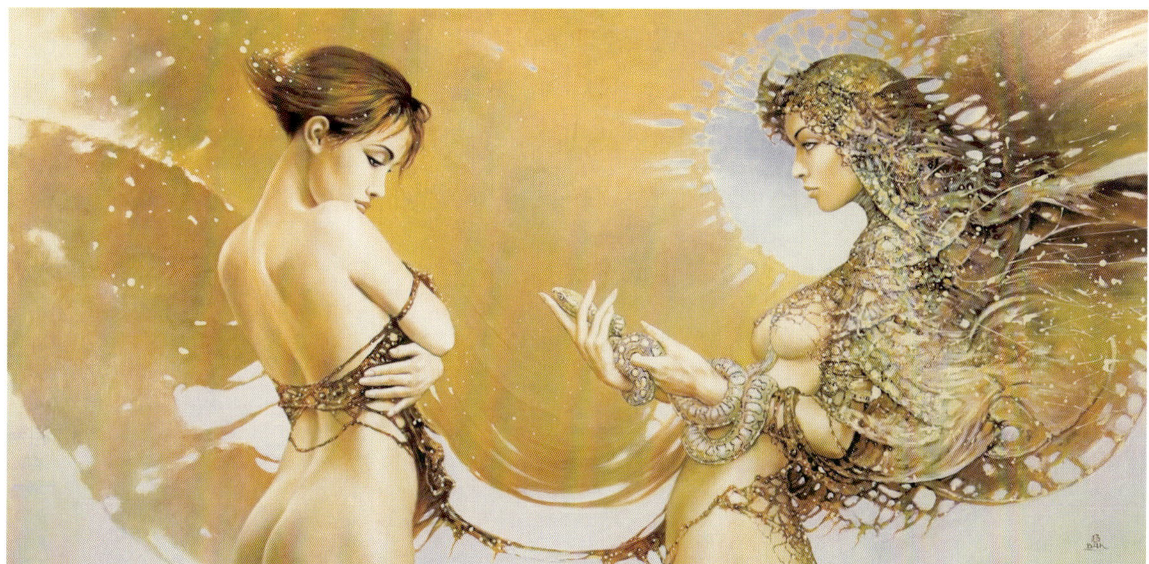

Conspiracy of Silence · 90 x 160 cm · Oil on canvas

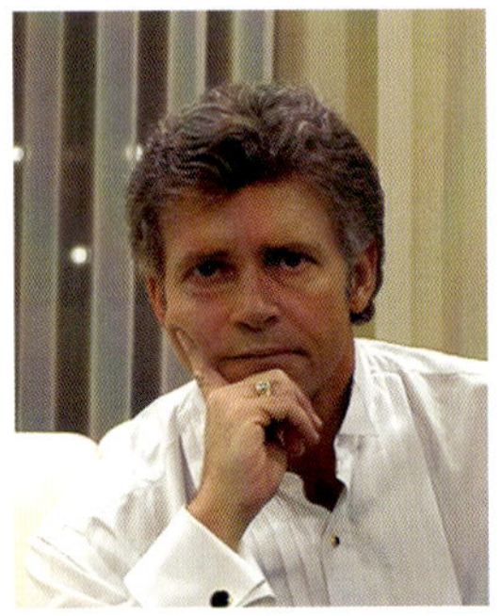

DAVID M. BOWERS

1956 USA

I'm so indebted to the paintings of the great Old Masters of the past. The inspiration that I receive from viewing their work, makes the hair stand up on the back of my neck. I have to admit that very few modern artists give me that kind of sensation. It has been out of vogue for quite some time with the elitist in the world of art for a painting to be beautifully drawn, composed and painted. So, I guess that makes me a rebel and every other artist out there working hard trying to achieve the beauty and grace of the Old Masters. I will spend the rest of my life in pursuit of those lofty ideals set forth by the great ones of the past.

Making my paintings and striving for perfection in them, is what motivates me the most. My next painting will always be my best. At least that is what I hope to achieve.

www.dmbowers.com

Les tableaux de David Bower se trouvent dans de nombreuses collections privées aux USA et en Europe ainsi qu'au Musée d'Illustration Américaine à New York et à la Galerie Nationale des Portraits à Washington DC. Bowers habite avec son épouse Kimberlie dans la région de Pittsburgh en Pennsylvanie, où il peint très lentement et méthodiquement pendant de longues journées.

www.dmbowers.com

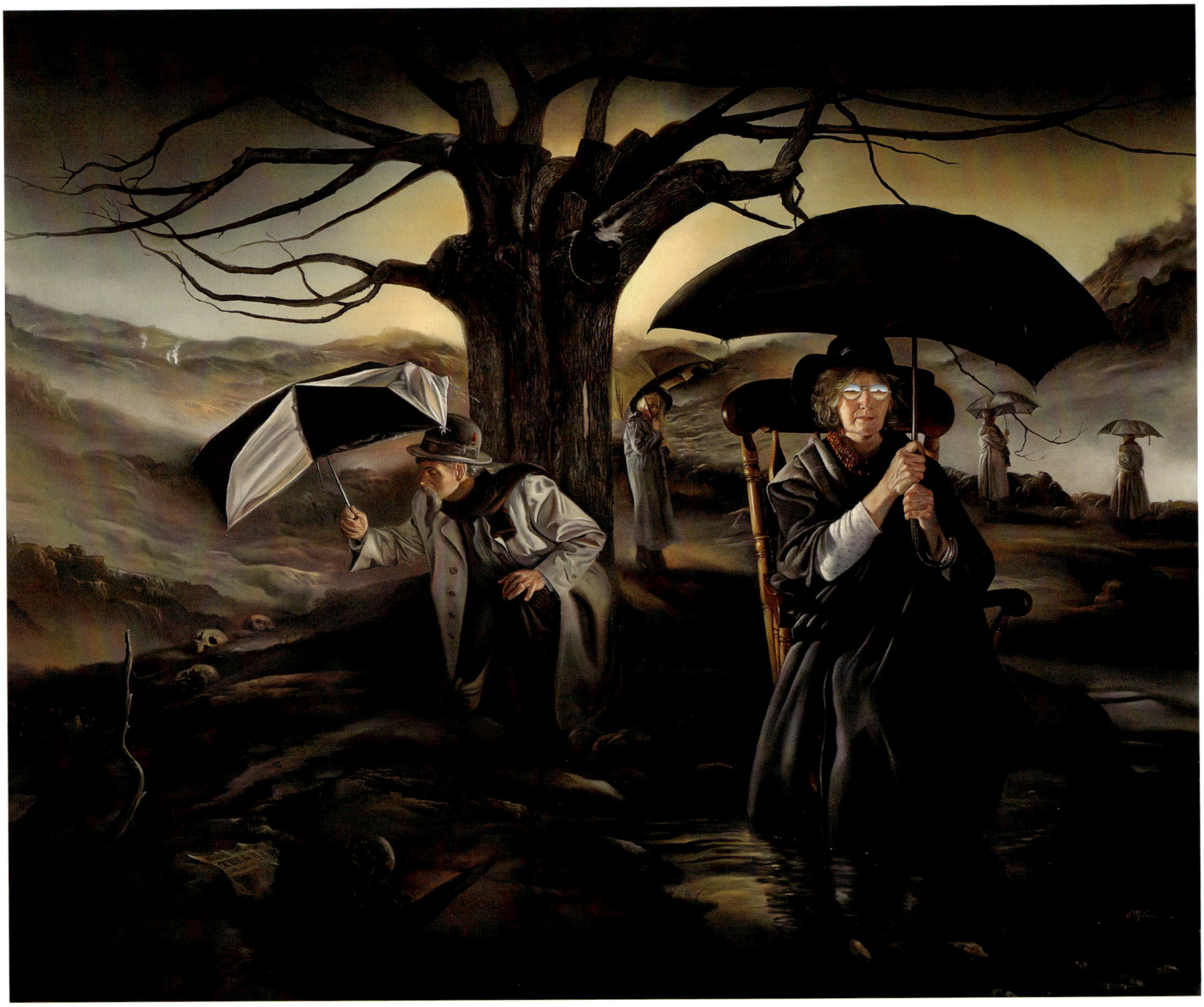

Blue Sky · 58 x 71 cm · Oil on canvas

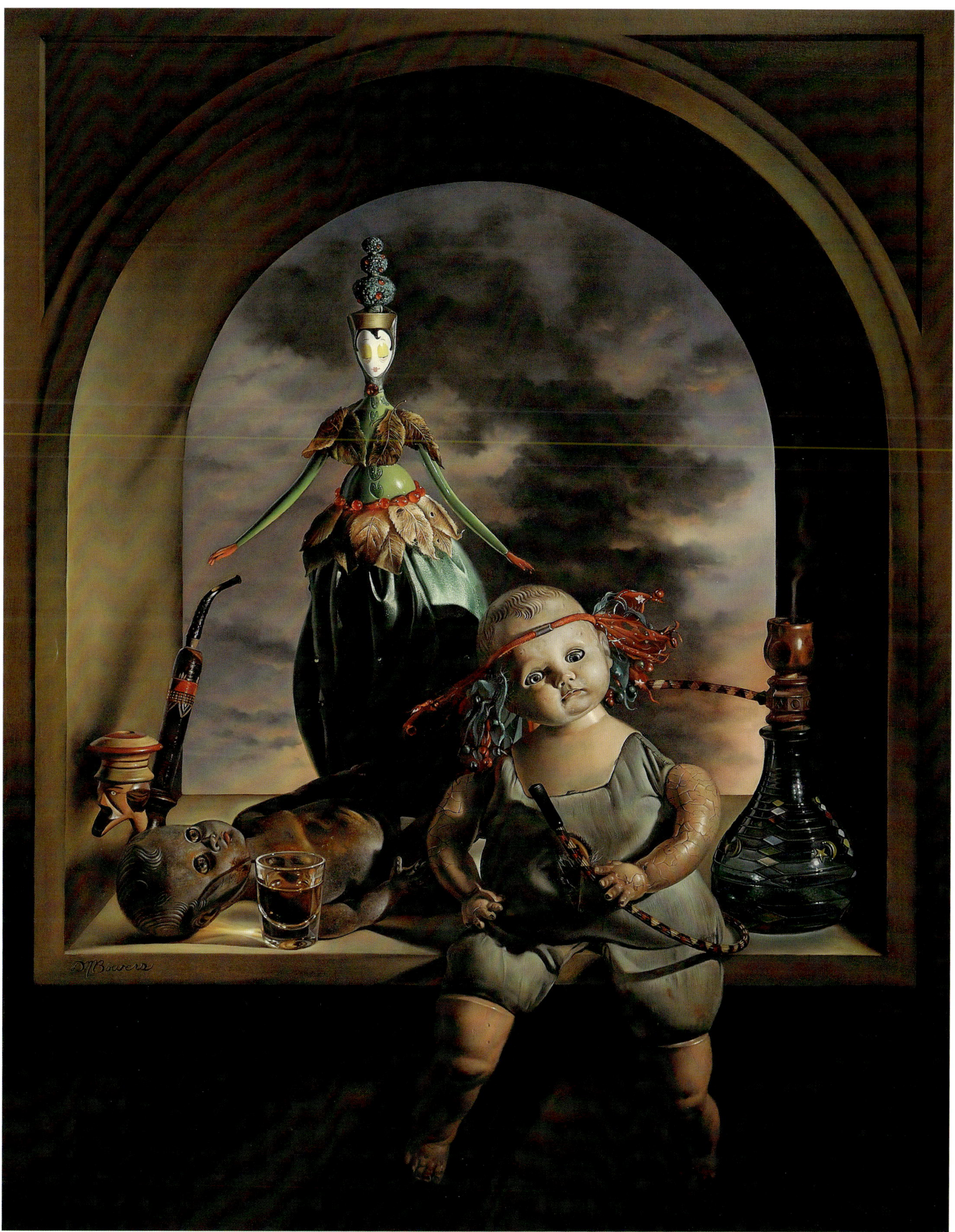

On the Edge · 51 x 39 cm · Oil on canvas

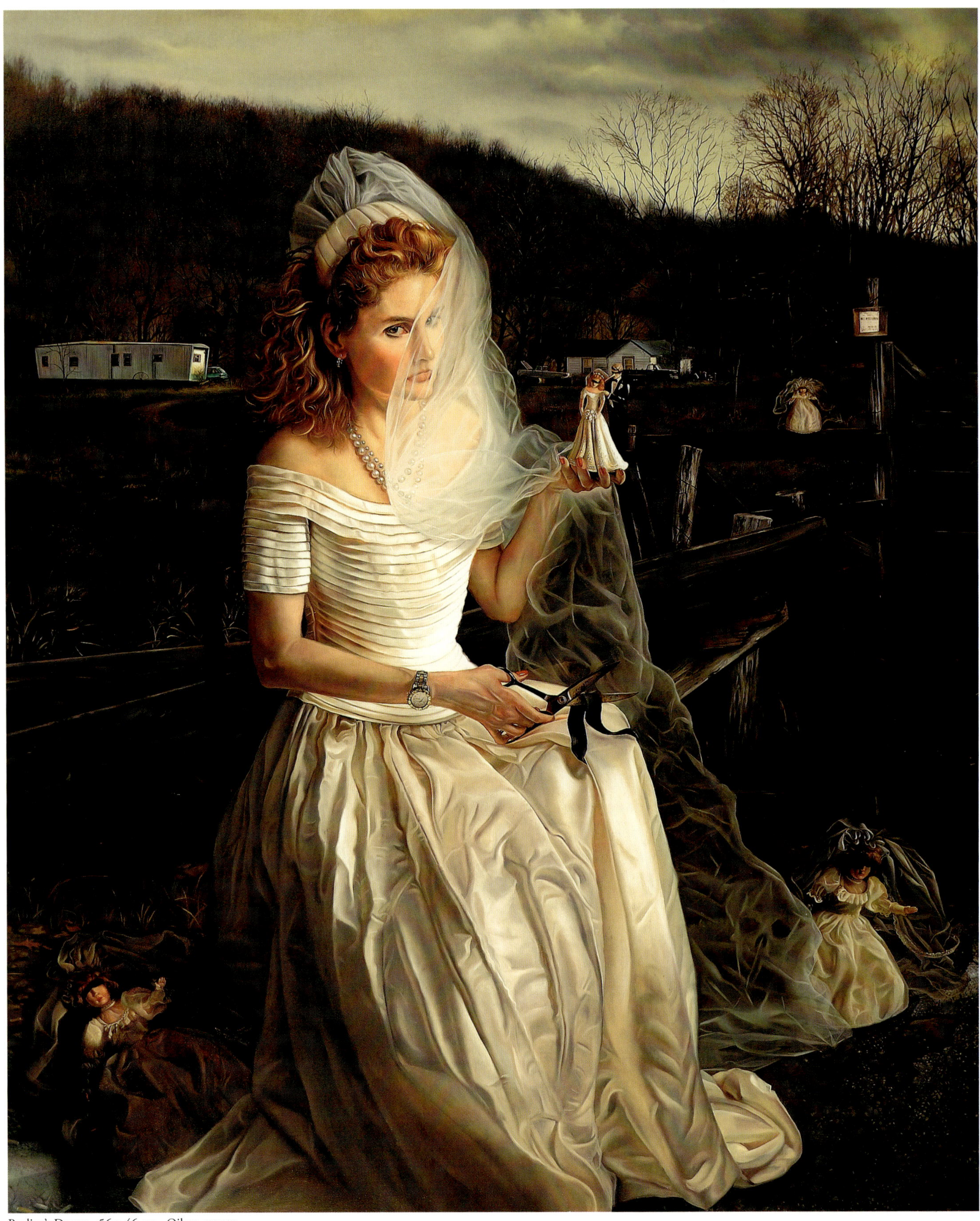

Paulina's Dream · 56 x 46 cm · Oil on canvas

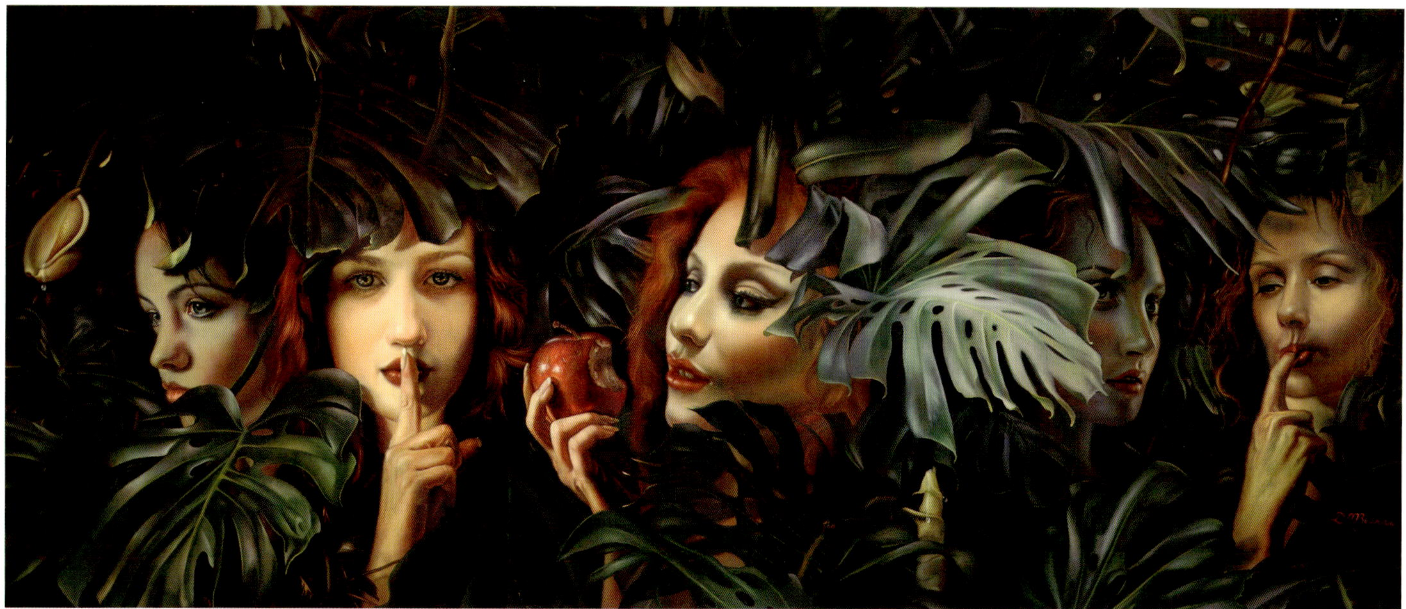

Red Delicious · 30 x 71 cm · Oil on canvas

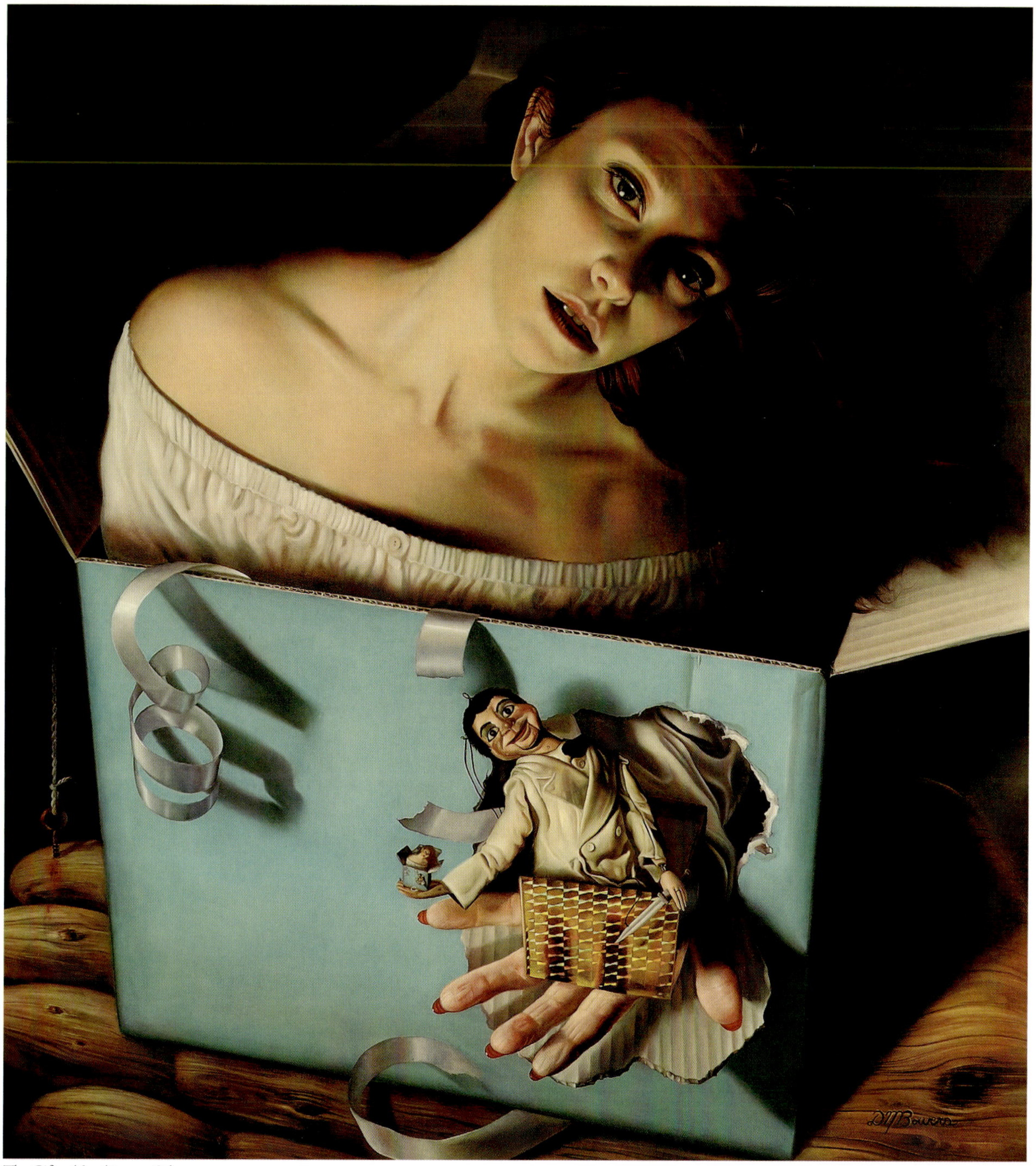

The Gift · 46 x 40 cm · Oil on canvas

MARGARET BOWLAND

1953 USA

Born in Burlington, North Carolina, in 1953, the artist has drawn and painted since early childhood. Ms. Bowland works full time as an artist, lives and works in Brooklyn, NY, with her husband and two children.
www.margaretbowland.com

Née à Burlington, Caroline du Nord, en 1953, l'artiste dessine et peint depuis son plus jeune âge. Aujourd'hui, elle est une artiste à temps complet, et vit à Brooklyn, NY, avec son mari et ses deux enfants.
www.margaretbowland.com

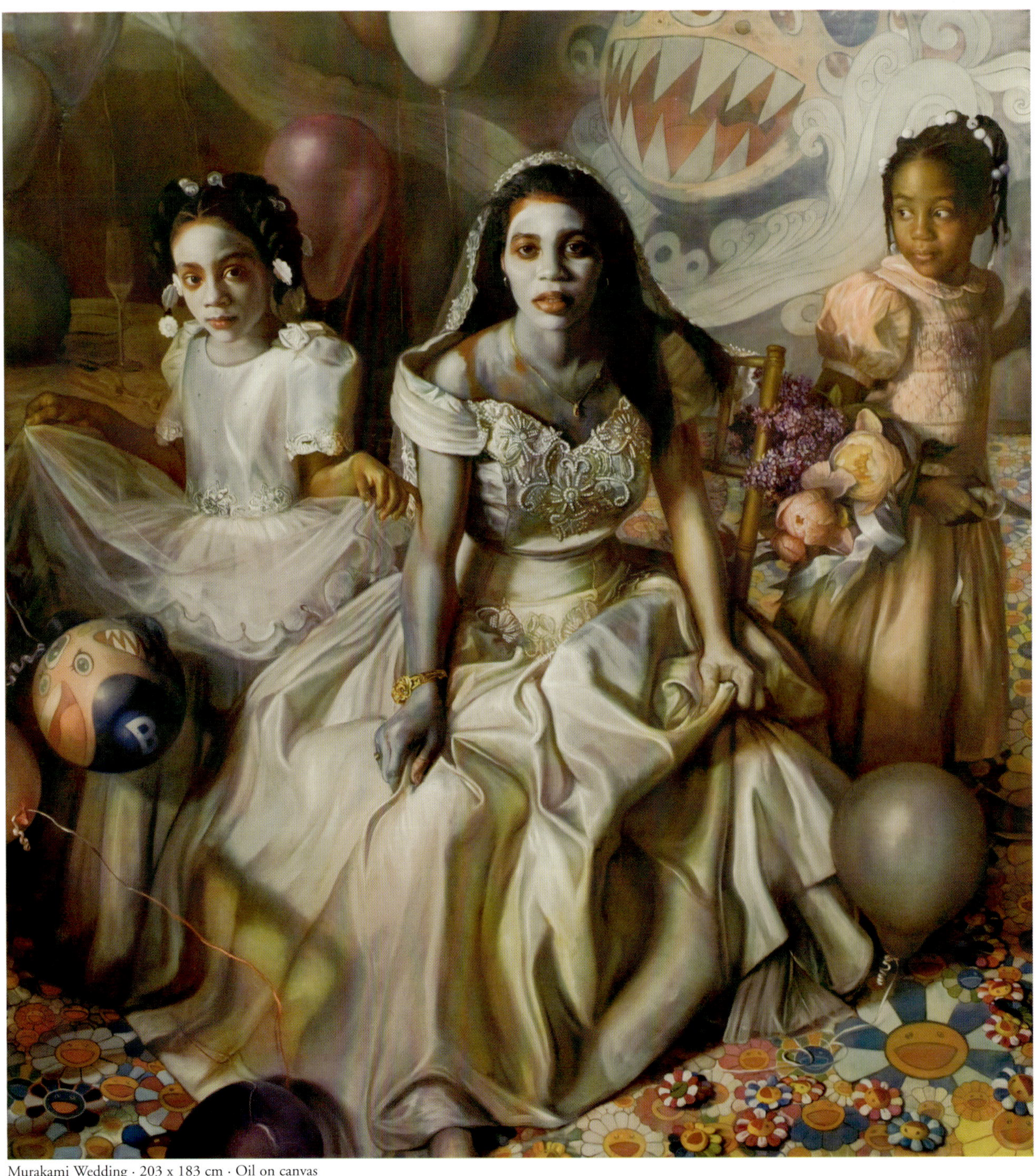

Murakami Wedding · 203 x 183 cm · Oil on canvas

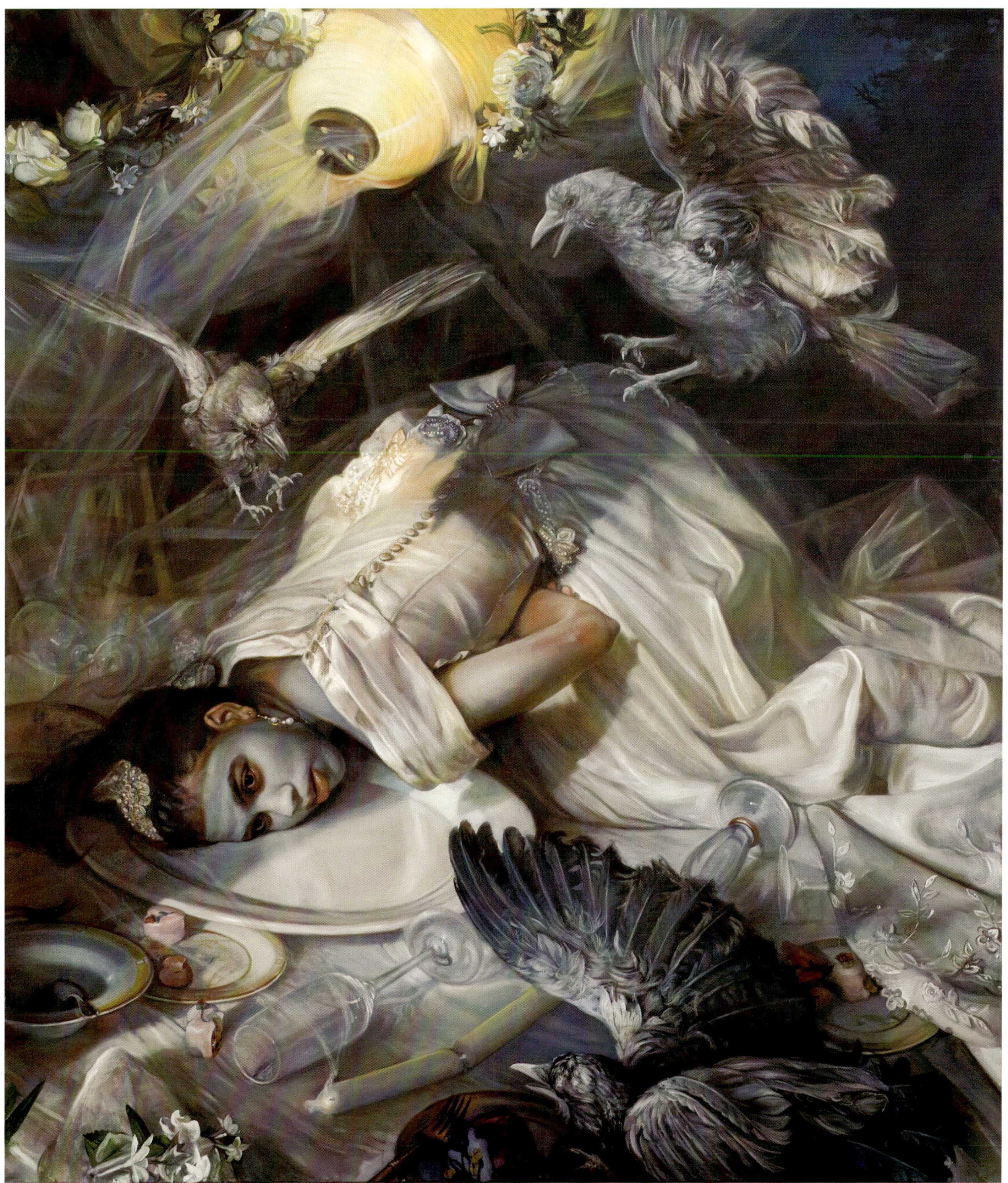

White Crows Series #1 · 168 x 142 cm · Oil on canvas

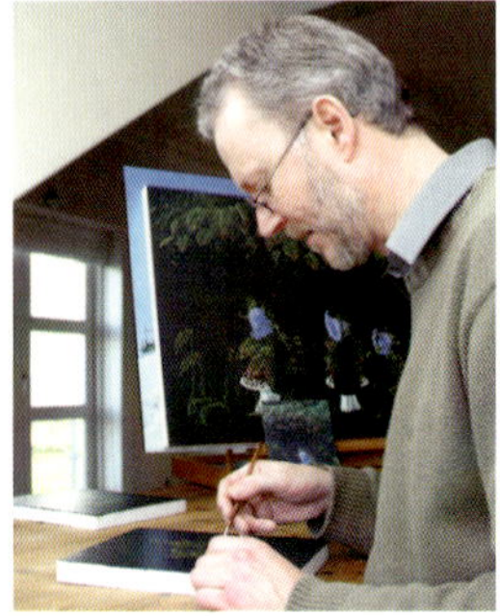

CLAUS BRUSEN

1960 Denmark

Claus Brusen works in a world of fairies, gnomes and other little folk, but also more along the lines of humorous portraits of the human character and he even gives life and character to flowers, trees and plants or whatever could have a life. Claus Brusen has sold throughout the world and recently sold to HRH Prince Henri of Denmark, so he can now be proud to be a part of the Royal collection in Denmark.

Last year Claus Brusen won the Superior Grand Cru Award from Society for Art of Imagination in London.

www.clausbrusen.com

Le travail de Claus Brusen est inspiré du monde des fées, gnomes et autres petits êtres de la forêt, à travers lesquels il trace un portrait ironique de l'homme. La nature elle-même - les fleurs, les arbres, l'herbe - gagne un visage et un caractère. Les tableaux de Claus Brusen font partie de collections partout dans le monde. Depuis peu, après la visite de Son Altesse Royale le Prince Henri à sa galerie, son travail est aussi représenté à la Collection Royale du Danemark.

www.clausbrusen.com

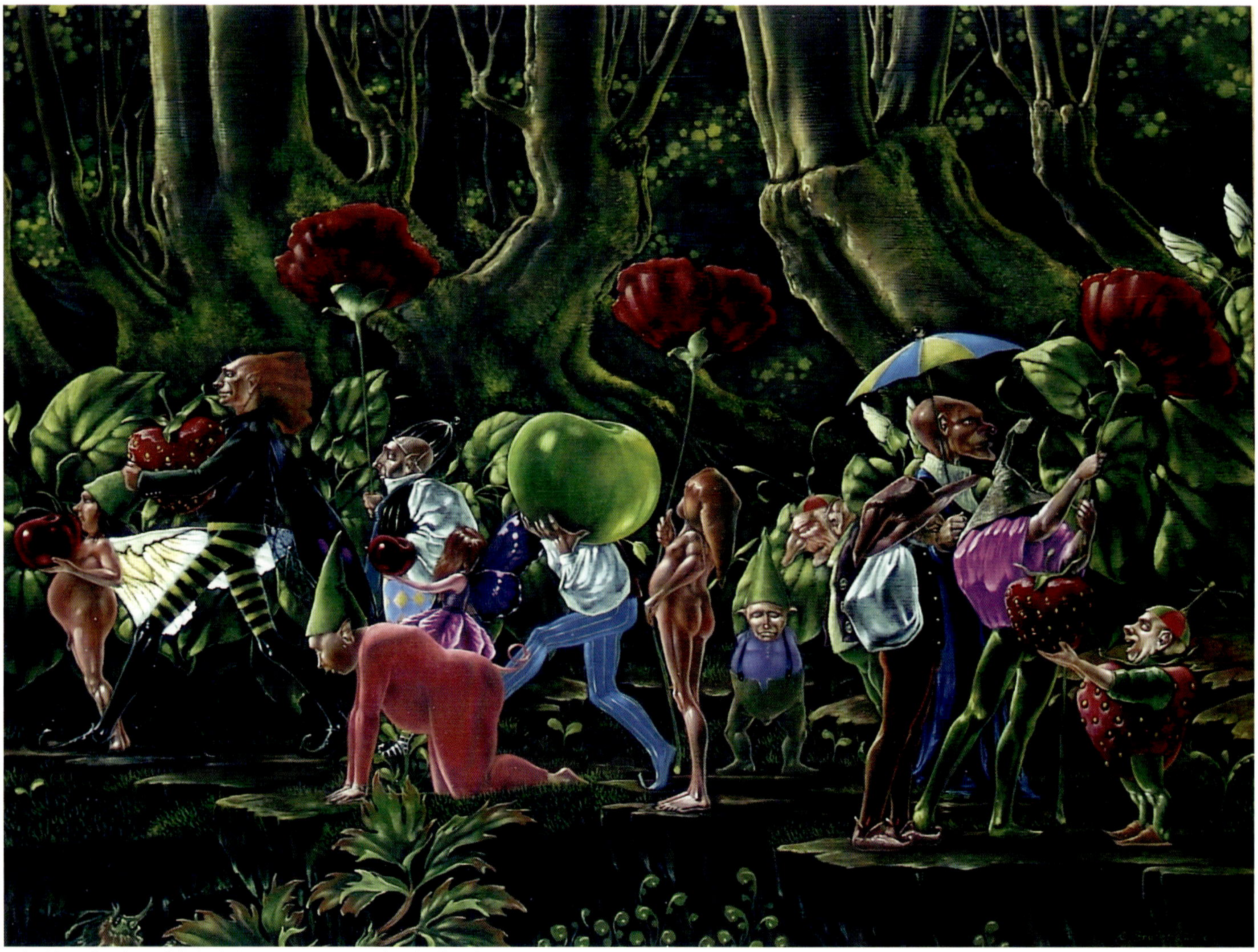

Nobody's perfect, least of all this lot! · 27,3 x 35,7 cm · Oil on hardboard

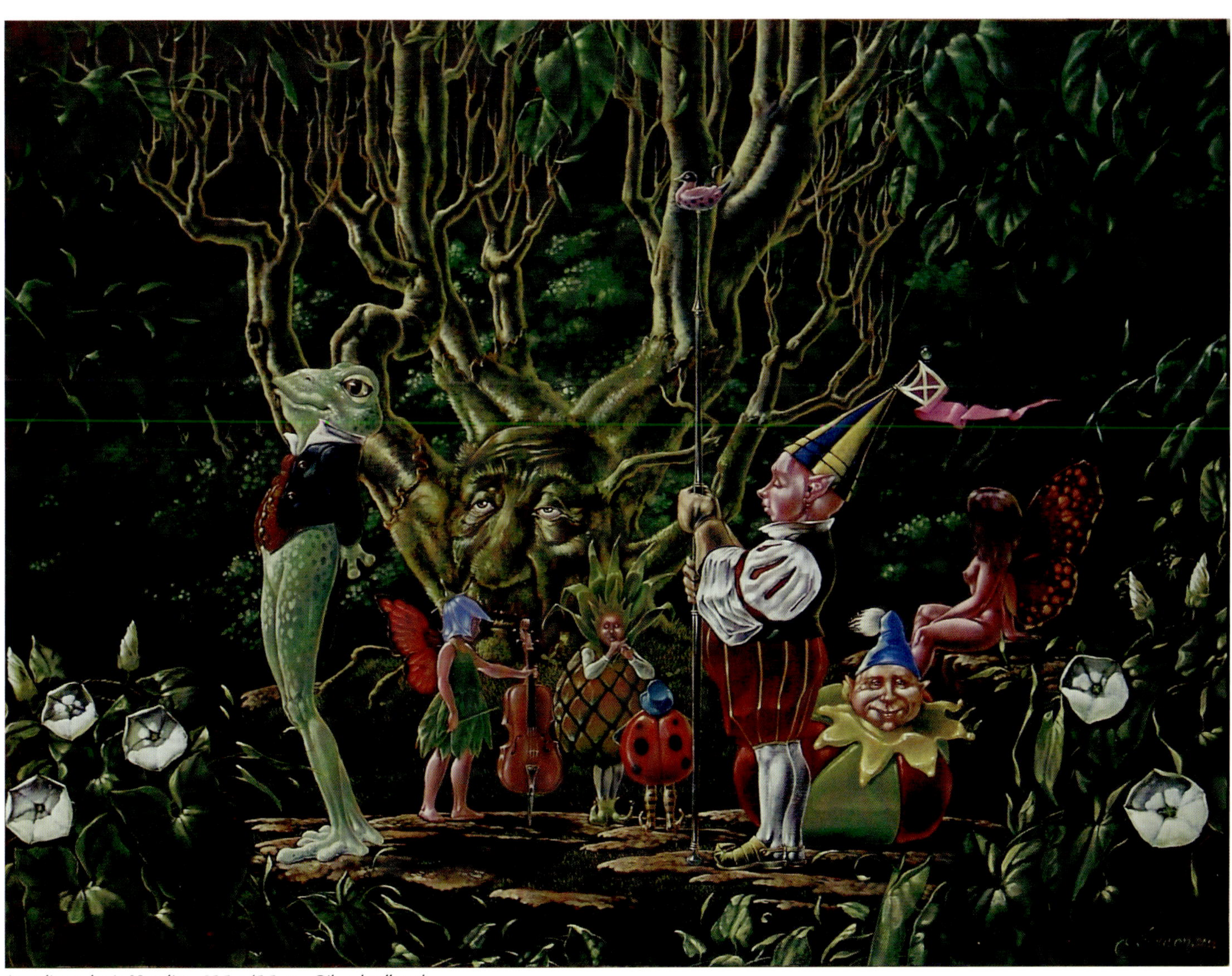

An ordinary day in Nactalius · 35,5 x 45,5 cm · Oil on hardboard

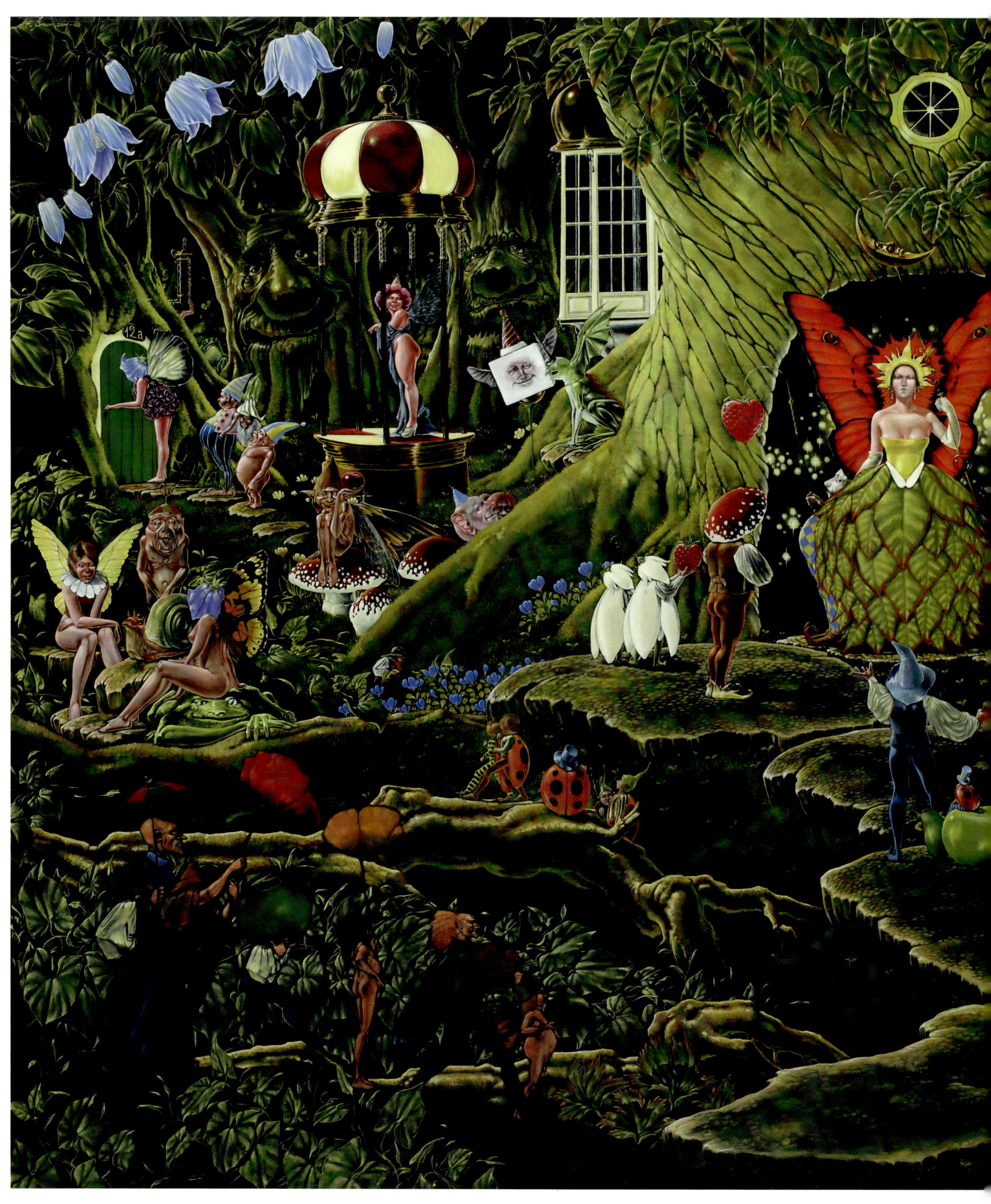
12a

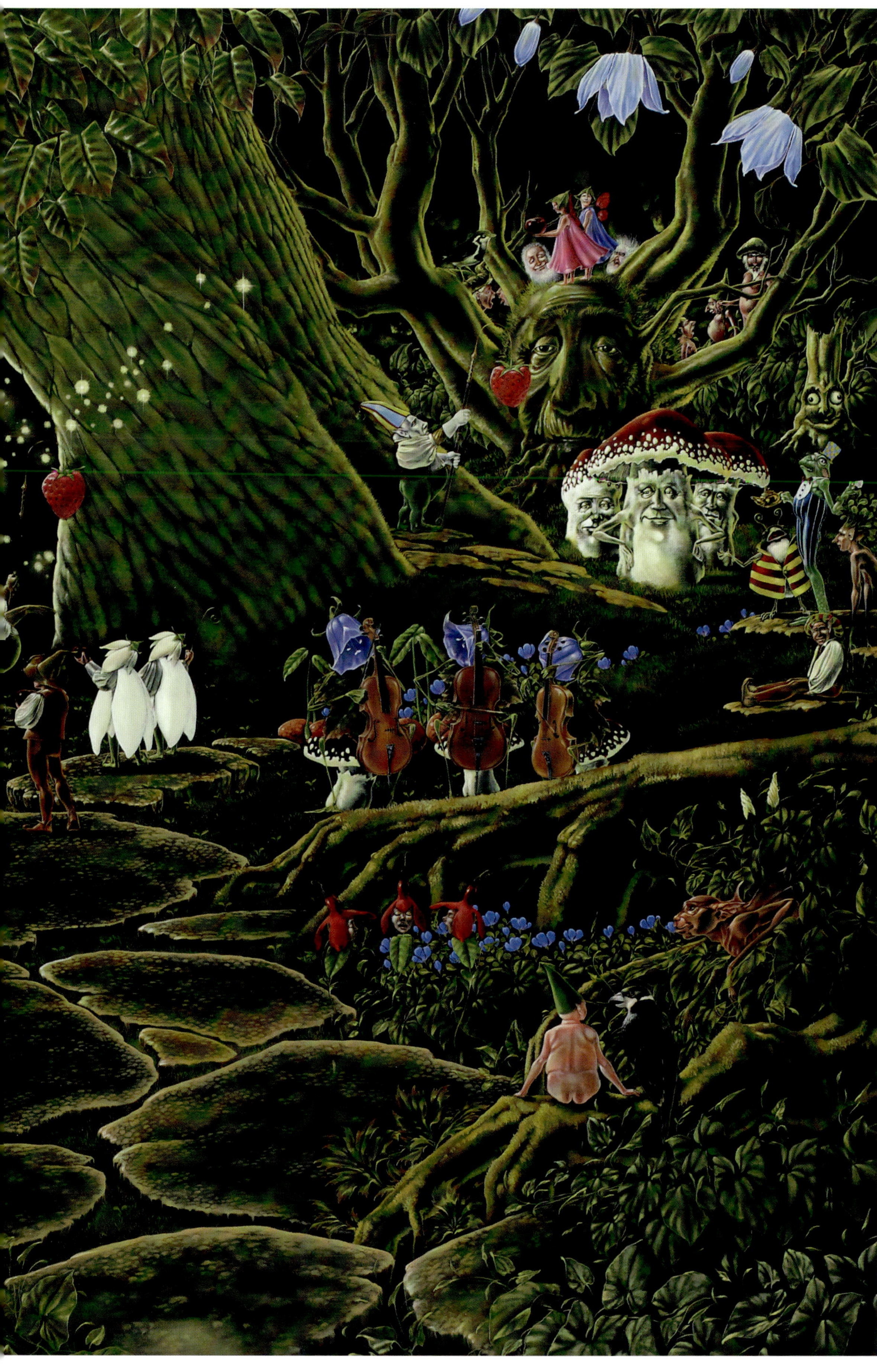

Nactalius · 110 x 170 cm ·
Oil on hardboard

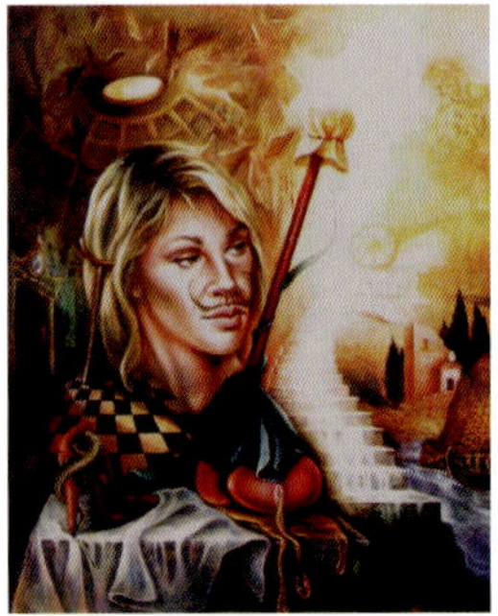

YO COQUELIN

Germany / France

"I would like my paintings to merge what has been, what is and what will be, between Chaos and Harmony". Both symbolist and visionary, Yo Coquelin places figures mostly hermaphrodites, in imaginary architectures and landscapes in ruins. Her very own world, out of the time, shows an irresistible beauty and sensuality. Born in Berlin, Yo Coquelin has lived and worked in Paris since 1978. She is a Full Member of "Salon d'Automne", "Salon des Artistes Français" and of the "Taylor Foundation". Yo Coquelin has received many distinctions and several gold medals. She exhibits and has her paintings in private collections all around the world.
www.yocoquelin.com

"J'aimerais que mes toiles tissent des liens entre ce qui a été, ce qui est, et ce qui sera, entre le Chaos et l'Harmonie. À la fois symboliste et visionnaire, Yo Coquelin met en scène des personnages souvent hermaphrodites, dans des architectures imaginaires et des paysages ruinistes, un monde bien à elle, hors du temps, d'une irrésistible beauté sensuelle. Née à Berlin, Yo Coquelin vit et travaille à Paris depuis 1978. Elle est sociétaire du Salon d'Automne, du Salon des Artistes Français et de la Fondation Taylor. Yo Coquelin a reçu de nom-Yo Coquelin a reçu de nom-a reçu de nombreuses distinctions et médailles d'or. Elle expose et ses œuvres se trouvent dans des collections privées un peu partout dans le monde.
www.yocoquelin.com

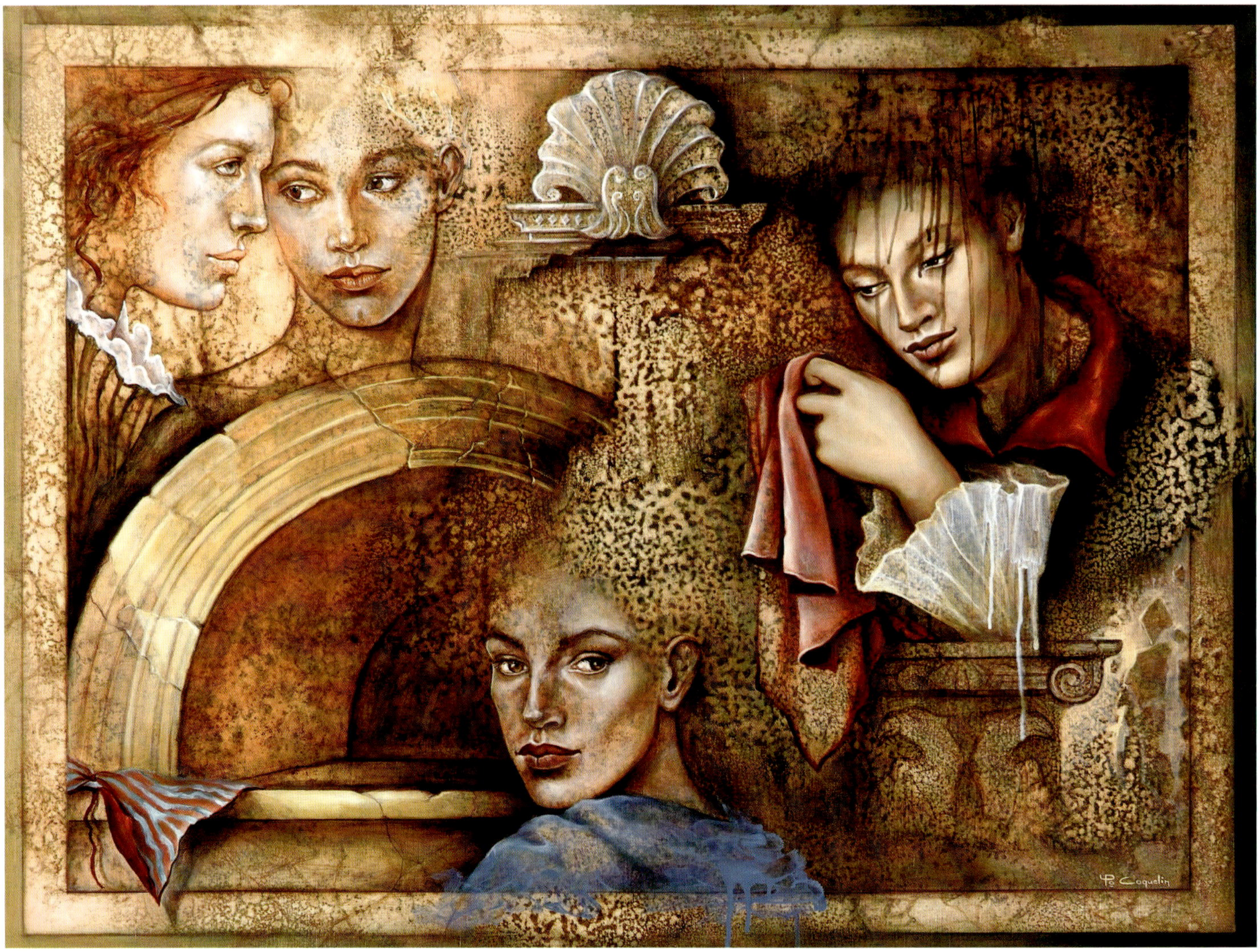

Cross glance · 89 x 116 cm · Oil on canvas

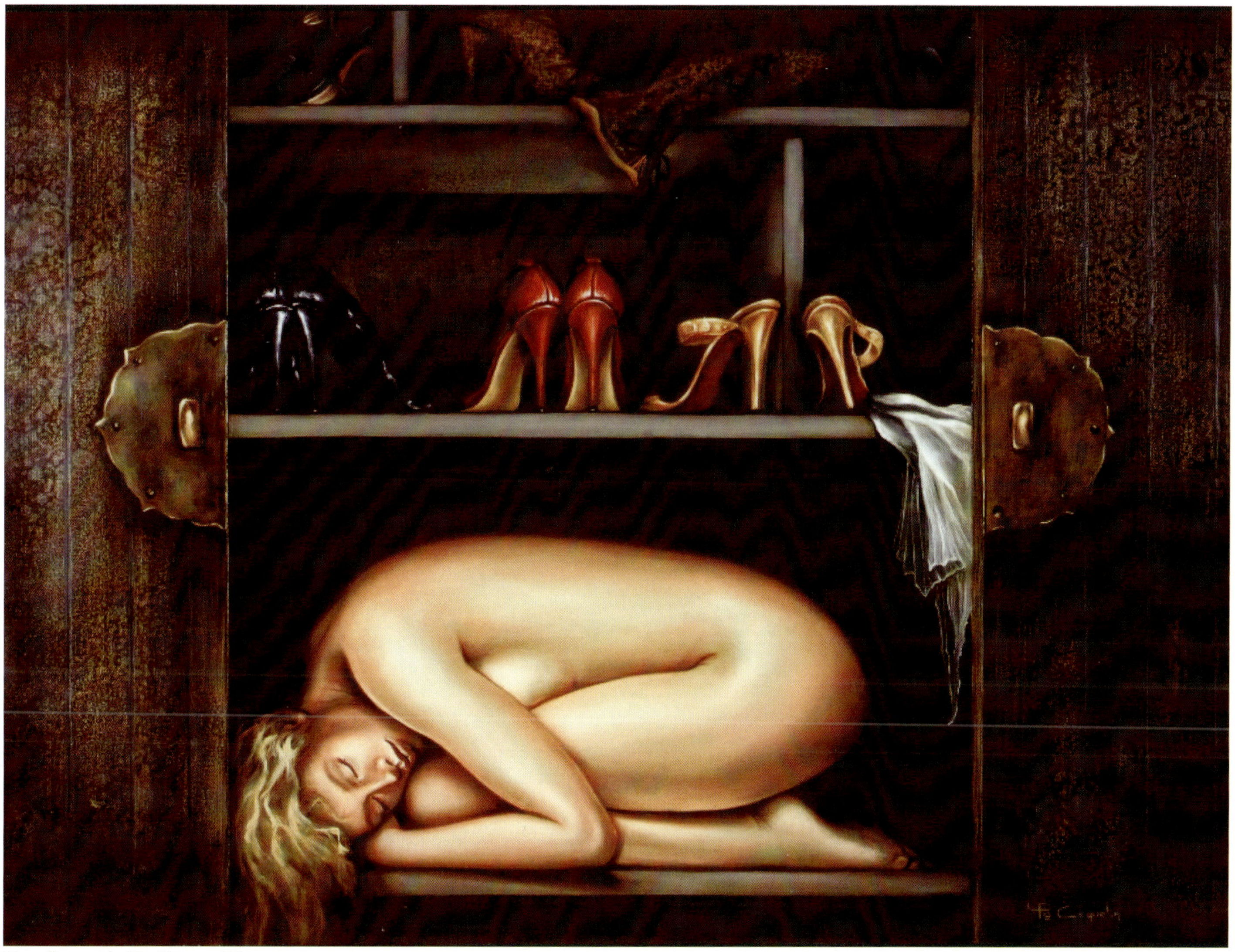

The collector girl · 97 x 130 cm · Oil on canvas

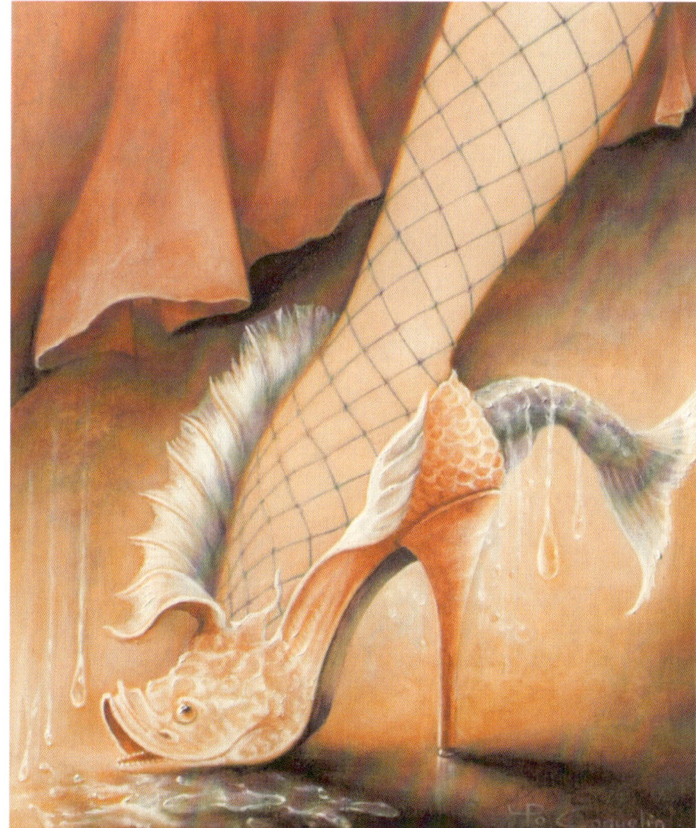

After the rain · 41 x 33 cm · Oil on canvas

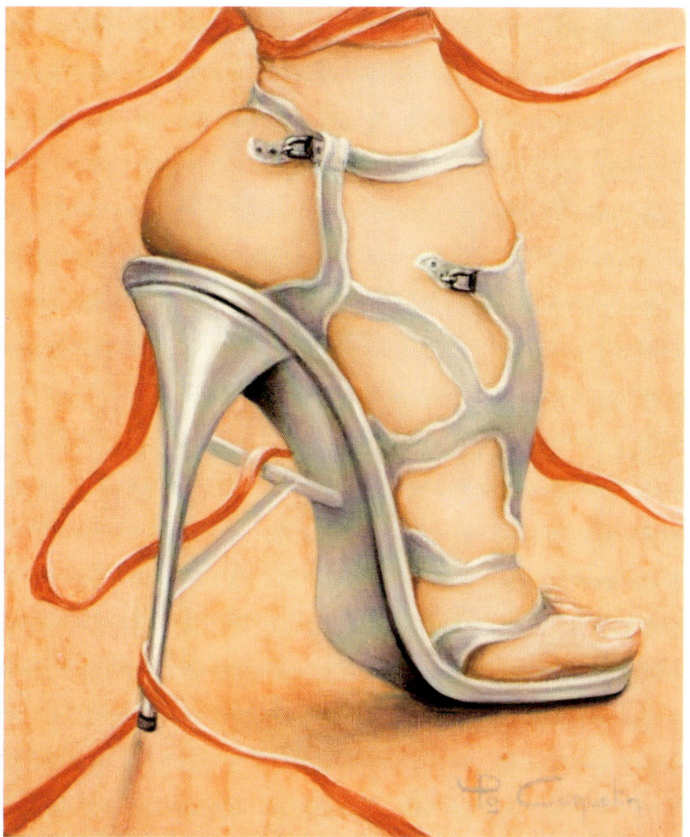

Caught · 27 x 22 cm · Oil on canvas

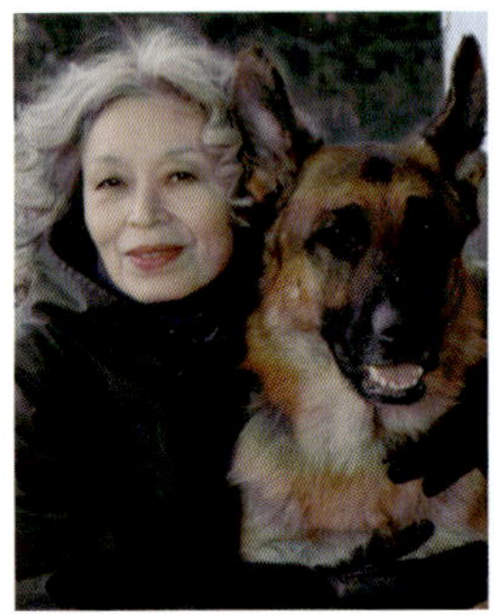

KINUKO Y. CRAFT

USA

Kinuko Y. Craft is one of the most widely respected and well known fantasy artists in the United States today. She considers herself a story teller. Her past commissions have included paintings for the book covers of many well known fantasy authors, opera posters, fairy tale books and covers for many national magazines. During her career she has become known for meticulous attention to detail, a passionate love of fine art and a deep knowledge of art history. Kinuko Y. Craft considers her self a story teller. Her fairy tale books are currently distributed in the USA, other English language countries, Europe, Greece, China and Korea.

Her works have been widely exhibited, including major museum exhibits in the USA and Japan and are now in private collections in the USA, Italy, Japan and Greece. They can also be found in public collections at The National Portrait Gallery at the Smithsonian, Washington, DC; The Cornish Colony Museum in Windsor, VT; The Museum of American Illustration in New York City; and The National Geographic Society.

www.kycraft.com

Kinuko Y. Craft est aujourd'hui l'une des artistes peintres imaginaires les plus respectées et les mieux connues aux USA. Elle se considère elle-même comme une conteuse. Les dernières commandes qu'elle a reçues comprennent des peintures pour des couvertures de livres de célèbres écrivains fantastiques, des affiches d'opéra, des livres de contes de fées et des couvertures de nombreux magazines. Elle est reconnue pour la méticuleuse attention qu'elle porte au détail, son amour passionné des beaux-arts et une connaissance profonde de l'histoire de l'art. Ses livres de contes de fées sont couramment distribués aux Etats-Unis et dans d'autres pays anglophones, ainsi qu'en Grèce, en Chine et en Corée.

Ses œuvres ont été exposées de nombreuses fois, y compris dans des musées d'art importants aux Etats-Unis et au Japon, et elles enrichissent aujourd'hui des collections privées aux Etats-Unis, en Italie, au Japon et en Grèce. On les trouve également dans des collections publiques, telle The National Portrait Gallery au Smithsonian à Washington DC, Le Cornish Colony Museum à Windsor VT, The Museum of American Illustration (le Musée de l'Illustration Américaine) à New York City et The National Geographic Society (la Société Géographique Nationale).

www.kycraft.com

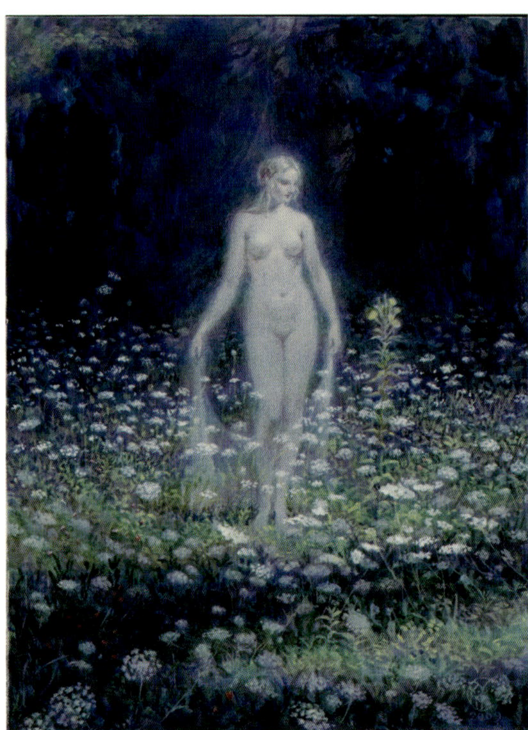

Evening Primerose · 19 x 14 cm · Oil on gesso panel

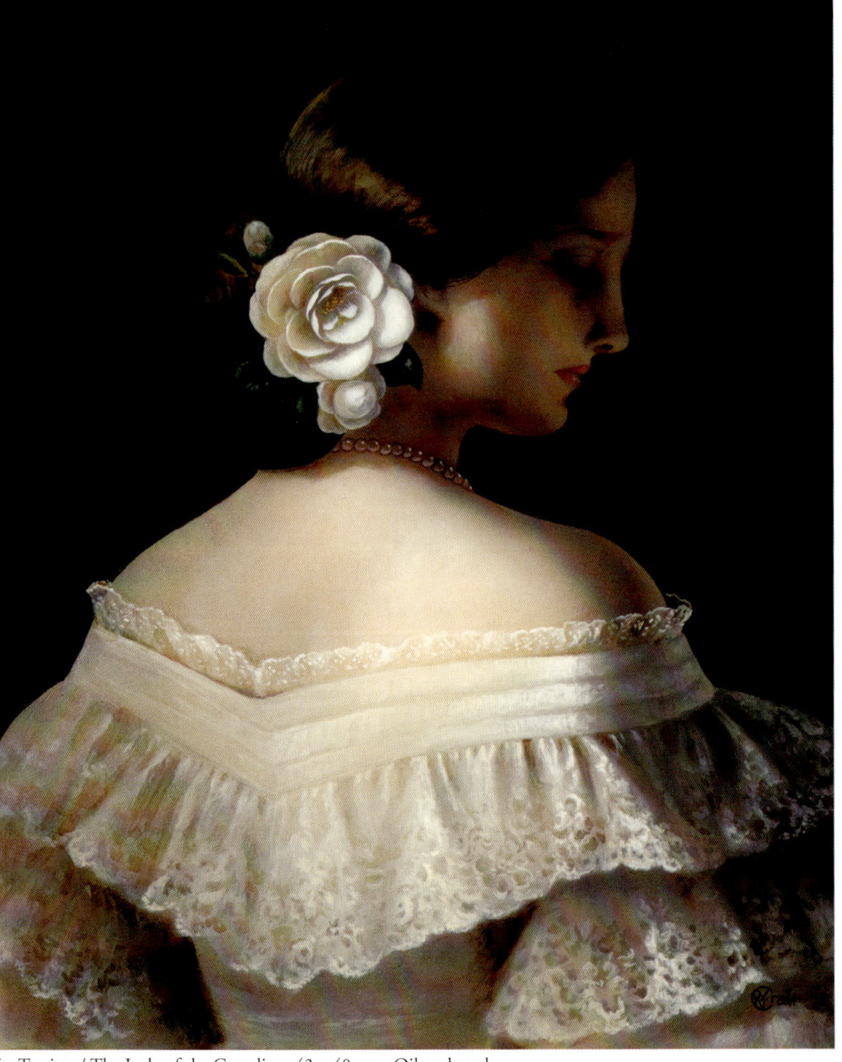

La Traviata / The Lady of the Camelias · 43 x 40 cm · Oil on board

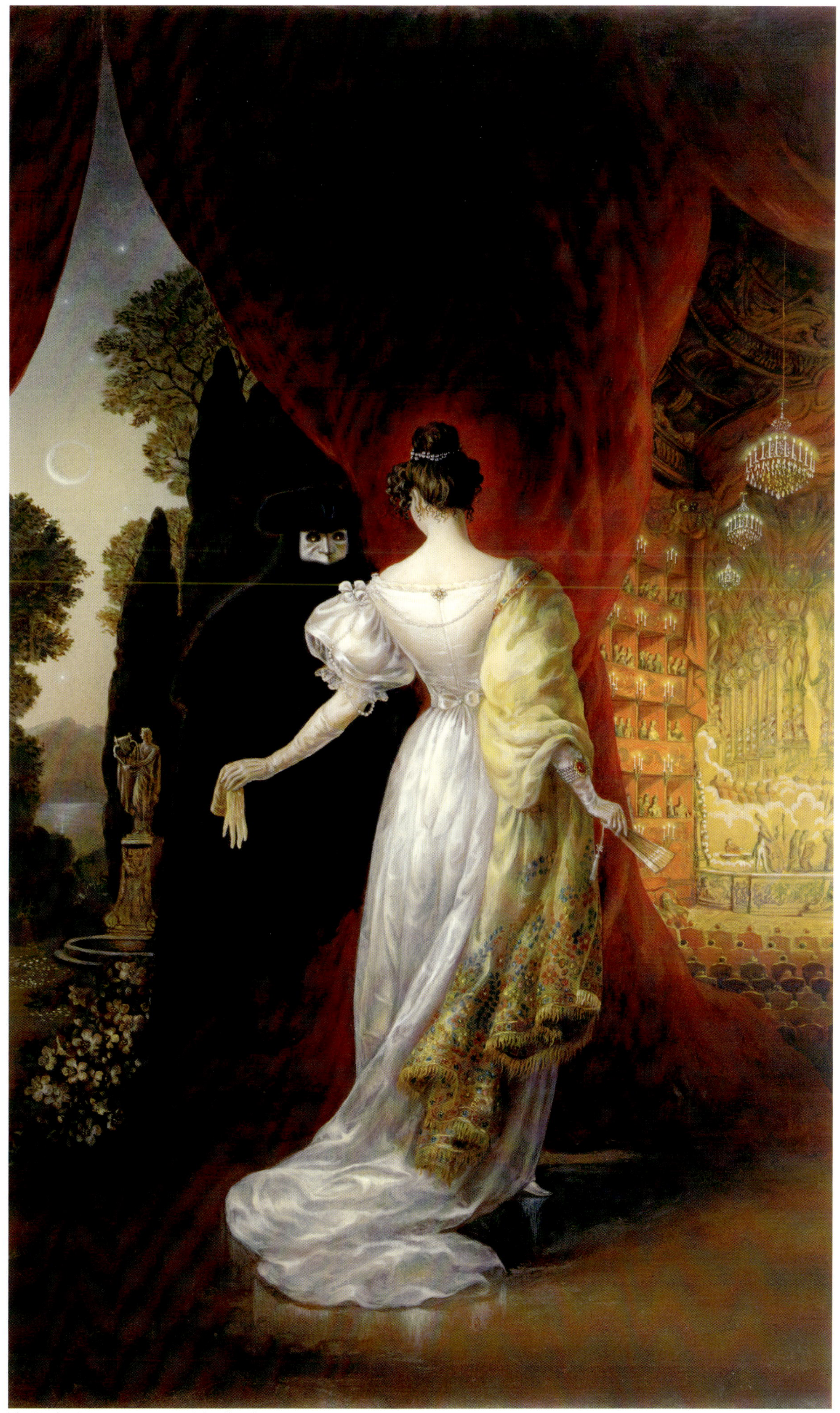

The Devil in Music · 51 x 29 cm · Oil on board

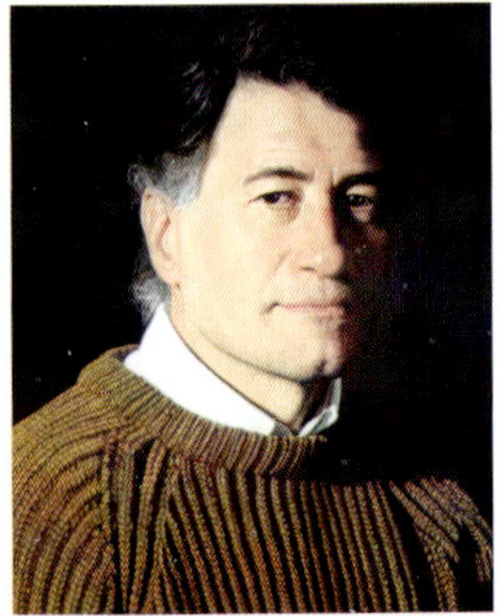

GERALD DAREAU

1949 France

After studies to the Art college of Orléans and to the Workshop Corlin in Paris, Gérald DAREAU participates in numerous exhibitions in France and, at the age of 40, he settles down on the French Riviera. He meets in particular the Professor Ernst FUCHS there with whom he is going to work during numerous years and still to now. It is in Monaco where he is going to make a series of portraits (graphite pencil or oil) of famous people and to make him very famous for his portraits. His work is worth at first by the values of detail. It gives a lot of character, strength, presence to the work. But then his portraits are only suggestions. If Gérald Dareau realizes its portraits from images or from models, at the end, it is not the image which counts. The image is a pretext, it is in her that the artist invested mentally, above, below, inside. The added value of the artist is then to make ideal a commonplace image. For Gérald Dareau, the fantasy is in the head, in the way he perceives and realizes it. Therefore, for Ernst Fuchs, Gérald Dareau is more fantastic than most of the fantastic artists, he is fantastic in him, not in the image.
www.gerald-dareau-portrait.com

Après des études à l'Ecole des Beaux-Arts d'Orléans et à l'Atelier Corlin à Paris, Gérald DAREAU participe à de nombreux salons en France et, à 40 ans, il s'installe sur la Côte d Azur. Il y rencontre notamment le Professeur Ernst FUCHS avec lequel il va travailler pendant de nombreuses années et encore jusque maintenant. C'est à Monaco qu'il va se consacrer à une série de portraits à la mine de plomb ou à l'huile de personnalités célèbres et lui faire acquérir une grande notoriété.
Son travail vaut d'abord par les valeurs de détail. Cela donne beaucoup de caractère, de force, de présence à l'œuvre. Mais ensuite ses portraits ne sont que suggestions. Si Gérald Dareau réalise ses portraits à partir d'images ou de modèles, à la fin, ce n'est pas l'image qui compte. L'image est un prétexte, c'est dans elle que l'artiste a investi mentalement, dessus, dessous, en dedans. La valeur ajoutée de l'artiste est alors de rendre idéale une image banale. Chez Gérald Dareau, le fantastique est dans sa tête, dans sa façon de le percevoir et de le réaliser. De ce fait, pour Ernst Fuchs, Gérald Dareau est plus fantastique que la plupart des artistes fantastiques, il est fantastique dans l'en-soi, pas dans l'image.
www.gerald-dareau-portrait.com

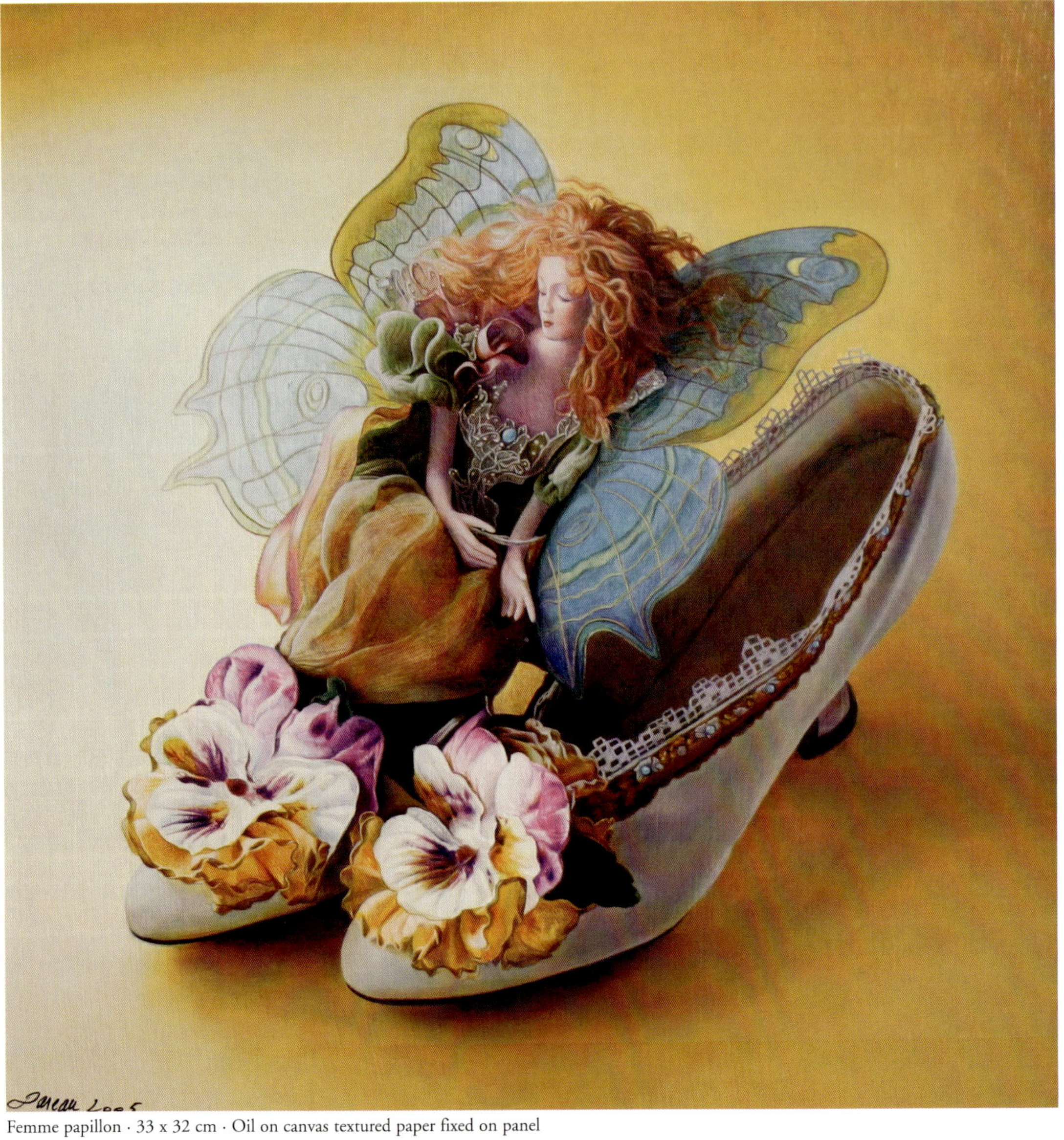

Femme papillon · 33 x 32 cm · Oil on canvas textured paper fixed on panel

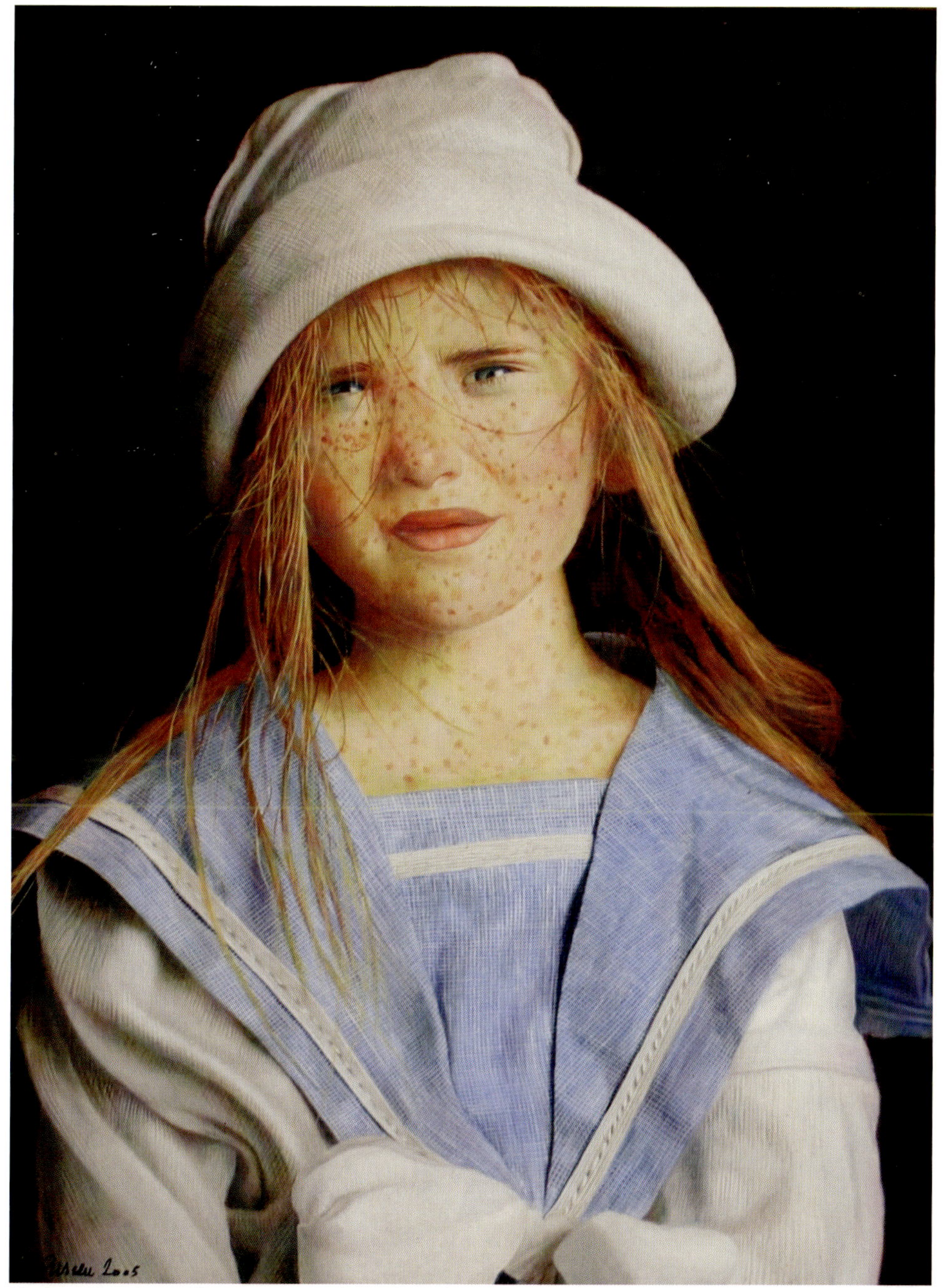

Matelote · 33 x 24 cm · Oil on canvas textured paper fixed on panel

Fillette au chapeau vert · 30 x 24 cm · Oil on canvas textured paper fixed on panel

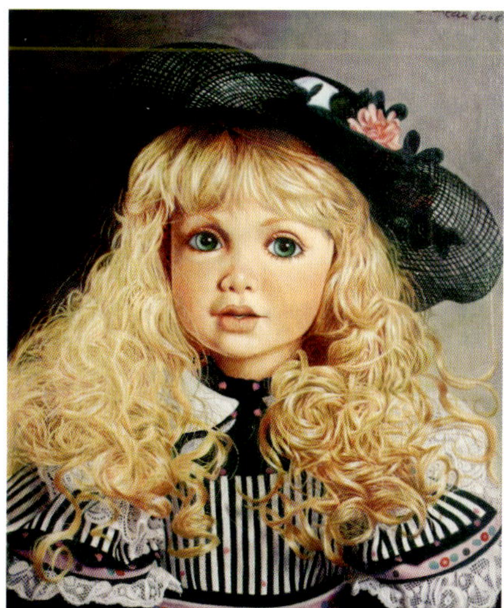

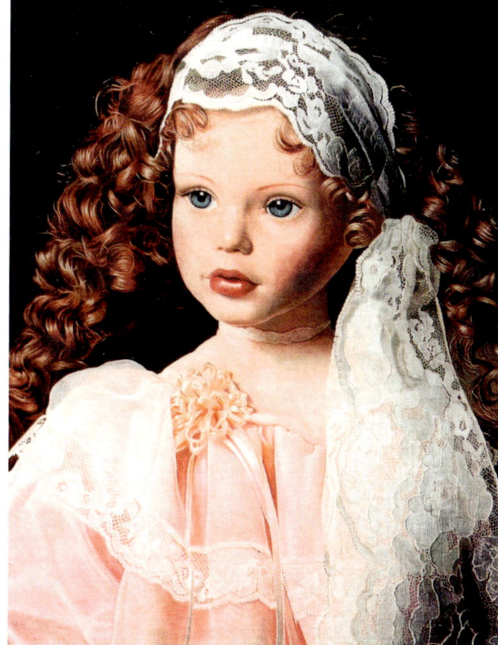

Poupée · 40 x 30 cm · Oil on canvas textured paper fixed on panel

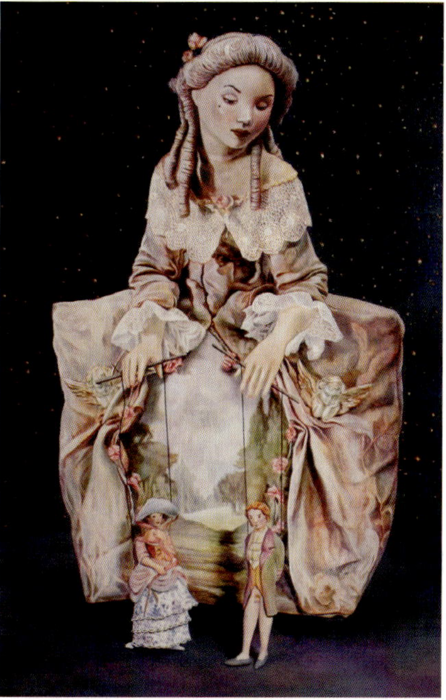

Madame la marquise · 40 x 30,5 cm · Oil on canvas textured paper fixed on panel

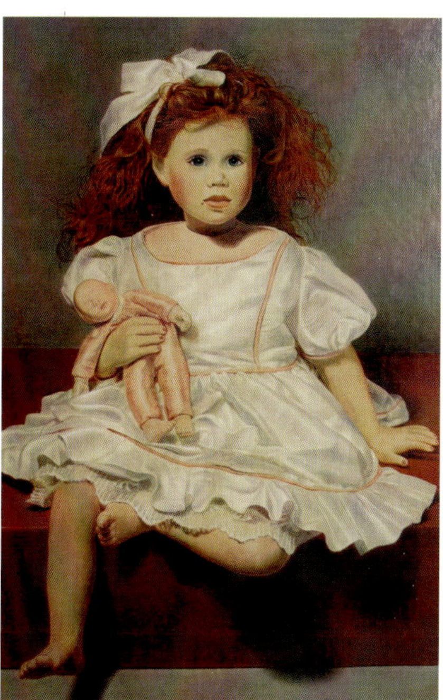

Poupée á la poupée · Oil on canvas textured paper fixed on panel

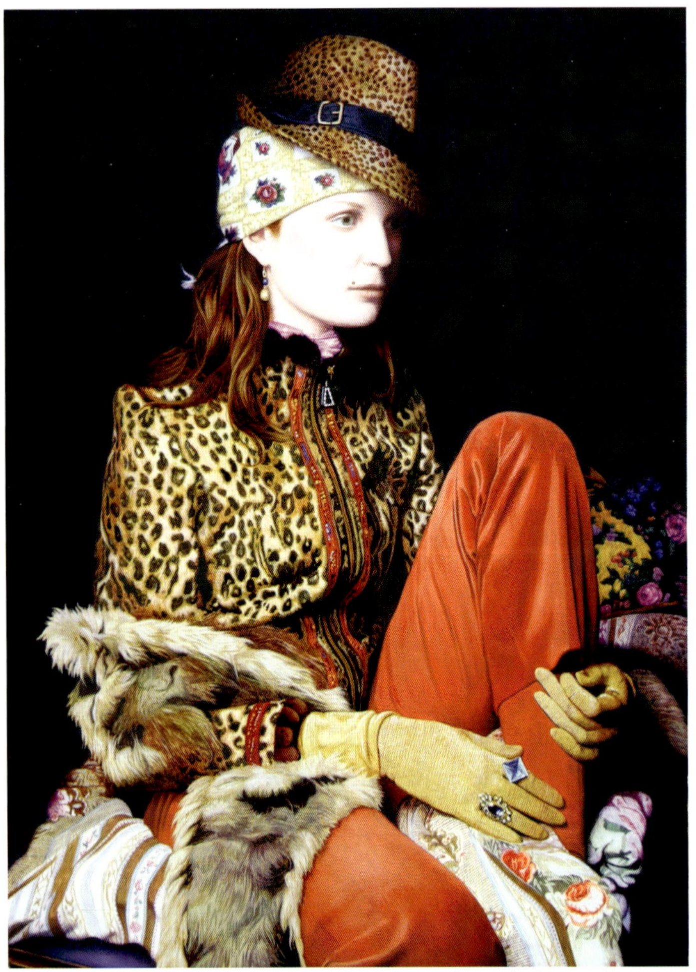

Autrichienne à la bague · 33 x 22 cm · Oil on canvas textured paper fixed on panel

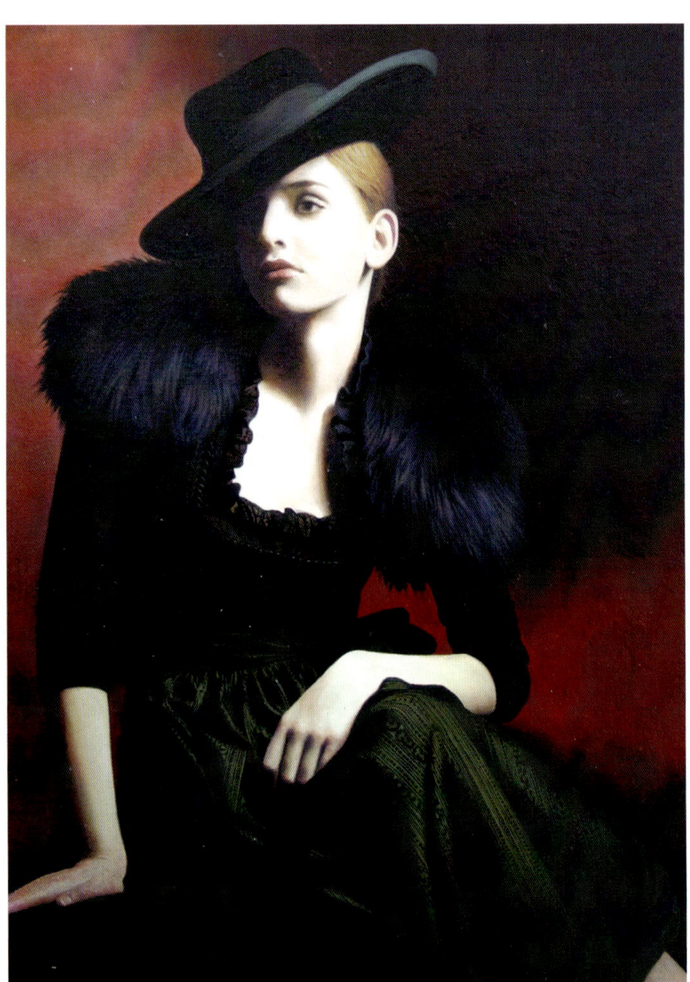

Mademoiselle au col de fourrure · 32 X 24 cm · œil on canvas textured paper fixed on pane

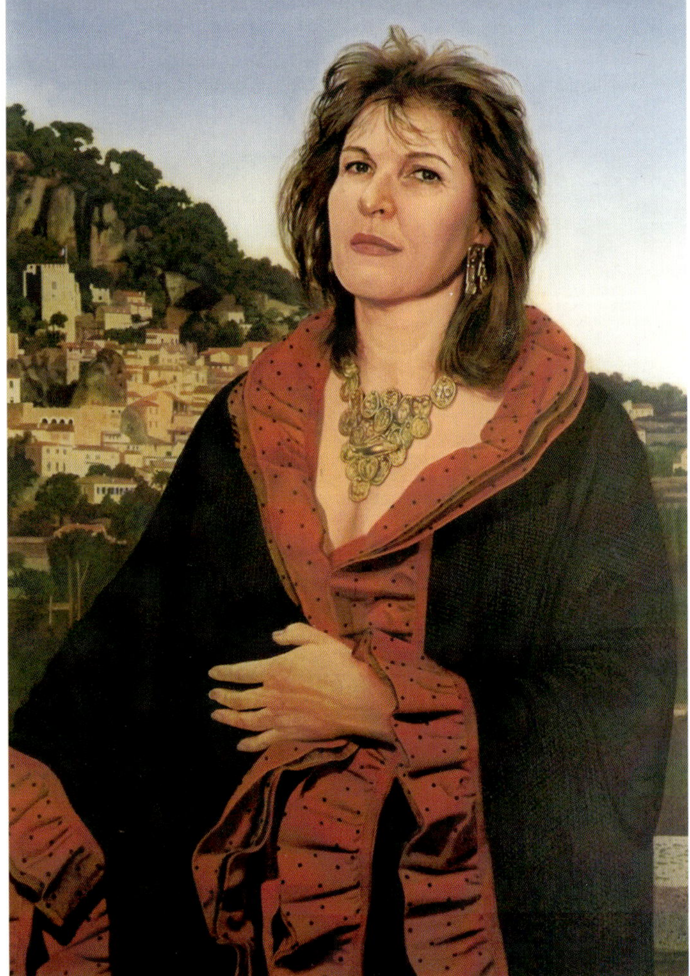

Anne Lise · Oil on canvas textured paper fixed on panel

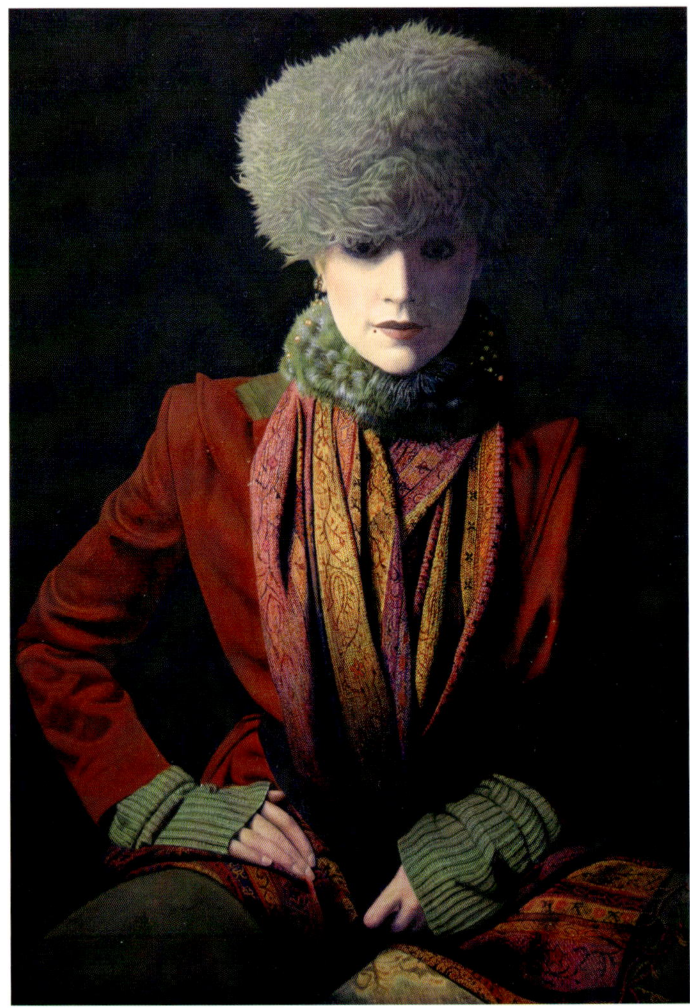

La femme à la toque · 33 x 23 cm · Oil on canvas textured paper fixed on panel

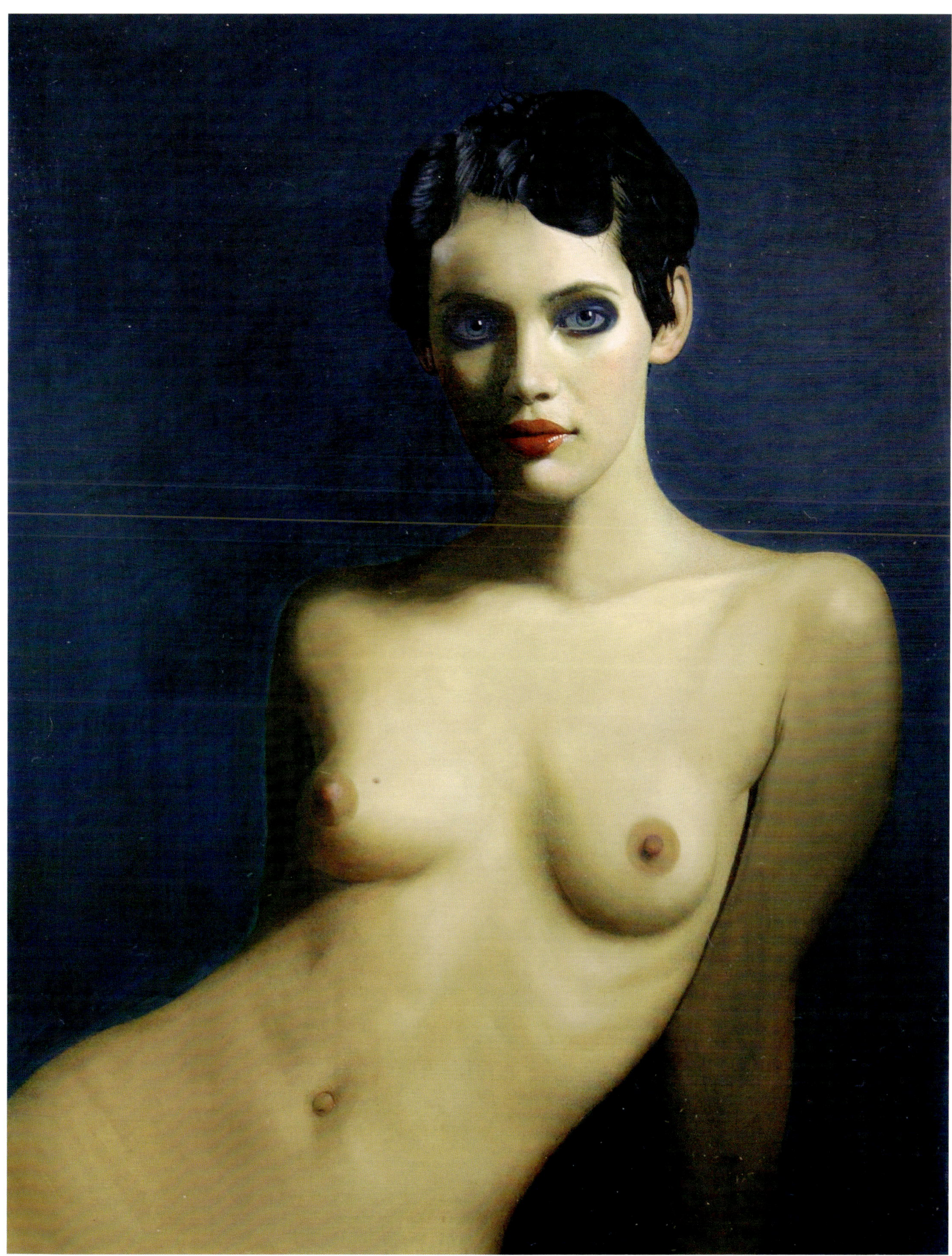

Mademoiselle Torse nu · 33 x 25 cm · Oil on canvas textured paper fixed on panel

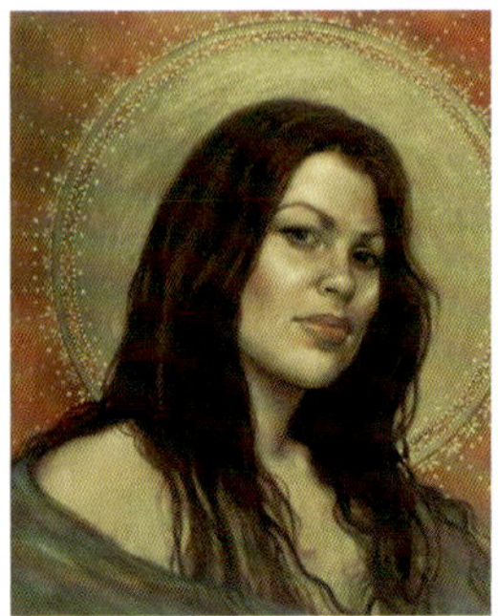

ELISABETH DE LUNDE

1970 Norway

The Norwegian artist from Telemark - Elisabeth de Lunde - immerses herself totally in a creative process that includes an existential dispute and fascination based on traditional myths and themes. These are carried out and interpreted as they seem in our own contemporary, self-revealing and human relation settings (like in the works Legenda Aurea, Mans Mascot, Lotus, Heiress, Genesis III, and To Kiss or not to Kiss). Her graceful provocative approach is markedly manifest through an interpretative freedom, often seen through something seemingly recognizable but with a wonderfully exquisite twist. A sensuous joy can be felt flowing from her brush strokes, subtly reaching and influencing the viewer. There is a strong empathic sense of self-recognition, a meeting within the soul. The magic and poetic phenomena 'blue flower' grows and unfolds with graceful strength in the midst of our garden of fractures and fragments.

www.delunde.com

Elisabeth de Lunde, née à Telemark (Norvège), s'immerge totalement dans un processus créatif qui comprend le questionnement existentiel et la fascination pour les thèmes et mythes traditionnels. Ces derniers sont interprétés dans le cadre de nos relations humaines contemporaines, révélatrices de notre environnement (comme dans les travaux de Legenda Aurea, Mans Mascot, Lotus, Heress, Genesis III et To Kiss Or Not To Kiss). L'approche de l'artiste est provocante et, en même temps, pleine de grâce: nous pouvons reconnaître ses sujets, mais ils sont revêtus, à travers une grande liberté interprétative, d'un deuxième sens, merveilleux, exquis. Une joie sensuelle coule de ses pinceaux, qui atteint et influence le spectateur. Celui-ci se reconnaît, une rencontre s'opère en son âme. Le phénomène magique et poétique connu comme "blue flower" grandit et se déploie, avec une force suave, au centre de notre jardin constitué de fractures et de fragments.

www.delunde.com

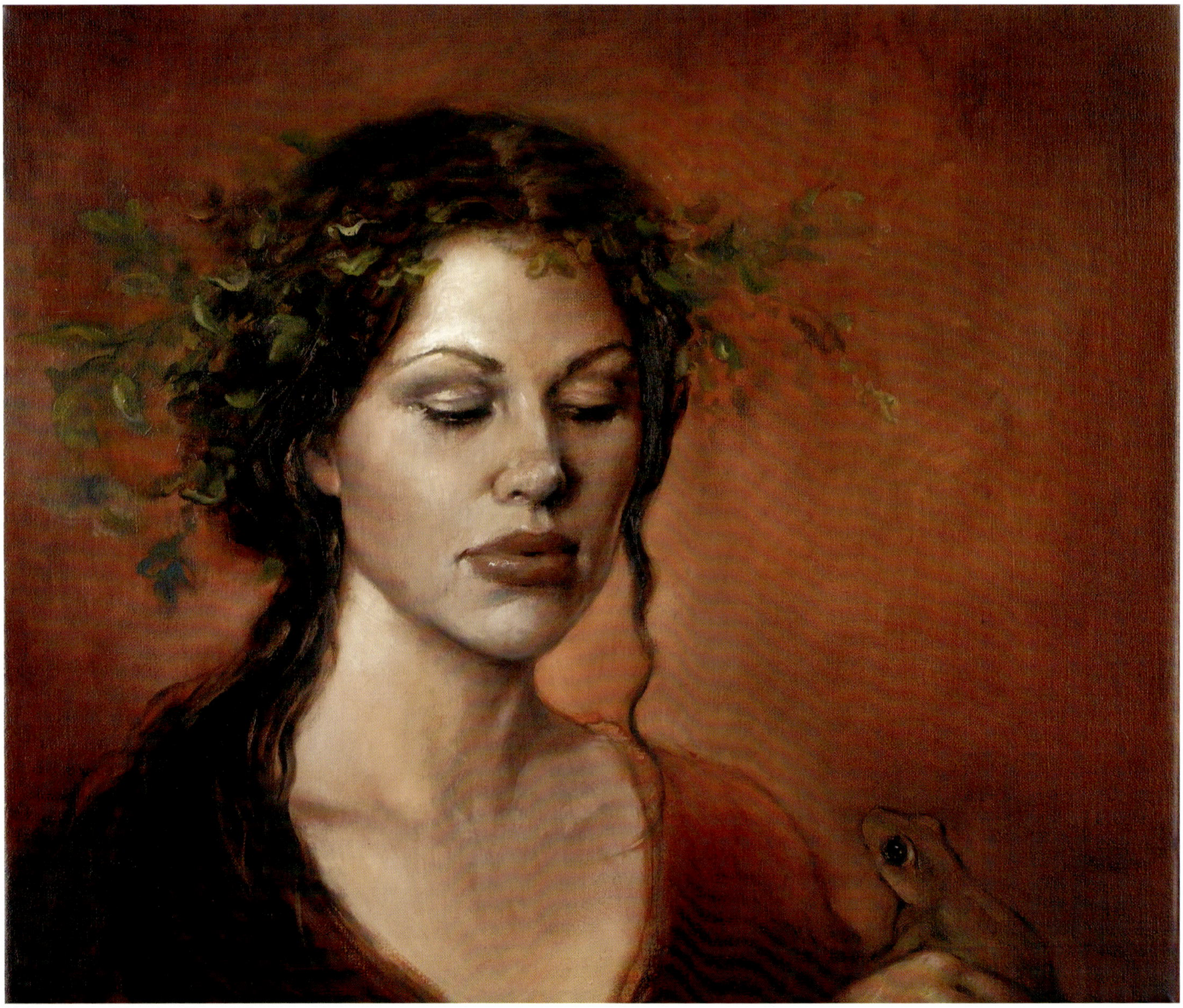

To Kiss or not to Kiss · 43 x 50 cm · Oil on canvas

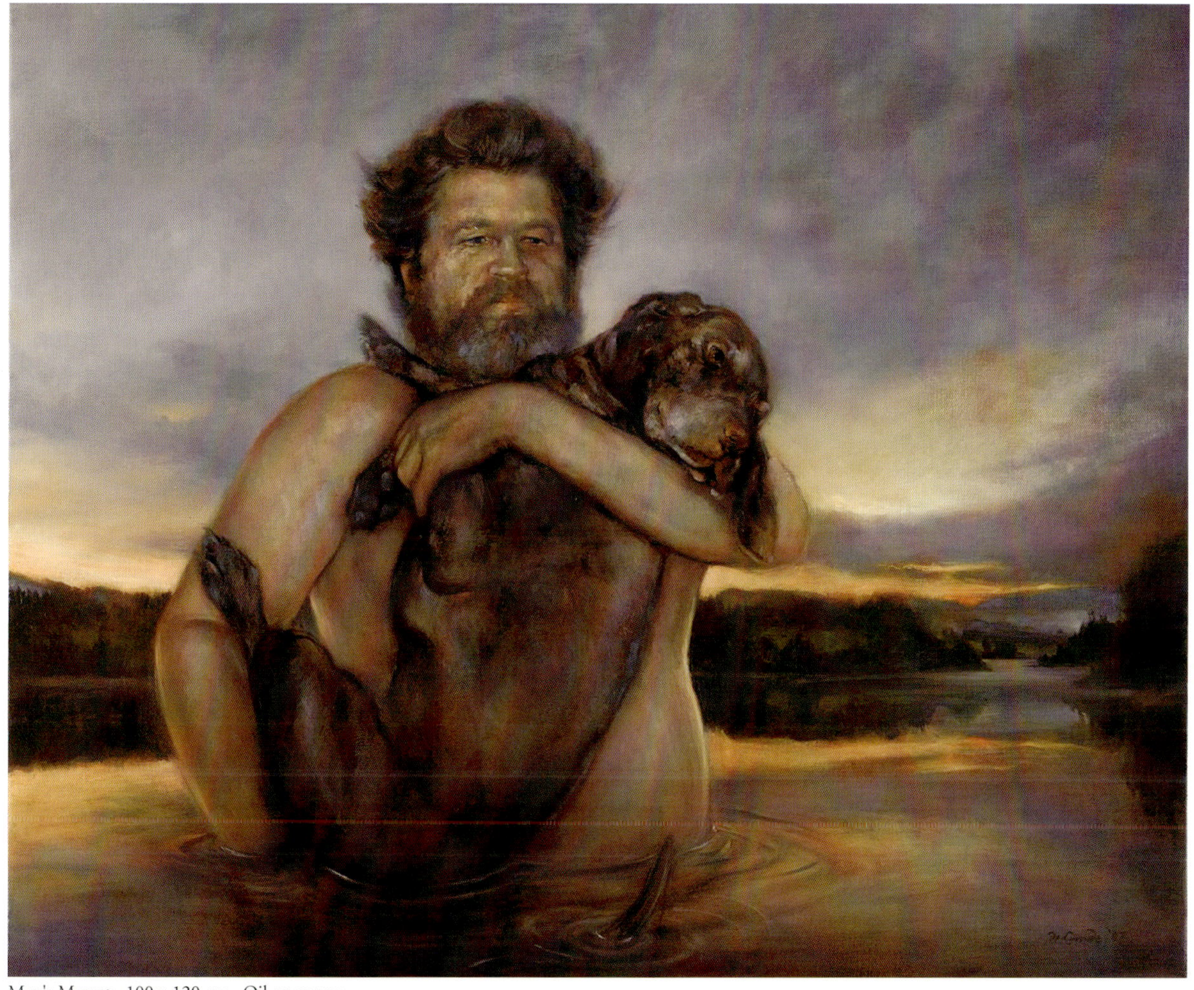

Man's Mascot · 100 x 120 cm · Oil on canvas

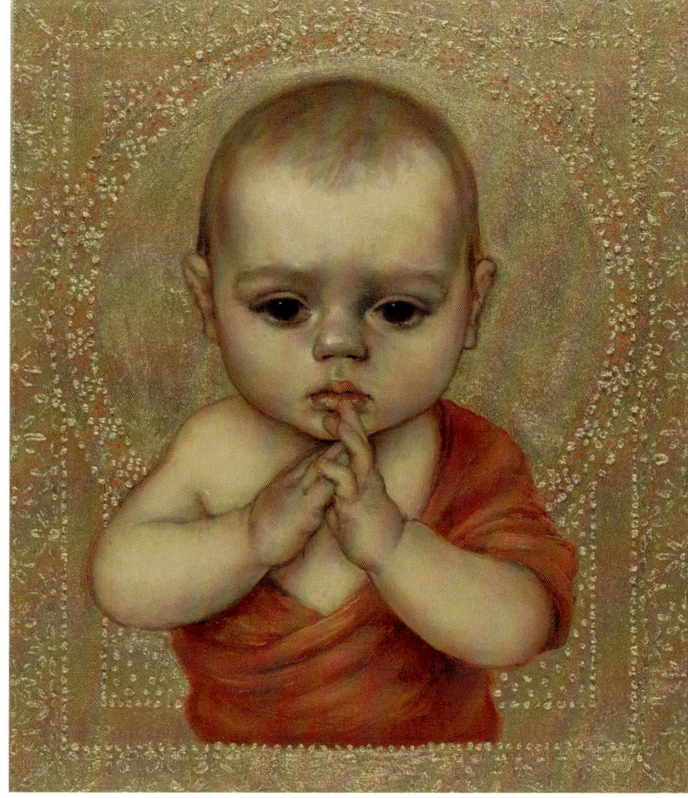

Genesis III · 30 x 25 cm · Oil on canvas

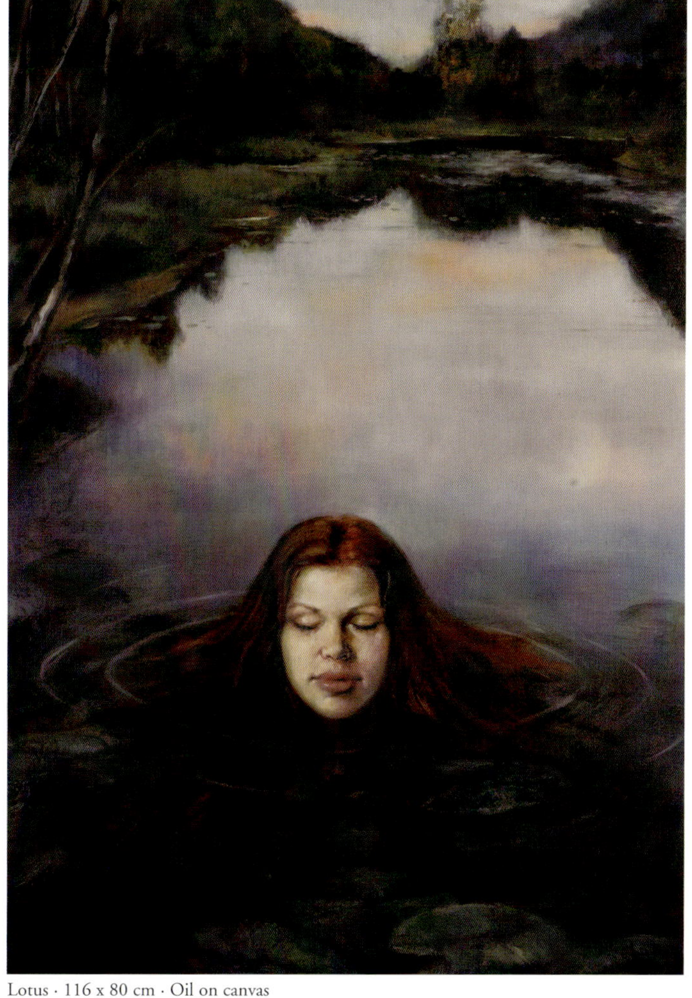

Lotus · 116 x 80 cm · Oil on canvas

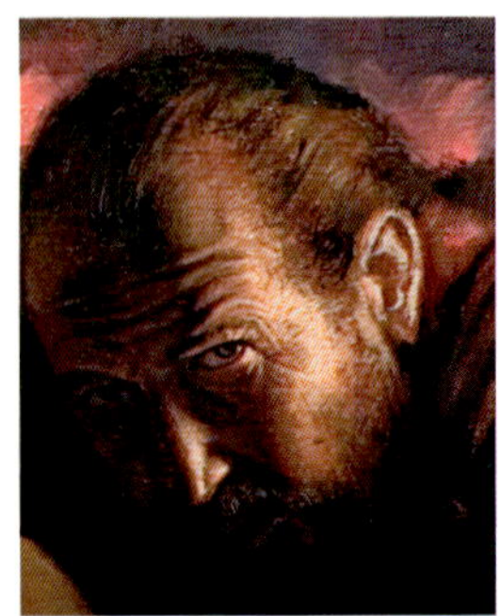

BRUNO DI MAIO

Italy

I was born in North Africa by Italian parents who were among the first "farmers" of that land. I started to mess around with colored pencils early on; it was my only fun in the sunny loneliness of that great farm. A long illness stuck me in bed where I developed a passion for reading and fables and the frantic need to represent my fantastic and fabulous "friends" with my colored pencils. All of this, set ablaze perhaps by the implacable African sun, propelled me toward Art.
I attended the Art Institute in Perugia and Rome and worked in the antiquarian environment of the Capital, which was indeed the city of the myth at that time. Among Piazza di Spagna, via Margutta and via del Babuino, in the ideal quadrilateral of the art, I worked as a restorer beside the best teachers of the era, including Pico Cellini, my spiritual mentor. It was there that I started to know and deeply love the great paintings. I learned from gilders, carvers, cabinetmakers; never forgetting to see the world with the marveling eyes of a child and to represent it with the skill of a good artisan. Since I have never found a satisfactory definition of "Art," rather than consider myself an "Artist," I prefer to call myself what I am in reality: a painter.
www.brunodimaio.it

L'originalité de la vision de Di Maio apparaît dans les thèmes somptueux, la qualité de son clair-obscur et l'effet de la lumière dramatique sur les personnages et les objets de ses peintures. Ses œuvres sont gaies, charnelles, riches en couleurs et vibrantes de lumière. En plus de la peinture, sa formation artistique s'étend à la sculpture, à la gravure, à d'excellentes aquarelles ainsi qu'à des peintures murales trompe-l'œil étourdissantes. Ses travaux se trouvent dans des collections privées et publiques partout dans le monde.
www.brunodimaio.it

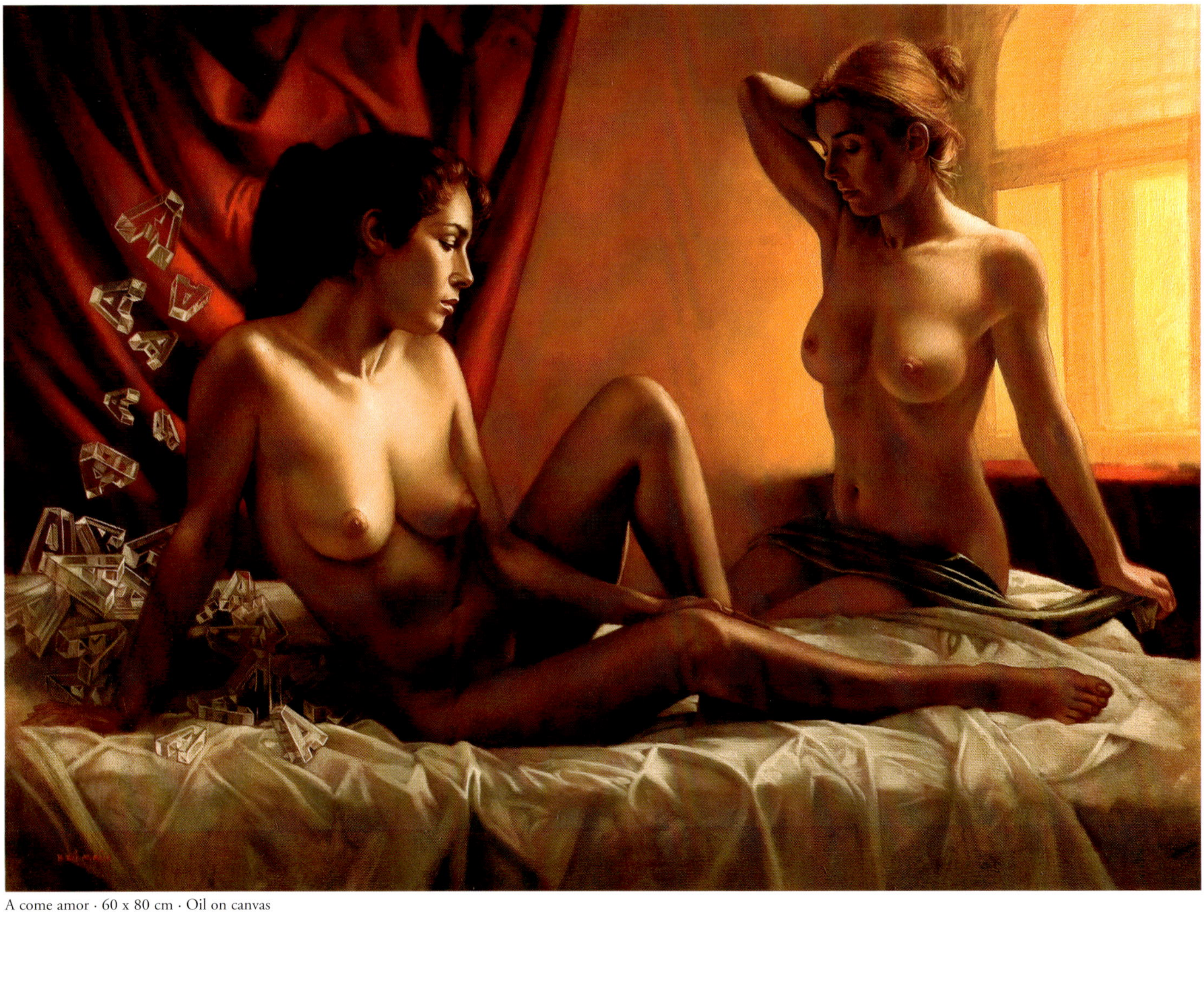

A come amor · 60 x 80 cm · Oil on canvas

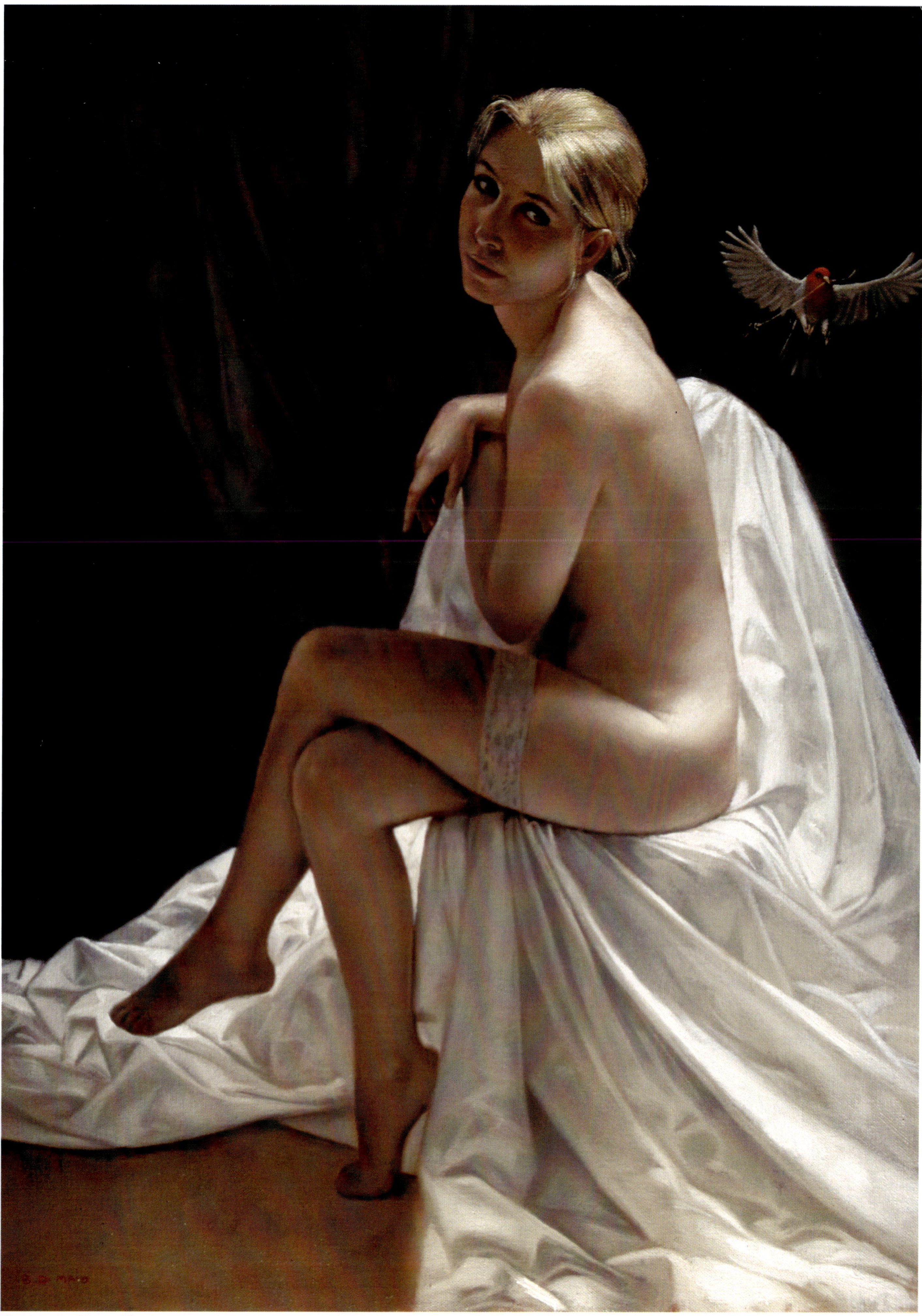

The bird · 70 x 50 cm · Oil on canvas

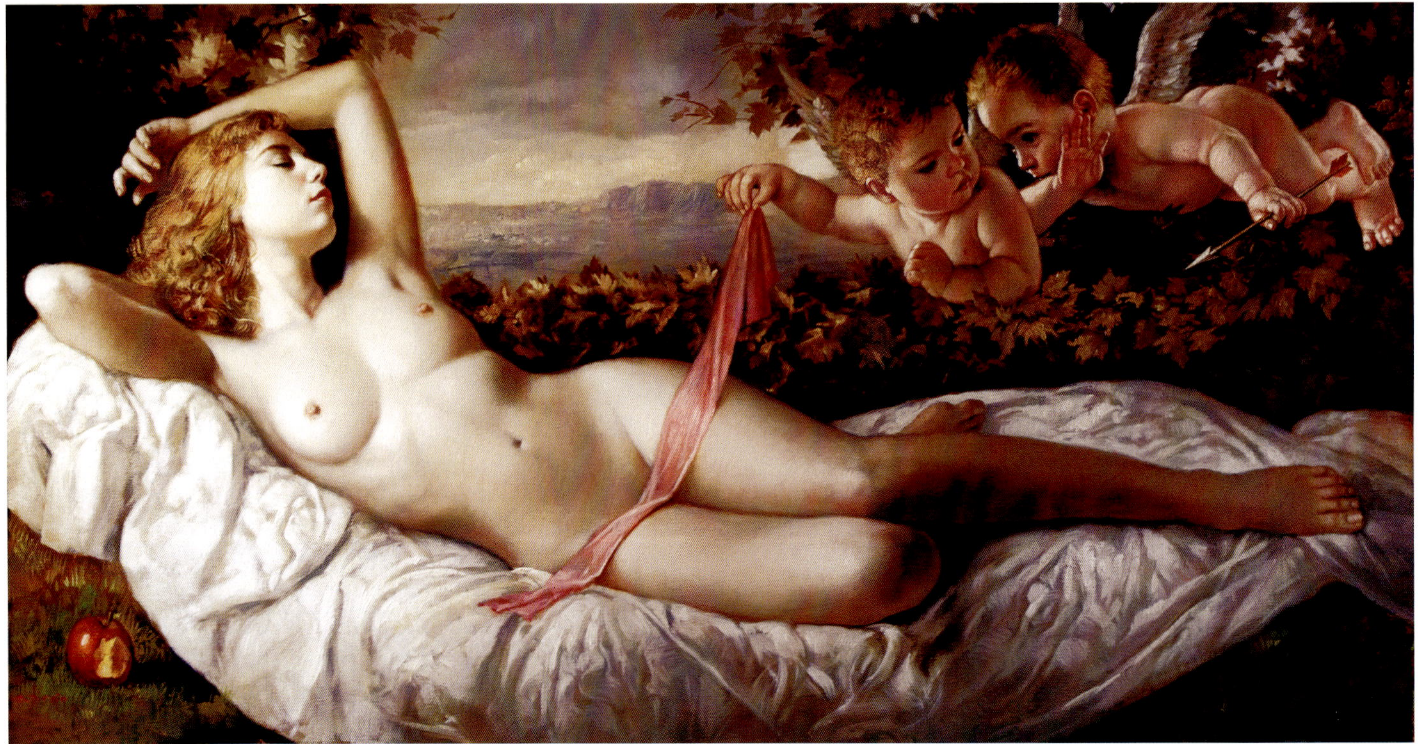

The cupids · 50 x 100 cm · Oil on canvas

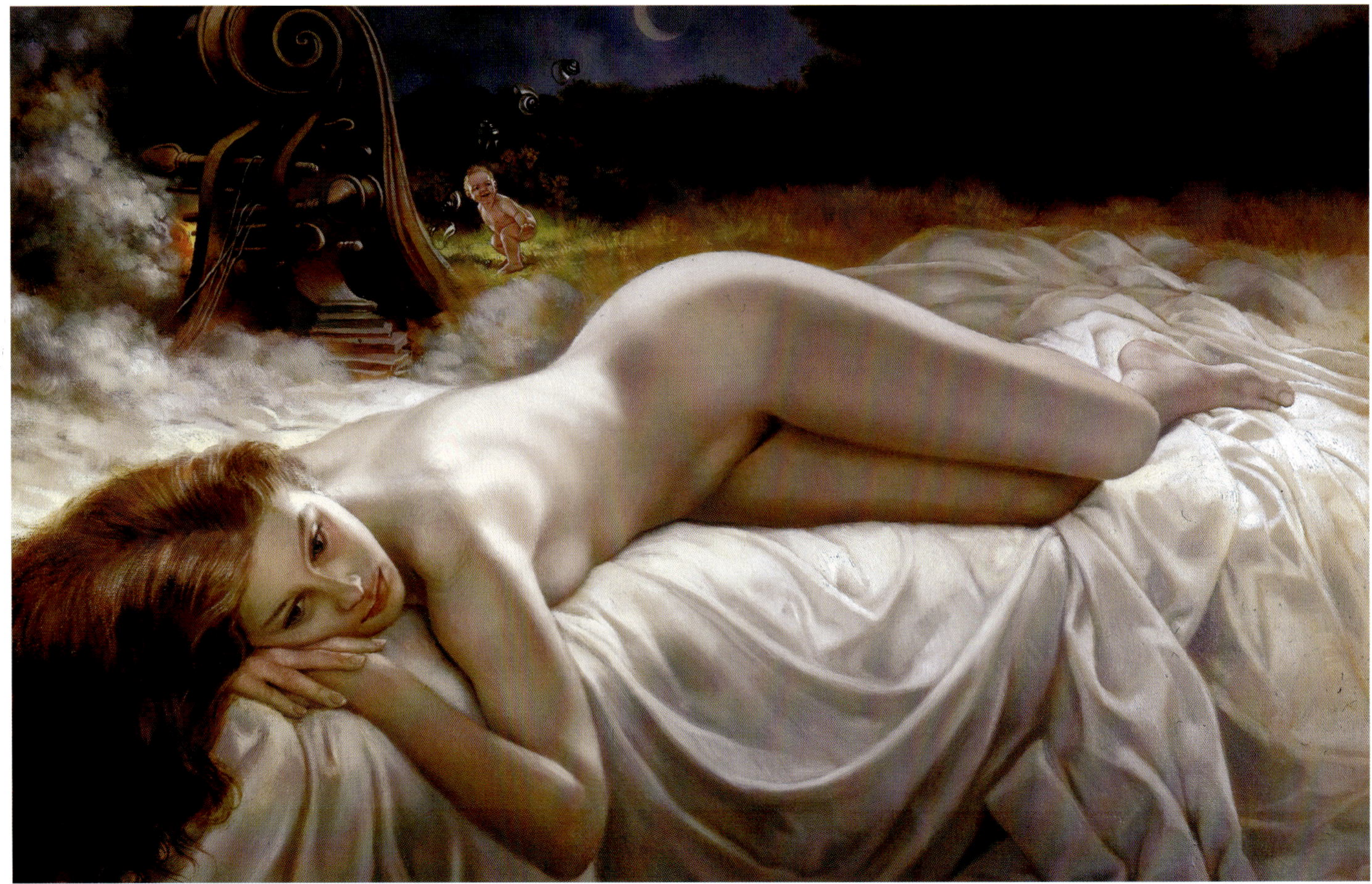

The moon · 60 x 80 cm · Oil on canvas

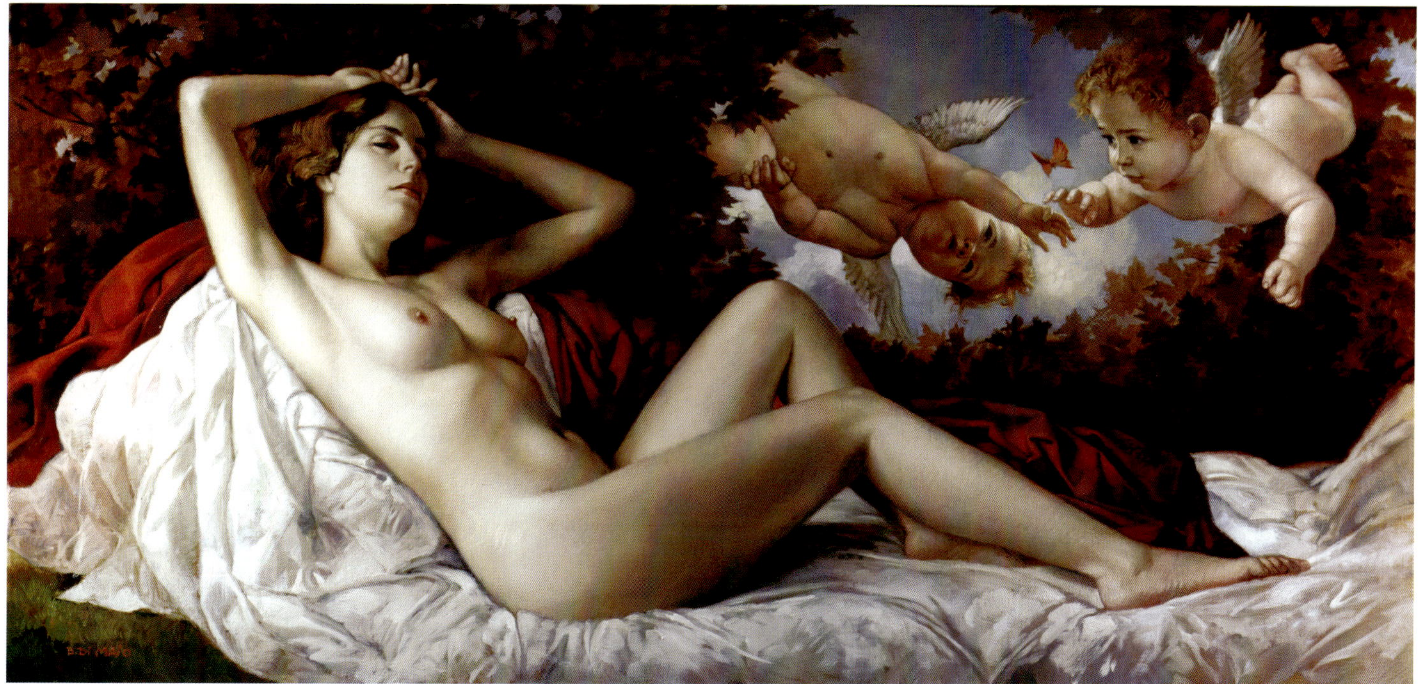

The butterfly · 40 x 80 cm · Oil on canvas

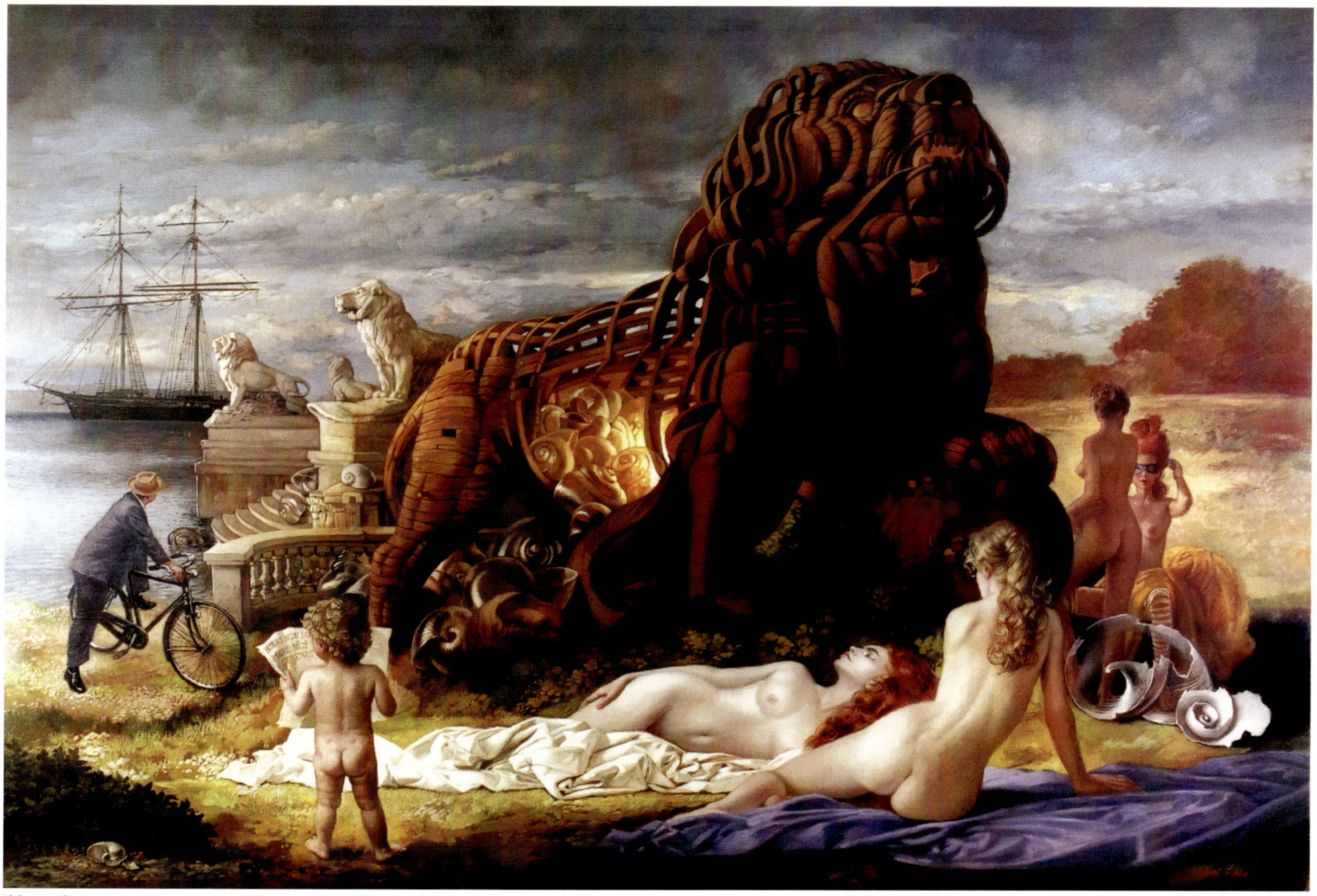

Il leone di Spagna · 70 x 100 cm · Oil on canvas

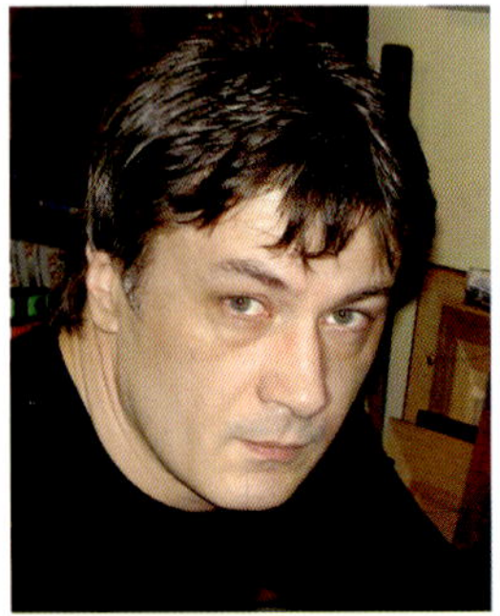

DI VOGO

1962. Serbia

Dragan Ilic Di Vogo lives and paints in Belgrade, deliberately. Maestro Dragan Ilic Di Vogo has risen like a Phoenix several times, artistically and aesthetically. Without changing his basic nature, he is one of the best Serbian hyperrealists and has become an outstanding representative of European fantastic painting and has reached a kingdom of the irrational, a place where his skill in mirroring reality does not help at all. He wisely and maturely establishes order and harmony in his new pictures, reaching some kind of higher realm. He now analyzes space, using symbols and psychology and geometry; animals, sculptures and people are conceived in portrait which are connected by a secret of antic proportions, seen as metaphysics by to-day's spoiled humans. He unified the best from his previous works in his new cycle "Fragmentarium", and included European spirit in his painting. Further explorations in this direction could take him into the world of "integral painting" as it was called by Leonid ?ejka and Milovan Vidak.
www.divogo.com

Dragan Ilic Di Vogo vit et peint à Belgrade, délibérément. Le maestro Dragan Ilic Di Vogo a réapparu comme le Phénix plusieurs fois, artistiquement et esthétiquement. Sans modifier son essence, Di Vogo l'un des meilleurs hyperréalistes serbes, devient le représentant exceptionnel de la peinture fantastique européenne et atteint le royaume de l'irrationnel, un lieu où la dextérité de présenter la réalité n'aide nullement. Sagement et mûrement il déploie l'ordre et l'harmonie dans ses nouvelles peintures, atteignant une sorte de réalité supérieure. Il analyse maintenant l'espace, en utilisant les symboles, la psychologie et la géométrie ; les animaux, les sculptures et les personnages portraitisés sont reliés par le secret des proportions antiques, considérées comme de la métaphysique par les humains nouveau cycle « Fragmentarium », et a inclus l'esprit européen dans sa peinture. D'autres recherches dans cette direction pourraient l'emmener dans le monde de« la peinture intégrale » ainsi nommée par Leonid ?ejka et Milovan Vidak.
www.divogo.com

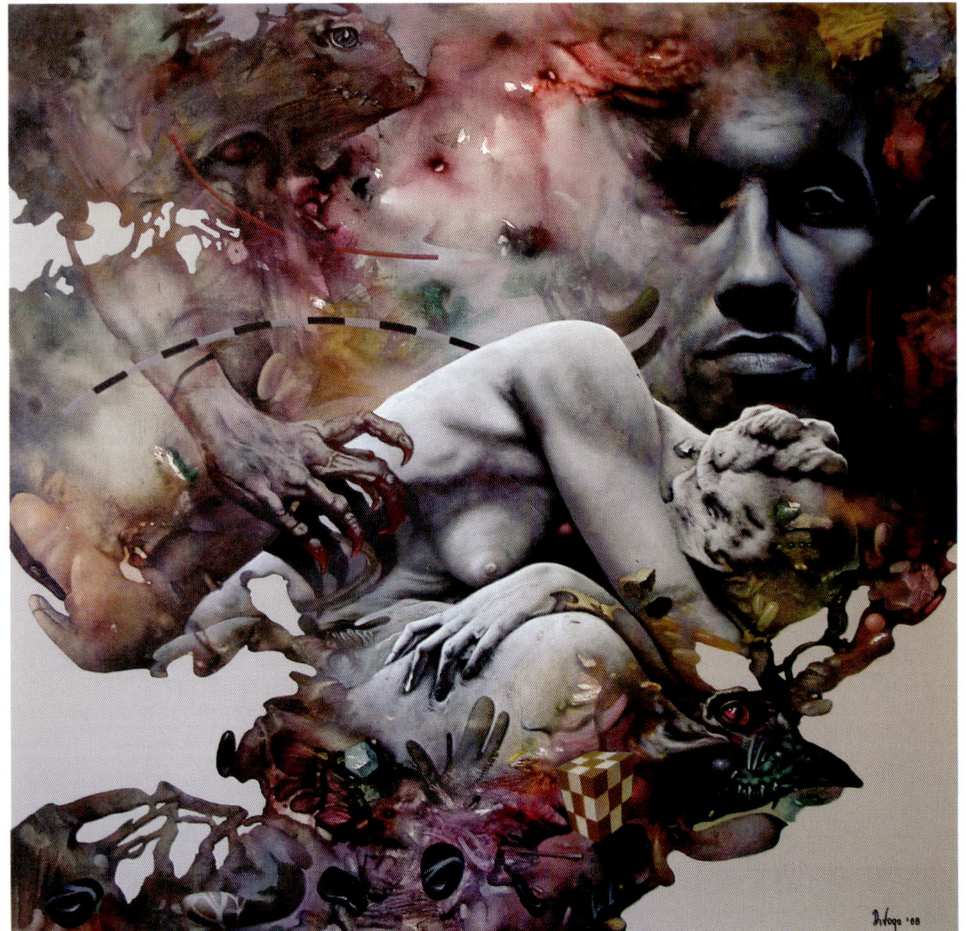

Guide through The Nothingness · 60 x 60 cm · Acrylic and oil on canvas

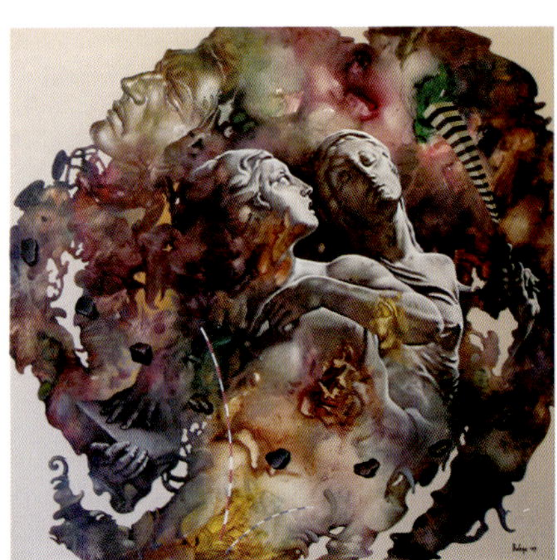

Ars longa, vita brevis · 60 x 60 cm · Acrylic and oil on canvas

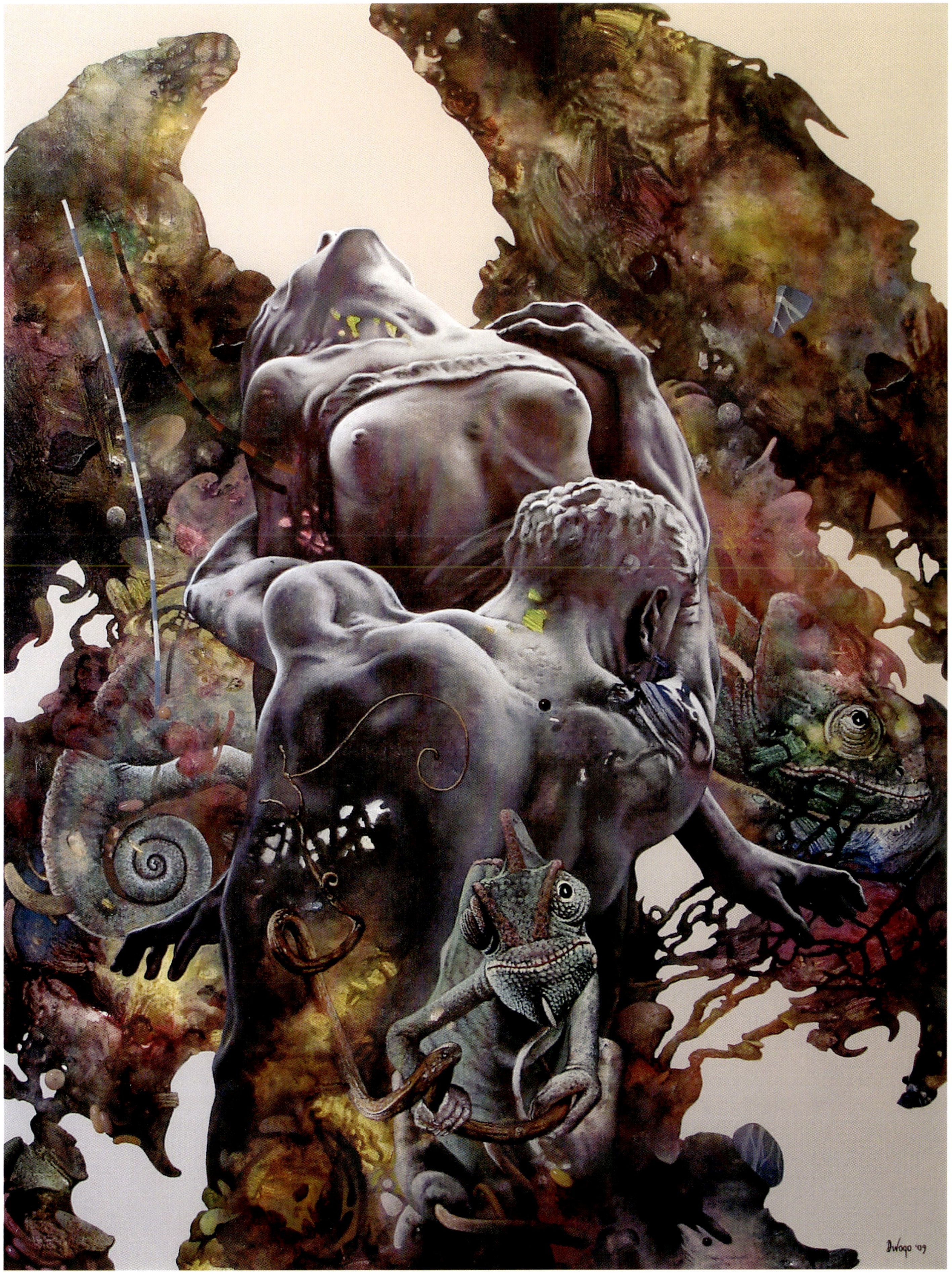

Phantasmagoria · 80 x 60 cm · Acrylic and oil on canvas

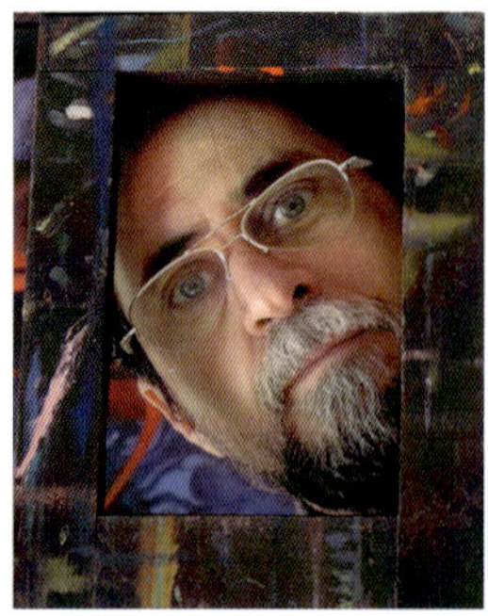

ZELJKO DJUROVIC

1956 Serbia

Zeljko Djurovic was born on December 1956. in Montenegro. He completed his studies of art and post graduate studies at the Faculy of applied arts in Belgrade. He does drawings, paintings and graphics. He is a member of Association of Fine Artist of Serbia, Belgrade Ex-libris association and international artistic groupe Visionirique etrange. He is employed as professor of drawing and painting at the Faculty of Arts of Kragujevac.

1994. He participad at the first exhibition of fantastic art, named Du Fanatstique au Visionnaire in Venice, Italy. 1996. He was presented in Encyclopedia Bibliographical of the Art Contemporary Ex-libris No. 19, Portugal. 1997. Solo Exhibition in Fribourg, Castle Gruyeres, Switzerland. 1998. He participated as the author demonstrating graphics mecotint the technique in Open Graphics Work-Shop, National Museum, Belgrde Serbia. 1998. Special award M.C. Escher Fondation for Ex-libris, Holland. 2006. Salon Comparaisons, Grand Palais, Paris, France. 2007. Metamorphosis Art Book, Australia, Dreamscape II, Salbru Publish Denmark 2007. Imaginaire I. 2008. Dreamscapes, 2009

www.zeljkodjurovic.com

Il est né à Danilovgrad, au Montenegro. Il a achevé des études de la peinture ainsi que des études supérieures à la Faculté des Beaux-Arts de Belgrade. Il est membre de l'Association des Beaux-Arts de Serbie et de l'Association Ex-libris de Belgrade. Il est membre aussi d'un groupe international d'artistes peintres, Figuration Critique et du groupe Ange Exquis, France. Il enseigne le dessin et la peinture à la Faculté des beaux-arts à Kragujevac. 1997 : Fribourg (en Suisse), Château Gruyères - des peintures et des dessins. En 1994 il a participé à la première exposition universelle de l'art fantastique, intitulée "Du Fantastique Au Visionnaire", tenue à Venise. 1996 : Il est présenté dans l'Encyclopédie Bibliographique de l'Art Contemporain Exlibris No 19, et l'Encyclopédie Artur Mario da Mota Miranda, Portugal 2001. Il a participé en 2006 à l'exposition de l'art fantastique et visionnaire « Tra Sogno e Magia », Commune de Piombino, Italie. 2007: Salon Comparaisons, Grand Palais, Paris. En 1999, il a reçu le prix spécial du jury de la fondation MC Echer aux Pays-Bas.

www.zeljkodjurovic.com

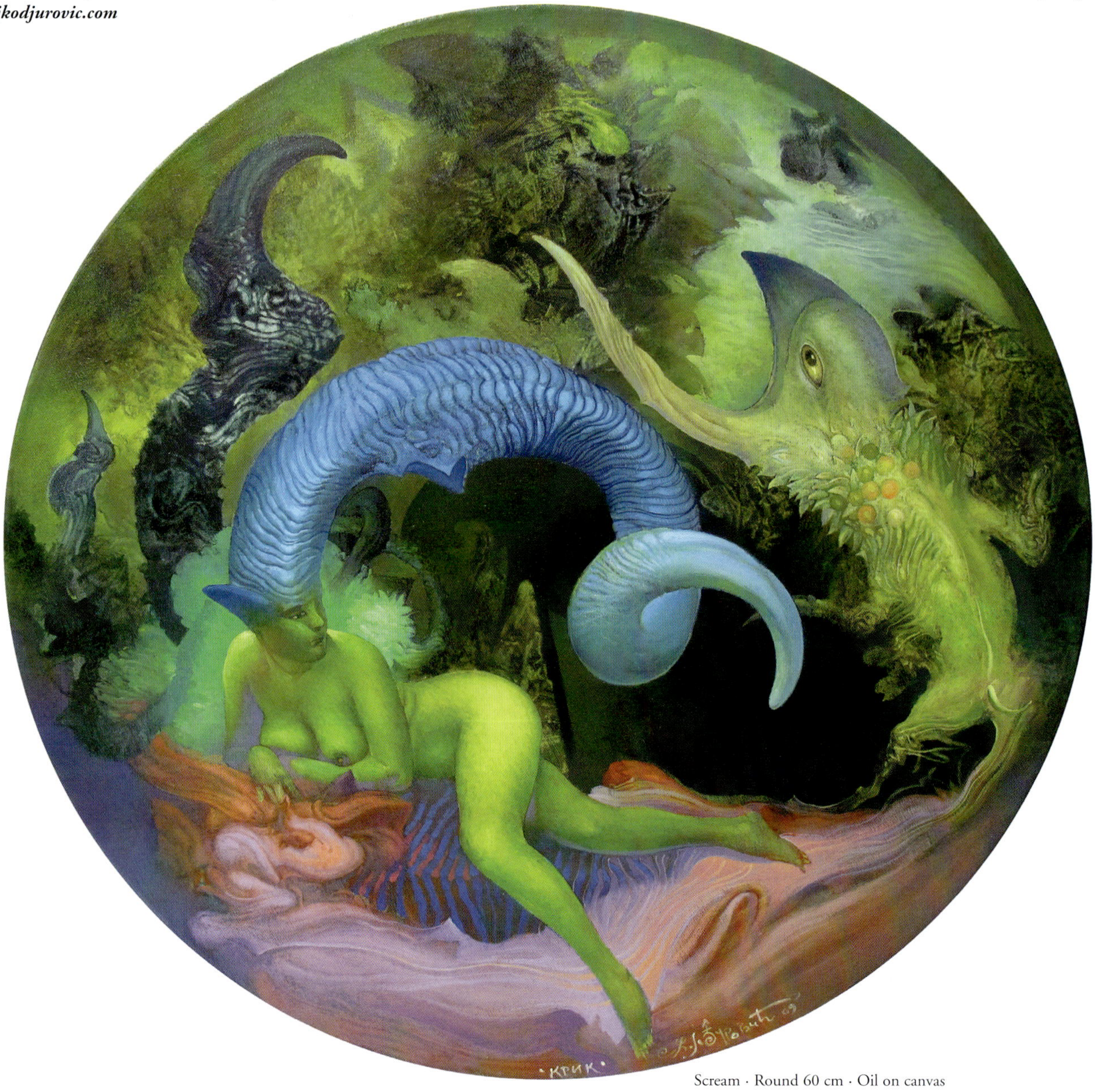

Scream · Round 60 cm · Oil on canvas

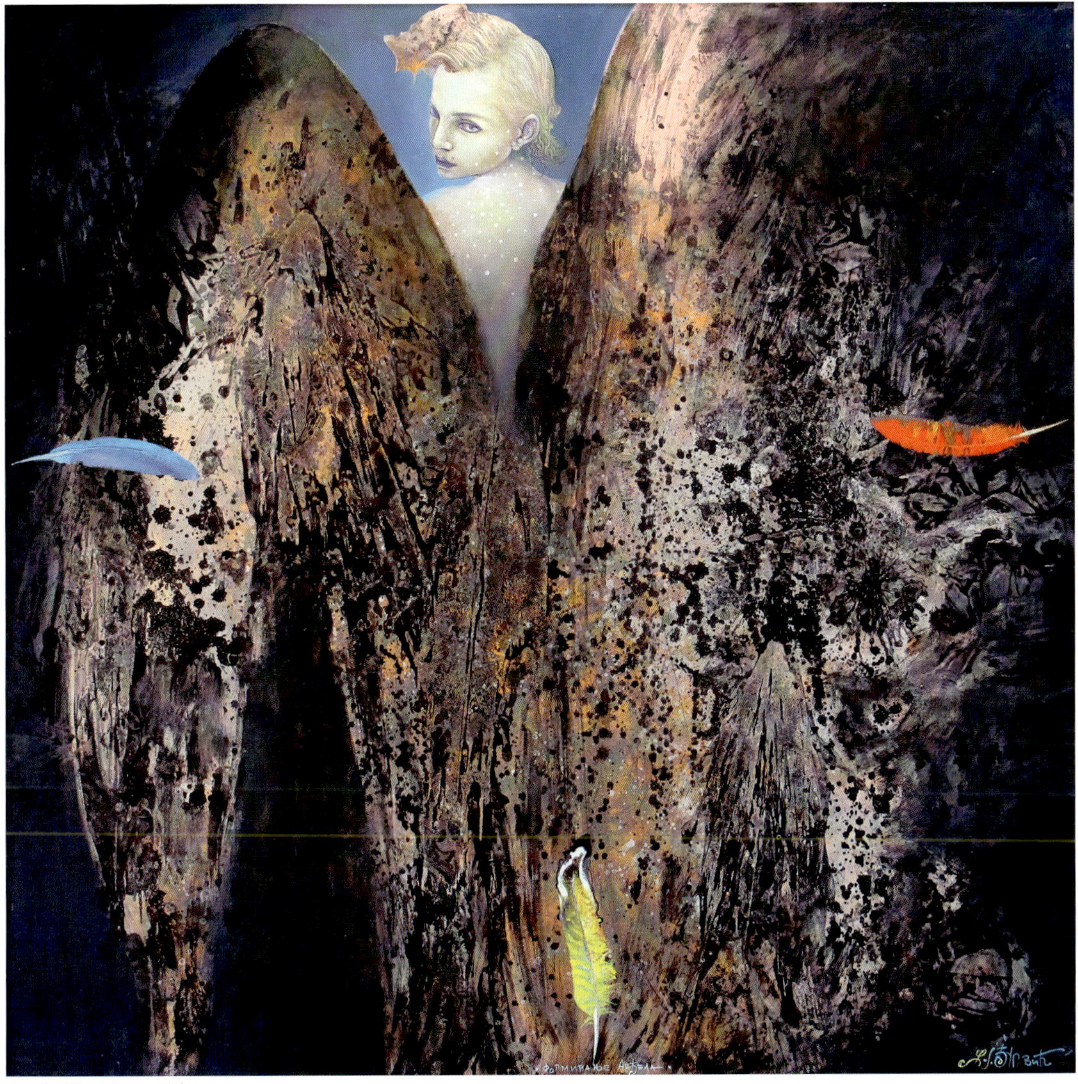

Angel · 85 x 85 cm · Oil on canvas

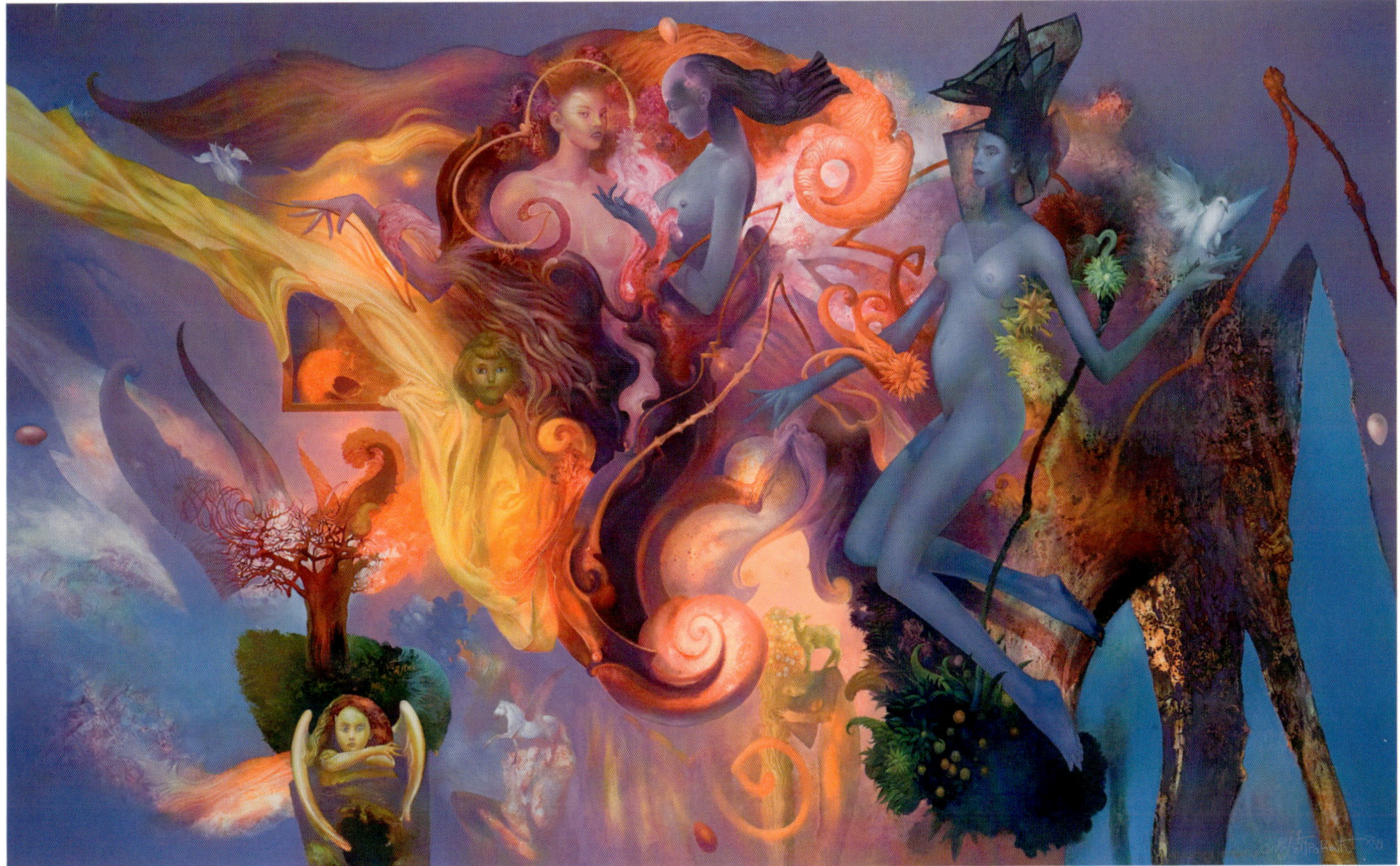

Grand Celestial Image · 150 x 240 cm · Oil on canvas

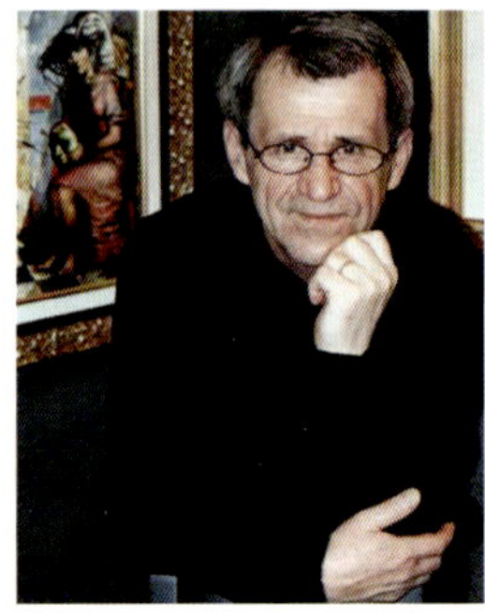

VAL DYSHLOV

1950 USA

My ideas are born from simple events and observations, such as the bright blue of the sky on a clear summer day. My world then becomes inhabited by the fantastical culminations from my life's experiences as they are stored and processed in my brain over the years or days. The ideas flow from the cognitive to the physical through my hands. My hands represent the years of technical training and have a great influence over how the imagination is realized on the canvas.
www.valdyshlov.com

Mes idées prennent naissance dans l'observation d'événements simples, comme le bleu brillant du ciel dans un clair jour d'été. Je les peuple alors d'un mélange fantastique de mes expériences quotidiennes, emmagasinées et développées dans mon cerveau des années durant. Les idées coulent ensuite de ce monde cognitif à celui que mes mains touchent. Mes mains, qui, après des années de pratique de l'art, donnent une expression, sur la toile, à ce travail de l'imagination.
www.valdyshlov.com

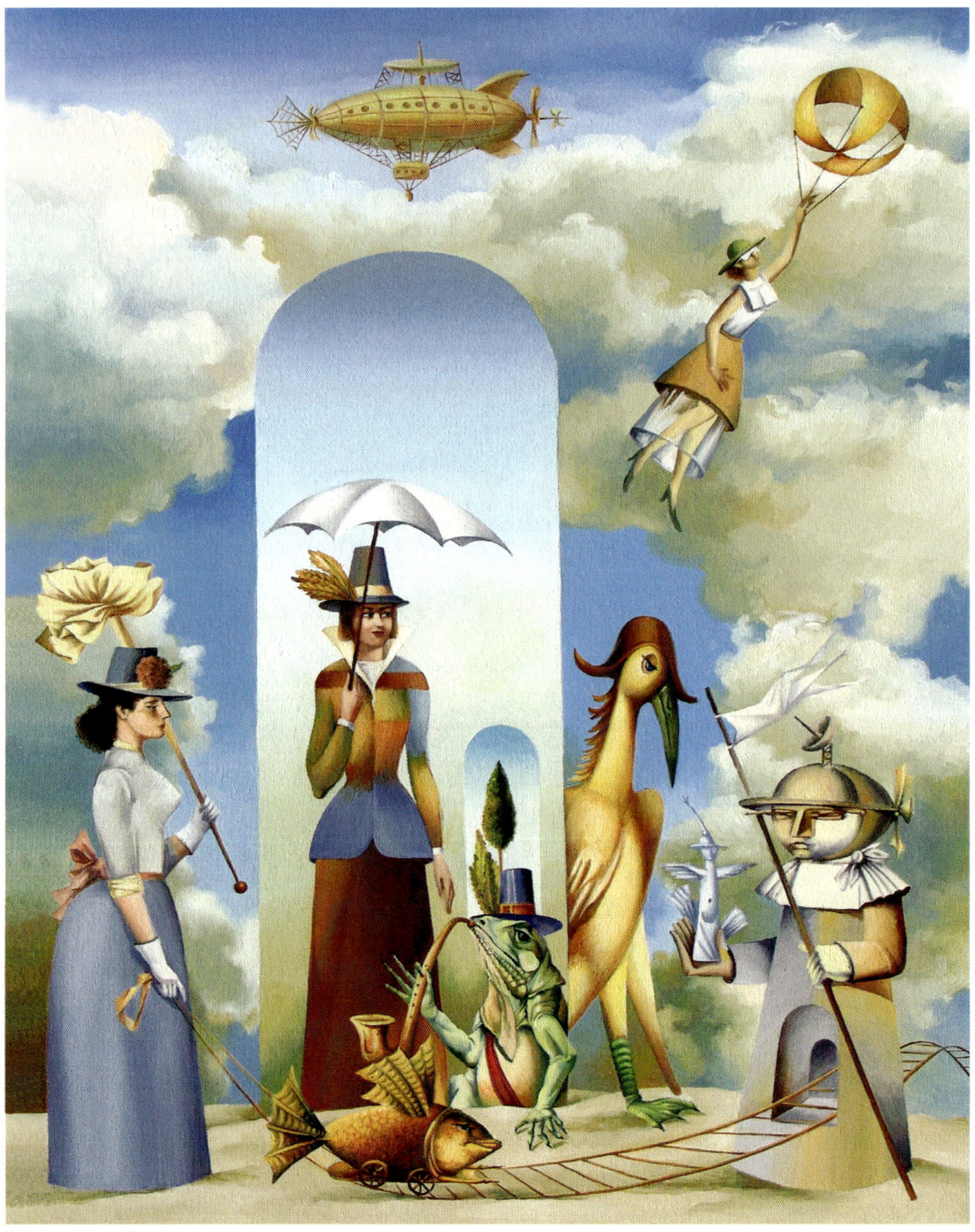

Spring escape · 76 x 56 cm · Oil on canvas

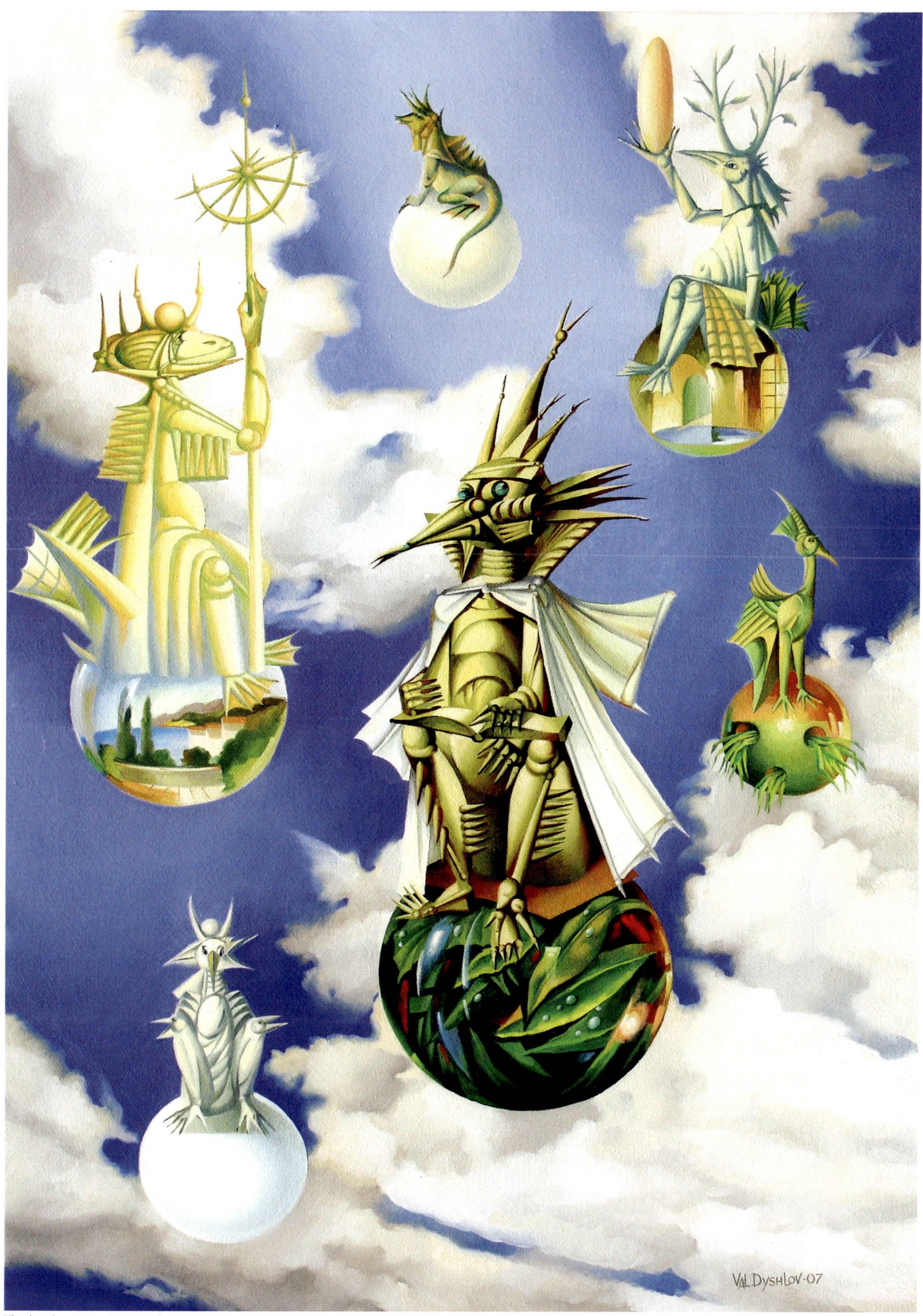

The dew drop · 90 x 60 cm · Oil on canvas

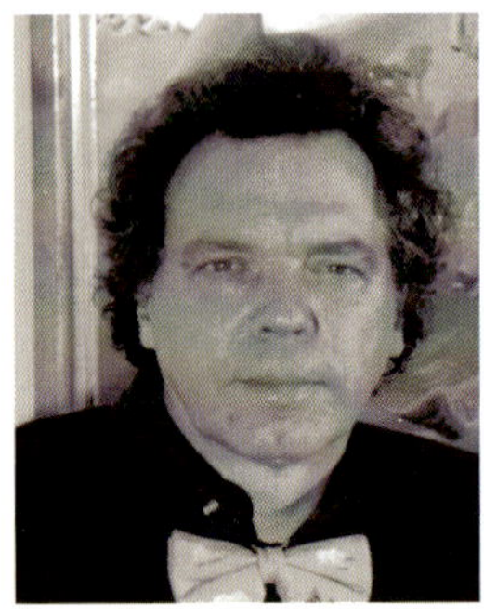

EIKE ERZMONEIT

1948 Germany

Eike Erzmoneit grew up during the rebuilding of post-war Berlin, and in the shadow of the Berlin wall, escaped to London in 1973 where he qualified as a dental technician before following his love of music and becoming a professional drummer. This move coincided with the beginning of his interest in art and he began painting and sculpting, using acrylic paint and dental engineering materials. Eike played with important bands of the progressive rock era, culminating with the chart-topping Atomic Rooster. A feature of his work is the imagery of the wall and his fascination withexploring the idea of changing dimensions exemplified by space analogies. Eike's pictures explore space and time, extending the essence of his work to handcrafted wooden frames. More often than not, the frame will fit the picture rather than the picture filling the frame. The work is not confined to canvas. Often mundane objects take on a different aspect when modelled in acrylic and precious metals.
www.eikeerzmoneit.co.uk

Eike Erzmoneit a grandi pendant la reconstruction de Berlin d'après-guerre et à l'ombre du mur de Berlin. En 1973 il s'enfuit à Londres et là, il obtient un diplôme de technicien dentaire avant de suivre son amour pour la musique et devenir batteur professionnel. Cette impulsion a coïncidé avec son intérêt naissant pour l'art, et il a commencé à peindre et sculpter, en utilisant la peinture acrylique et des matériaux de technologie dentaires. Eike a joué avec des groupes célèbres de l'époque du rock progressif, entre autres avec Atomic Rooster qui a culminé au sommet du hit-parade. La caractéristique de son œuvre est le langage figuré du mur et sa fascination pour l'idée de changer les dimensions, exemplifiées par les analogies de l'espace. Les toiles de Eike explorent l'espace et le temps, en déployant l'essence de son travail jusqu'aux cadres en bois faits à la main. Le plus souvent, le cadre s'adapte à l'image plutôt que l'image s'adapte au cadre. L'œuvre n'est pas confinée à la toile. Souvent des objets quelconques revêtent un tout autre aspect, une fois modelés avec des métaux précieux et des acryliques.
www.eikeerzmoneit.co.uk

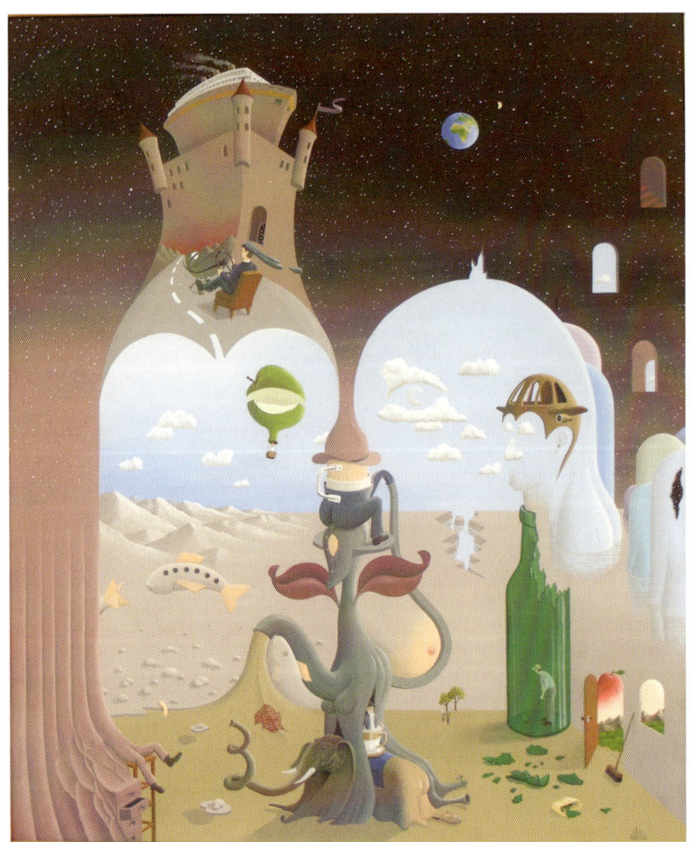

The Threedecadehesitation · Oil on panel

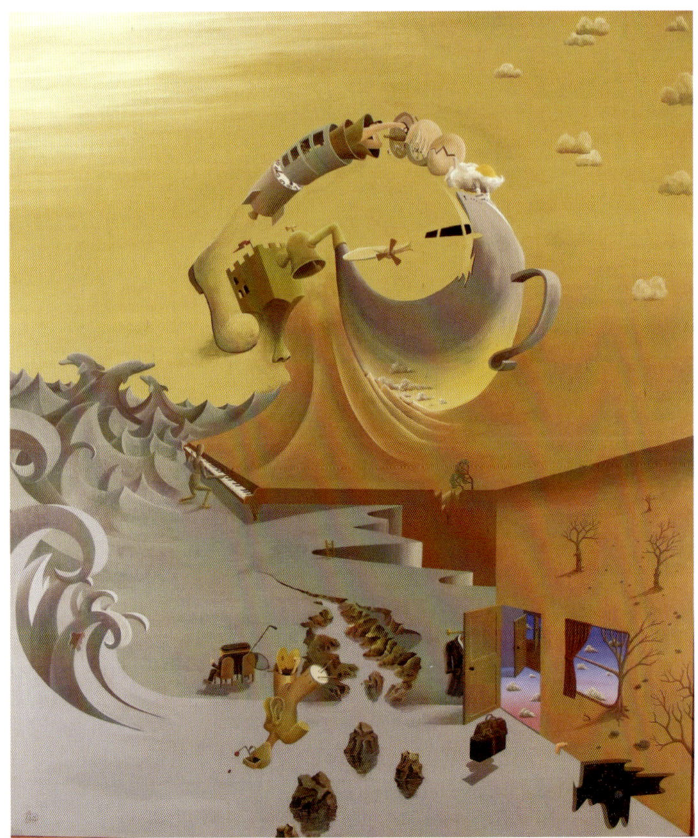

The Mannequinpianoconcert · Oil on panel

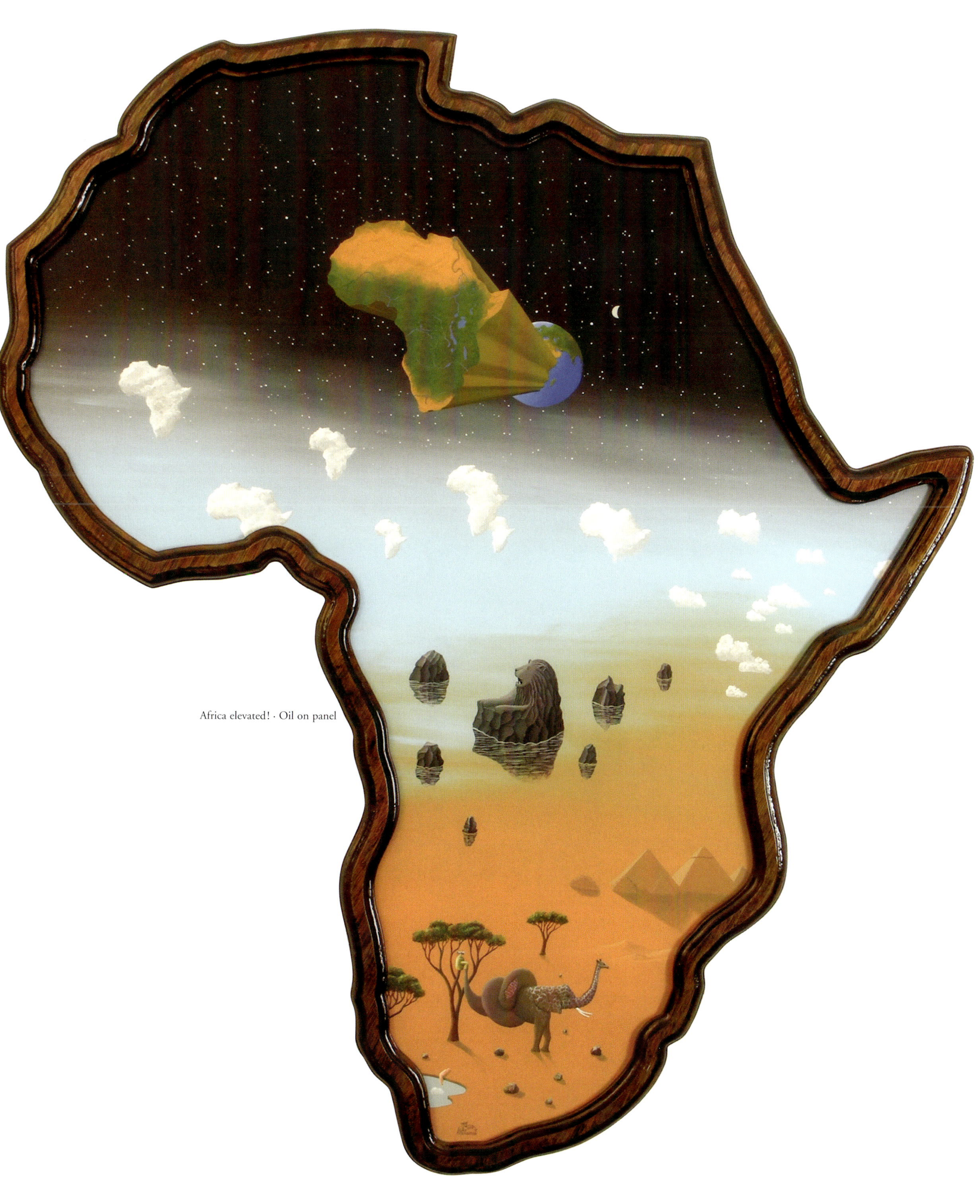

Africa elevated! · Oil on panel

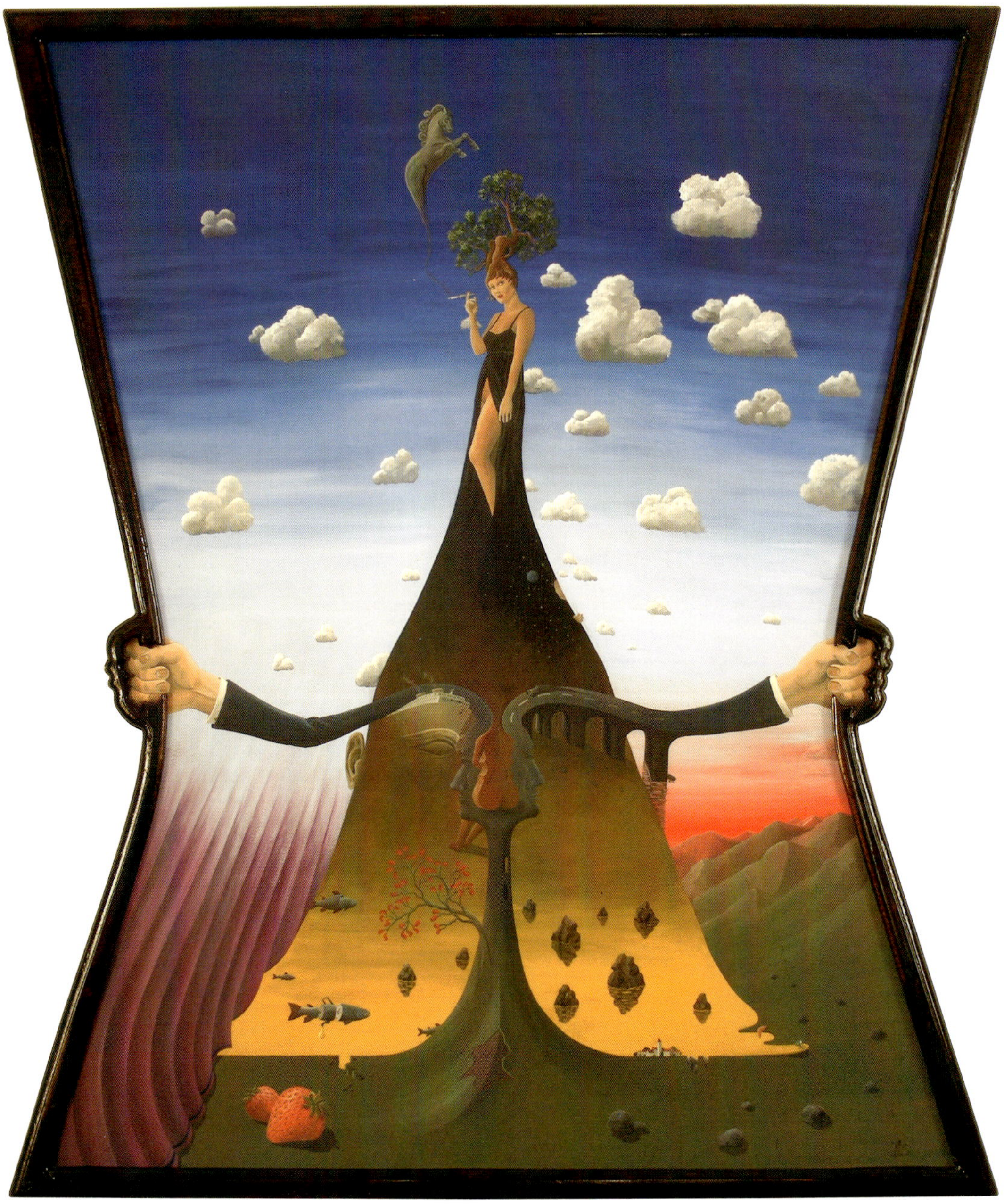

The narrowing by stagefright · Oil on panel

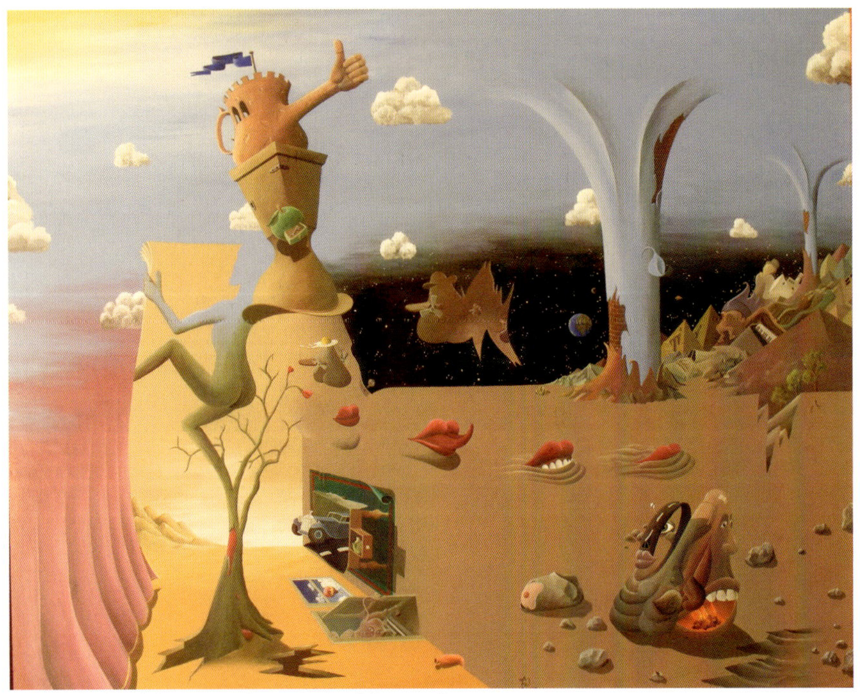

The view back and the step ino the next page · Oil on panel

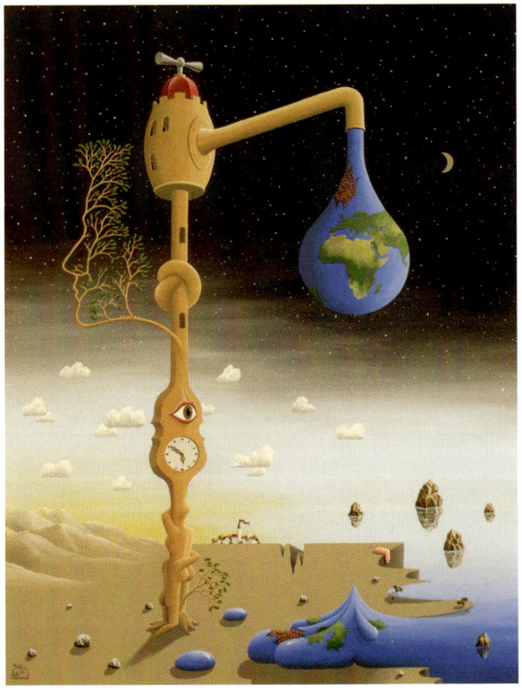

Brickearthdrop, emerging from ... · Oil on panel

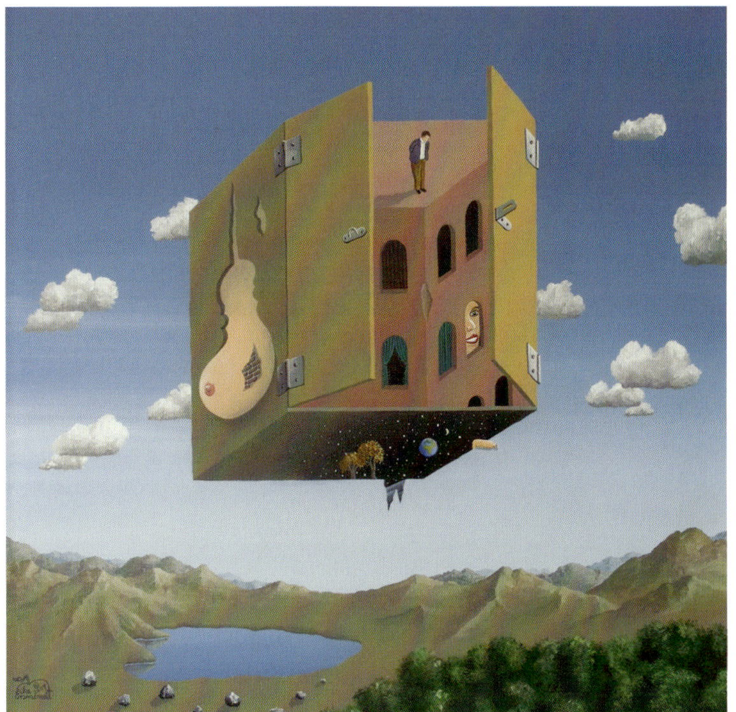

The Boxtower · Oil on panel

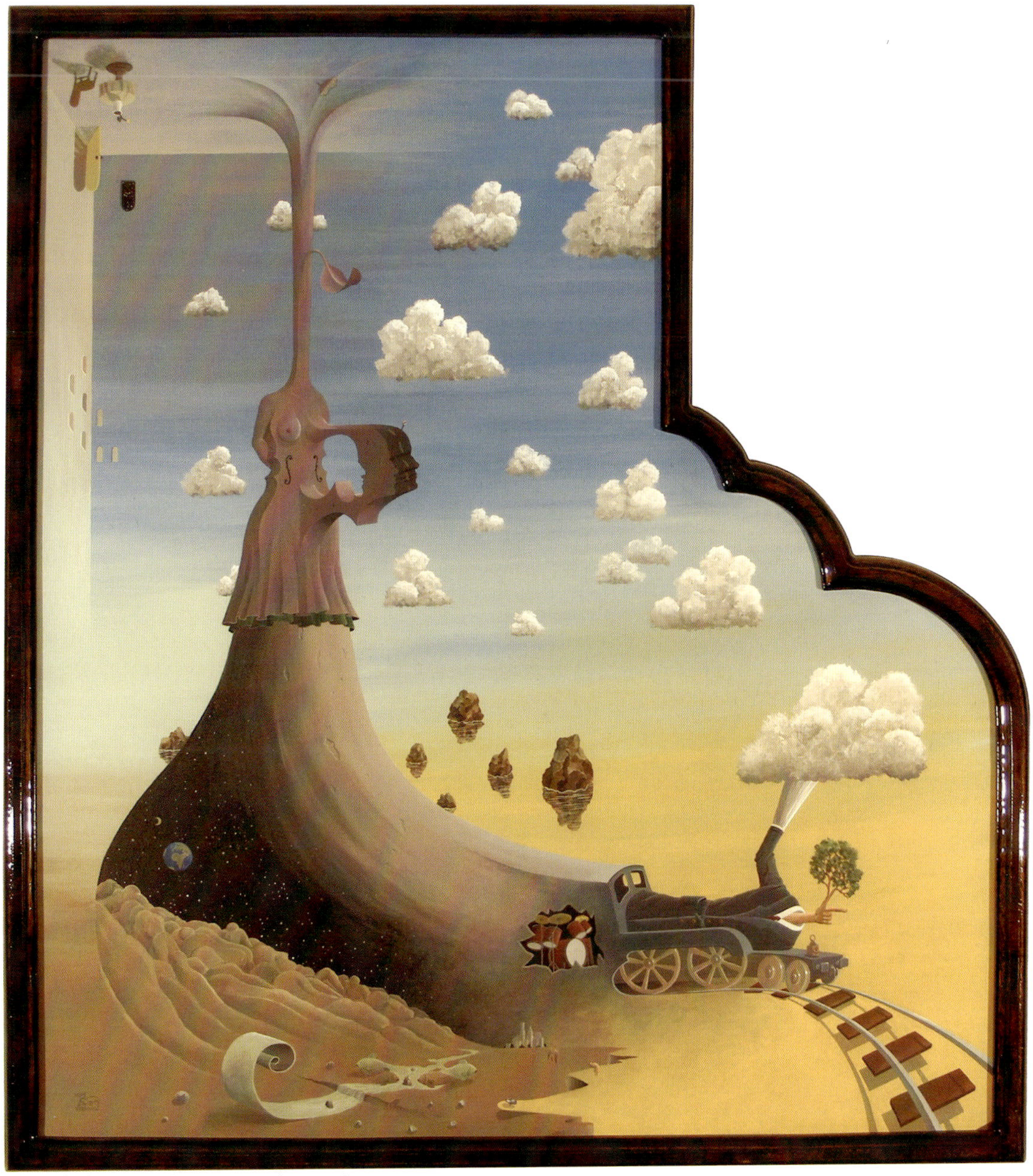

The violindressovercoatlocomotive · Oil on panel

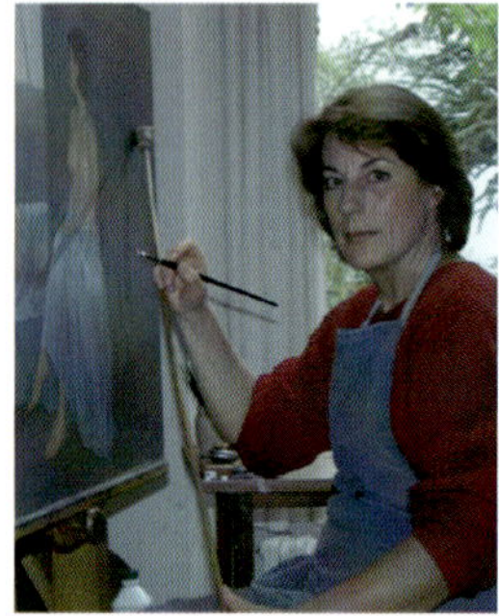

MONICA FAGAN

England

Of Anglo-Irish origin, Monica Fagan was born in Yorkshire and came to France at the age of 18 to study Fine Art in Rennes. She has been painting since birth - perhaps since even before that. Her sound technique from the underpainting to the glazes upholds her subject matter just as grammar upholds vocabulary. Her painting is a language to express her "otherworld".

A world of contrasts and contradictions, virginity and fecundity, symbolism and sensuality. To enter this world we must leave our masks on the waterside and take the keys she offers - invitations to penetrate and seek what she has jealously concealed. But we are not alone. The painting is inhabited. Shapes and objects become human. Musical instruments, rocks, stones and trees become female figures. She describes the transition of matter through water and over chequerboards, symbol of light and dark … duality and ambiguity … through shade to eternal light. The relentless and ineluctable passing of time is also a leitmotiv in many of her paintings.

Another dimension to her art is the creation of scenery and costumes for several operas which have been staged in theatres around Paris over the last twelve years.

www.monica-fagan.com

D'origine irlandaise par son père, Monica Fagan est née à Sheffield en Angleterre. Elle vient en France à l'âge de 18 ans pour suivre les cours à l'Ecole des Beaux-Arts de Rennes. Elle peint depuis sa naissance et peut-être depuis plus longtemps encore. Le monde qu'elle nous offre en est la preuve.

Nous devrons laisser nos masques sur le rivage, à la frange des eaux qui meurent aux confins des chemins de dallage. Mais nous ne sommes pas seuls. La toile est habitée : ici bustes obsessionnels et parfaits de femmes mannequins qui nous attendent, promesse d'une sexualité chaste, romantisme débridé ; ici encore, débris de pierre, ruines de nous-mêmes, abandon obligatoire pour accéder au monde « faganien » ; ici les formes et les objets s'humanisent, les pierres prennent corps ; là, au contraire, les corps se pétrifient, l'arbre est chaussé d'un soulier, le violoncelle se fait femme. Elle nous dit une vie entre deux états, un passage entre matière et lumière … dualité et ambiguïté …

Le passage du temps, inéluctable et implacable, fait aussi partie de sa symbolique. Depuis douze ans elle a ajouté une autre dimension à son œuvre en créant les décors et costumes pour des opéras qui sont joués dans des théâtres autour de Paris.

www.monica-fagan.com

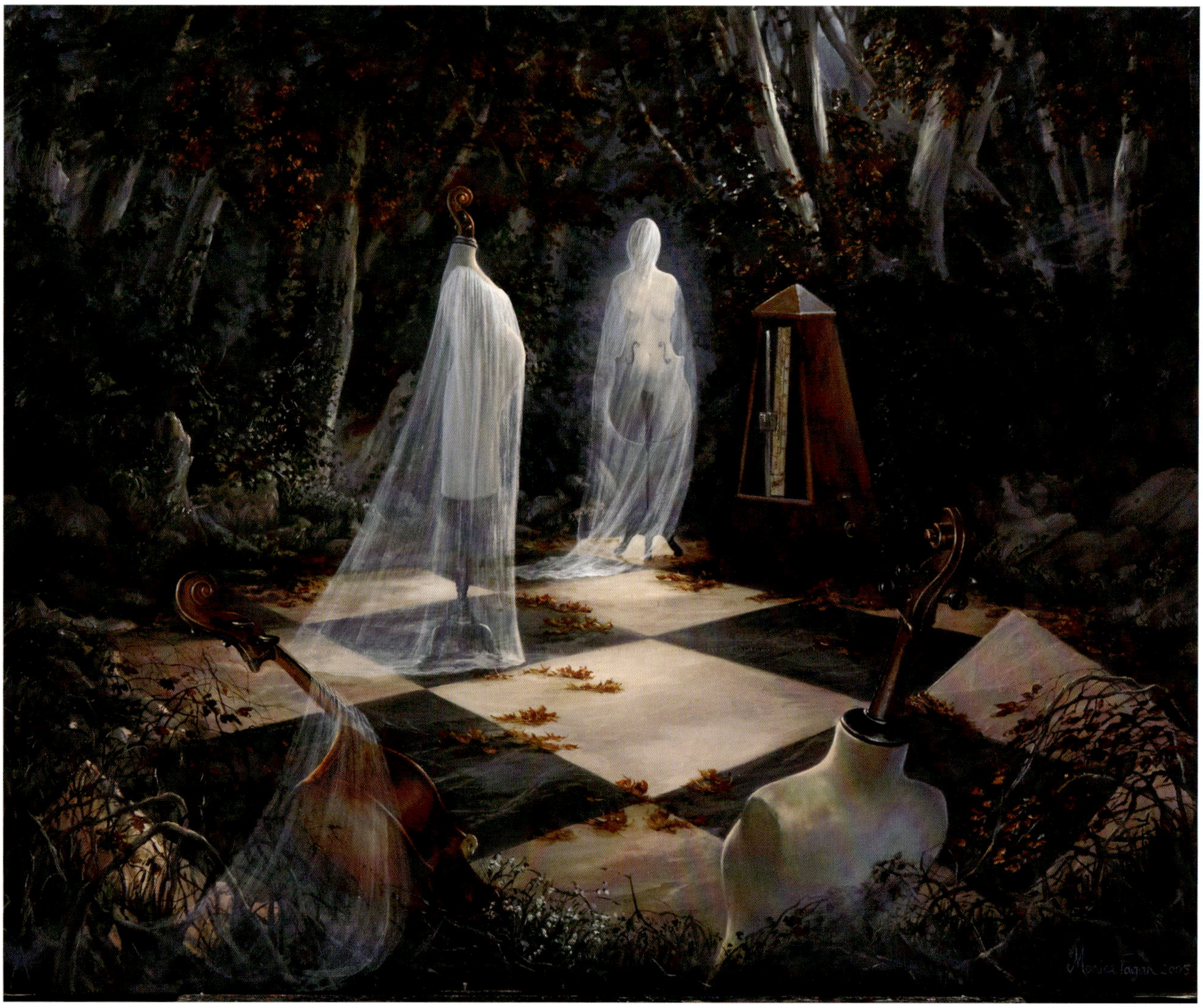

A Question of Time · 54 x 65 cm · Oil on canvas

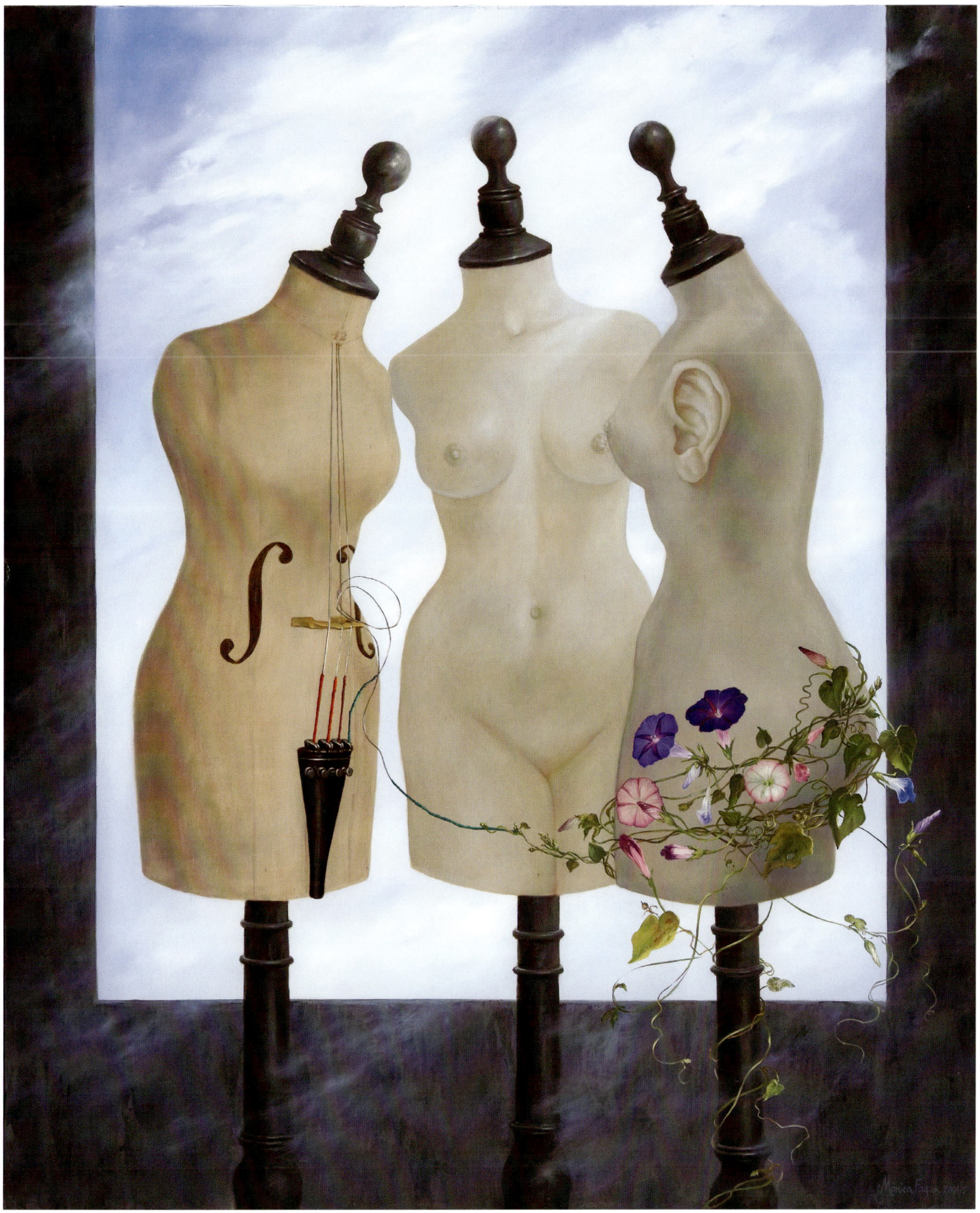

Fugue for Strings · 100 x 81 cm · Oil on canvas

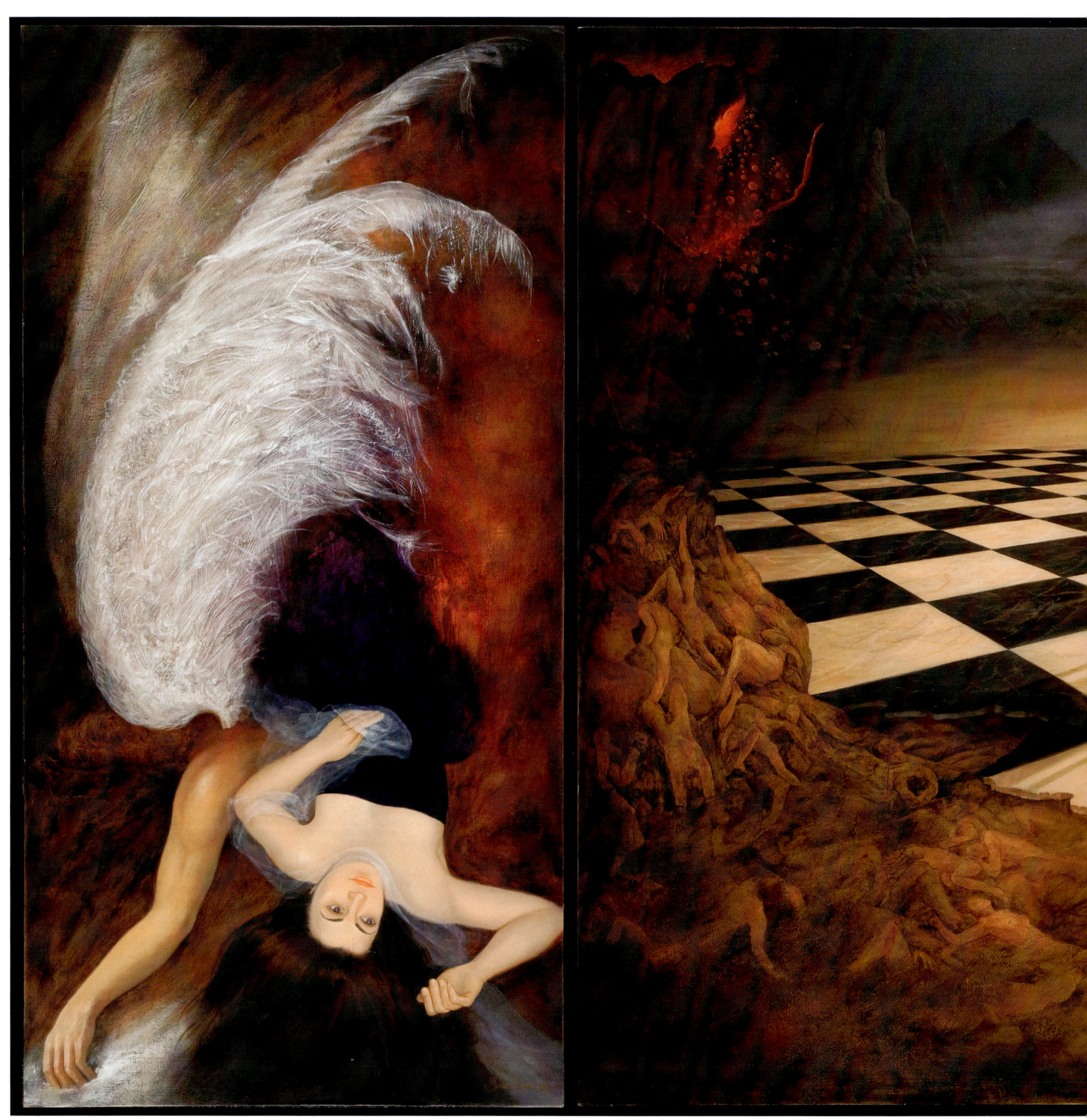

Divine Commedia · 100 x 200 cm Triptych · Oil on canvas on wood

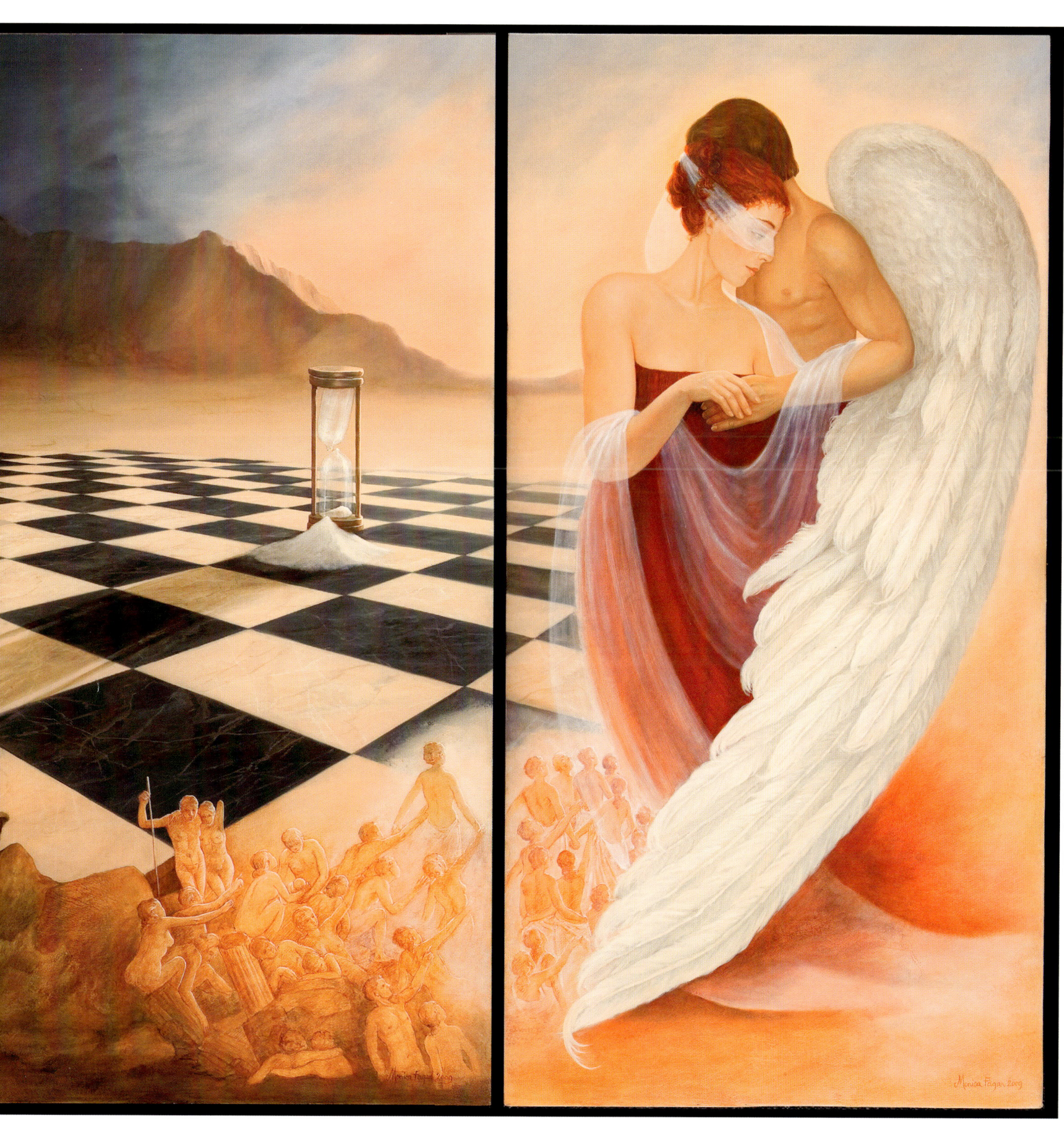

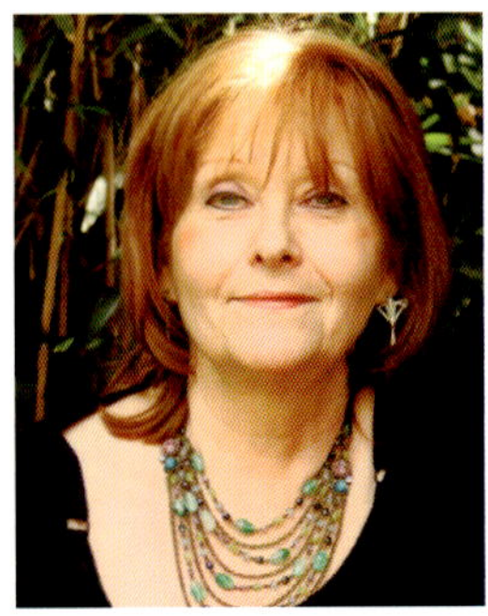

MAGDA FRANCOT

1942 Belgium

Magda Francot lives and works in Belgium, where she optained her education as an artist in the Antwerp Royal Academy of Arts.
She paints mainly in oil on self-prepared canvas or panel, with a tempera under-painting. Her work finds its roots in the Flemish Arts and is based on Symbolism, with a tendency to Dark Romantism. The longing for nature, the idealisation of the Middle Ages and a profound interest in the occult, the magic and the melancholic, contrast with the morbid, the macabre and subjects related to death.
These themes dominate the work. In the symbolic representations she often acts as a mediator between the inner and the outward world. Her imagination is realistic, but refers to an other reality, a deeper form of existence. In order to depict this inner world, Magda spends all her time and energy to the Craftmanship in the Art of Painting, which resulted in the establishing of a private School of Art in the center of Antwerp.
She considers it her duty to pass on the traditional values and techniques, in order to contrast them with the chaos in the contemporary plastic arts.
From 1968 on regular expositions where held in-and outside Belgium, more precisely in France, Holland and Danmark.
www.magda-francot-art.com

Magda Francot (1942) vie et travaille en Belgique, ou elle obtenait son éducation artistique à l' Académie Royale d'Anvers.
Elle travaille surtout en huile sur des toiles ou des panneaux préparées par elle-meme, avec une sous-peinture en tempera. Son oeuvre est enraciné dans les Arts Flamands, basé sur le Symbolisme avec des tendances Romantiques obscures. L'aspiration à la nature, l' idéalisation des Moyen-Ages et un profond intéret de l'occulte, le magique et le mélancholique, se contraste avec le macrabre et des sujets liées à la mort.
Ces thèmes dominent ces travaux. Dans les répresentations elle figure souvant comme intermédiaire entre le monde intérieur et le monde extérieur. Son imagination est réel, mais se réfère à une autre réalité, une forme d'existance plus profonde. Pour réaliser la répresentation de ce monde intérieur, Magda occupe tous son temps et toute son énergie au " Craftsmanship in the Art of Painting "- " La Compétance dans l'Art de la Peinture ", ce qui résultait dans la création d'une école privée ' Ecole d'Art' au centre d'Anvers.
Elle le considère son devoir de transmettre les valeurs traditionelles et techniques, afin de les faire contraster avec le chaos dans les arts plastiques contemporains.
Elle a eu des expositions en Belgique et en étranger depuis 1968, notamment en France, la Hollande et le Danemark.
www.magda-francot-art.com

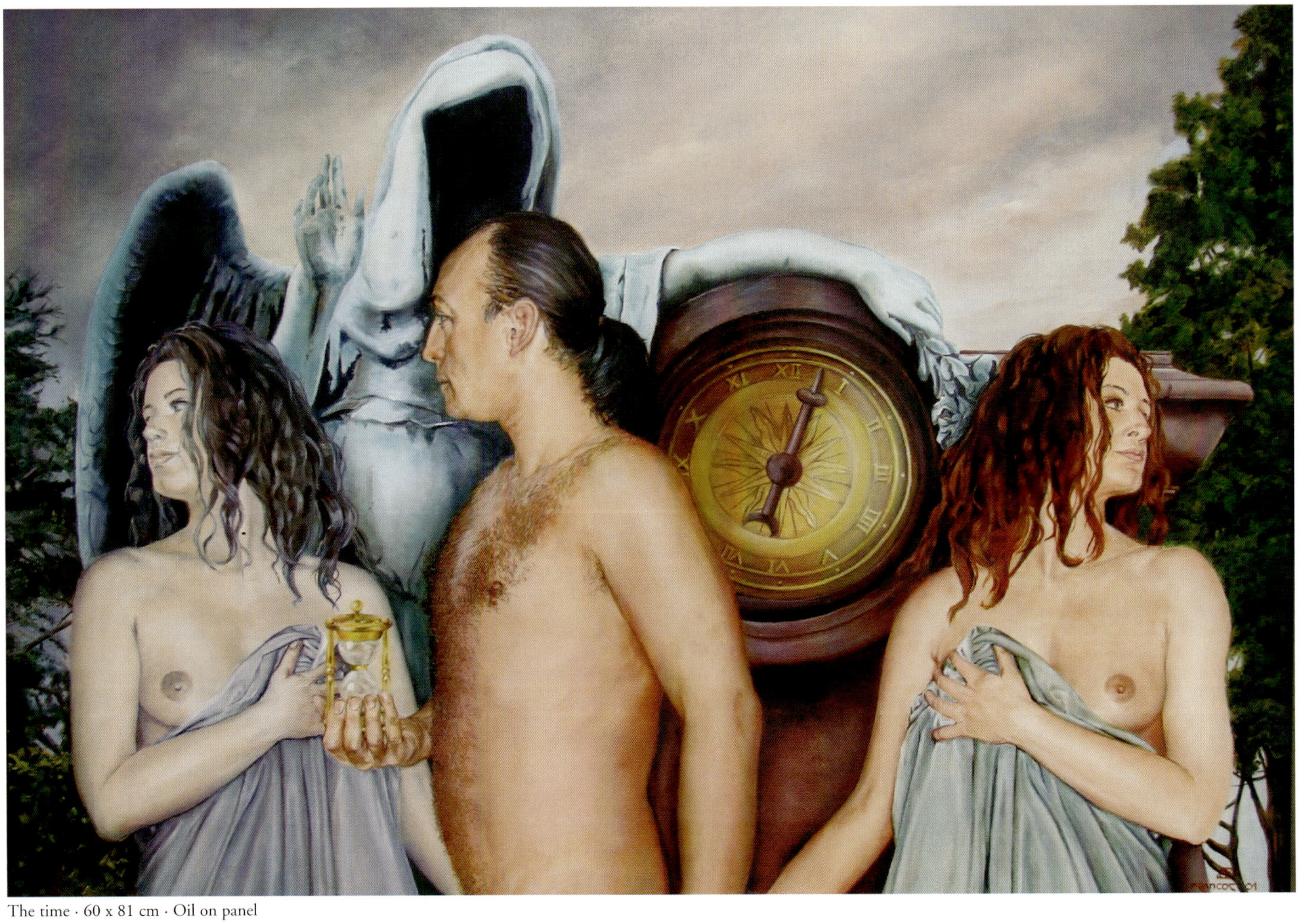

The time · 60 x 81 cm · Oil on panel

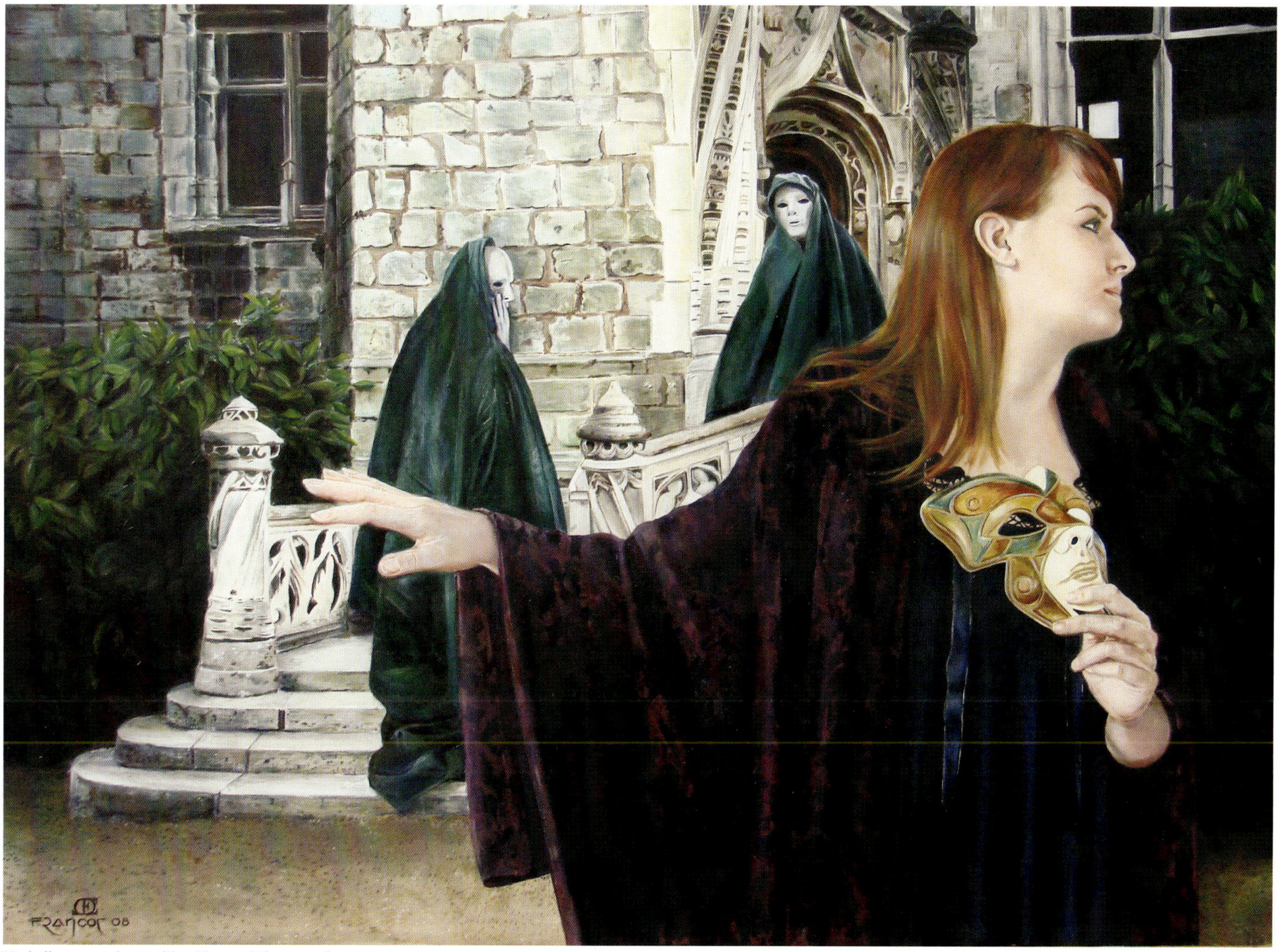

Un ballo in maschera · 46 x 61 cm · Oil on panel

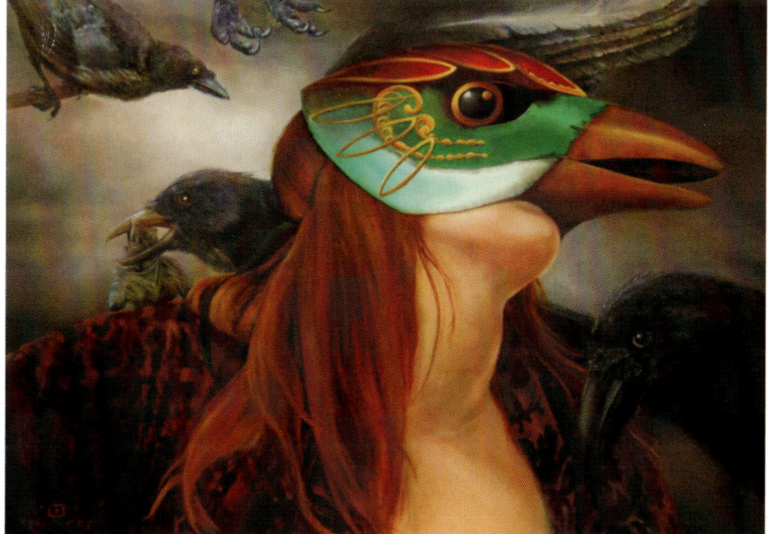

The Scarecrow 2 · 56 x 48 cm · Oil on panel

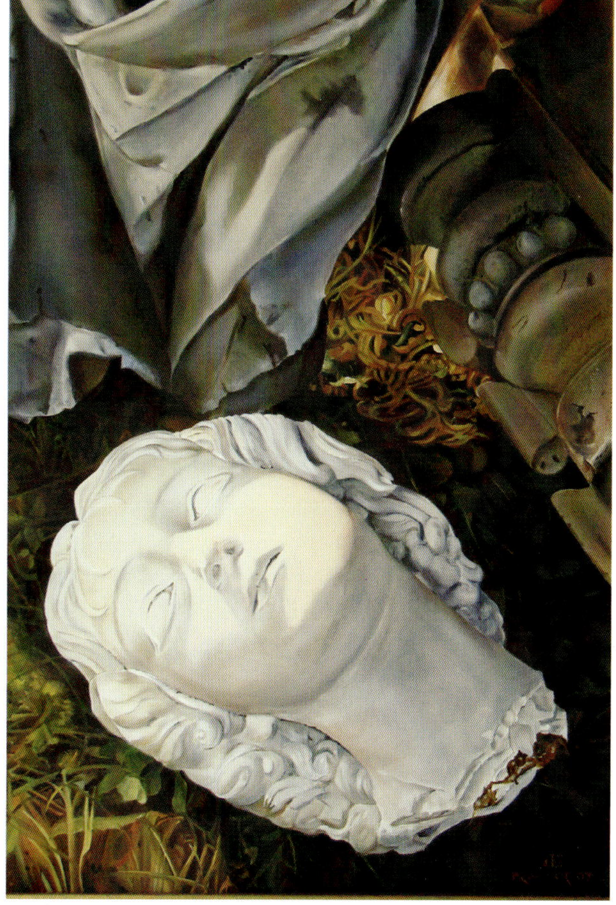

The fallen angel · 62 x 42 cm · Oil on panel

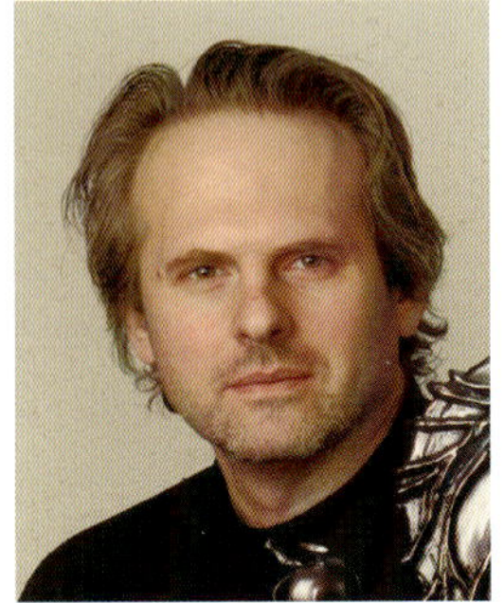

IGOR GRECHANYK

1960 Ukraine

Grechanyk is a member of the National Artists Union of Ukraine, member of the Society for Art of Imagination under Honorary Presidency of Prof. Ernst Fuchs and he is leader of the Creative Association "The Golden Gate", founded in1997 in Kiev. Igor Grechanyk is a participant of many exhibitions and art shows in many countries of the world. He also works on large monuments. Grechanyk transcends the boundaries of ordinary existence and causes a dialogue with another more ancient world, which looks on us intently. This ancient world directs our search. It gives birth to threedimensional material images, filled with strong inner energy and realizing themselves a part of a mysterious and magical universe.

www.grechanyk.com

Grechanyk est membre de l'Union Nationale d'Artistes de l'Ukraine, membre de la Société Art of Imagination (l'Art de l'Imaginaire) sous la présidence honorifique du Professeur Ernst Fuchs et il est chef de l'Association Créatrice «The Golden Gate», fondée en 1997 à Kiev. Igor Grechanyk participe à de nombreuses expositions et salons d'art dans beaucoup de pays du monde. Il travaille également à de grands monuments. Grechanyk dépasse les frontières de l'existence ordinaire et mène un dialogue avec un autre monde plus antique, qui nous regarde attentivement. Ce monde antique dirige notre recherche. Il donne naissance aux images matérielles tridimensionnelles, remplies d'une forte énergie intérieure et qui réalisent une partie d'un univers mystérieux et magique.

www.grechanyk.com

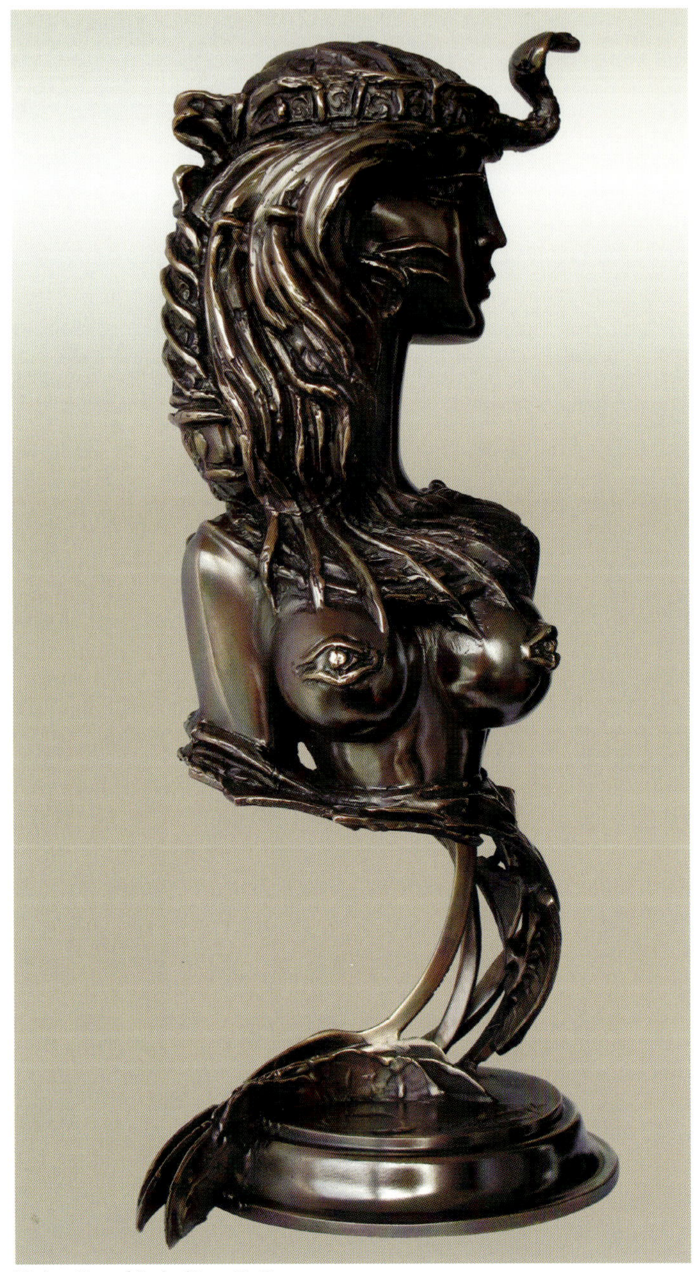

Hathor. Eyes of God · 40 cm H · Bronze

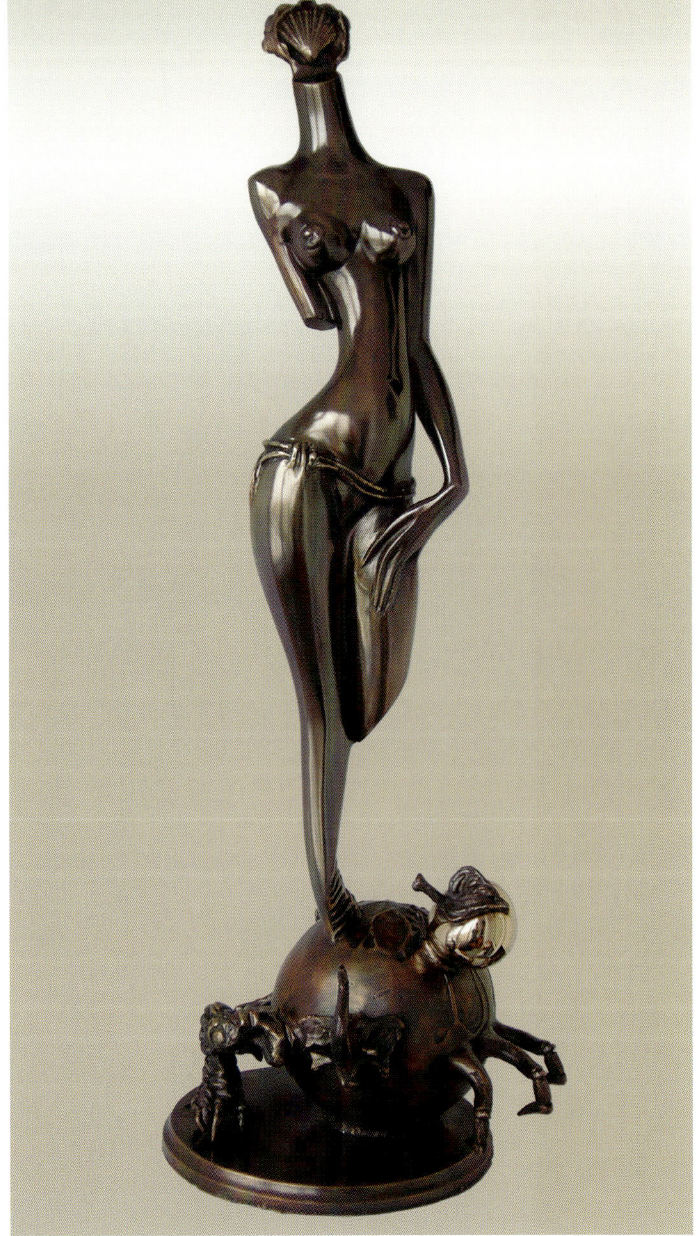

Muse of Hieronymus Bosch · 78 cm H · Bronze

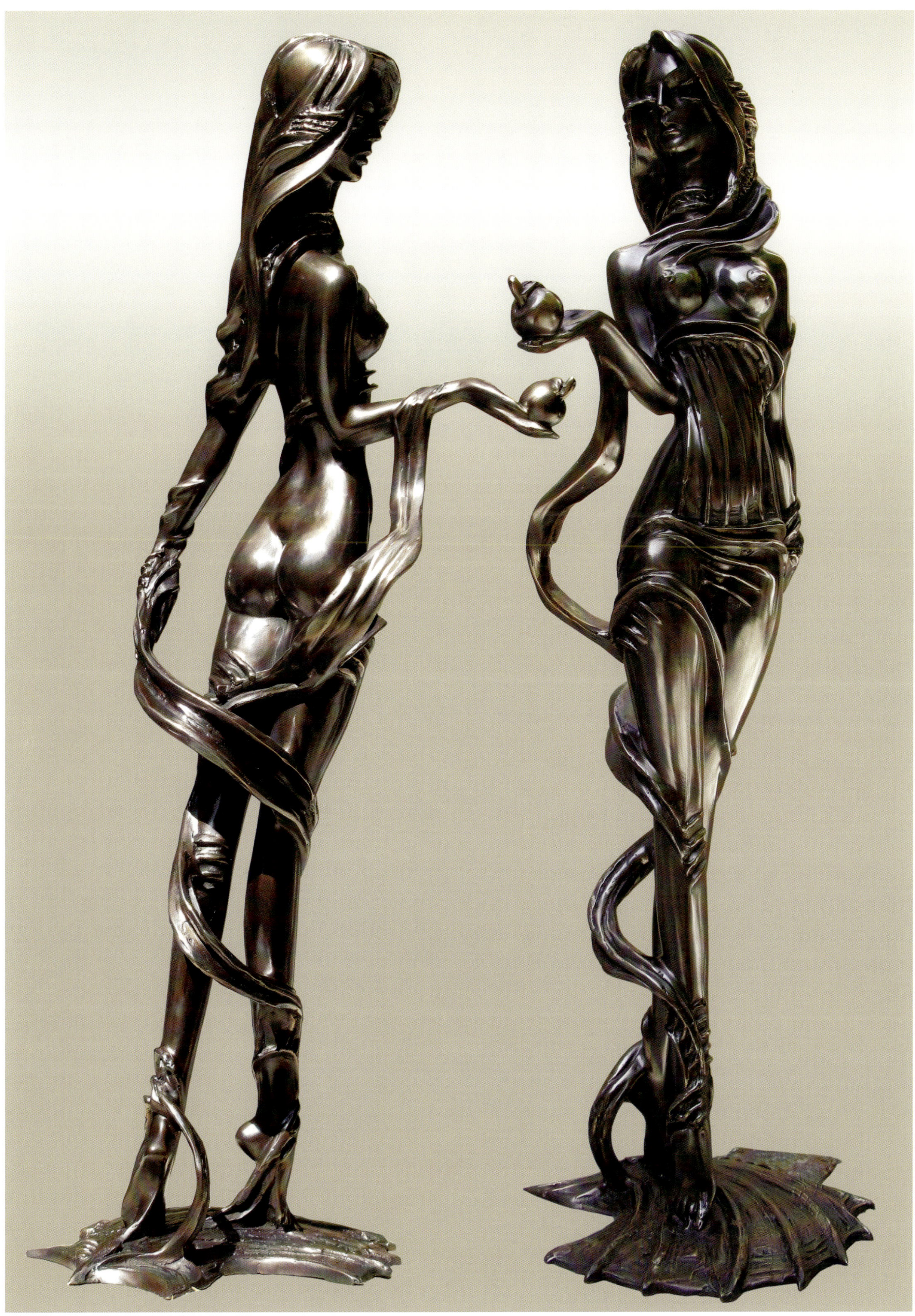

Apple of Paris · 65 cm H · Bronze

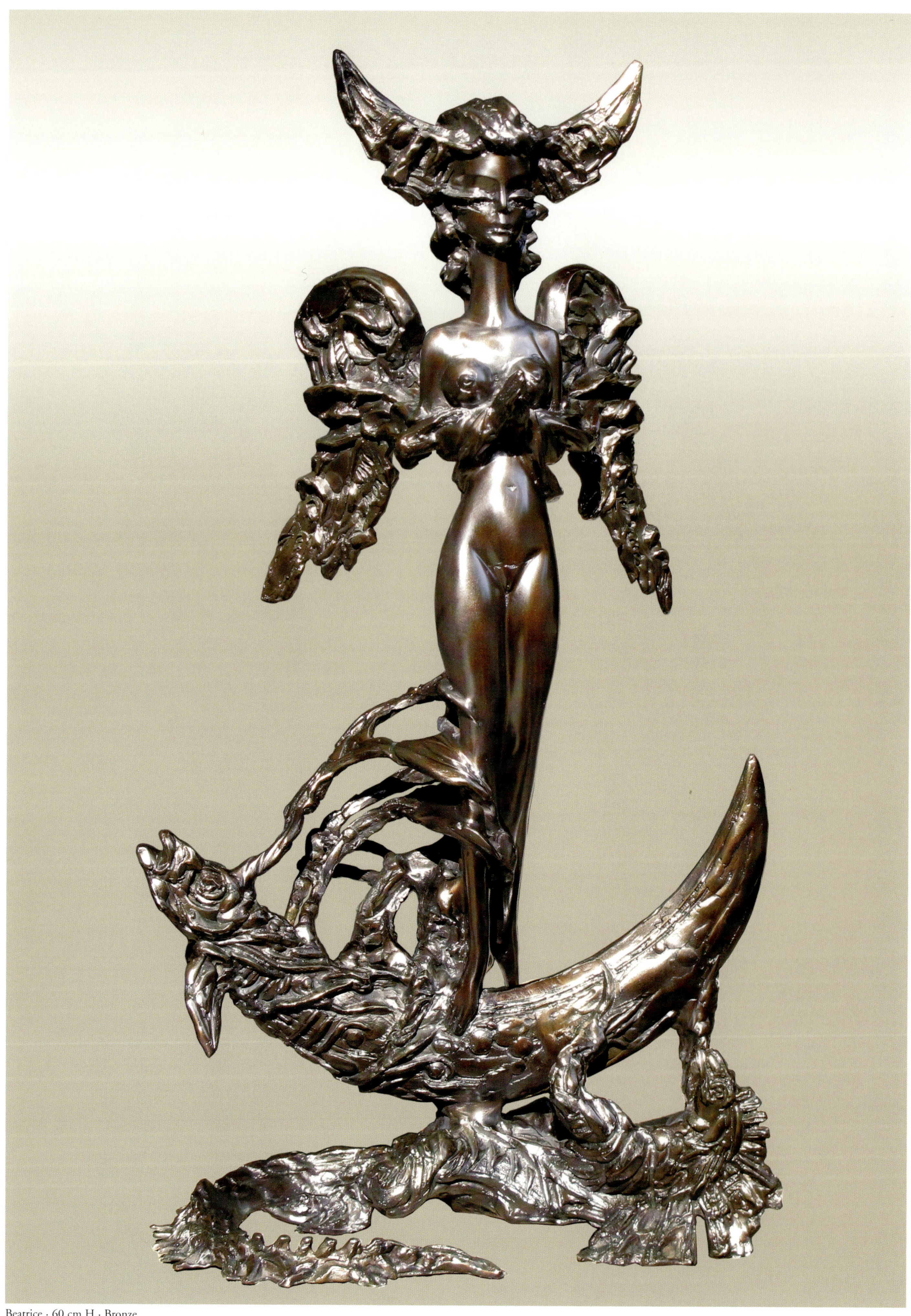

Beatrice · 60 cm H · Bronze

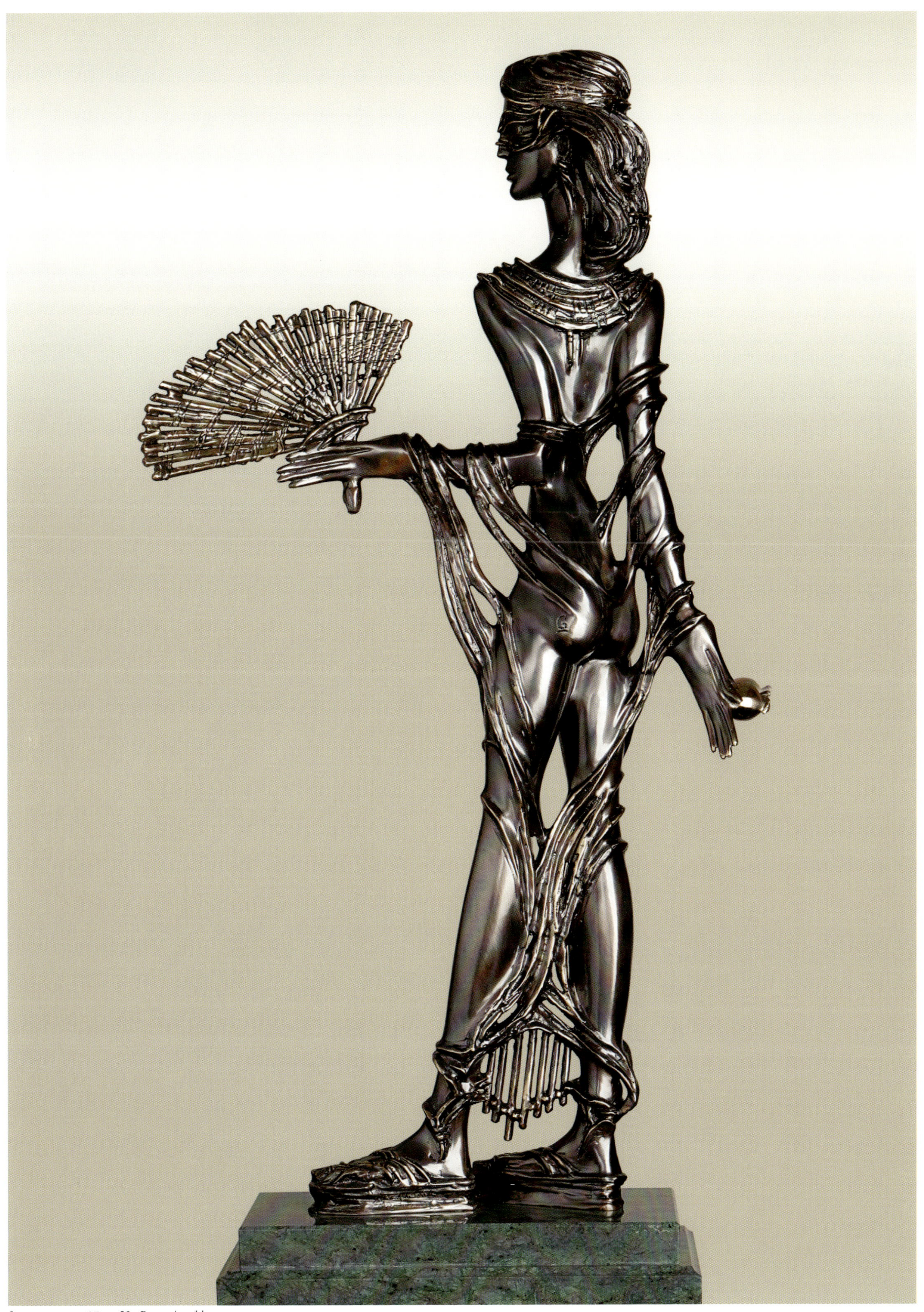

Secret message · 87 cm H · Bronze/marble

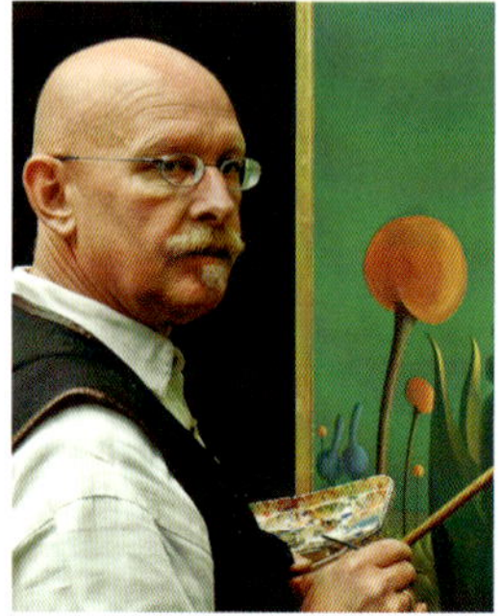

WOLFGANG HARMS

1950 Germany

Over 20 years he has mainly concentrated on the execution of mural paintings of high quality. In this area he is ranked among the best in Europe. Commissions led him to Berlin, Duesseldorf, Cuxhaven, Baden-Baden, Munich, Starnberg, Austria, Africa and Spain, just to mention a few places. One of his outstanding talents is the harmonization of different spaces; to find the only right and perfect solution for a particular space and the human beings inhabiting it. One may look for the commonplace and ever-present "Peacocks on the balustrades" or the " Views to the Sea" in vain in his mural paintings. This is due to his rejecting imitation, which is otherwise common in this profession, and very original, tension-ridden and individual solutions emerge from his special mixture of the real and the fantastic.
www.harms-malereien.de

Pendant plus de 20 ans, il s'est surtout concentré sur l'exécution de peintures murales de grande qualité. Dans ce domaine, il est considéré comme l'un des meilleurs en Europe. Des commandes l'ont amené à Berlin, Düsseldorf, Cuxhaven, Baden-Baden, Munich, Starnberg, en Autriche, en Afrique et en Espagne, pour n'énumérer que quelques lieux. Une de ses remarquables capacités est d'harmoniser les espaces ; trouver la seule solution correcte qui convienne au lieu, à l'espace et aux hommes qui y vivent. On cherche toujours en vain, dans ses peintures murales, des «Paons sur balustrades» ou des «Vues sur la mer» banales que l'on voit un peu partout. Puisqu'il rejette l'épigonisme, pourtant habituel dans ce métier, des solutions très originales, pleines de suspense et individuelles naissent de son mélange spécial du réalisme et du fantastique.
www.harms-malereien.de

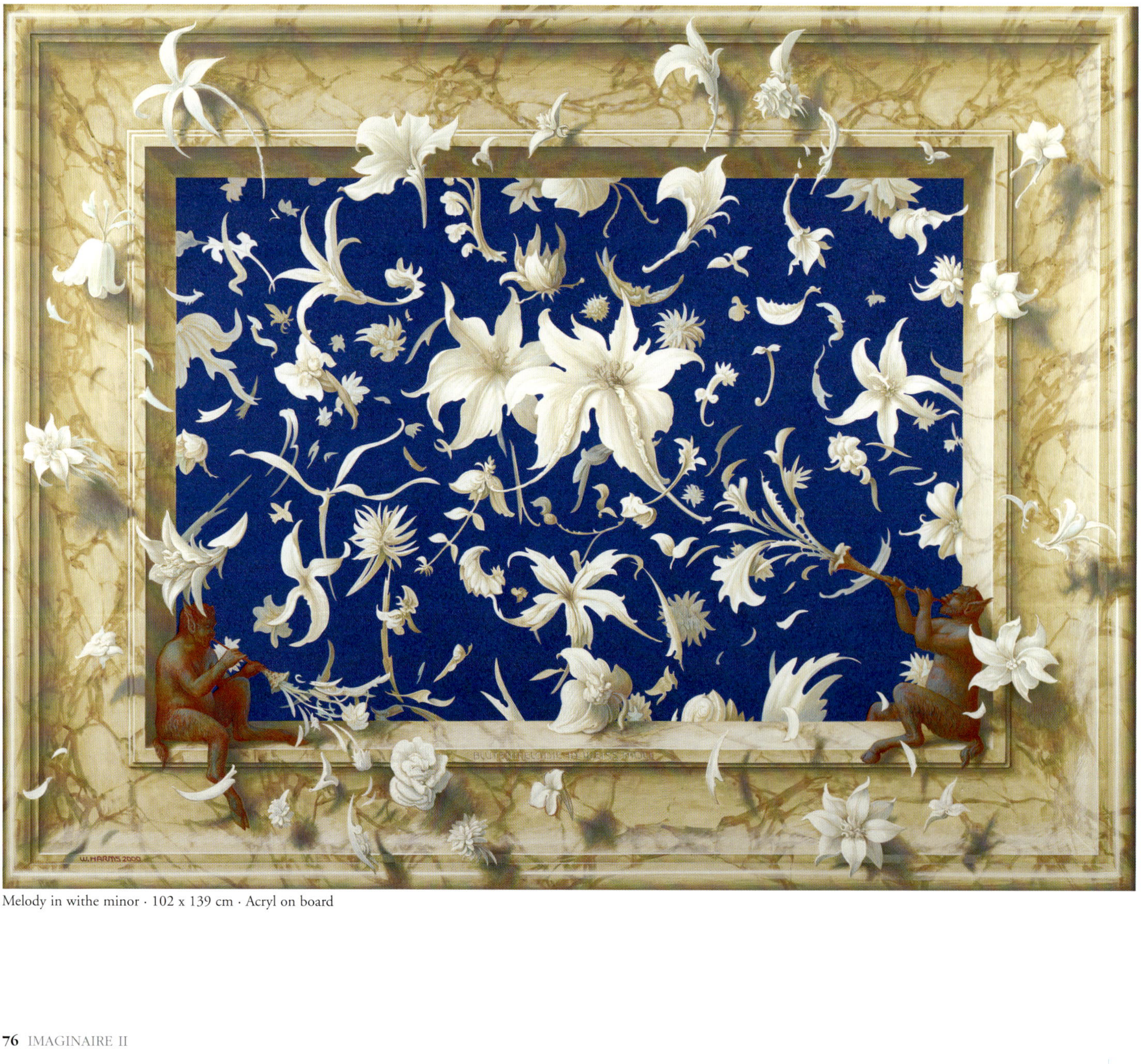

Melody in withe minor · 102 x 139 cm · Acryl on board

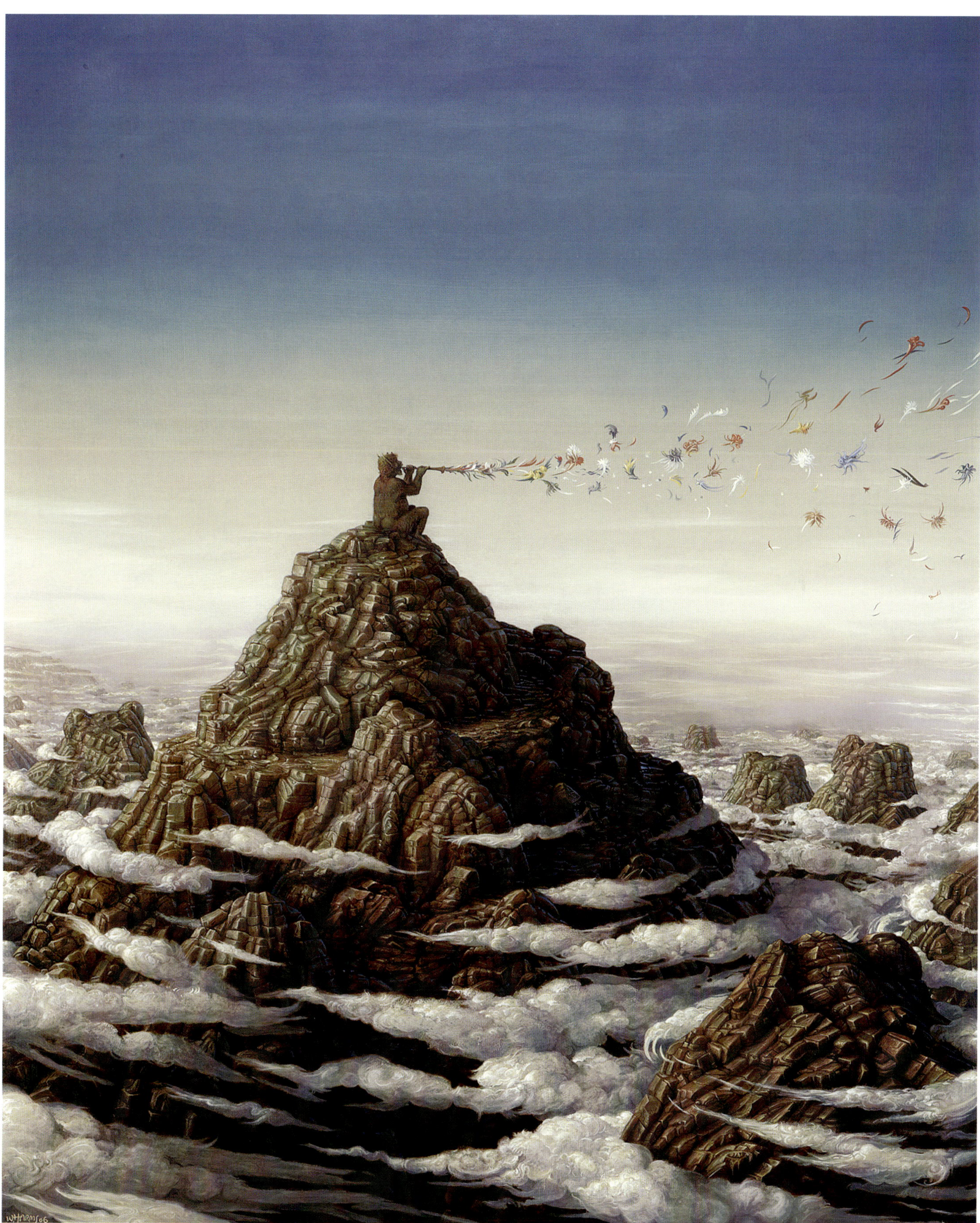
Mountain melody · 98 x 78 cm · Acryl / Oil on board

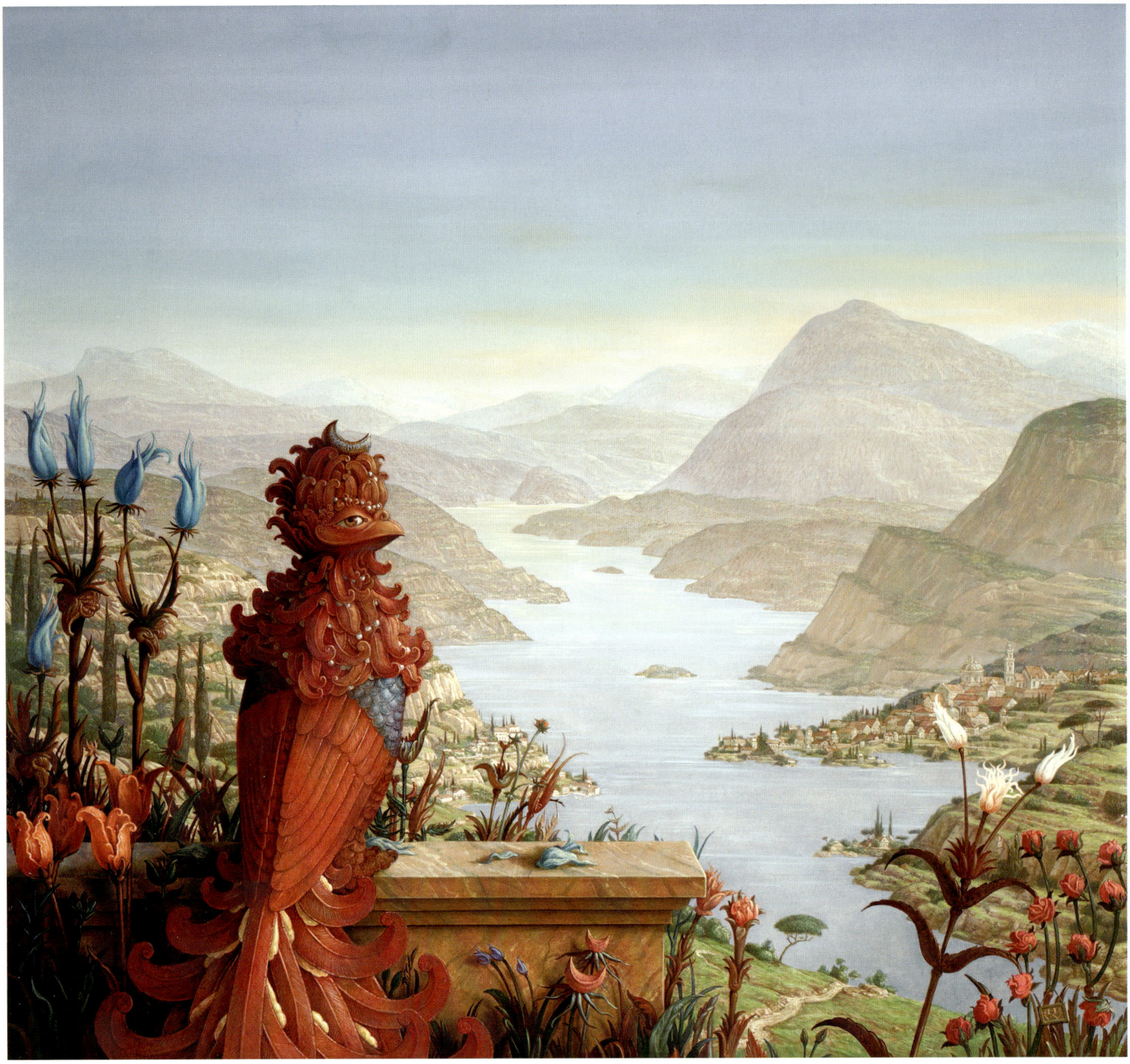

Red moonbird · 60 x 62 cm · Acryl / Oil on board

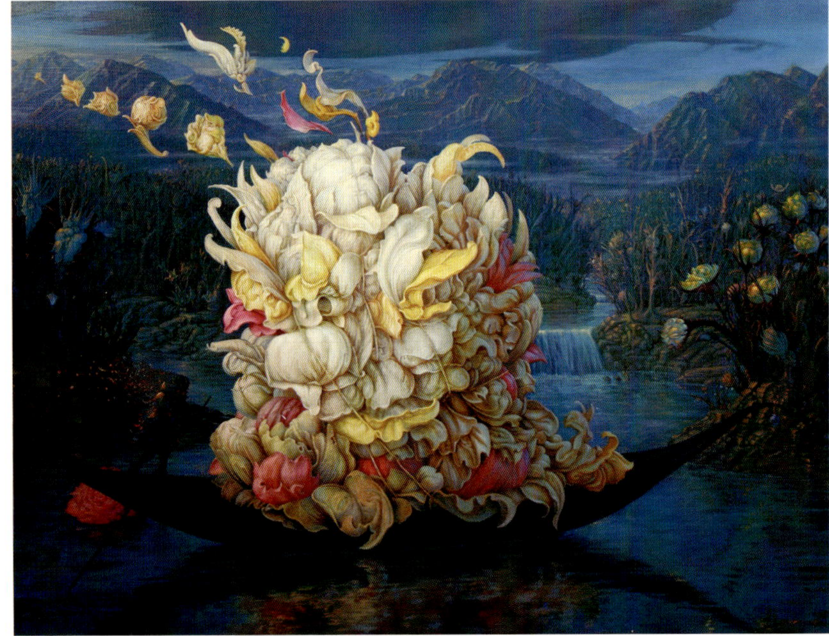

Peaceful vojage · 70 x 90 cm · Acryl / Oil on board

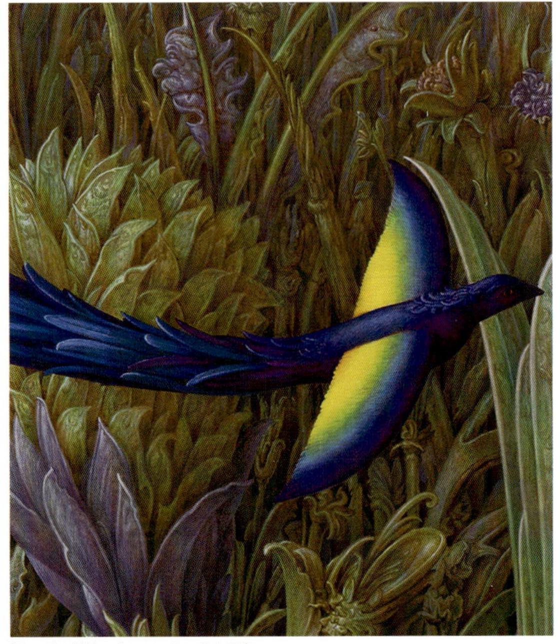

Detail of Blue hour · Acryl / Oil

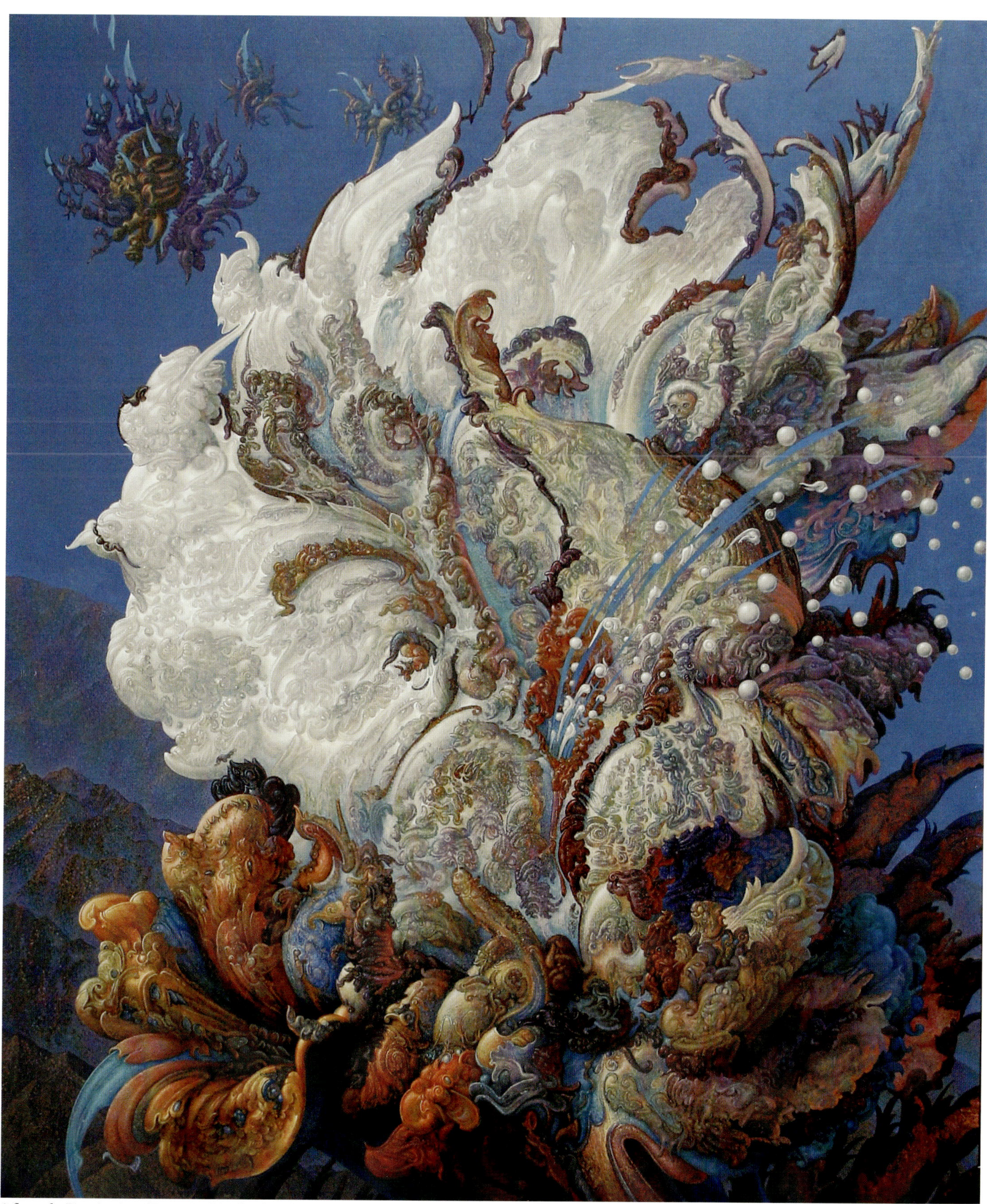

A flower for Einstein · 81 x 65 cm · Acryl / Oil on board

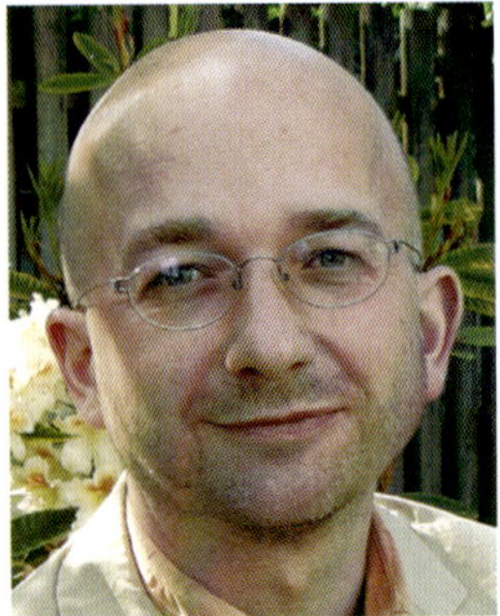

DANNY EVO HEINRICHT

1962 Denmark

Danny Evo Heinricht was born in Denmark and grew up in Germany. He trained as a graphics artist and now lives in an idyllic village on the coast of northern Denmark. He painted his first oil painting when he was 16 but worked for several years as an Art Director, graphic designer and illustrator in Copenhagen before becoming a professional artist. In the process of finding his ideal form of expression, his work has undergone constant change over the years before arriving at its present form. His art has developed through surrealism and classical landscape painting, always with a symbolic content and with the sky as a constant and vital element. "My intention is to infuse calm, beauty, light, and harmony into what I paint, and into everyone who sees my paintings," says Danny, and behind his intention is the desire to stimulate people's awareness and sensitivity to high ideals. His hope is that art created in this spirit can contribute to a beneficial and uplifting effect.

www.dannyevoheinricht.com

Né au Danemark, mais a été élevé en Allemagne. Il est dessinateur publicitaire et habite actuellement un village pittoresque du nord du Danemark. Il a fait son premier tableau à l'huile à l'âge de 16 ans, mais il a travaillé plusieurs années en tant que Directeur d'Art, peintre-graveur et illustrateur à Copenhague avant de décider de se consacrer à l'art. Dans le processus de recherche du mode d'expression idéal, son art a évolué sans cesse au cours des années avant de trouver sa forme actuelle. Son art s'est développé à travers le surréalisme et les peintures classiques de paysage, toujours avec un contenu symbolique et avec le ciel comme élément constant et indispensable. « Mon intention est d'insuffler dans mes peintures et dans toute personne qui les regarde la tranquillité, la beauté, la lumière et l'harmonie, » dit Danny, et dans cette intention il y a le désir d'élever la conscience et la sensibilité à un niveau d'idéal toujours plus haut. L'espoir est qu'une oeuvre d'art créée dans cet esprit puisse avoir un effet bénéfique et réconfortant.

www.dannyevoheinricht.com

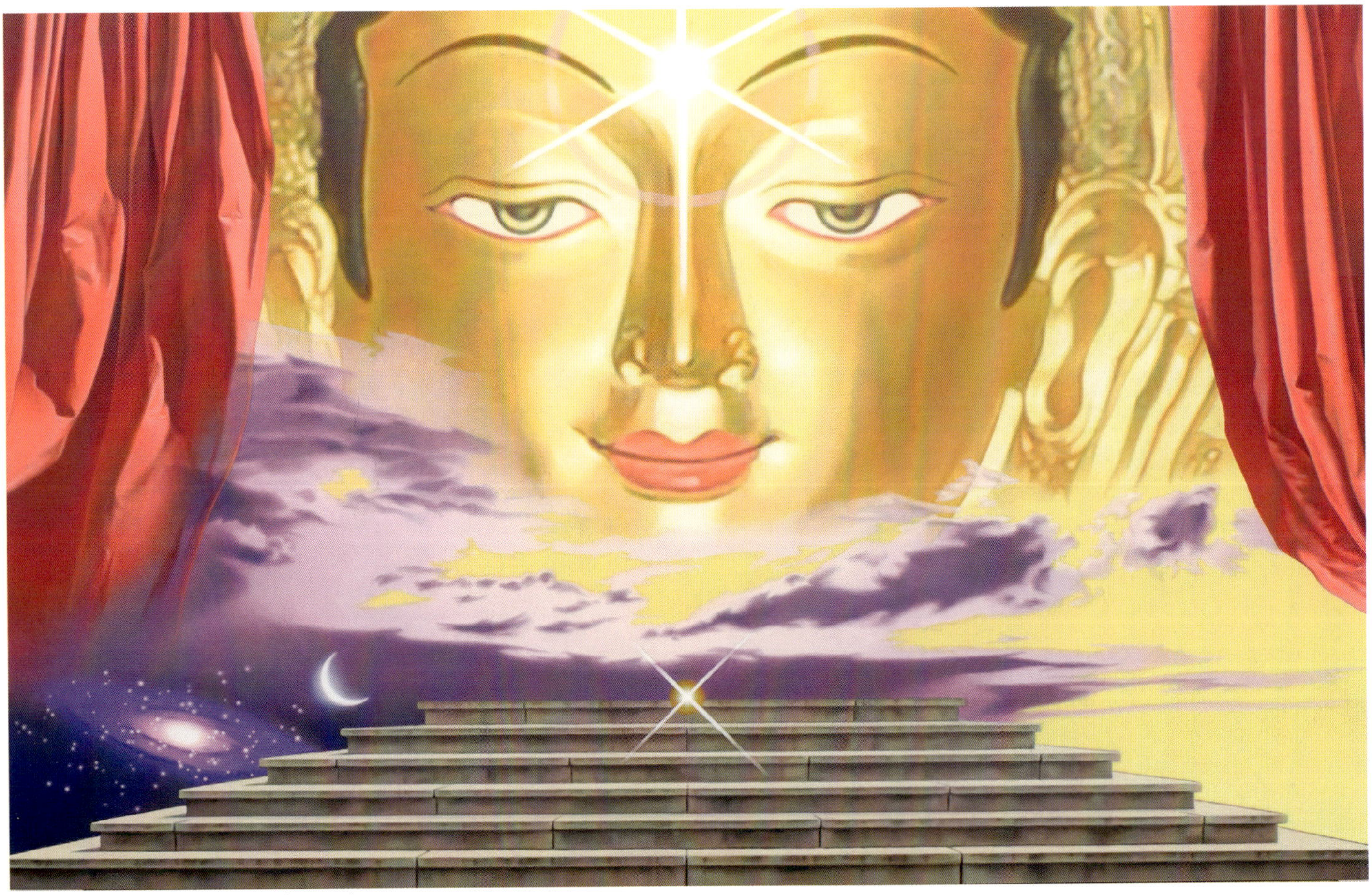

Guidance to Heaven · 39 x 60 cm · Oil on panel

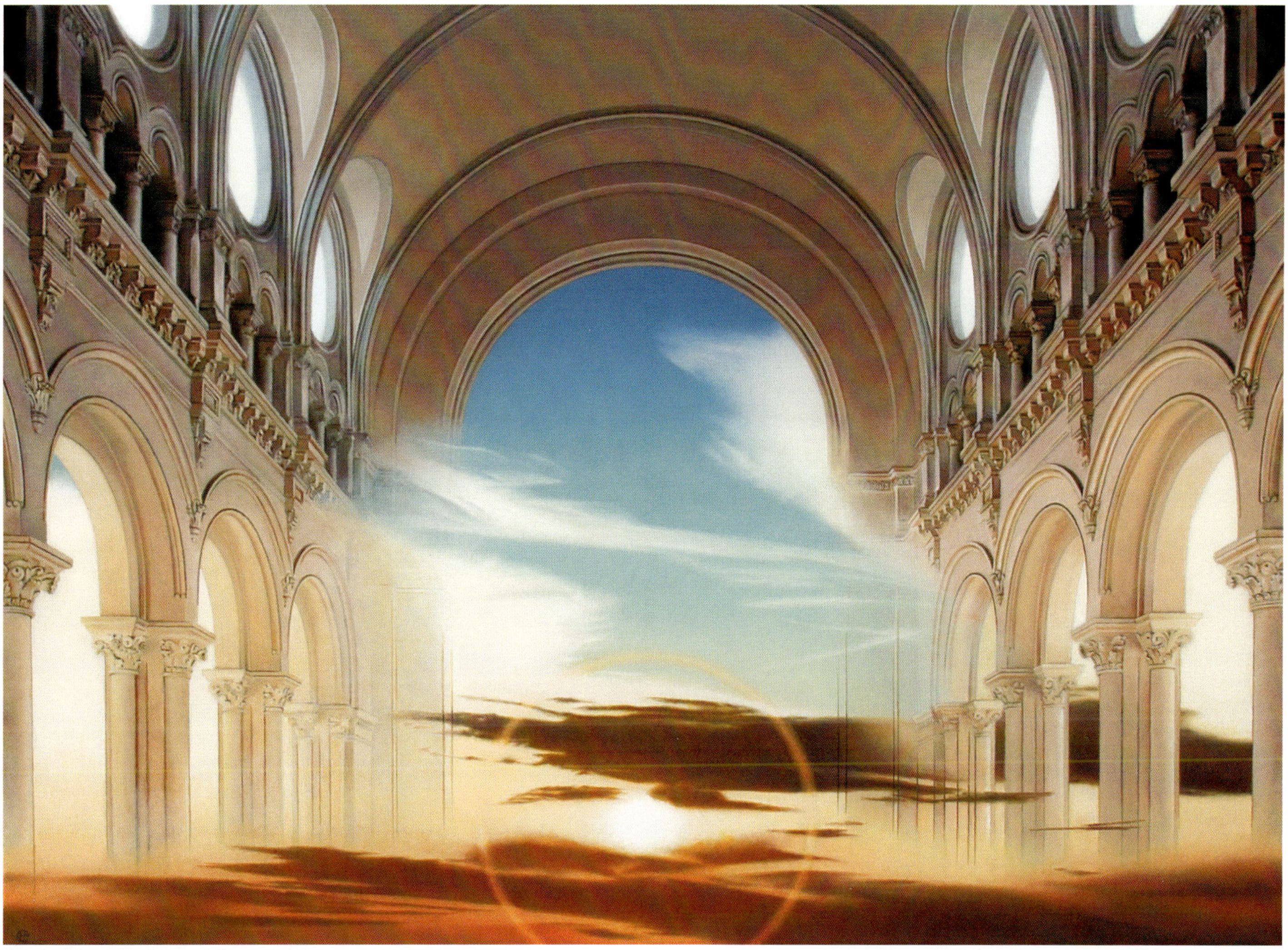

Temple of Sun · 60 x 80 cm · Oil on canvas

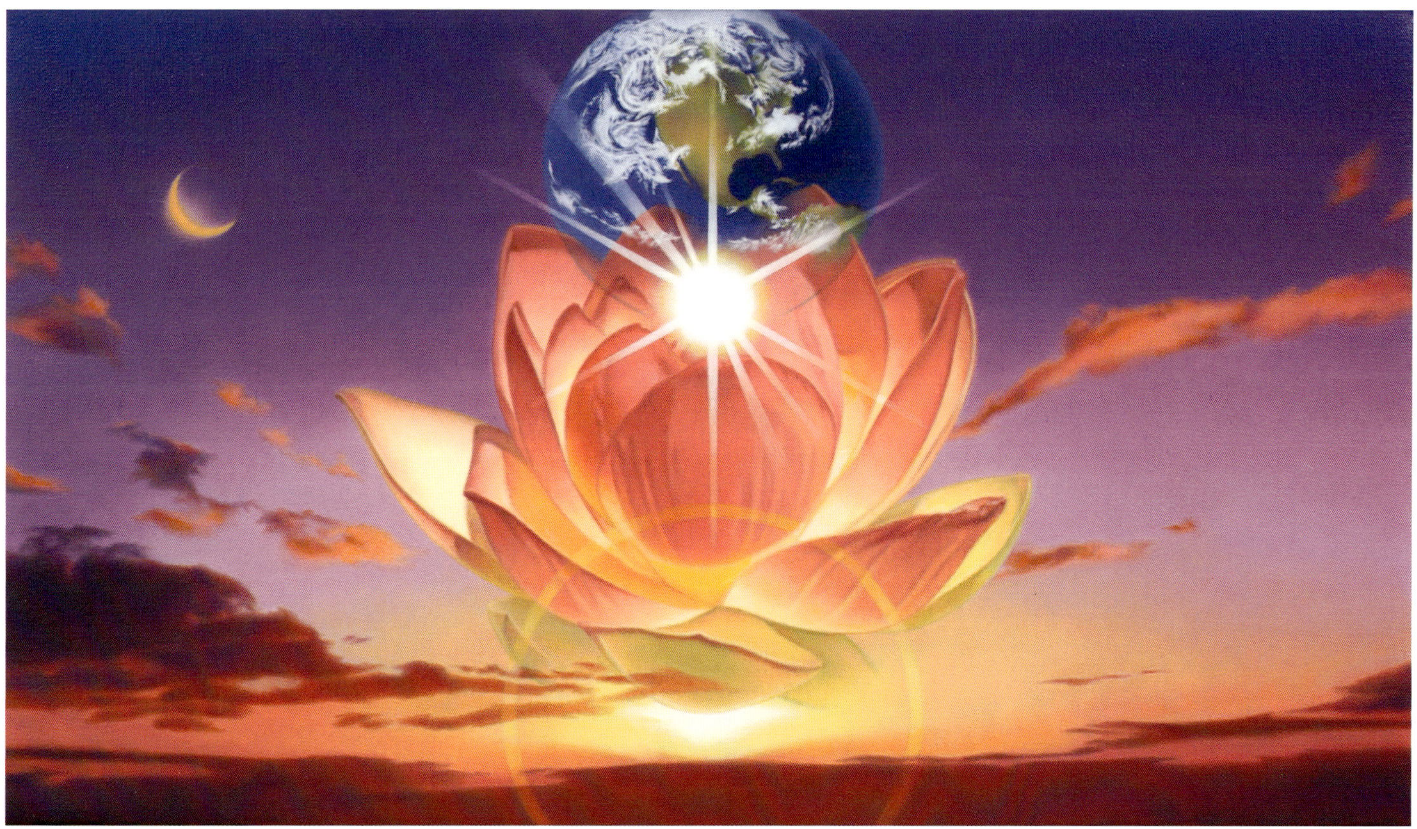

Sacred Planet · 23 x 40 cm · Oil on canvas

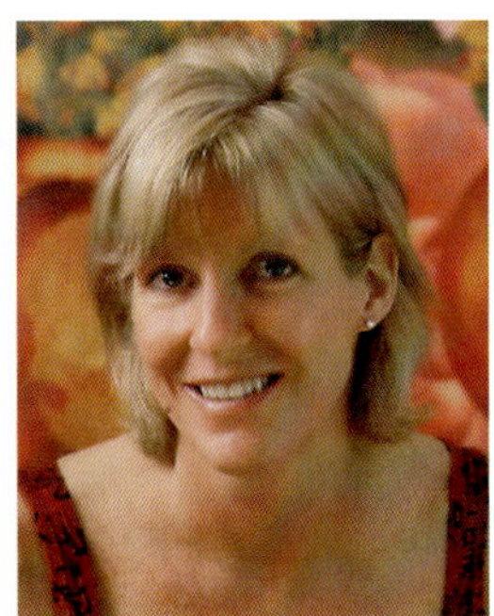

STEPHANIE HENDERSON

1959 USA

Stephanie Henderson's exquisitely rendered oil paintings highlight the intrinsic and external beauty of familiar and imaginary worlds. She has exhibited and is represented worldwide in public and private collections. Stephanie combines a classic painting technique and her own surrealistic creativity, with singularly gorgeous results. Currently an adjunct professor of painting and illustration, Stephanie finds great joy in sharing her vision with aspiring young artists.

She was raised in Michigan with two sisters, four brothers, and a multitude of pets. Stephanie attended Ringling College of Art and Design in Sarasota, Florida and graduated from the Center for Creative Studies in Detroit, Michigan. She still lives in Michigan with her husband, son, and dog in five acres of woods on a small fishing lake.

"My work manifests my world; there are often layered meanings and intimate philosophical implications. I draw inspiration from the spirit and culture of Detroit, as well as nature, my husband's gardens, my son, a variety of writings, and my own musings on the circle of life."

www.hendersonart.com

Les peintures à l'huile de Stephanie Henderson accentuent la beauté - intrinsèque et extérieure - des mondes familiers ou imaginaires. Elle combine une technique classique de peinture avec sa créativité surréaliste, pour de superbes résultats. Elle a montré son travail partout dans le monde et est représentée dans des collections internationales publiques et privées. Professeur adjointe de peinture et illustration, Stephanie ressent un grand plaisir en partageant sa vision de l'art avec des jeunes artistes aspirants.

Elle a grandi dans l'état de Michigan, avec deux soeurs, quatre frères et une multitude d'animaux de compagnie. Stephanie a suivi des cours au Collège d'Art et Design de Sarasota et est diplômée du Centre d'Etudes Créatives de Detroit. Elle vit toujours dans le Michigan avec son mari, son fils et son chien, dans une propriété longeant un petit lac.

"Mon travail réfléchit mon monde. Il possède souvent plusieurs couches de significations et des implications philosophiques intimes. Je retire mon inspiration de l'esprit et de la culture de Detroit, ainsi que de la nature, du jardin de mon mari, de mon fils, de mes lectures et de mes propres songes autour du cercle de la vie."

www.hendersonart.com

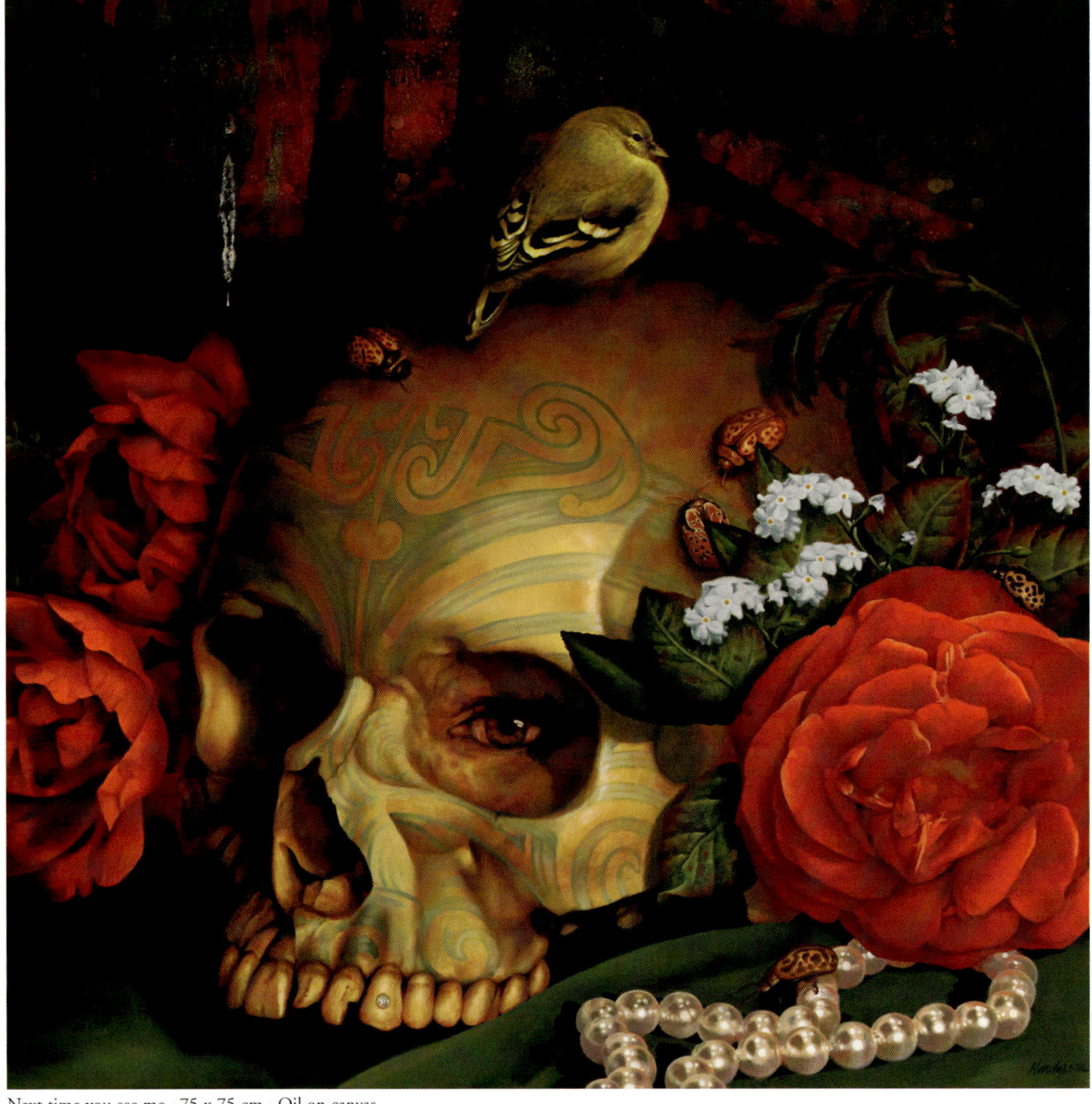

Next time you see me · 75 x 75 cm · Oil on canvas

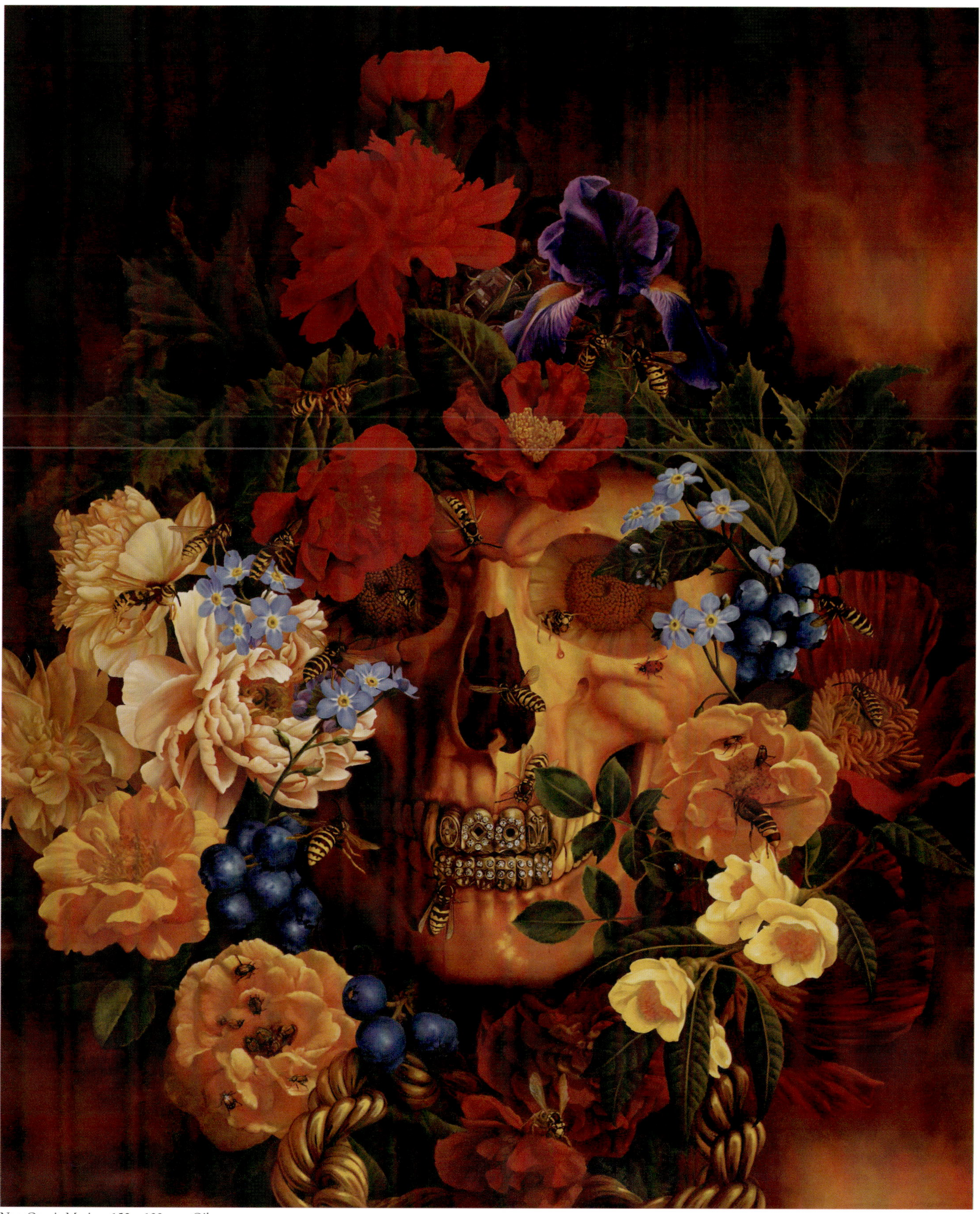

Non Omnis Moriar · 152 x 122 cm · Oil on canvas

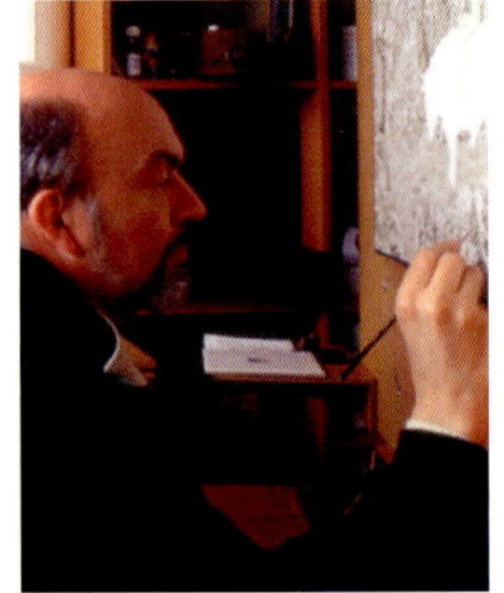

ERIK HEYNINCK

1952 Belgium

The rose is without why;
It blooms because it blooms
It pays no attention to itself
Nor asks to be noticed

La rose est sans pourquoi
Elle fleurit parce qu'elle fleurit
Elle ne se soucie pas d'elle-même,
Et ne demande pas d'être vue

Angelus Silesius.

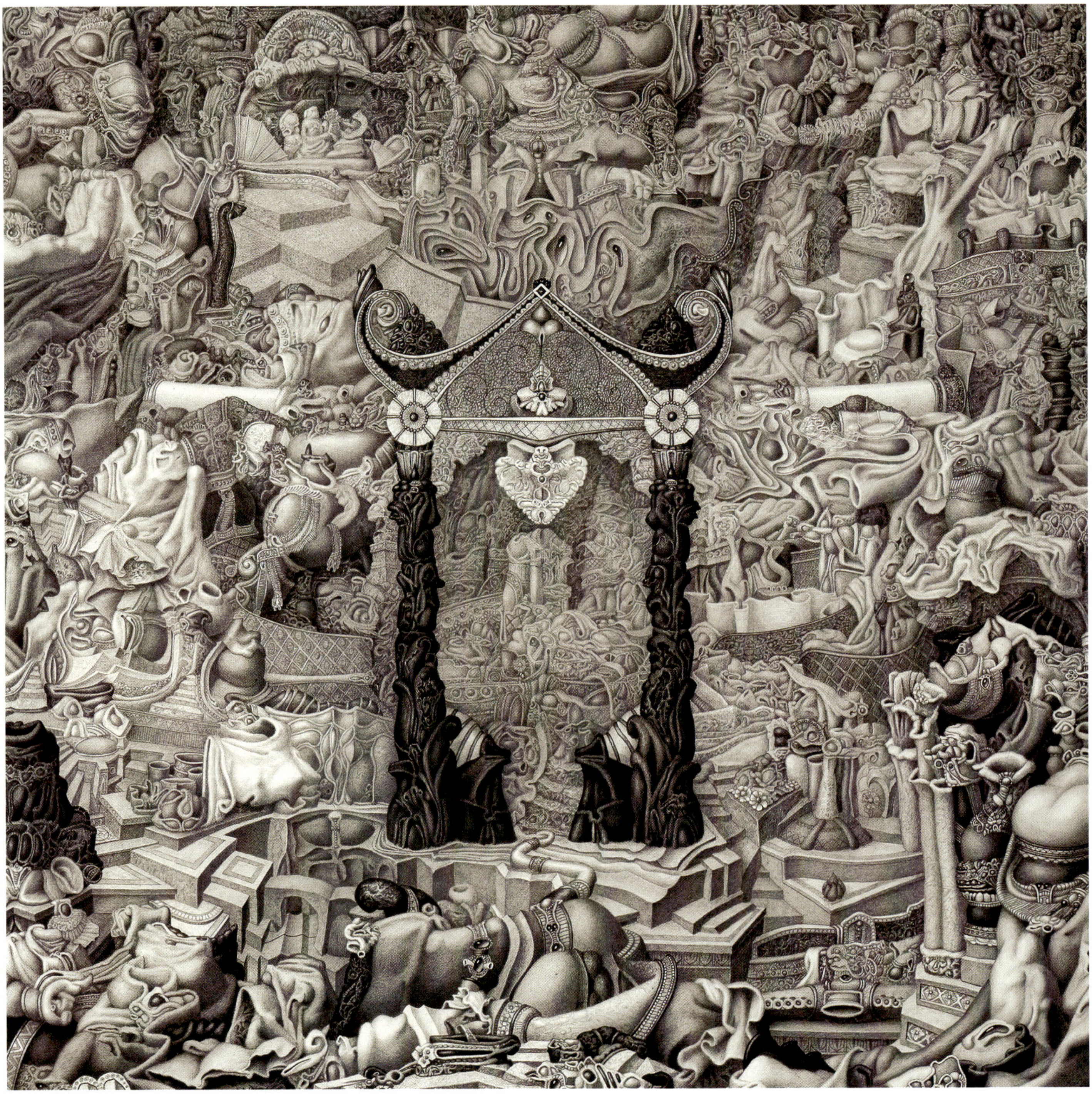

www.castalianvisions.org

Labyrinth VIII · 50 x 50 cm · Pencil on paper

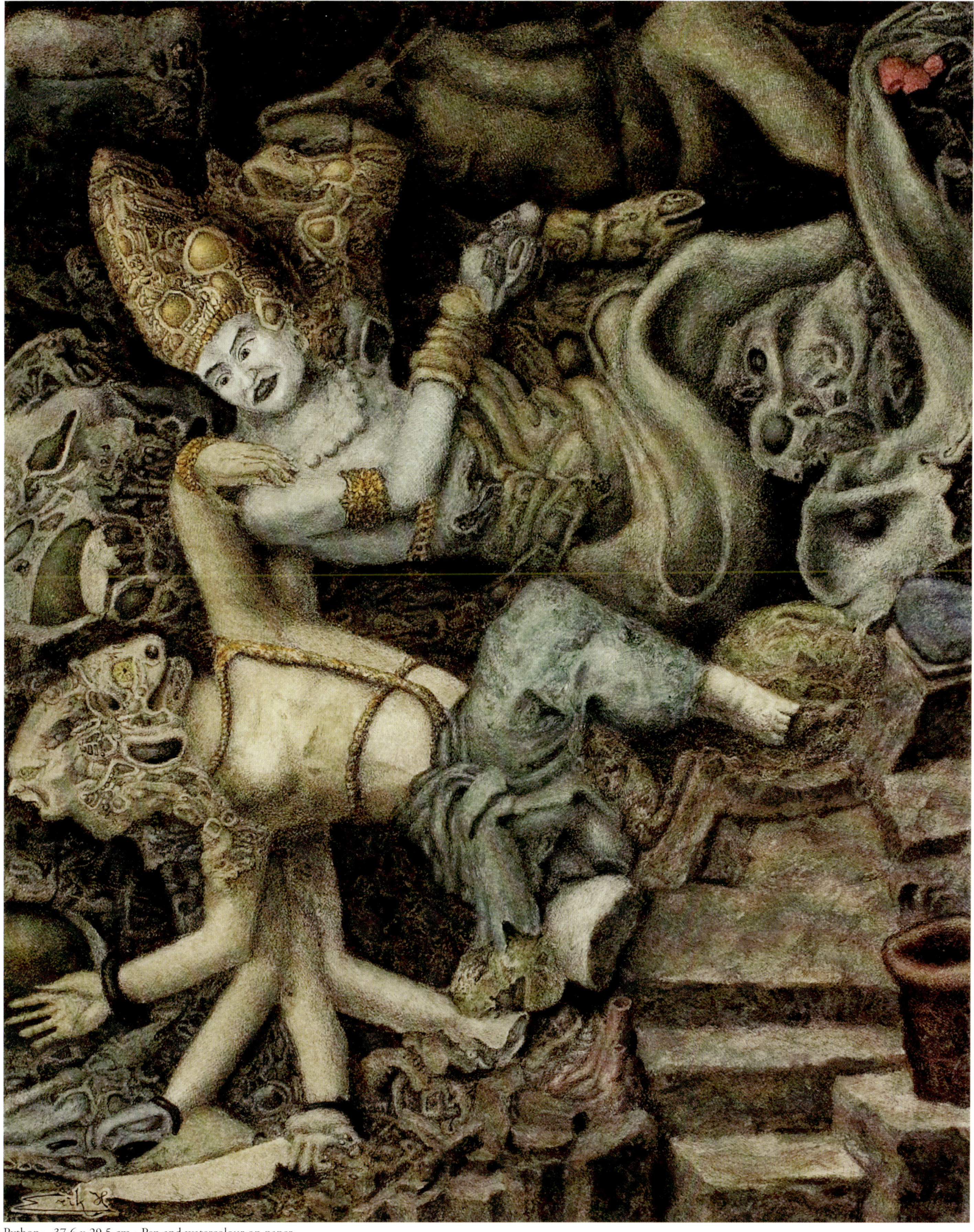

Python · 37,6 x 29,5 cm · Pen and watercolour on paper

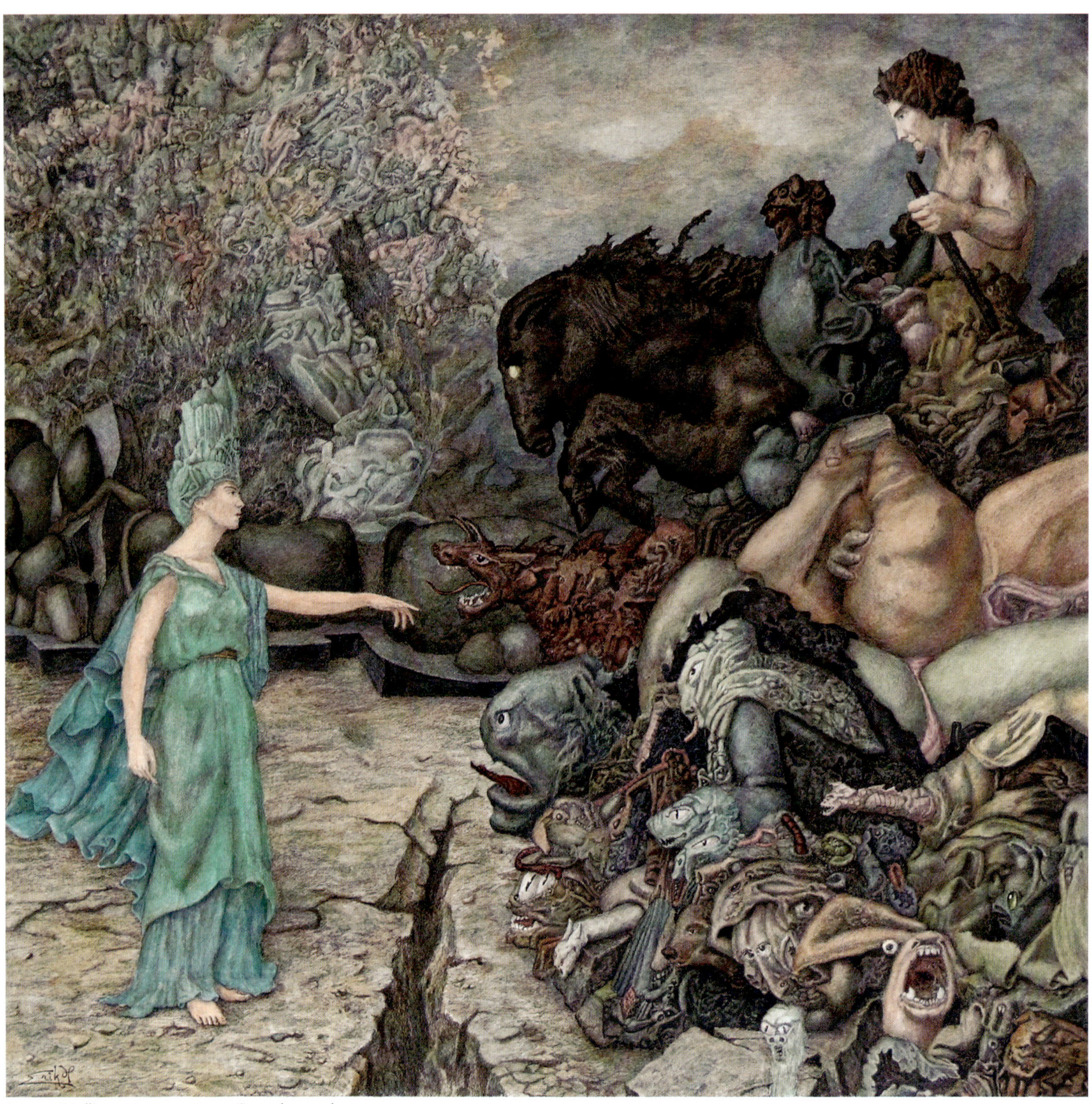

Sorcières IV : l'Invocation · 50 x 50 cm · Pen and watercolour on paper

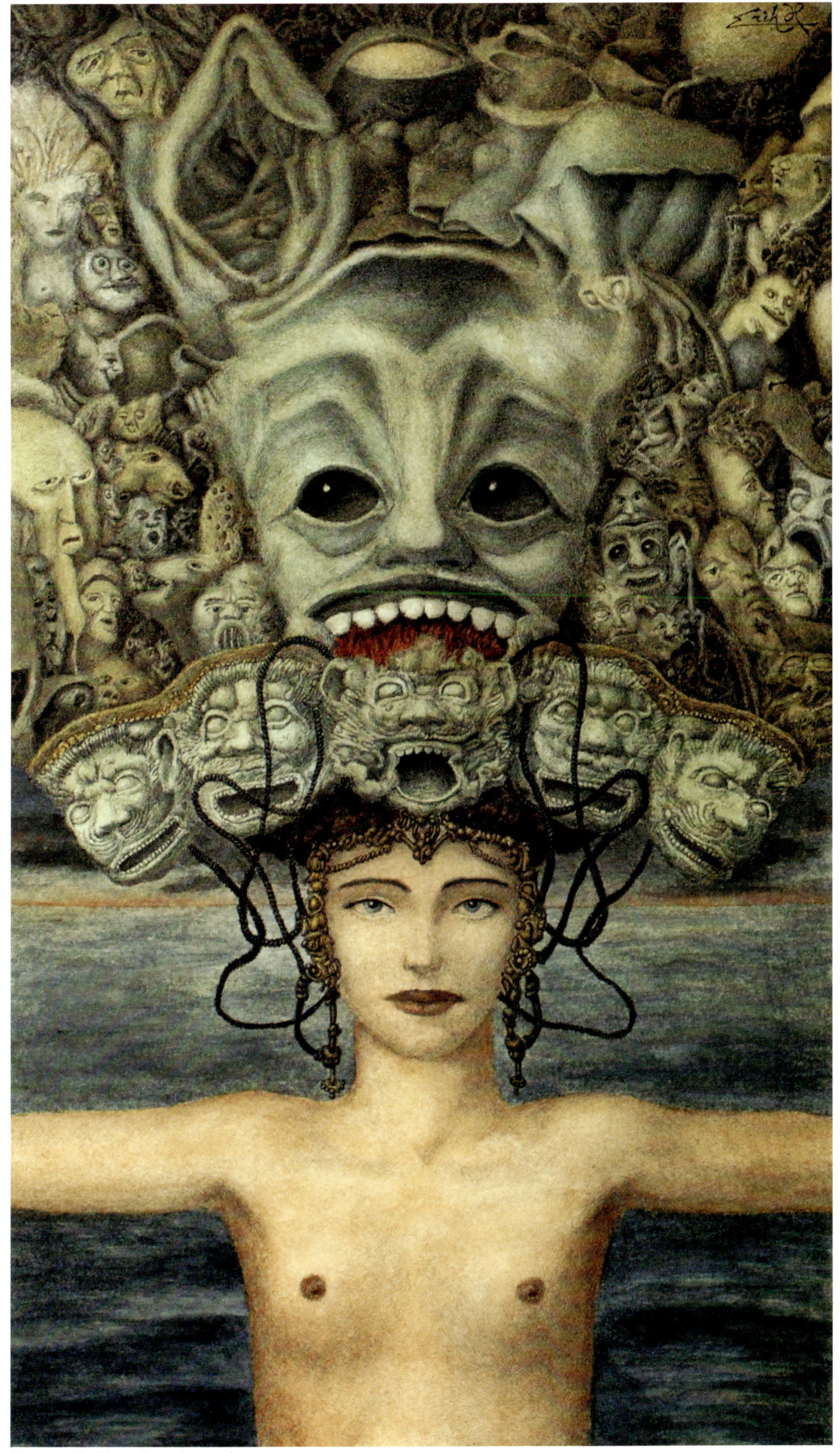

L' Amort · 48 x 28 cm · Pen and watercolour on paper

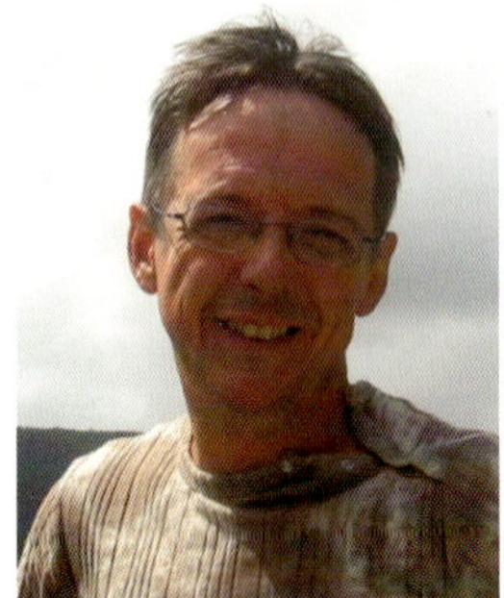

MICHAËL HIEP

1959 The Netherlands

Michaël Hiep was practically born with drawing in his blood. Suffering from asthmatic bronchitis, he was forced to be more self-reliant than other children and would often be indoors, drawing, while others played outside. So it was that he developed the talent he had been born with, fell under the spell of the pencil, and won many a drawing competition. It was not long before studying the 'little big' things around him gave Michaël tremendous mastery of form. At about the same time, around the age of thirteen, Michaël found himself taking an interest in religion and symbolism. As an altar boy in the Liberal Catholic Church he grew up with the idea of one day becoming a priest. He assisted at baptisms, weddings, deaths and funerals and received training for priesthood. This doubtless had an effect on his thinking, but he later left the seminary to devote himself to his painting. Fascinated by the rich diversity of form in both nature and the arts, Michaël has always kept faith with realism in his work, even though abstraction was sometimes compulsory during his student days.

www.michaelhiep.nl

Michaël Hiep est pratiquement né avec le dessin dans le sang. Tourmenté par la bronchite asthmatique, il a dû être plus autonome que la plupart des enfants. Il restait souvent à la maison, dessinant, alors que d'autres jouaient dehors. C'est ainsi qu'il a développé le talent avec lequel il était né, est tombé sous le charme du crayon, et a gagné de nombreux concours de dessin. Très vite, le fait d'étudier les « petites grandes » choses autour de lui, a donné à Michaël la maîtrise extraordinaire de la forme. À peu près en même temps, vers l'âge de treize ans, Michaël a découvert un intérêt pour la religion et le symbolisme. En tant qu'enfant de chœur dans l'Église Catholique Libérale, il a grandi avec l'idée de devenir prêtre un jour. Il assistait aux baptêmes, aux mariages et aux enterrements et a reçu la formation pour le sacerdoce. Tout cela a assurément influencé sa pensée; mais plus tard il a quitté le séminaire pour se consacrer à la peinture. Fasciné par la riche diversité de la forme autant dans la nature que dans l'art, Michaël a toujours gardé dans son œuvre la foi au réalisme, même si pendant ses études l'abstraction était parfois de rigueur.

www.michaelhiep.nl

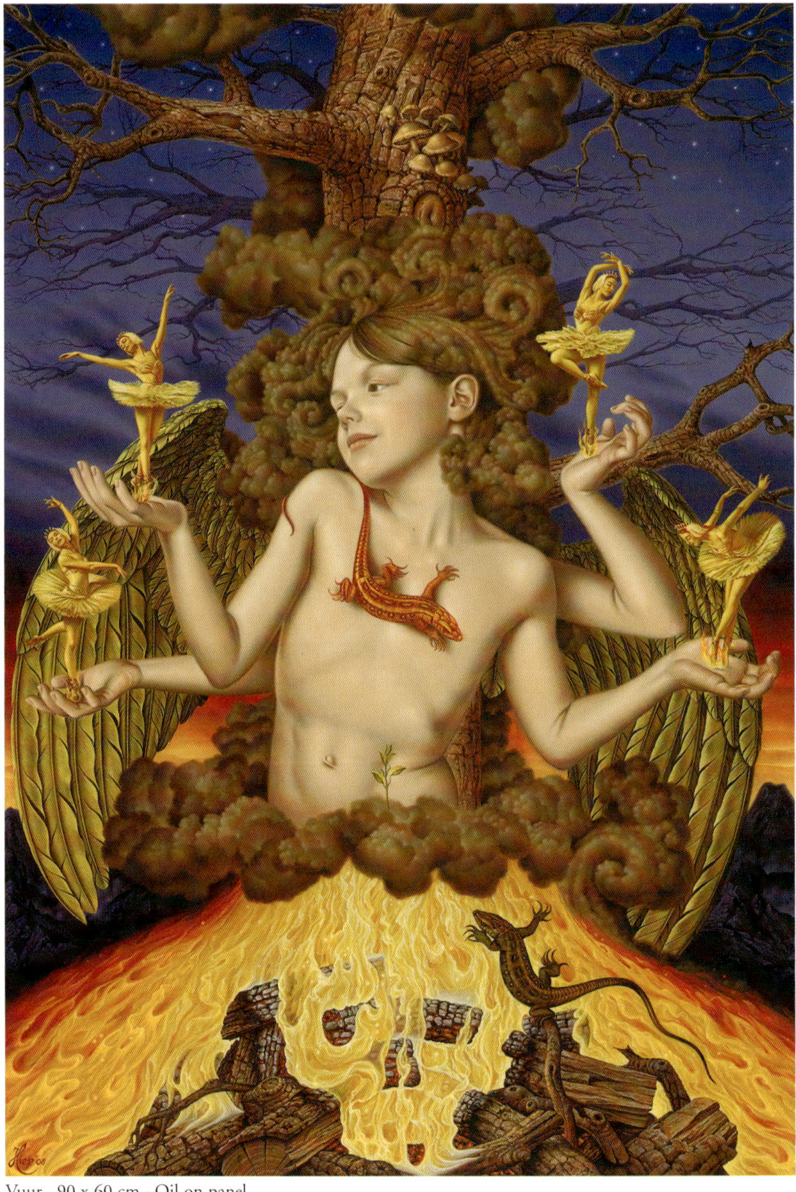

Vuur · 90 x 60 cm · Oil on panel

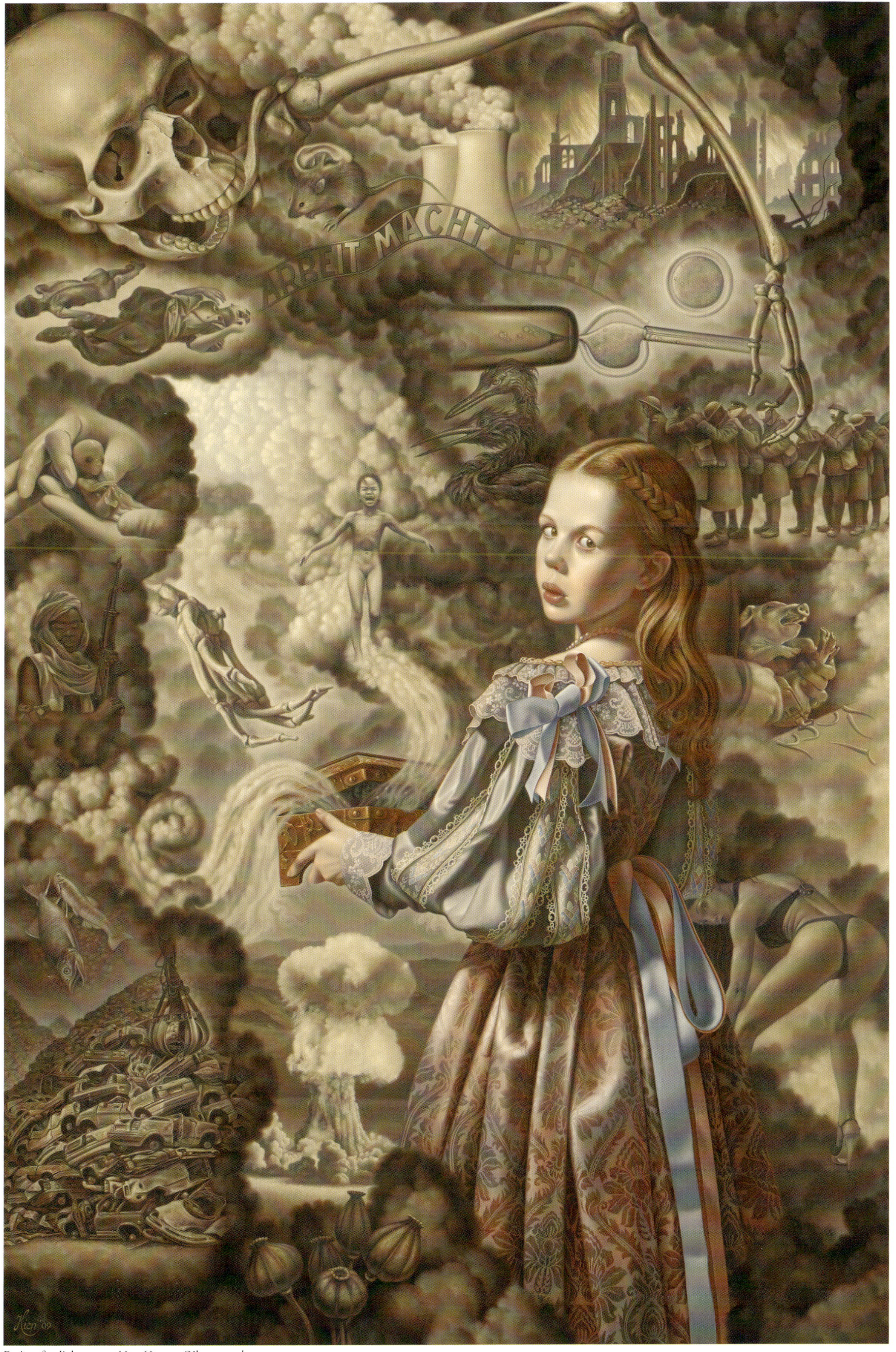

Fruits of enlightment · 90 x 60 cm · Oil on panel

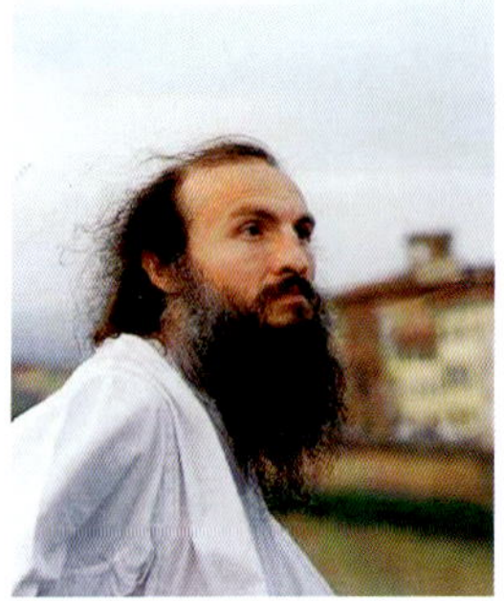

FRITZ HÖRAUF

1949 Germany

Fritz Hörauf was born on April 17, 1949, in Eggenfelden, and has lived in Munich since 1968.
Fritz Hörauf studied at the "Akademie der bildenden Künste", Munich, with Mac Zimmermann. Studies in archeology and philosophy at the Ludwig-Maximilians University, Munich.
His work entails architecture and sculpture in public spaces.
Exhibitions in Germany, Austria, America
www.fritz-hoerauf.de

Fritz Hoerauf est né à Eggenfelden, le 17 avril 1949; il habite à Munich depuis 1968.
Il a étudié à l'Académie des Beaux-Arts de Munich auprès de Mac Zimmermann et a suivi des cours d'archéologie et de philosophie à l'Université Ludwig-Maximilian de Munich.
Son travail allie architecture et sculpture dans des espaces publics, et a fait l'objet d'expositions en Allemagne, en Autriche et aux Etats-Unis.
www.fritz-hoerauf.de

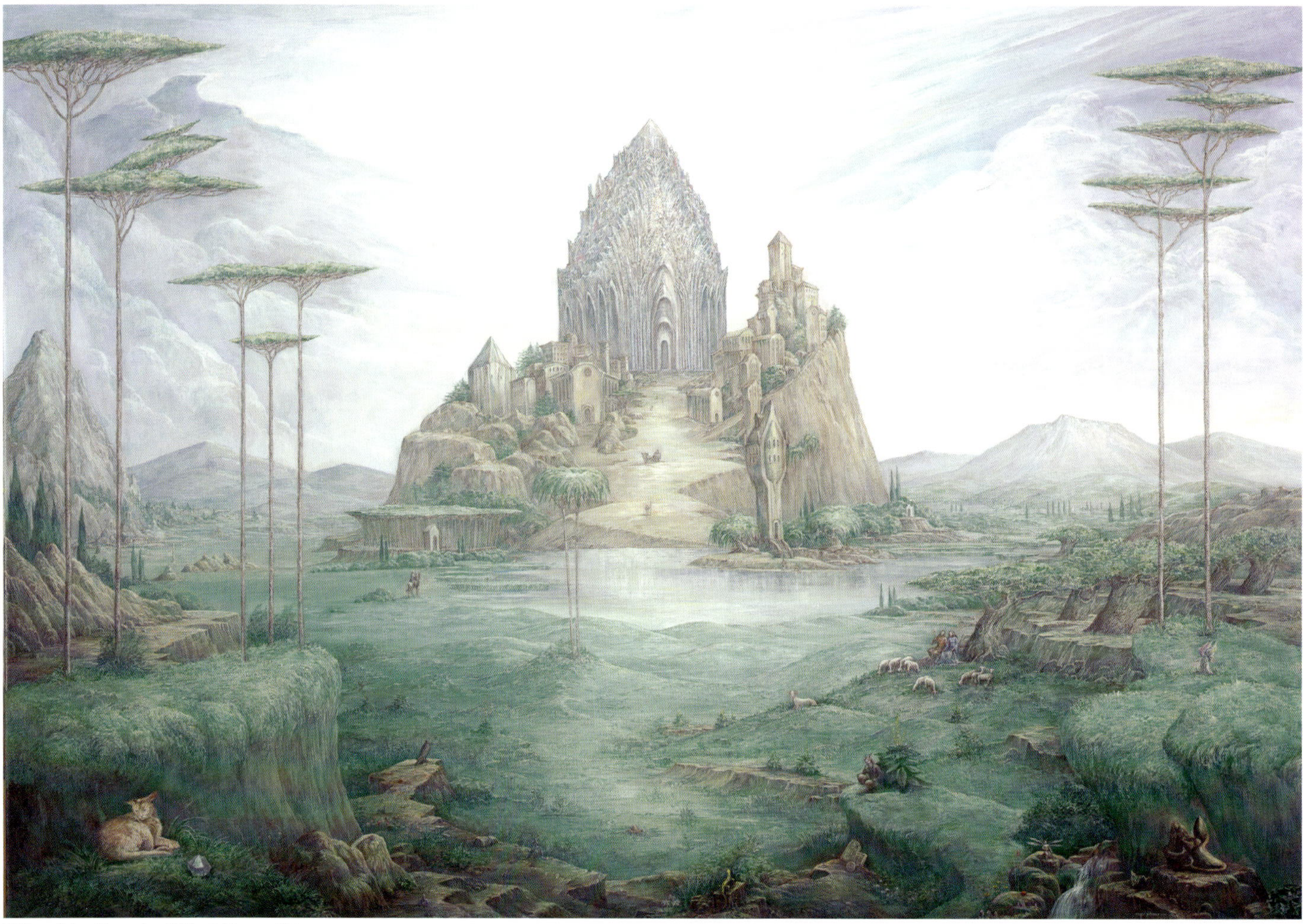

Valley of the Shepards · 100 x 140 cm · Oil on canvas

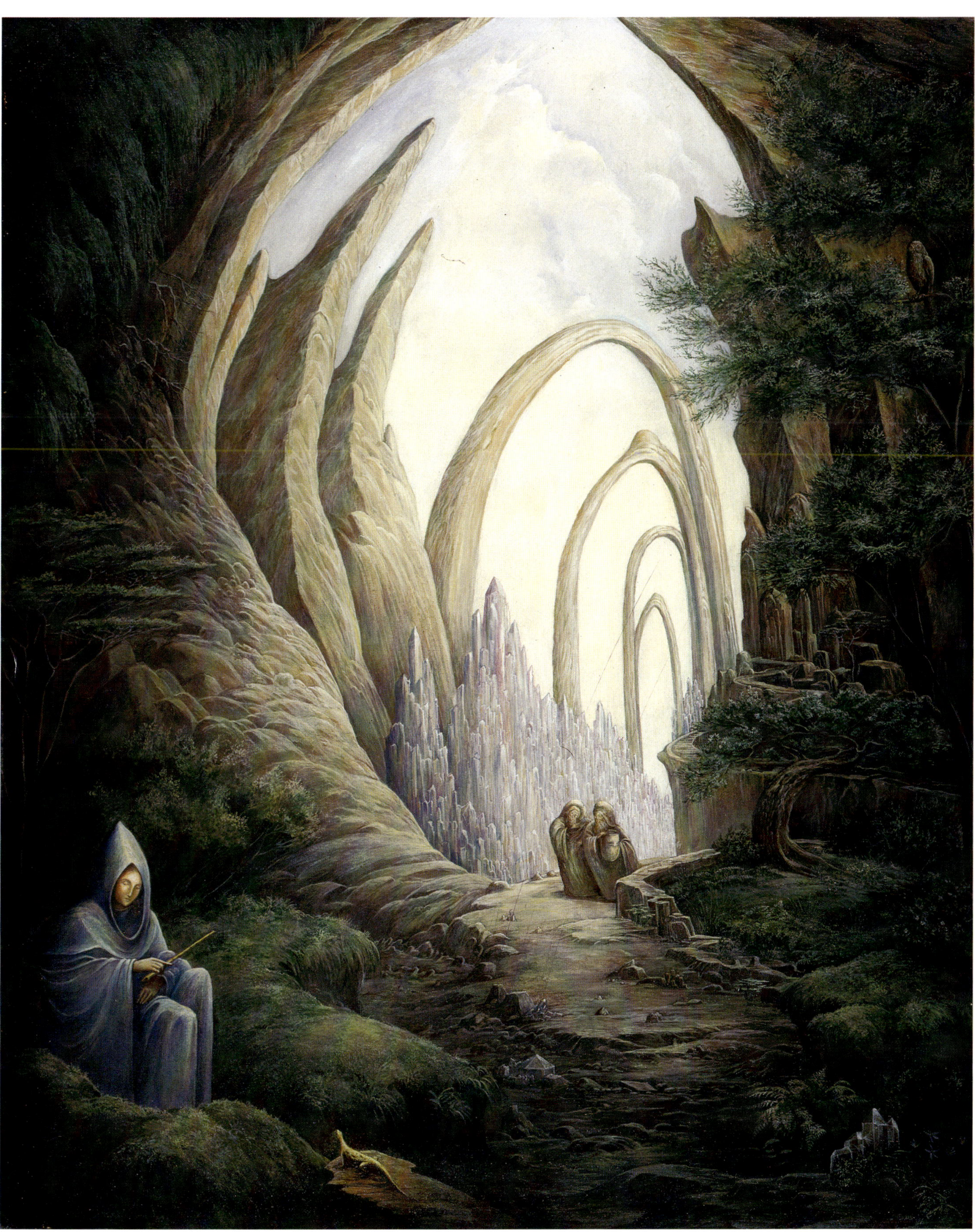

Canyon of the Crystal Towers · 100 x 80 cm · Oil on Canvas

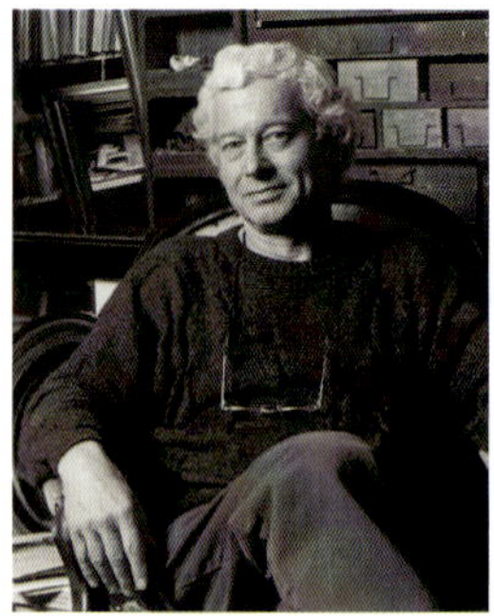

LUKÁŜ KÁNDL

1944 Czech Republic

My painting is somewhere between surrealism and fantastic, a mix of strange and magic. Inspiration comes to me fairly easily; ideas seem to have been put in a huge mental library, with ad infinitum books and subjects.
I just need to take a stroll in my library, stretch out my hand, and the content of my paintings will magically appear, naturally.
www.kandl.net

Ma peinture se situe quelque part entre le surréalisme et le fantastique, entre l'étrange et le magique. J'ai une facilité d'inspiration. Les idées me viennent comme si je les avais rangées dans une immense bibliothèque, avec des volumes et des sujets à l'infini.
Il me suffit de prendre un peu d'élan et de tendre la main et le contenu du tableau, ou même d'un cycle de tableaux, apparaît naturellement, à ma disposition.
www.kandl.net

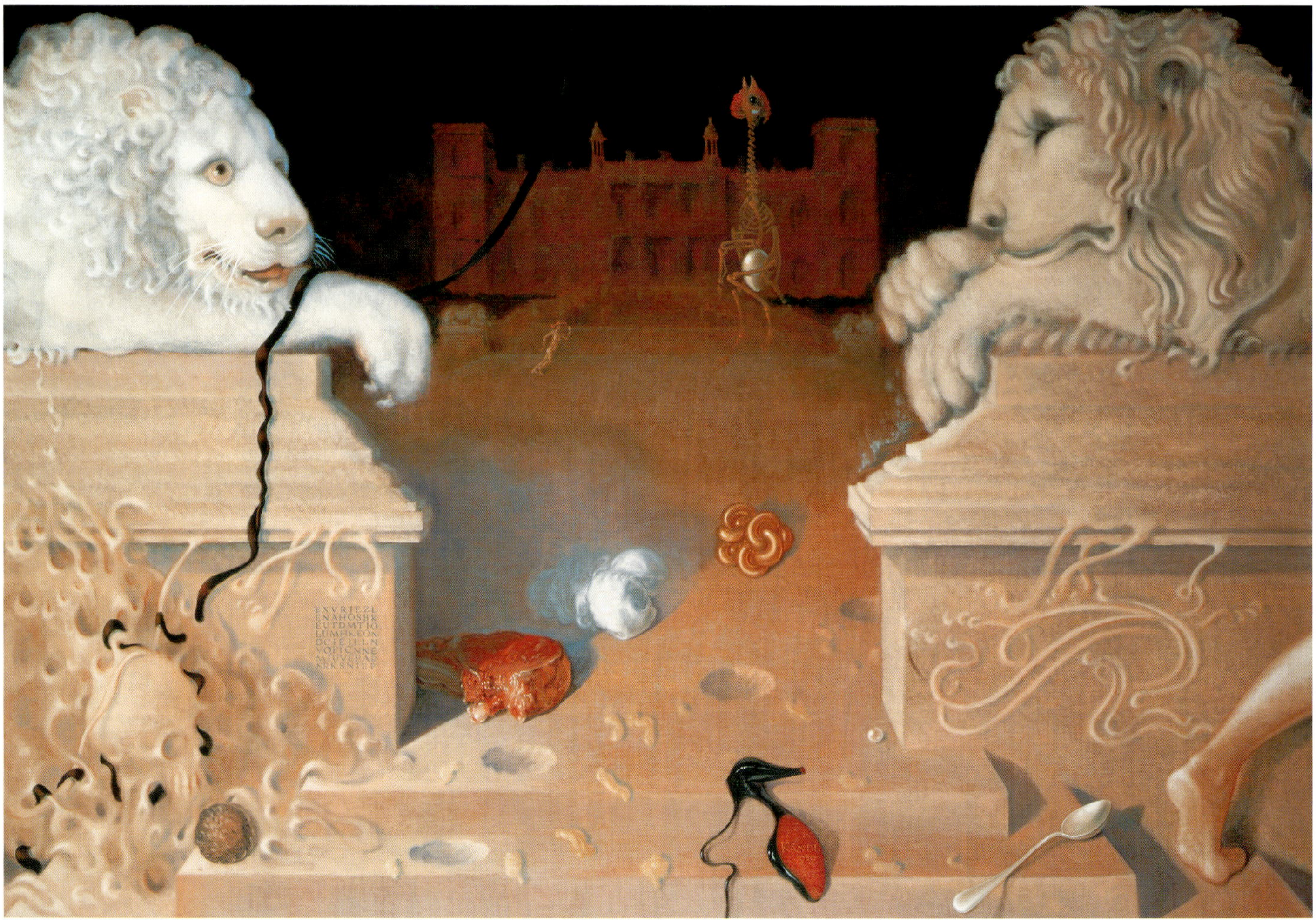

Nuit de château · 114 x 162 cm · Oil on panel

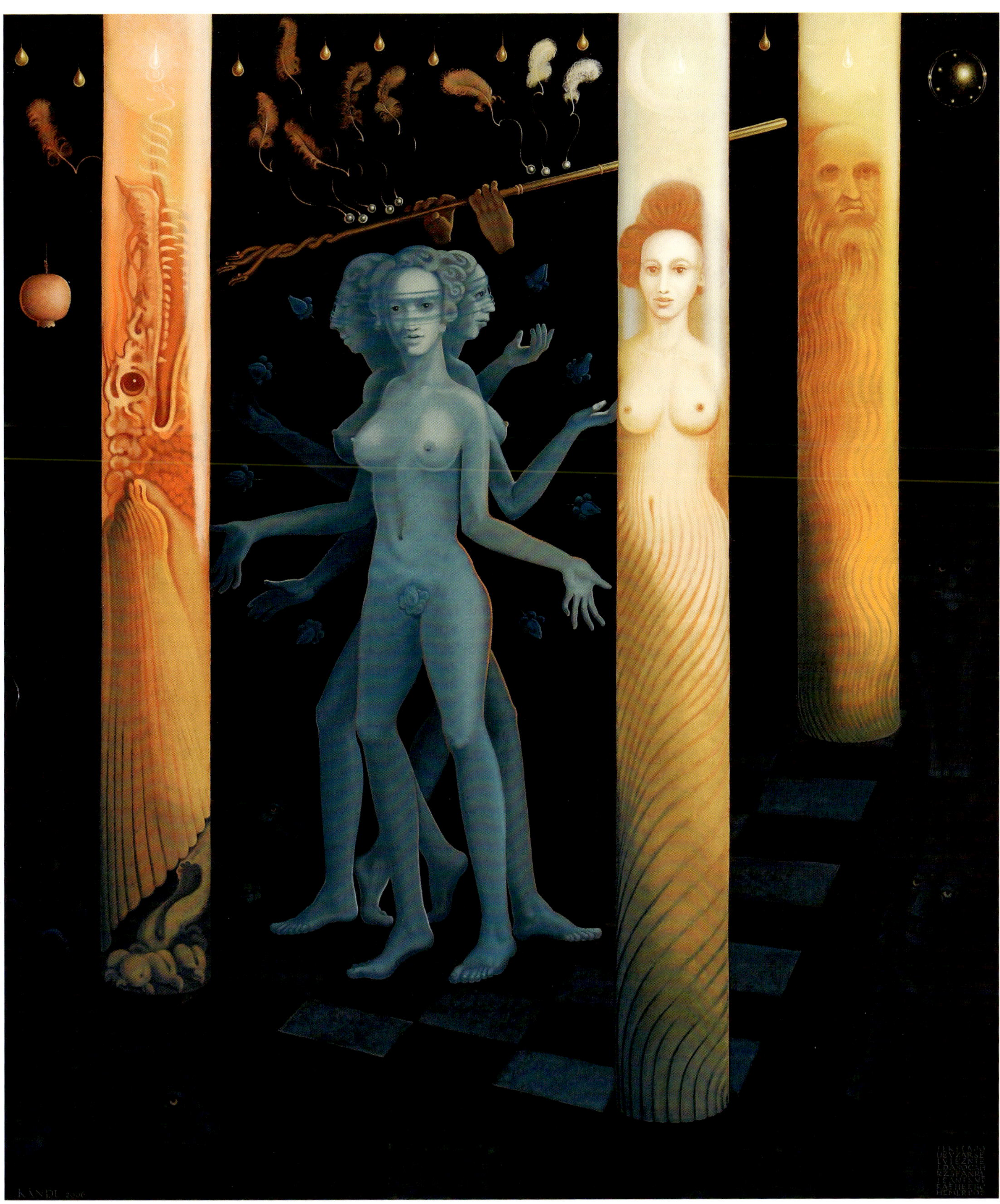

La flûte enchantée · 195 x 162 cm · Oil on canvas

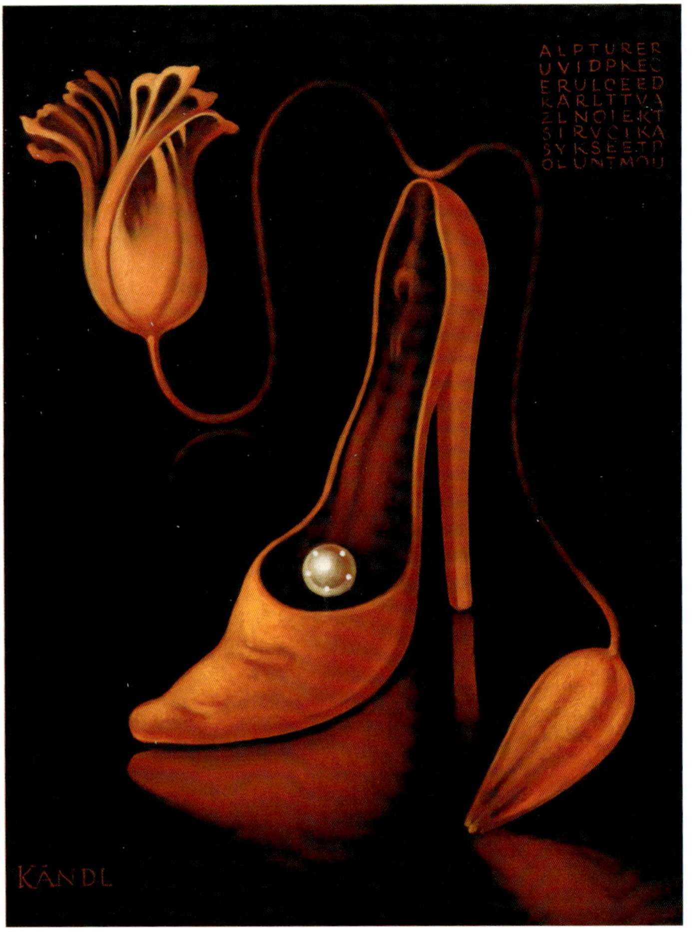

Perle en éclosion · 35 x 27 cm · Oil on canvas

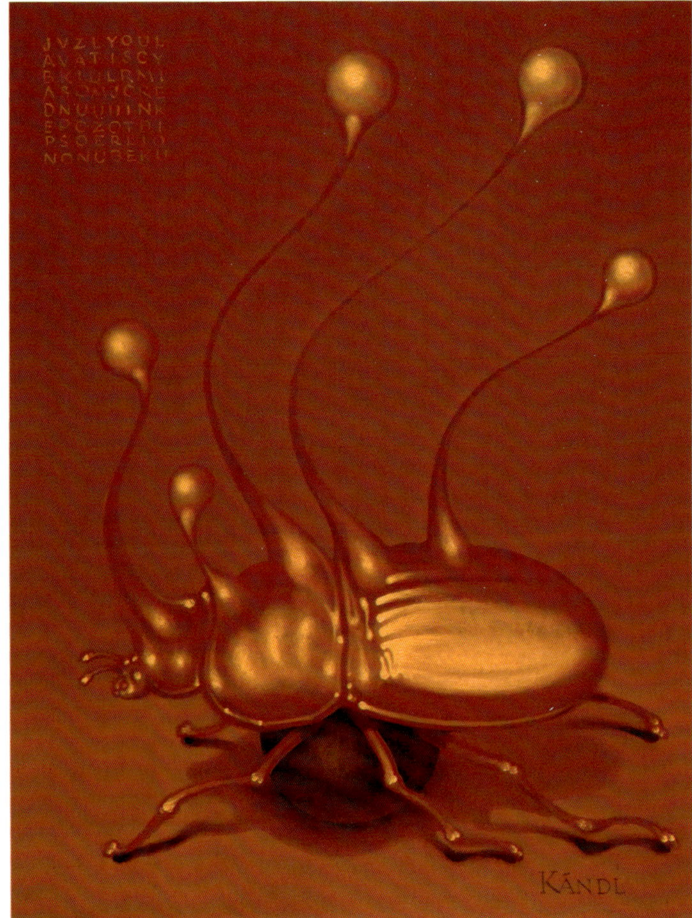

Le scarabée d'or · 35 x 27 cm · Oil on canvas

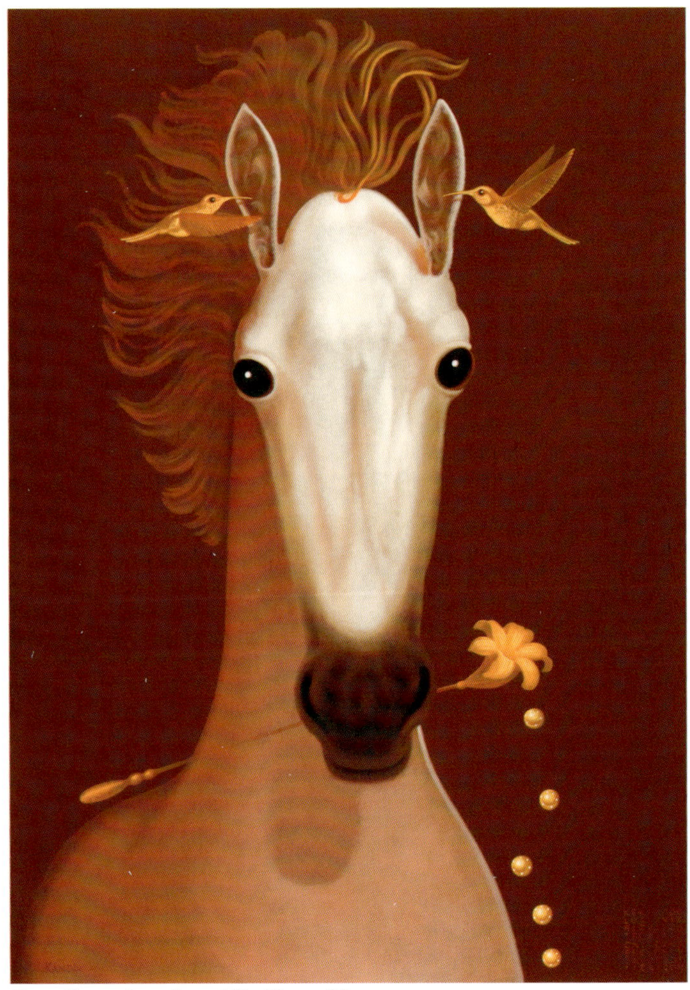

Chant d'une nuit magique · 100 x 70 cm · Oil on canvas

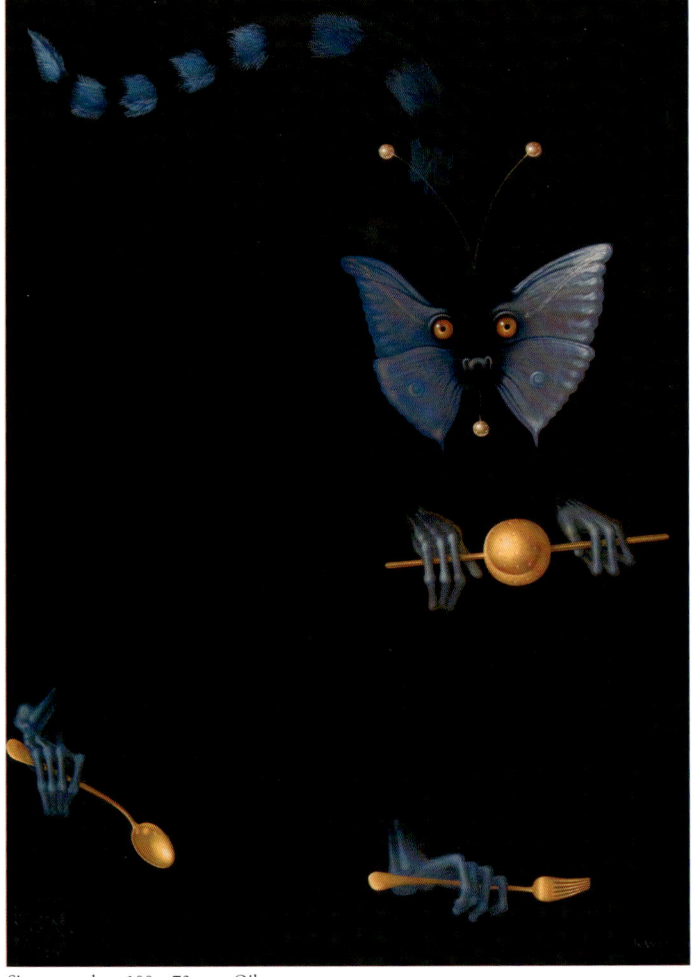

Singe morpho · 100 x 73 cm · Oil on canvas

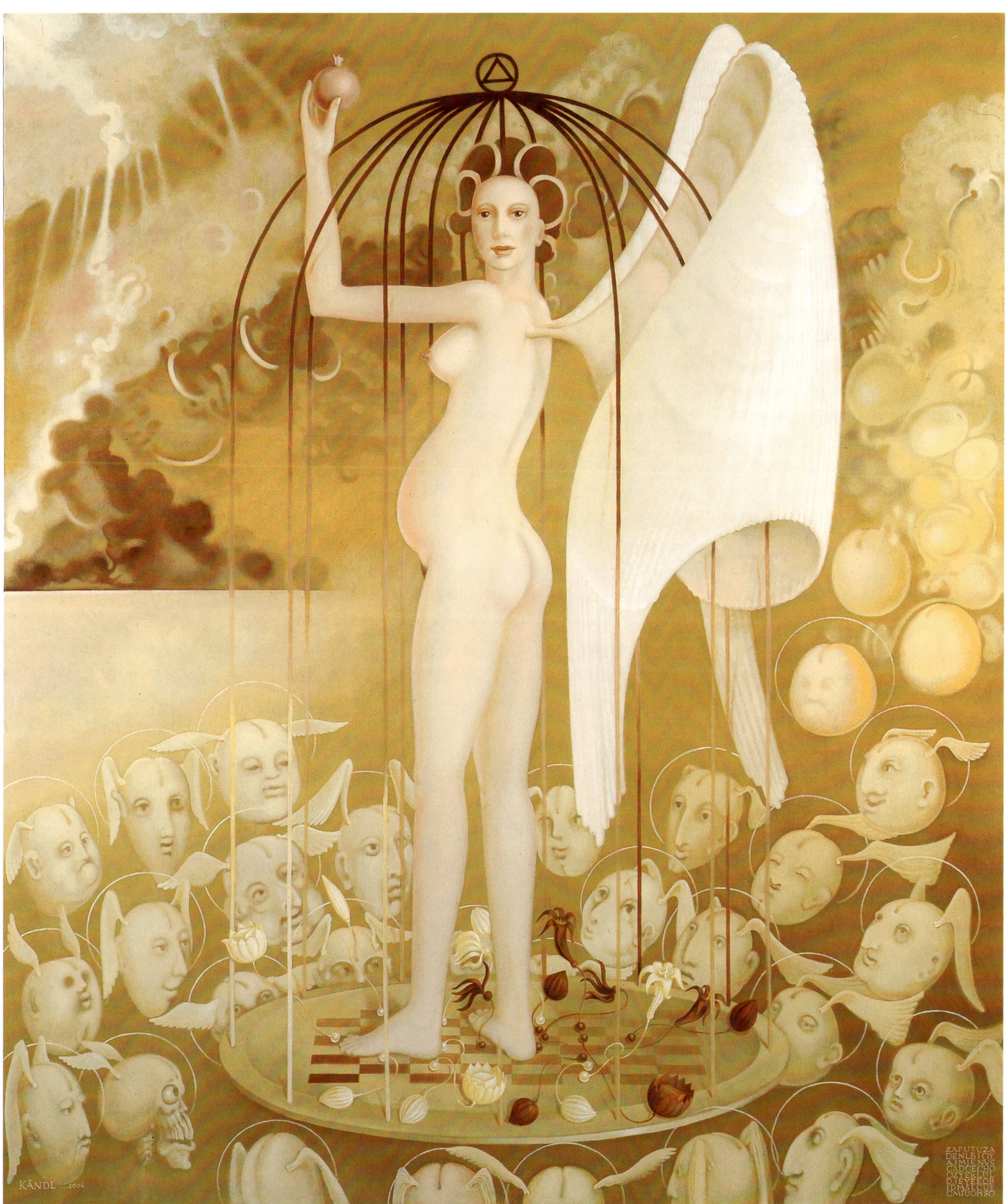

L'ange déchu · 195 x 162 cm · Oil on canvas

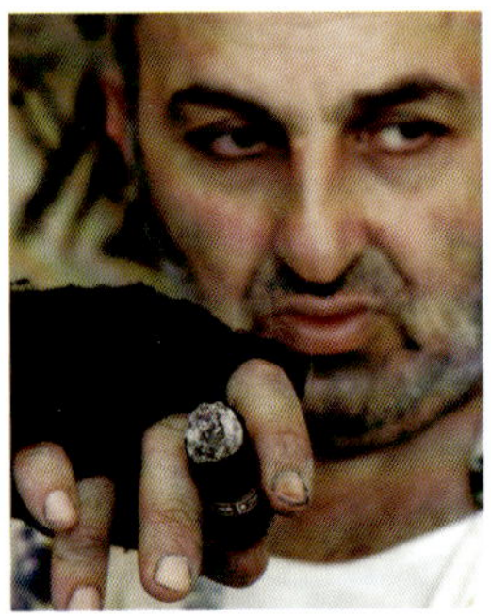

EMIL KAZAZ

1953 Armenia

The convergence of Western European and Medieval Armenian cultures in Emil's art boils down to a purity of style which denies eclecticism. Taken through the prism of a genetic code, this style represents a wonderful synthesis which merges the seemingly incompatible, revealing a completely new aspect in contemporary art. The incorporation within a single creative organism of such a broad amplitude undermines the common stereotype. Emil's vision is beyond time, it is not subject to devaluation. In this respect Emil is unique and universal at the same time, like the masters of the Renaissance. It may well be that, after a certain period of modern art culminating in the black square by Malevich, there comes a time of revival through the art of such bright creative personalities as Emil Kazaz.

Rare is the painter who succeeds in developing his own archetype, an image, assigning his characters a singular representation, making them recognizable and popular, without slipping into stereotypes. This can only be accomplished by a free person unencumbered by complexes, endowed with lively dynamic imagination.

Emil has created a great number of extraordinary and fantastic characters. A new planet, Emilland, is thus born. This planet turns by its own laws, it has its own royalty, its princes and paupers. The characters do whatever the author wants them to do, he gives them his favorite traits and engages in most bizarre situations. Essentially Emil is the author of a dazzling never-ending show where he wears the hats of the playwright, copy editor, director, scenographer, costume designer and lead player, who introduces all others in full brilliance as they come. This is a rare occurrence of an author seamlessly merging with his characters.

Talking about Emil's obvious creative achievements, I as a witness cannot but notice the valuable contribution of a patron of arts and businessman, Grigor Mouradian, in the difficult process of Emil's creative development and international acknowledgment.

www.aramegallery.com

La convergence des cultures de l'Europe de l'Ouest et de l'Arménie Médiévale dans l'art d'Emil Kazaz ramène à une pureté de style qui refuse l'éclectisme. Vu sous le prisme d'un code génétique, ce style représente une merveilleuse synthèse qui fusionne ce qui est apparemment incompatible, révélant un aspect complètement nouveau de l'art contemporain. L'incarnation de ce style dans un unique organisme créatif, avec une si grande amplitude, ébranle le simple stéréotype. La vision d'Emil Kazaz se trouve au-delà du temps, elle n'est pas sujette à la dévaluation. Dans ce sens Emil est un et universel, comme les maîtres de la Renaissance. Cela n'étonne pas: après une période d'art moderne qui a culminé avec le carré noir de Malevich, voici arrivé un temps de renouveau, à travers l'art de personnalités créatives aussi brillantes que celle d'Emil Kazaz.

Rares sont les peintres qui réussissent à développer leur propres archétypes, leurs propres images, donnant à leurs personnages une représentation singulière, en les rendant reconnaissables et populaires, et cela sans glisser dans les stéréotypes. Cette prouesse ne peut être accomplie que par une personne libre, débarrassée de complexes, douée d'une imagination vive et dynamique.

Emil a créé un grand nombre de personnages extraordinaires. Une nouvelle planète, Emilland, est donc née. Cette planète tourne selon ses propre lois, elle possède sa propre royauté, ses princes et ses pauvres. Ces personnages font tout ce que leur auteur veut qu'ils fassent, il leur fait présent de ses traits favoris et les engage dans les situations les plus bizarres. En essence, Emil est le créateur d'un spectacle sans fin où il porte les titres de dramaturge, éditeur, directeur, scénographe, dessinateur des costumes et premier rôle, celui qui présente tous les autres acteurs, dans leur splendeur, à mesure qu'ils entrent en scène. C'est une chose rare, un auteur qui se fond dans la foule de ses personnages.

A propos des exploits créatifs évidents d'Emil Kazaz, en tant que témoin, je ne peux que louer la contribution du patron des arts et marchand Grigor Mouradian à l'ardu processus du développement artistique et de la reconnaissance internationale d'Emil.

www.aramegallery.com

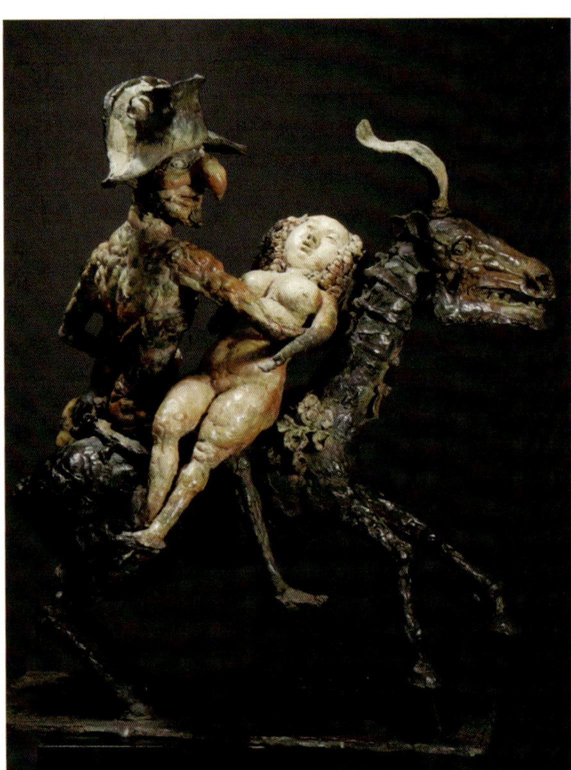

The Collector · 66 x 46 x 38 cm · Bronze.

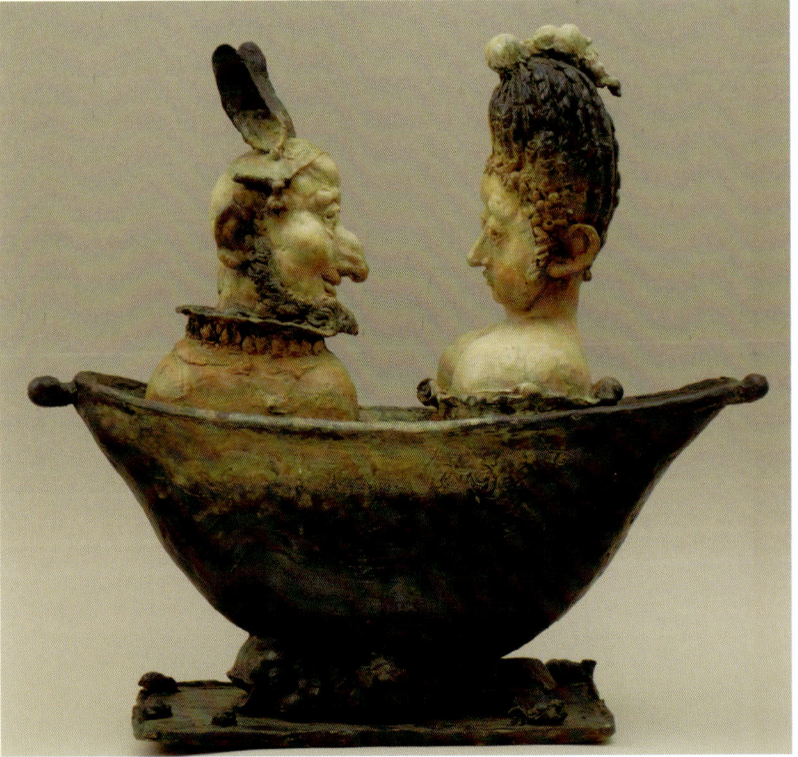

The ship of Queen · 49 x 51 x 22 cm · Bronze

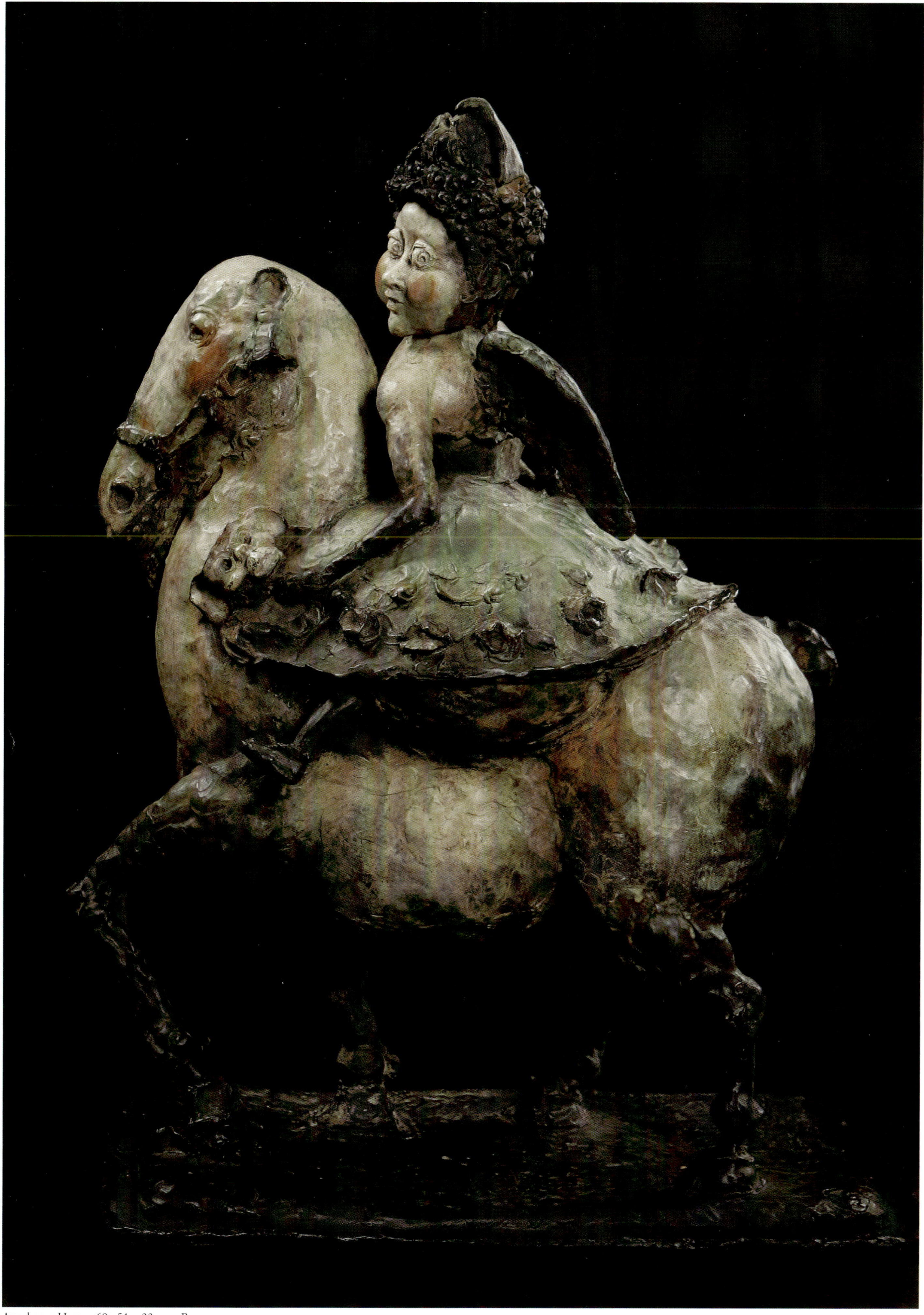

Angel on a Horse · 69 x51 x 33 cm · Bronze

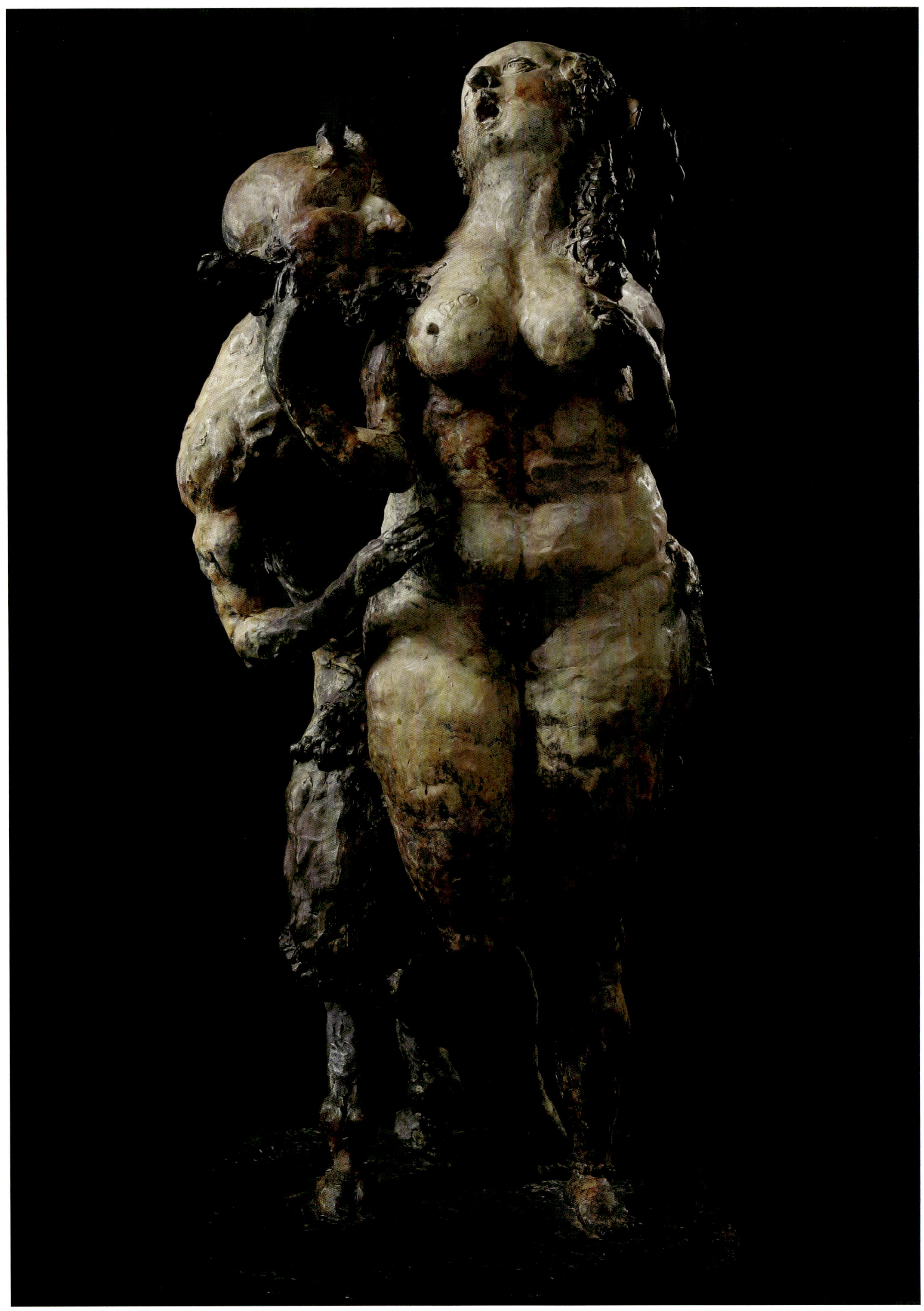

Moonlight love · 84 x 38 x 38 cm · Bronze

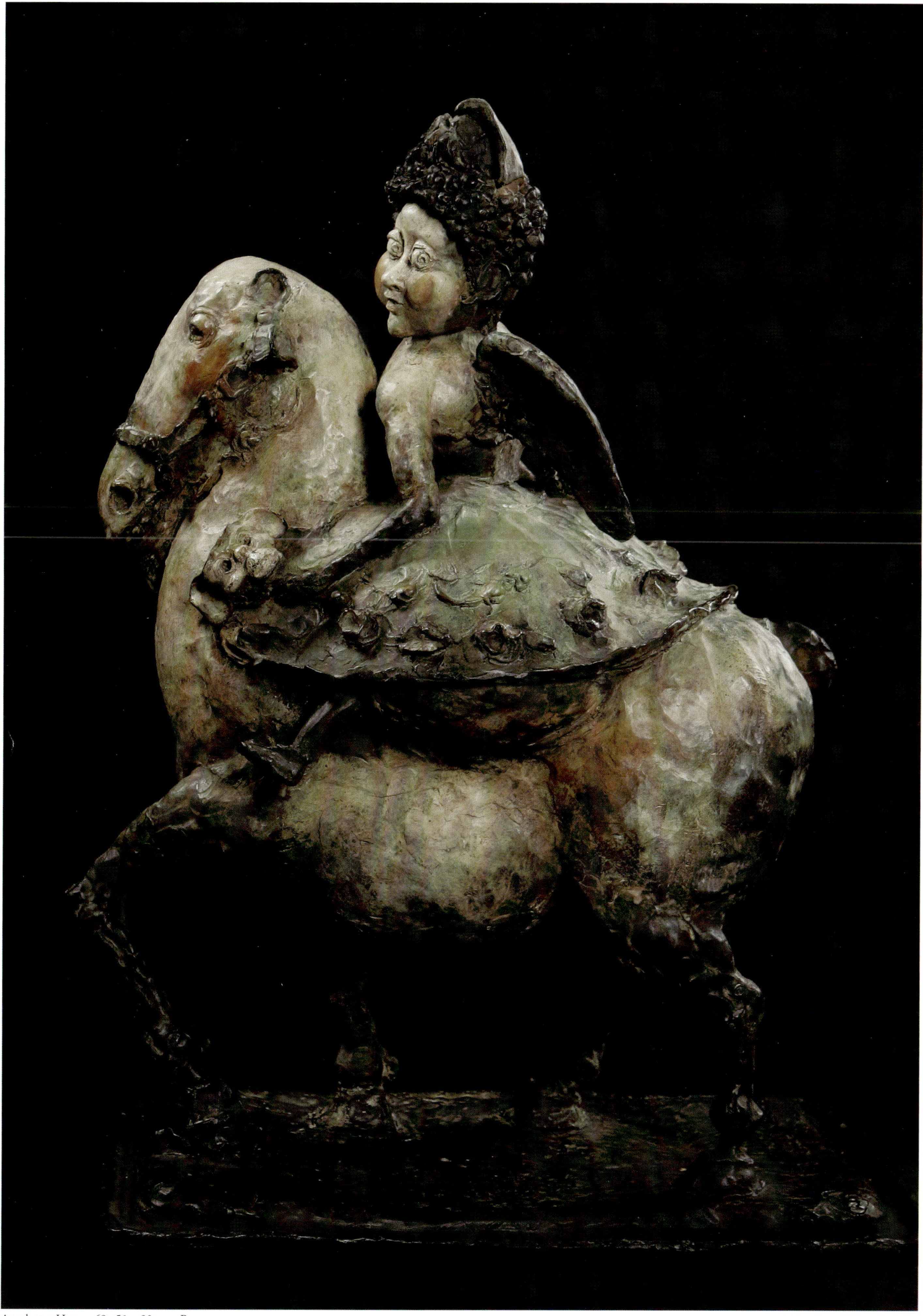

Angel on a Horse · 69 x51 x 33 cm · Bronze

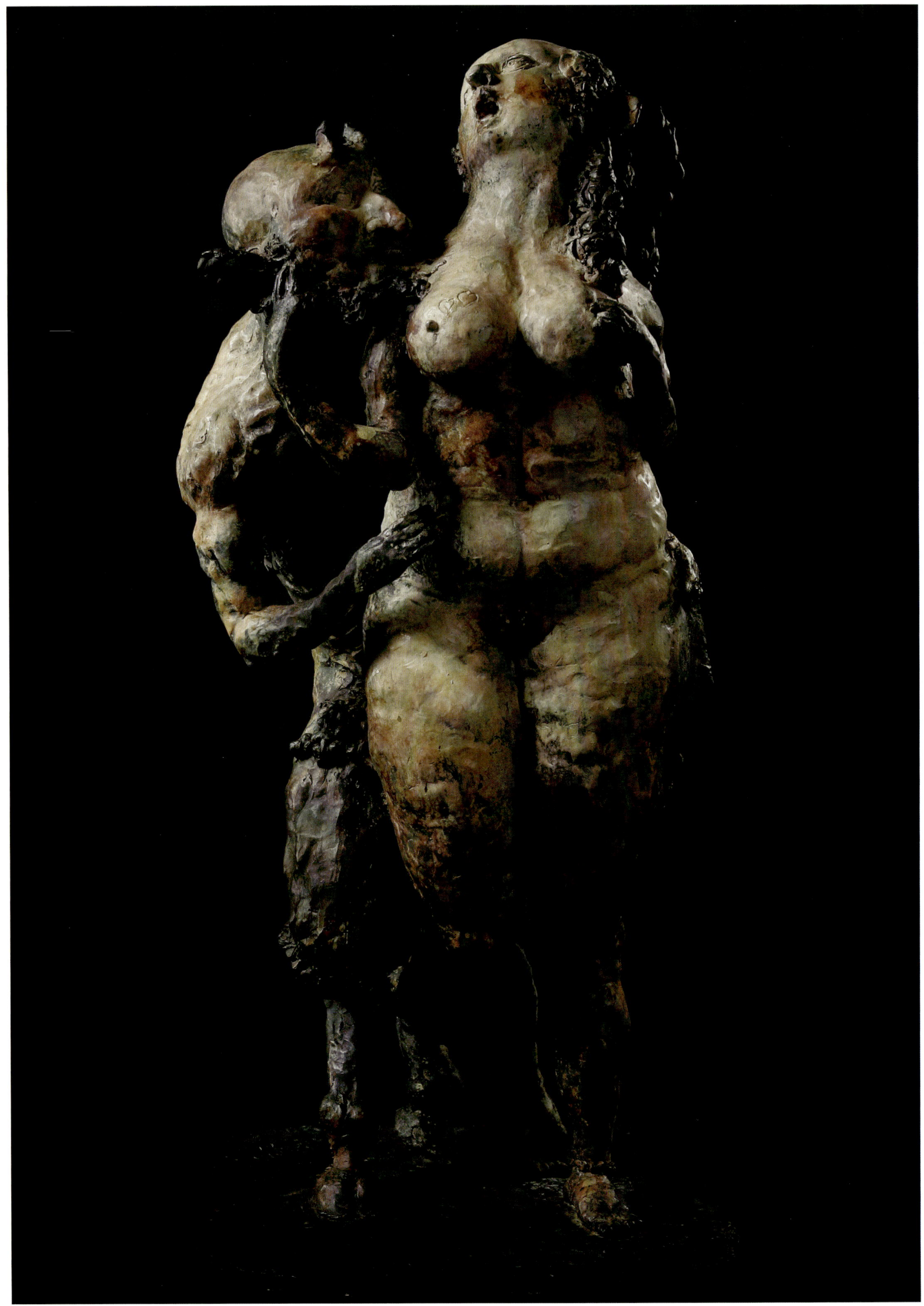

Moonlight love · 84 x 38 x 38 cm · Bronze

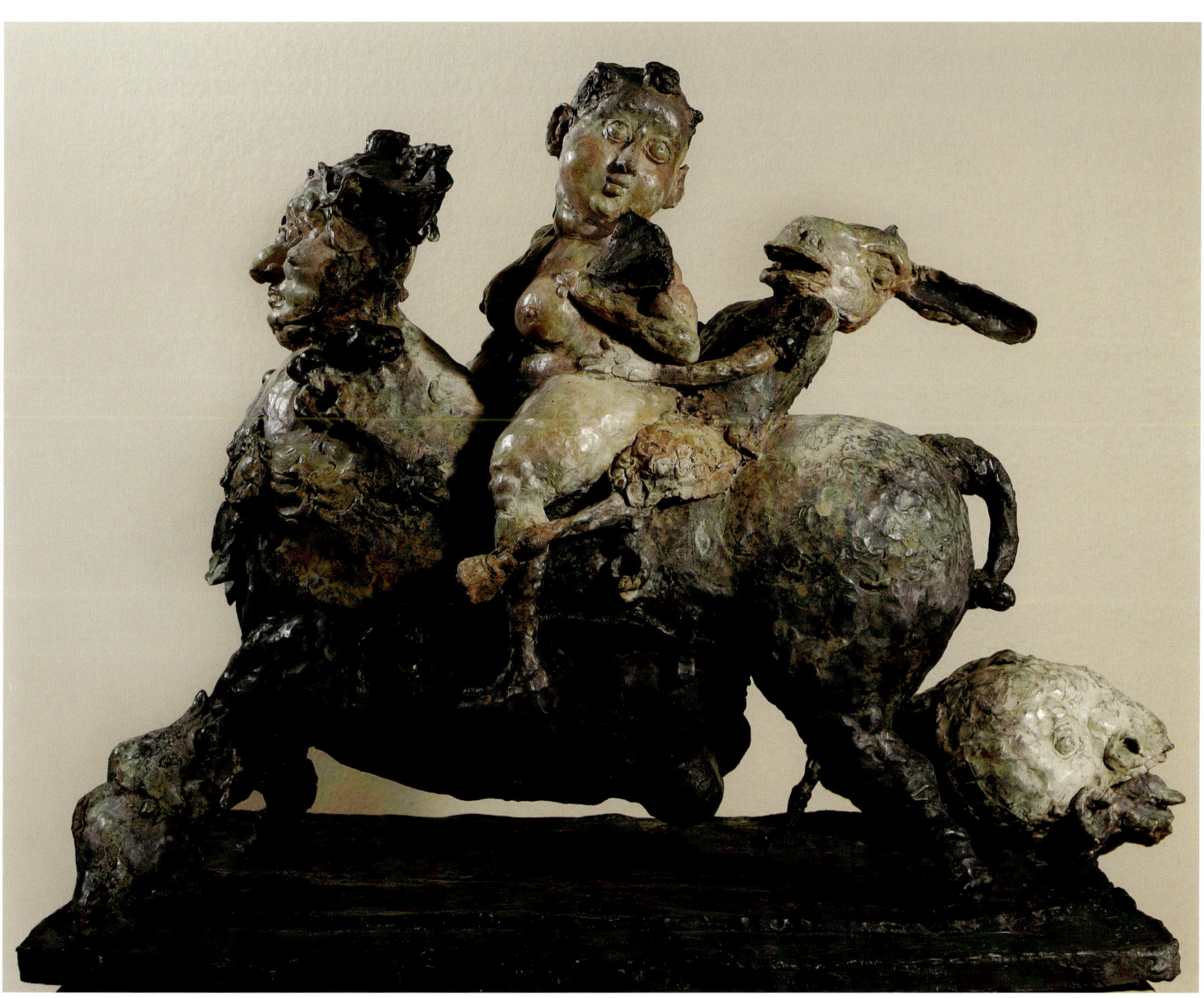

King Toy · 64 x 84 x 54 cm · Bronze

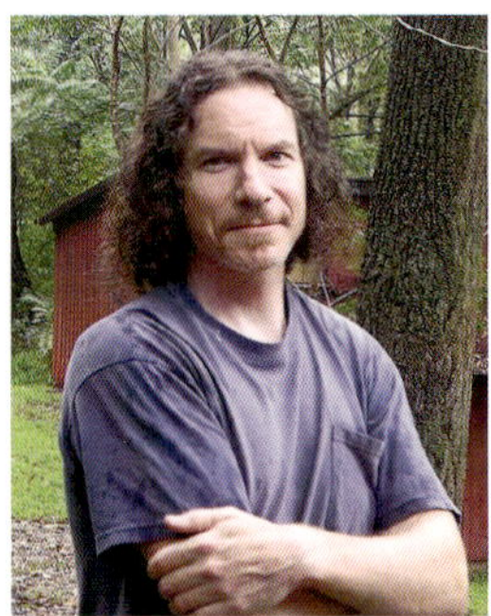

STEVEN KENNY

1962 USA

Steven Kenny studied at the Rhode Island School of Design and was chosen to spend his last year of art school studying independently in Rome as part of the European Honours Program. This direct exposure to European art (especially the early Renaissance works of the Italian, Dutch, and Flemish schools) had a significant effect on his present style of painting. He is represented by galleries throughout the United States and Europe. "Our global society is increasingly reliant on superficial psychological, physical, spiritual, social, and cultural environments. In doing so we seek a sense of stability, inner balance and peace while easing the anxiety of our increasingly technological existence. My work is an exploration of the multi-faceted relationship we have with our collective and individual souls. The manner in which the figures in my paintings interact with their natural environments is a direct reflection of the successes and failures modern man experiences on a daily basis. The quality of our inner lives is manifest in our relationships and the physical world around us. The future health of all that we know will depend on our ability to intimately nurture our innermost selves." To view more of Steven Kenny's artwork, please visit his web site at
www.stevenkenny.com

Steven Kenny a étudié à l'École de Design de Rhode Island et a été choisi pour passer sa dernière année de l'école d'art à Rome, en tant qu'étudiant indépendant et participant au Programme Européen Honneurs. Ce contact direct avec l'art européen (particulièrement les œuvres de l'ancienne Renaissance des écoles italiennes, hollandaises, et flamandes) a eu une influence significative sur son style de peint actuel. Il est représenté dans des galeries dans l'ensemble de l'Europe et aux Etats-Unis. « Notre société globale est de plus en plus dépendante des environnements psychologiques, physiques, spirituels, sociaux, et culturels superficiels. De cette manière, nous cherchons une signification de stabilité, d'équilibre intérieur et de paix tout en étouffant l'inquiétude de notre existence de plus en plus technologique. Mon travail est une exploration des rapports à facettes multiples que nous avons avec nos âmes collectives et individuelles. La façon avec laquelle les personnages de mes peintures communiquent avec leurs environnements naturels est une réflexion directe des succès et des échecs que l'homme moderne vit quotidiennement. La qualité de nos vies intérieures se manifeste dans nos relations et le monde physique qui nous entoure. La santé future de tout ce que nous savons dépendra de notre capacité intime à entretenir notre moi le plus secret. » Pour voir plus sur les œuvres de Steven Kenny, consultez s'il-vous-plaît son site internet sur
www.stevenkenny.com

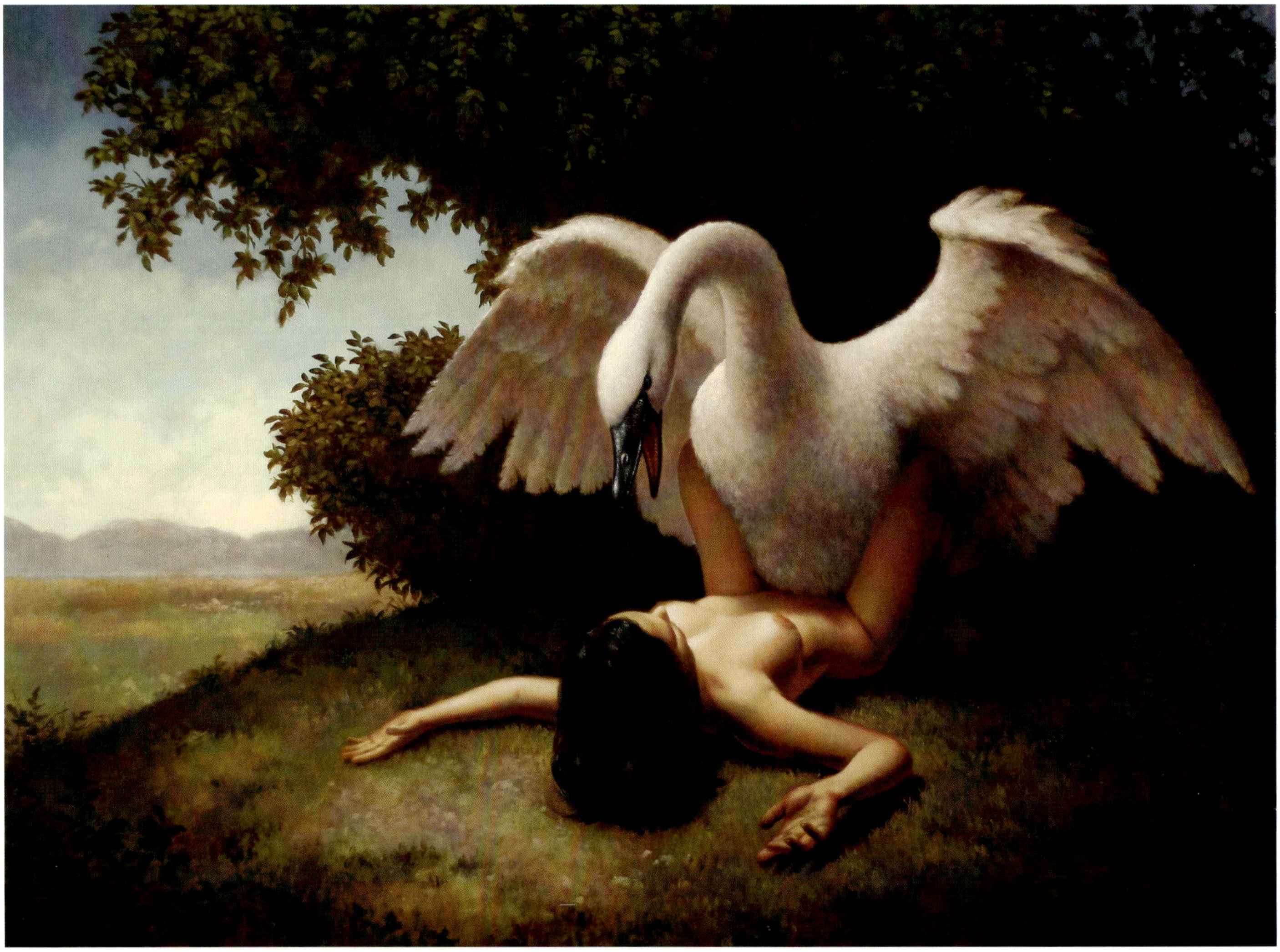

Leda and the Swan · 91 x 122 cm · Oil on canvas

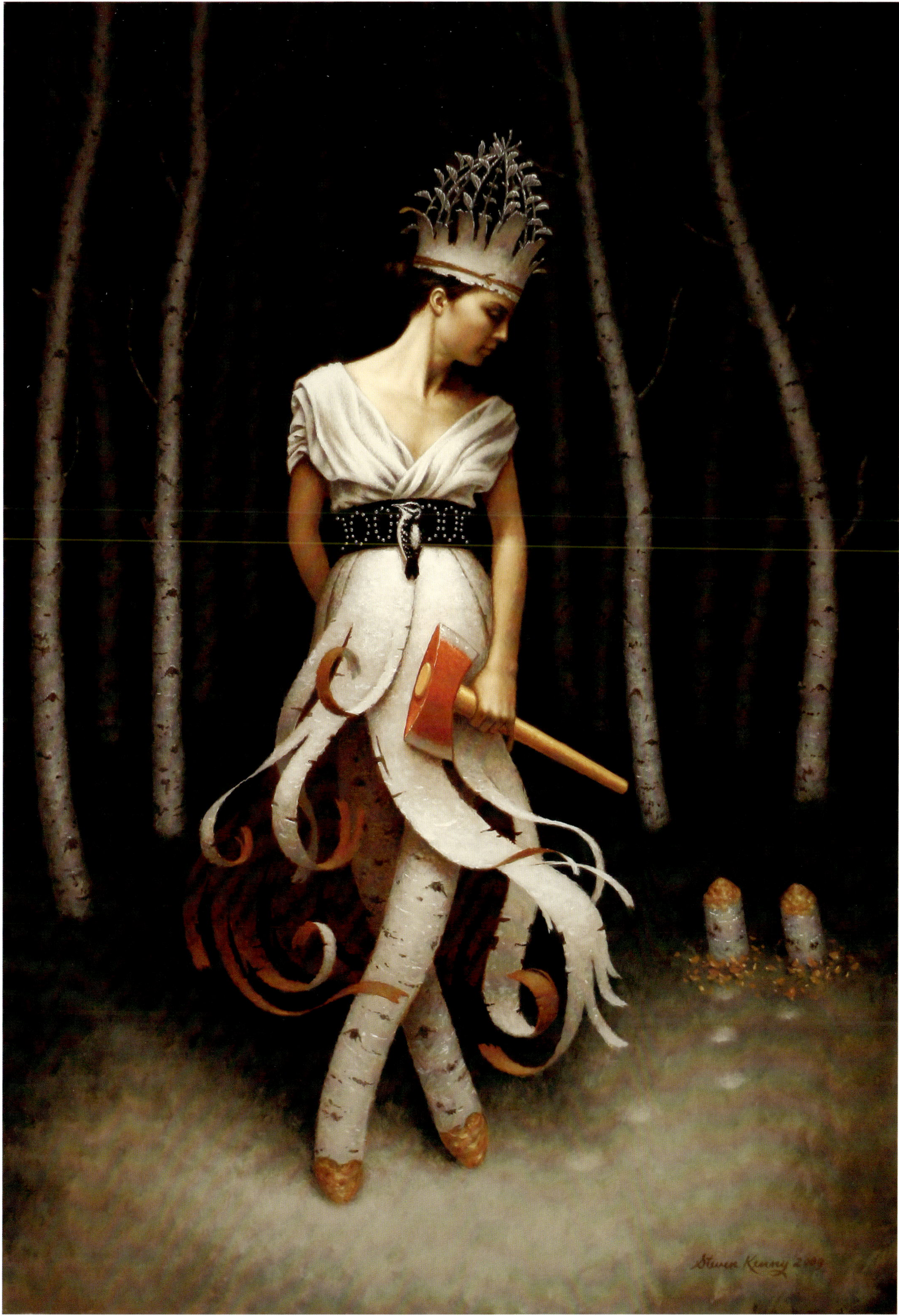

The Release · 96 x 66 cm · Oil on canvas

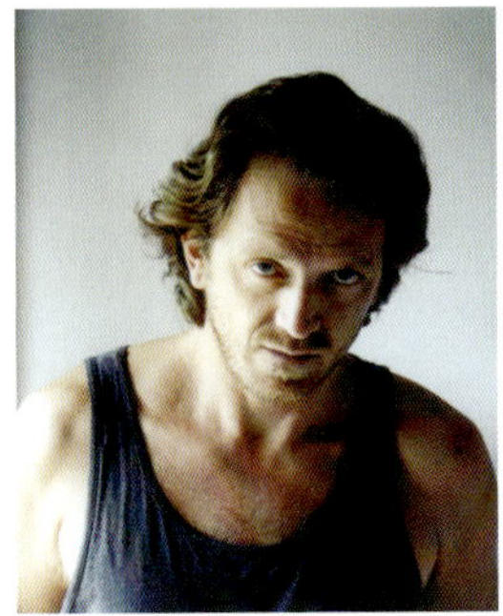

UGO LEVITA

1958 Italy

Ugo Levita was born in Napoli in Italy, in 1958.
First he studied in his native town, then in the Academy of Fine Arts in Firenze.
Very early, fascinated by the surrealistic works and texts, he turned towards fantastic and visionary art.
Later, he elaborated his own style which moves inside cultures and time in a transversal way, acquiring the knowledge of dynamism and historic complexity.
Ugo Levita's works have travelled around the continents, through Italy, France, Germany, USA and Australia. A few years ago Ugo left the city to establish himself in the hills of Umbria.
He teaches at the Fine Art University of Perugia.
xoomer.alice.it/ulevita

Ugo Levita naît à Naples en Italie, en 1958.
Il fait d'abord ses études dans sa ville natale, puis à l'Académie des Beaux-Arts de Florence. Très tôt, fasciné par les oeuvres et les textes surréalistes, il se tourne vers l'art fantastique et visionnaire.
Plus tard, il élabore son propre style qui se meut de façon transversale à l'intérieur des cultures et du temps, acquérant la connaissance du dynamisme et de la complexité historique.
Les oeuvres d'Ugo Levita ont voyagé à travers les continents, en Italie, en France, en Allemagne, aux Etats-Unis et en Australie. Depuis quelques années Ugo a quitté la ville pour s'installer sur les collines de l'Ombrie. Il enseigne à l'Ecole des Beaux Arts de Perugia.
xoomer.alice.it/ulevita

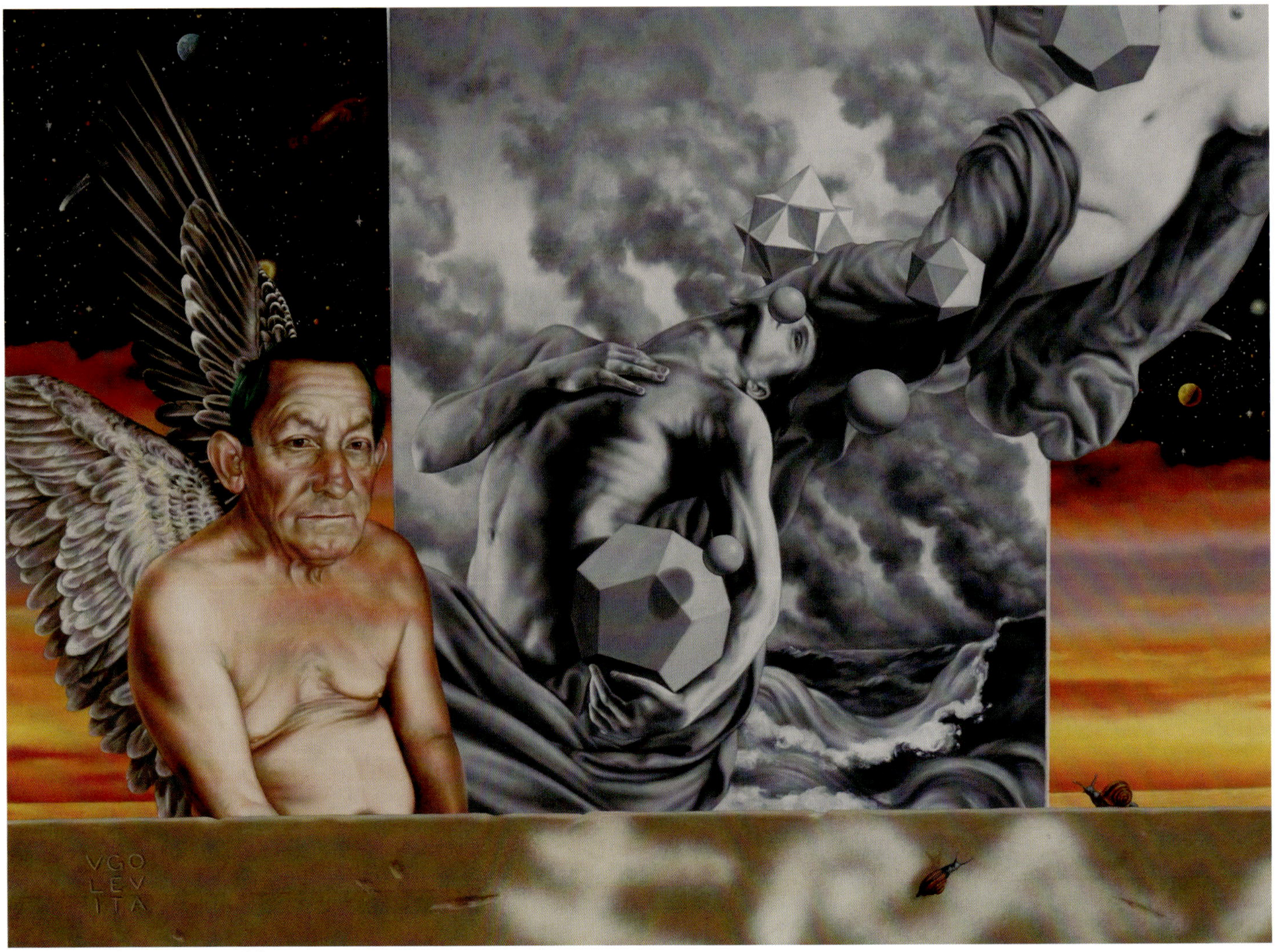

Divine Commedia · 70 x 100 cm · Oil on canvas

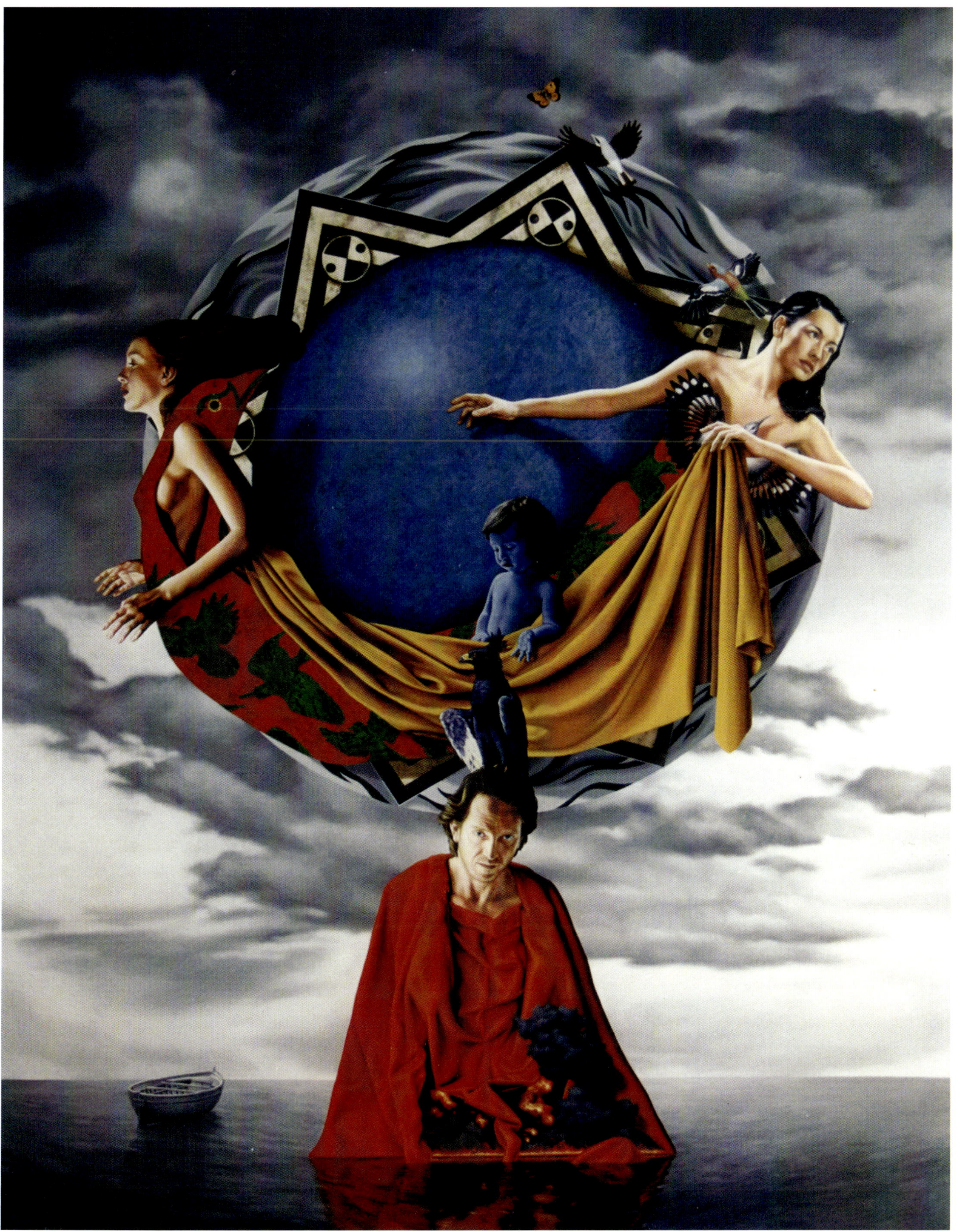

The Phoenix · 200 x 150 cm · Oil on canvas

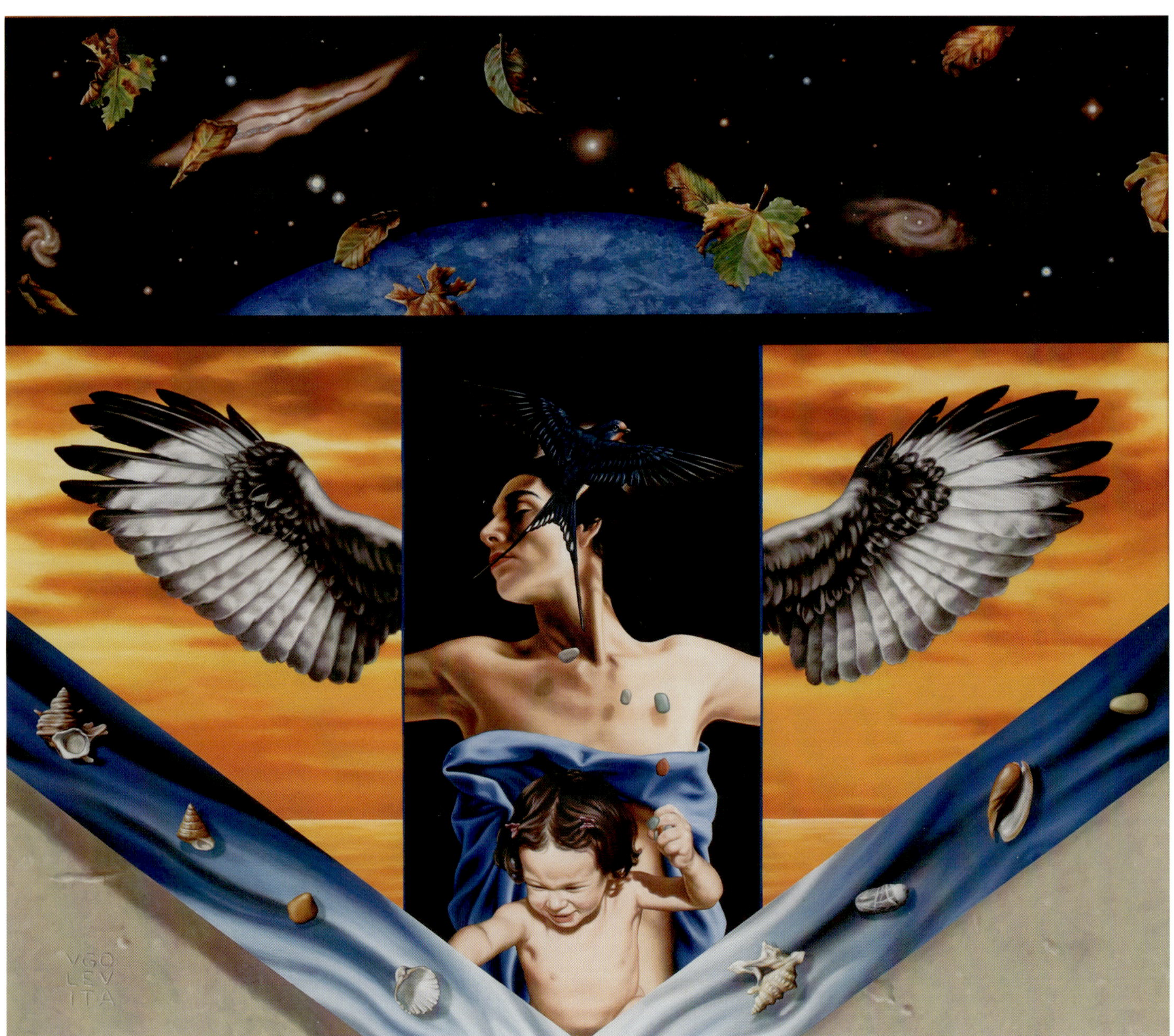

The Fly · 100 x 85 cm · Oil on canvas

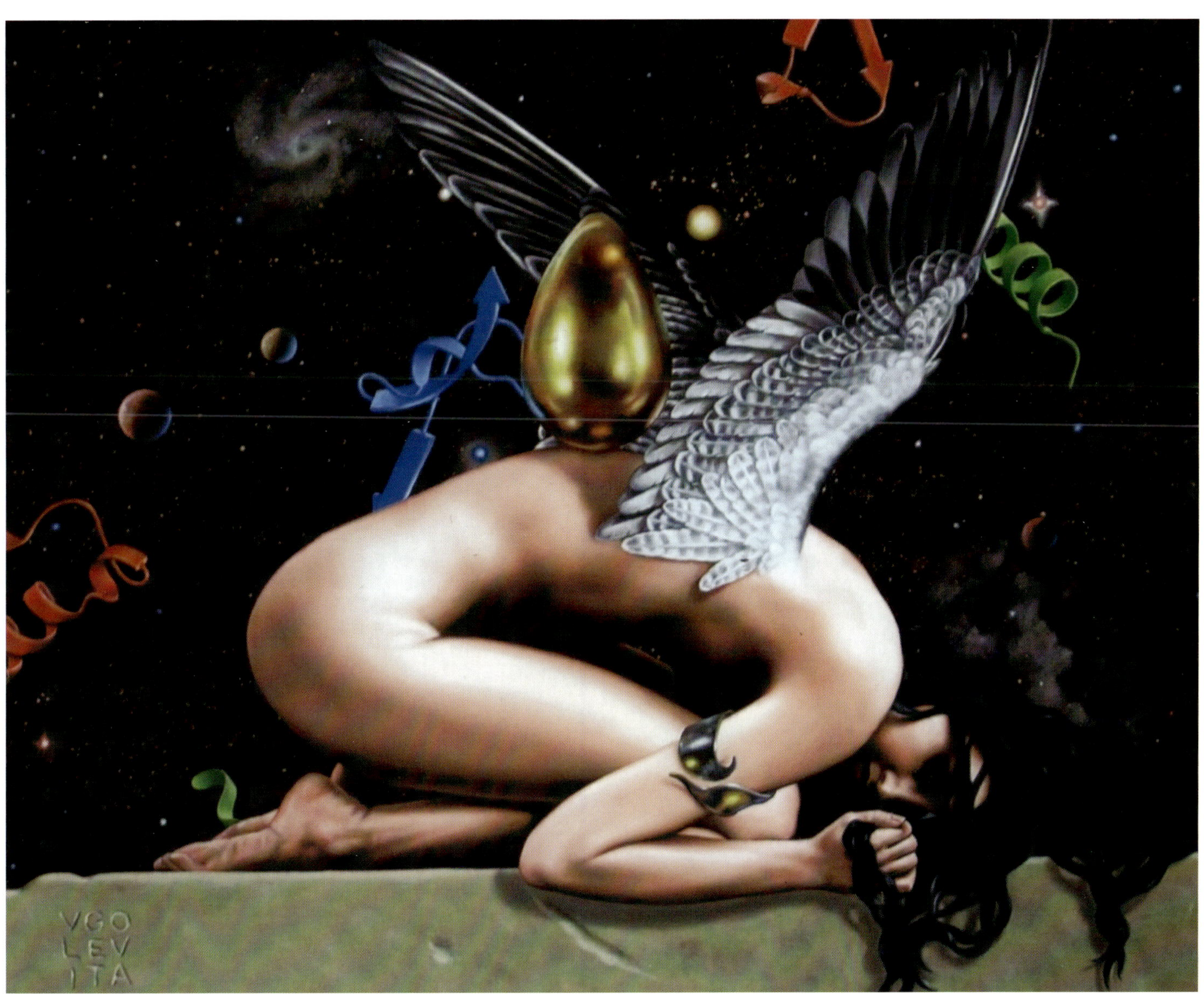

The Egg · 50 x 60 cm · Oil on canvas

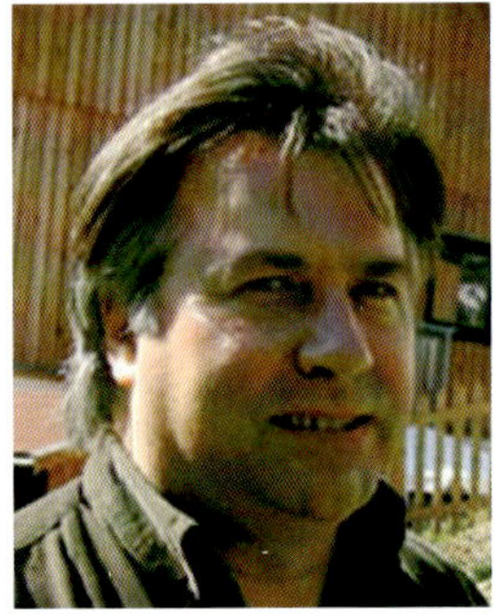

JACK LIPOWCZAN

1951 Poland/Germany

Jack, after finishing his studies at the Academy of Fine Art in Cracow in 1976, travelled extensively all over the world and finally settled in Germany. His artistic vocation took many turns until finally he devoted his life to painting
He is one of the few artists that paint in the convention of "secular" iconography. His paintings show an unbelievable fantasy and allow for one's own fantasy to roam free.
In the old master's manner and in the long process, he lays oil colours layer upon layer on the wooden board. And similarly we regard his paintings. Step by step, one recognises the scene and then gradually discovers more and more details, little things and refinements, and is forced to look at the painting again and again. Frequently there are spaces that suddenly open and then close again to intertwine with the rest.
His paintings reflect our contemporary world. The world, its history, philosophy and politics are seen through the, not always benevolent, artist's eye but always with a great sense of humour.
He exhibited in U.K., Switzerland, Austria, Germany, Denmark, Poland and USA and his works are in the different private collections all over the world. He signs his paintings as JALI
www.syrlin-kunstverein.de

Après avoir fini ses études à l'Académie des Beaux Arts de Cracovie en 1976, Jack Lipowczan a entrepris un long voyage de par le monde et s'est finalement installé en Allemagne. Sa vocation artistique a passé par plusieurs détours avant qu'il décide de consacrer sa vie à la peinture.
Il est l'un de ces rares artistes qui s'approprient l'iconographie "séculière". Ses peintures présentent une fantaisie incroyable et permettent à la fantaisie de chacun de s'y promener librement.
A la manière des maîtres anciens, il peint par couches de couleur, appliquées patiemment l'une après l'autre, sur un panneau en bois. En tant que spectateurs, nous découvrons sa peinture d'une façon similaire: pas à pas. Nous reconnaissons la scène et, graduellement, de plus en plus de détails, petits et raffinés, qui nous forcent à regarder le tableau encore et encore. Fréquemment, il y a des espaces qui s'ouvrent soudainement, pour se refermer aussitôt afin de se lier inextricablement avec le reste.
Les peintures de Jack reflètent le monde contemporain. Le monde, son histoire, sa philosophie, sa politique, apparaissent sous le regard pas toujours complaisant de l'artiste, traités avec un grand sens de l'humour.
Jack a montré son travail au Royaume-Uni, en Suisse, en Autriche, en Allemagne, au Danemark, en Pologne et aux Etats-Unis. Diverses collections partout dans le monde possèdent des peintures de l'artiste, qui les signe JALI.
www.syrlin-kunstverein.de

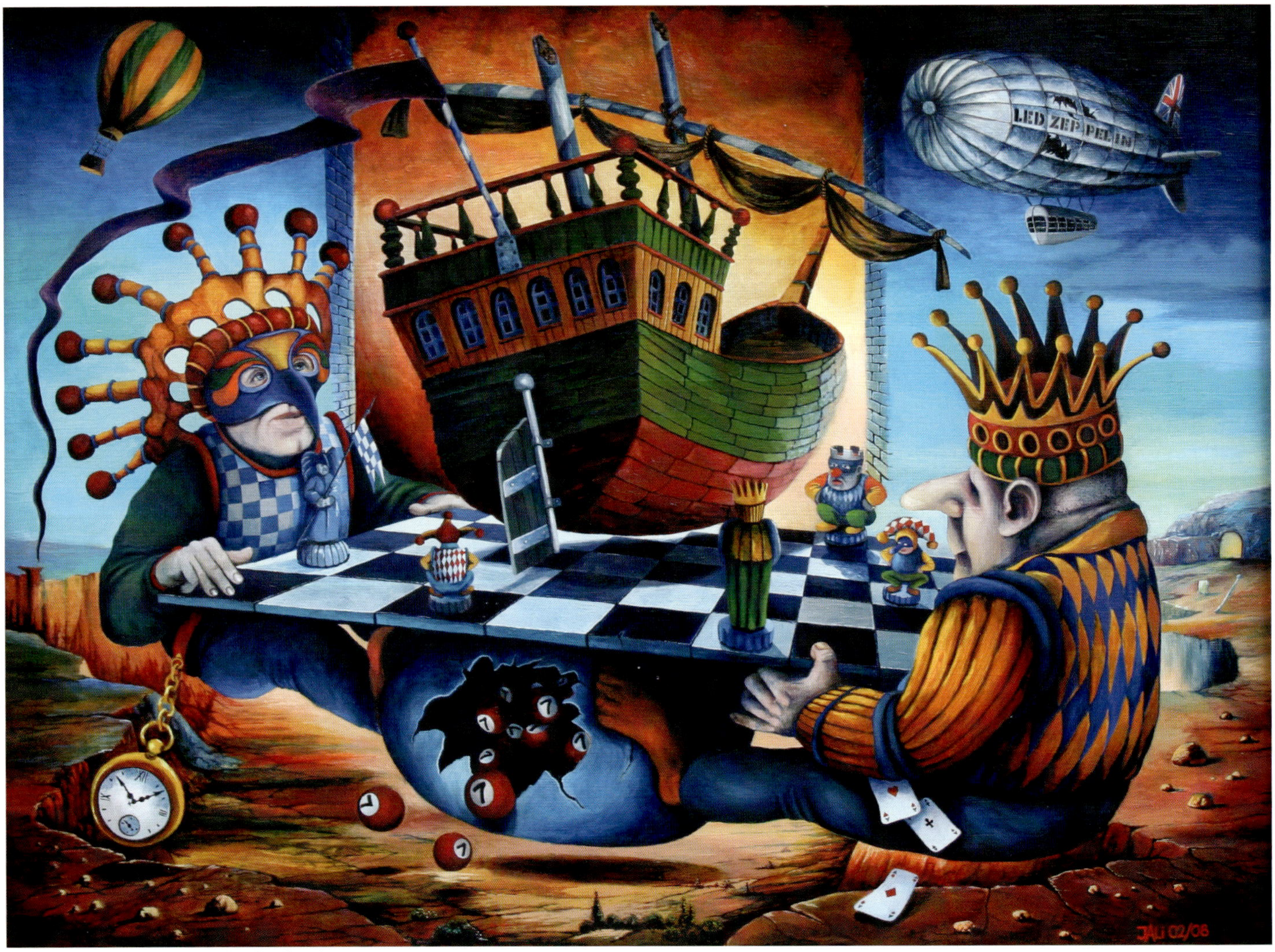

Let's play chess · 50 x 65 cm · Oil on hardboard

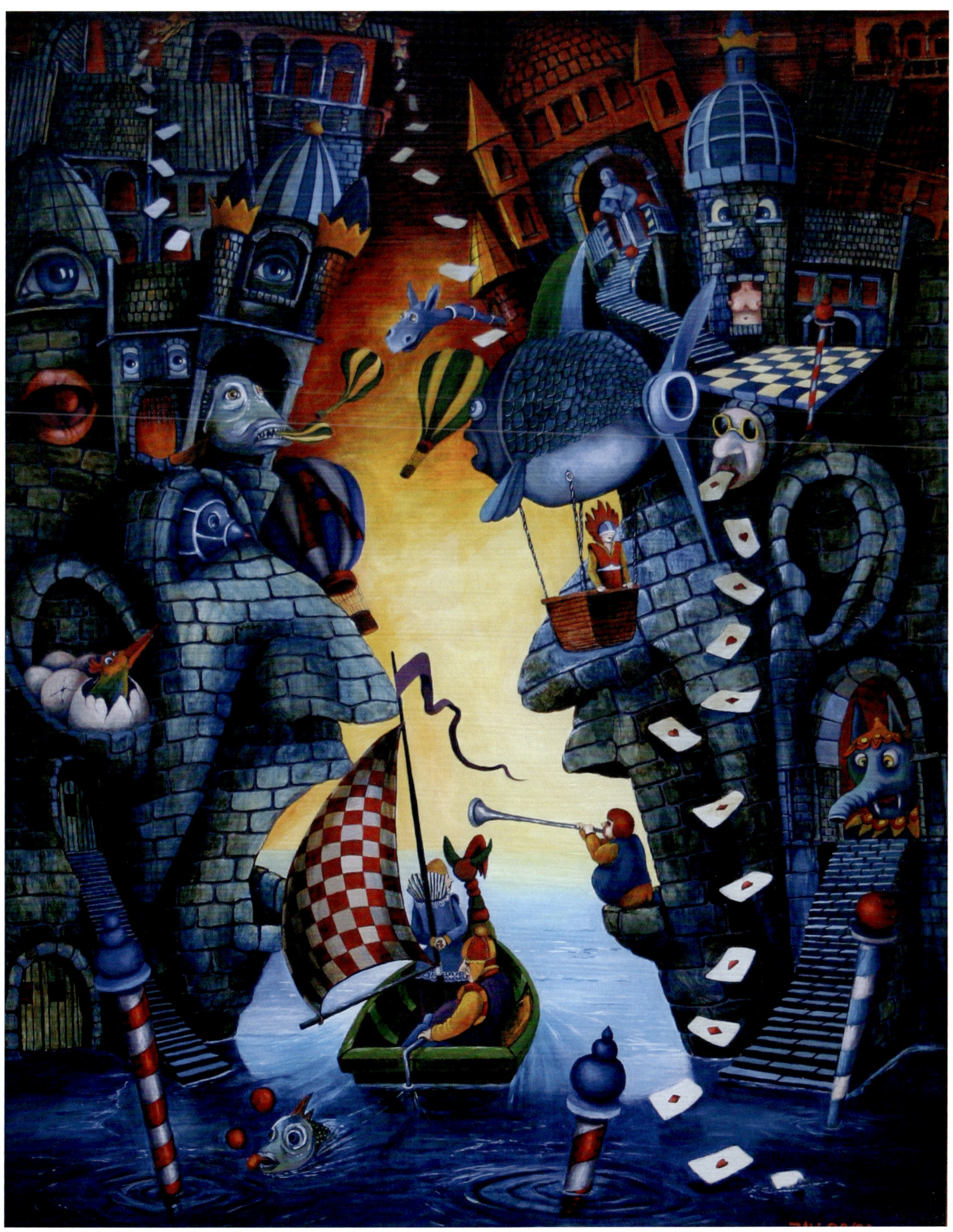

Between two wolrds · 65 x 50 cm · Oil on hardboard

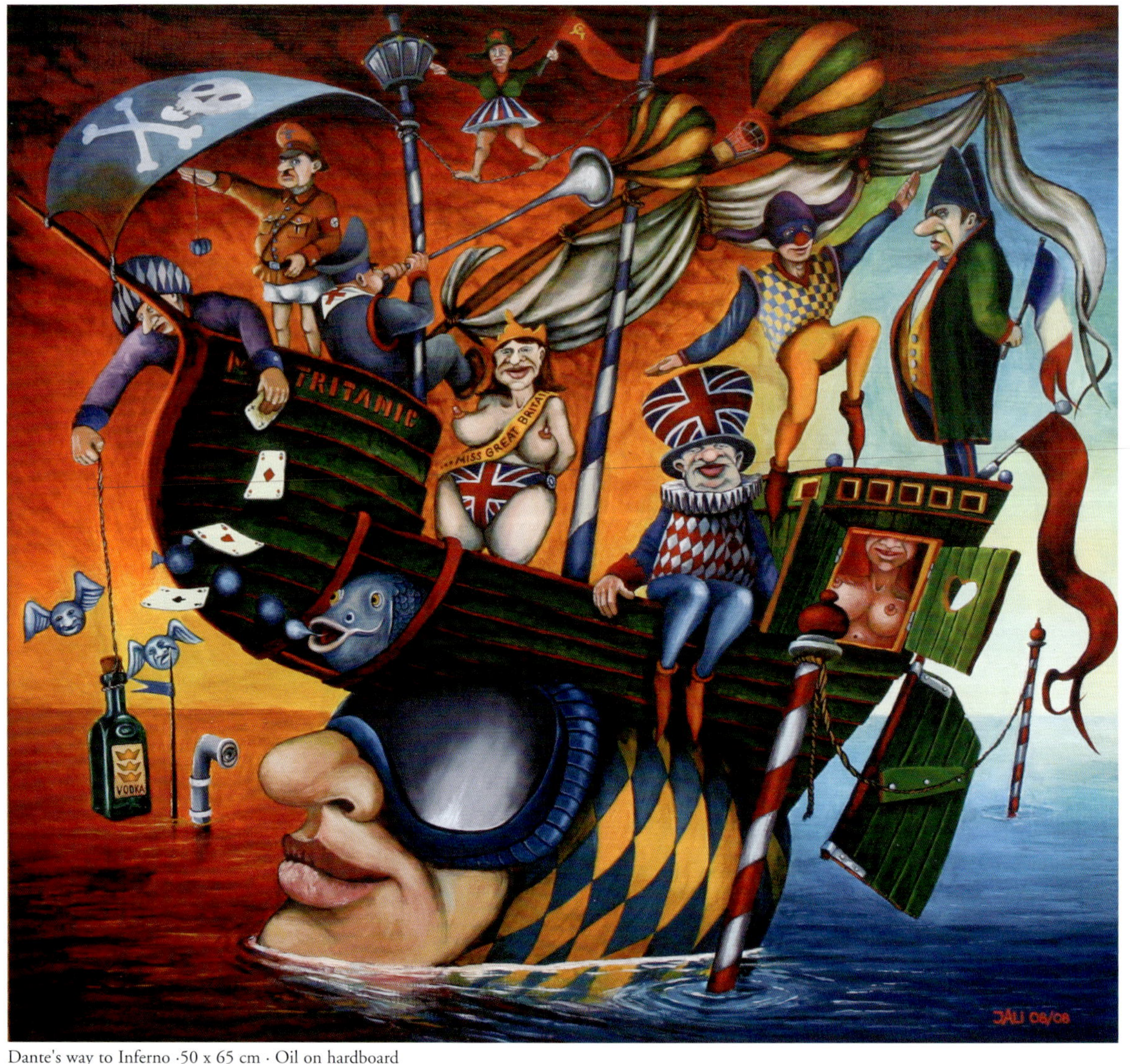

Dante's way to Inferno ·50 x 65 cm · Oil on hardboard

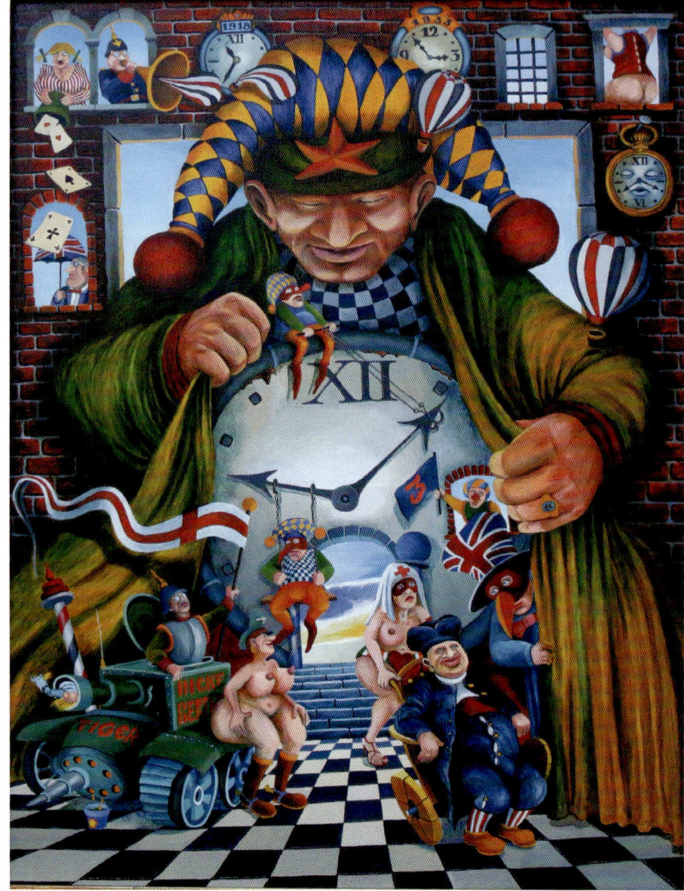

Remembrance Time · 65 x 50 cm · Oil on hardboard

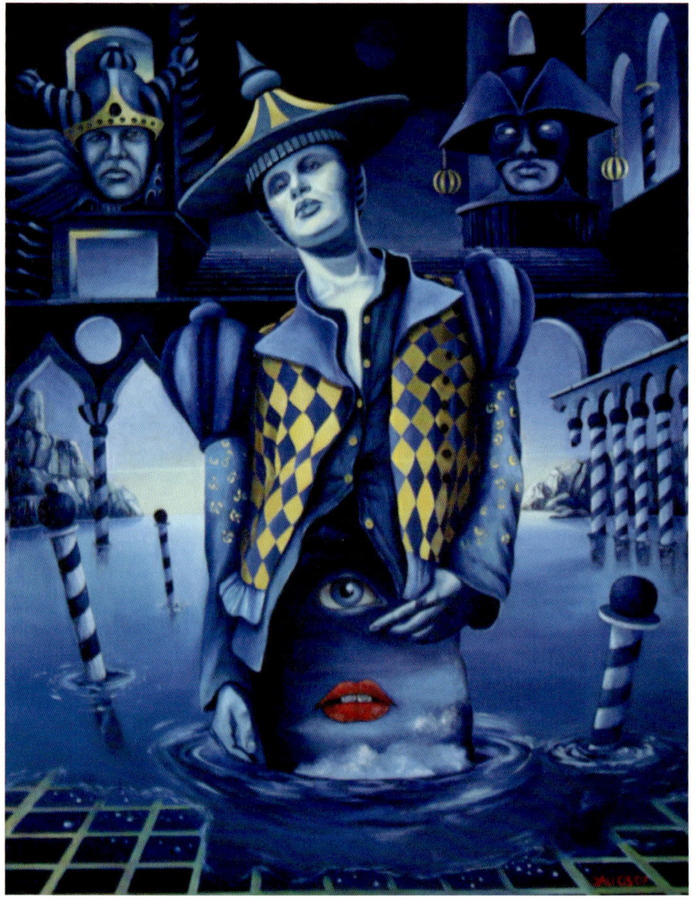

Rising Godess · 65 x 50 cm · Oil on hardboard

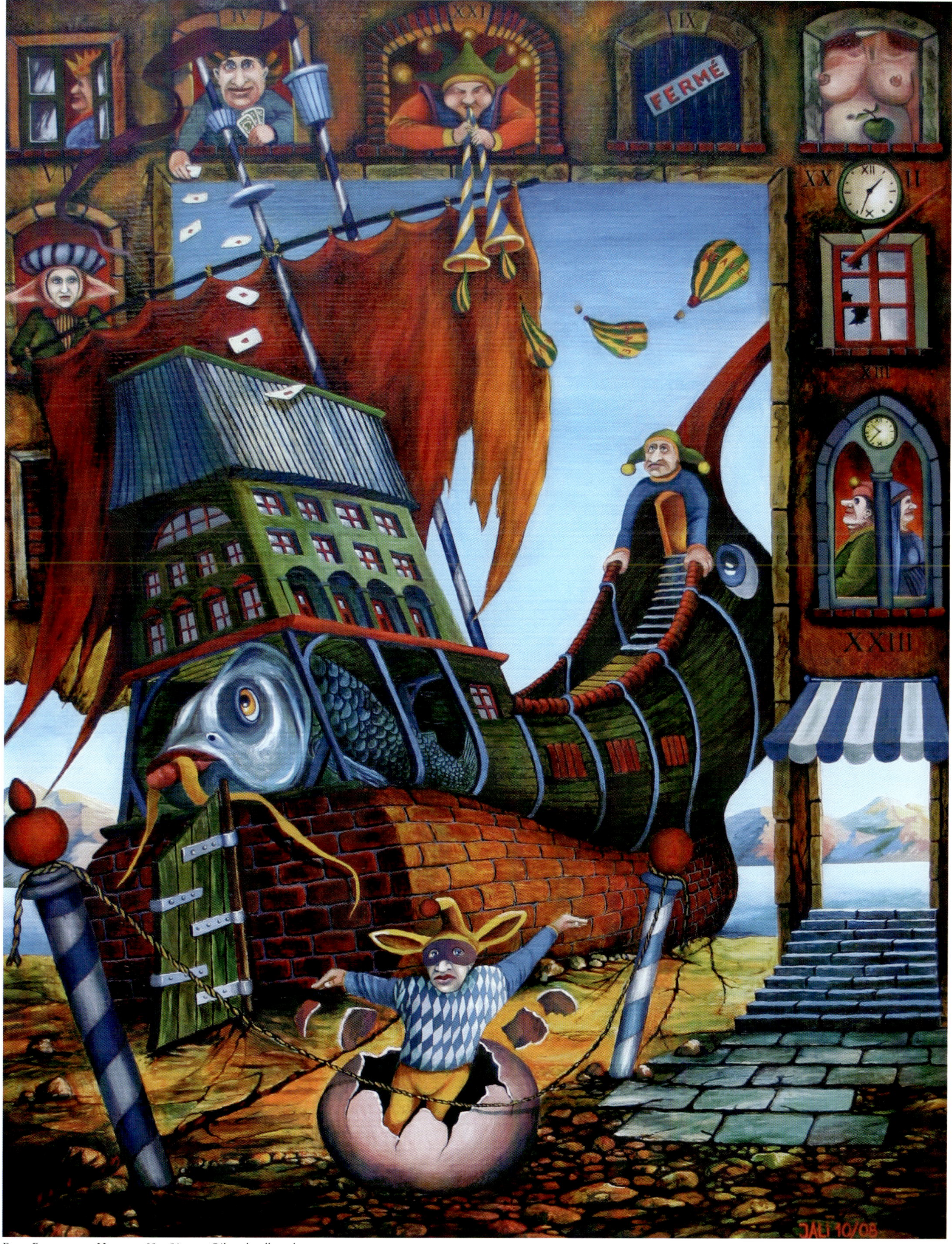

From Purgatory to Heaven · 65 x 50 cm · Oil on hardboard

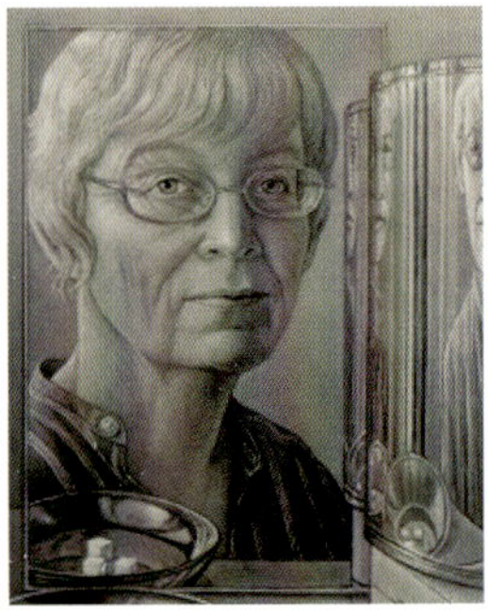

BRIGID MARLIN

USA

Born in Washington D.C. She studied art in Dublin, Paris, Montreal and New York. In 1966 she went to Vienna to study with Professor Ernst Fuchs and learn the Mische Technique - the painting secrets of the Masters of the Italian Renaissance, which Fuchs had researched and rediscovered. Now she lives and works in Hertfordshire, England. In 1998 she founded the Society for Art of Imagination to promote Visionary and Fantastic Art worldwide, and she is Director of the USA and UK branches. The Society is now an American Charity. Her work has been exhibited in museums and art galleries all over the world. Among the portraits she has painted are the Dalai Lama, the Queen Mother, Lord Longford, Gertrude Crain of Crain's Communications, Cardinal George of Chicago, Admiral Paulsen of the American Navy and Princess Mata'aho, heir to the throne of Tonga.

www.brigidmarlin.com

Née à Washington D.C. Elle a étudié l'art à Dublin, Paris, Montréal et New York. En 1966 elle retourne à Vienne pour étudier avec le Professeur Ernst Fuchs et apprendre la Technique Mische - les secrets de la peinture des Maîtres de la Renaissance italienne sur lesquels Fuchs a fait des recherches et qu'il a redécouverts. Actuellement elle vit et travaille dans le Hertfordshire en Angleterre. En 1998 elle fonde la «Society for Art of Imagination » (la Société de l'Art de l'Imaginaire) pour promouvoir l'Art Visionnaire et Fantastique dans le monde entier, et elle est le directeur de ses branches aux USA et en Grande-Bretagne. La Société est maintenant une organisation caritative américaine. Ses œuvres ont été exposées dans les musées et galeries d'art du monde entier. Parmi les portraits qu'elle a peints se trouvent celui du Dalaï Lama, de la Reine Mère, de Lord Longford, de Gertrude Crain des Communications Crain, du Cardinal George de Chicago, de l'Amiral Paulsen de la marine américaine et de la Princesse Mata'aho, héritière du trône des îles Tonga.

www.brigidmarlin.com

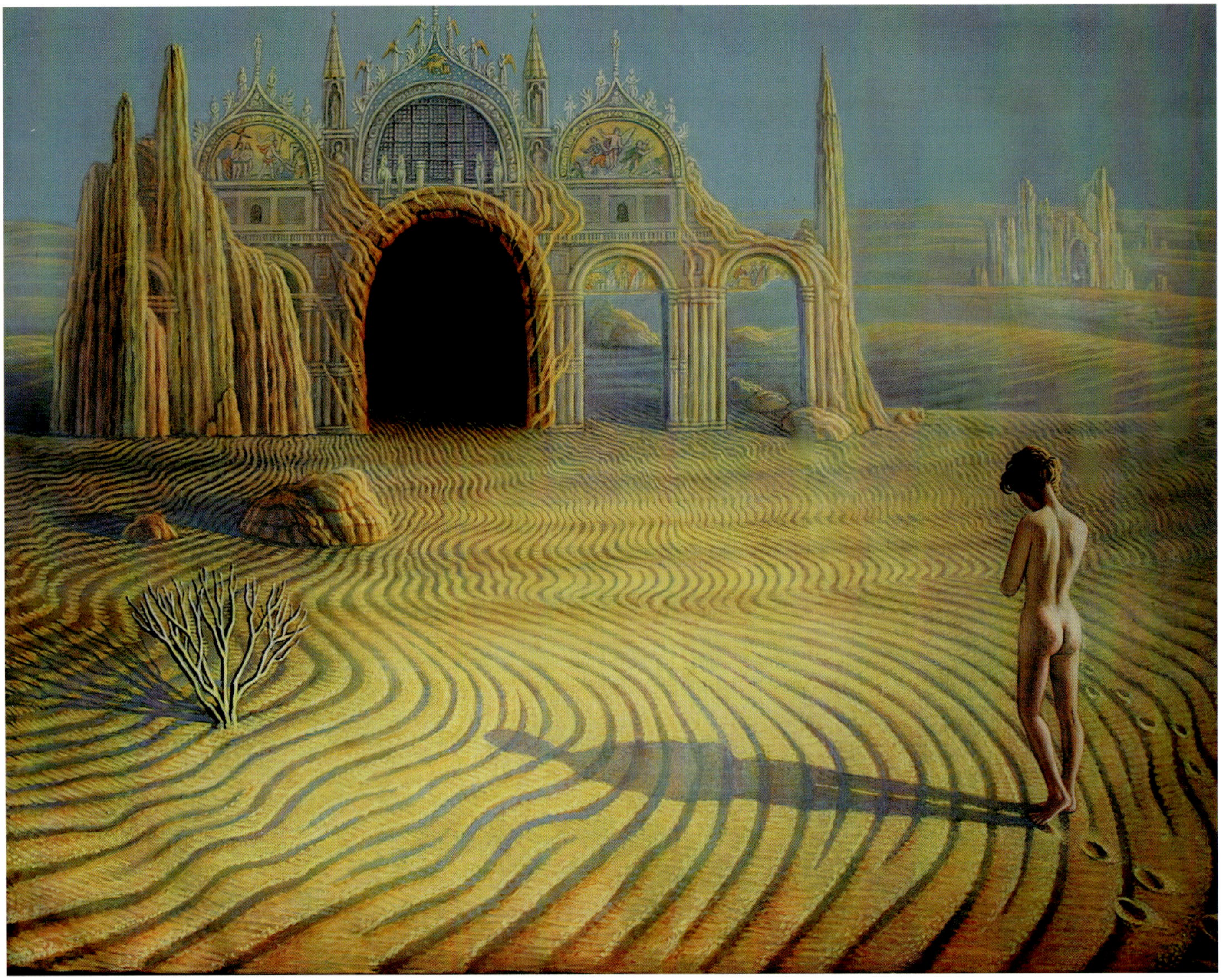

Valley of the Shadow · 100 x 125 cm · Miche-technic

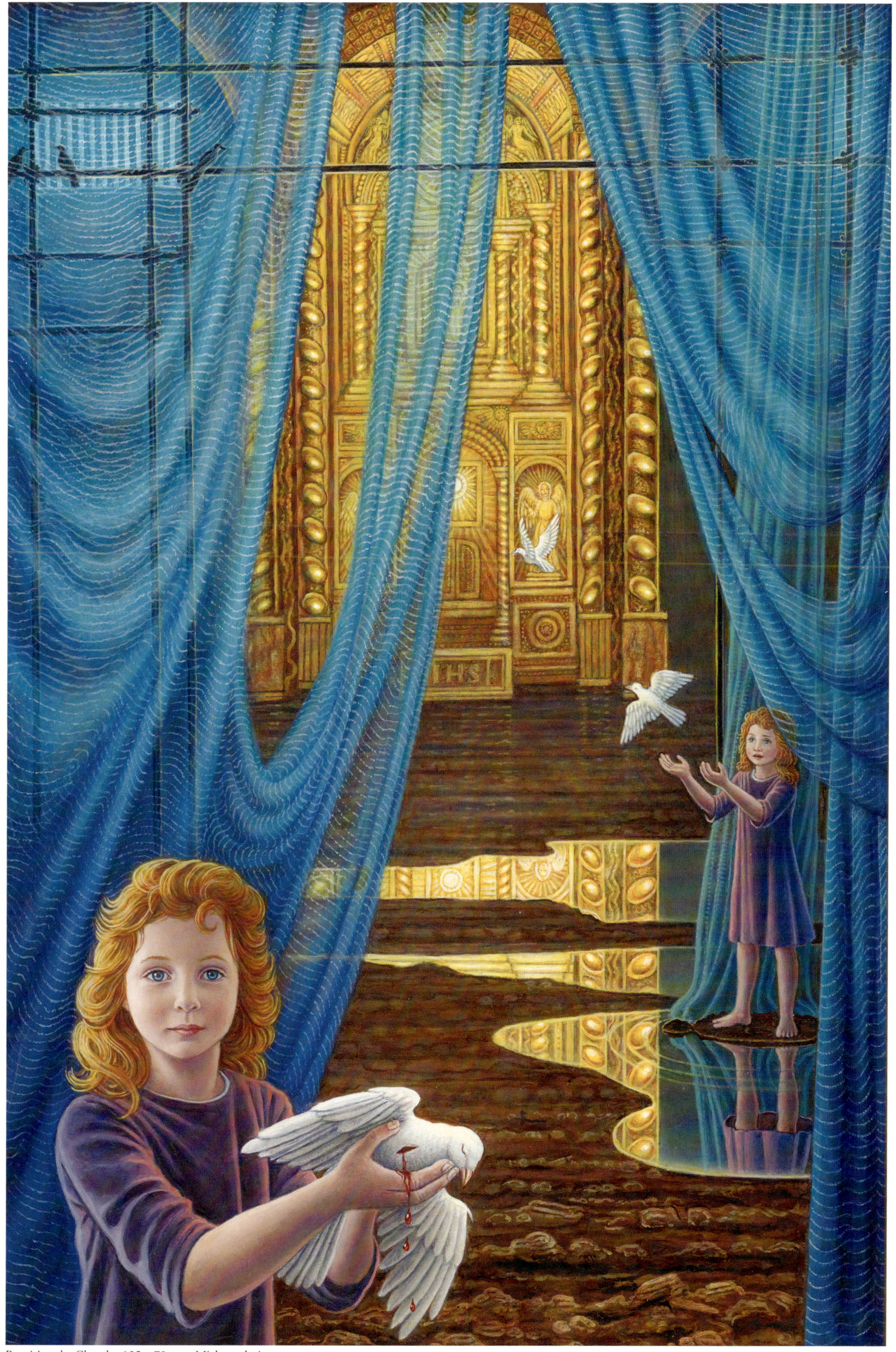

Repairing the Church · 125 x 79 cm · Miche-technic

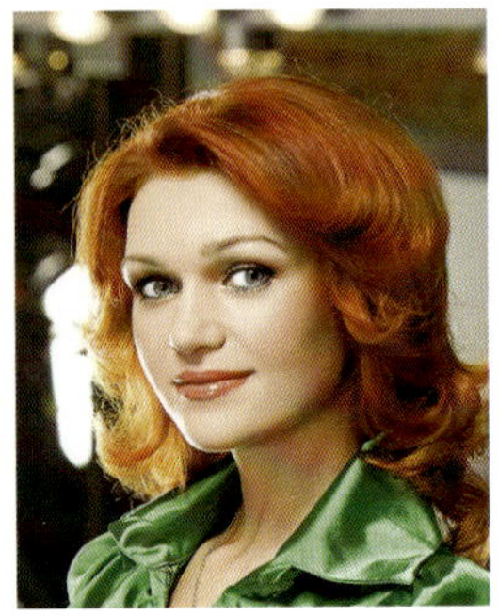

NATALIYA MUDRUK

1974 Ukraine

When Nataliya was small she studied at the art school named after Shevchenko After studies at the Ukrainian Academy of Fine-Arts in 1993-1999 she obtained a diploma in art and architecture. Since 2002 she has taught sculpture in an art school and actively participates in numerous exhibitions. In 2005 she took part in the competition organized by the President of Ukraine and her sculpture "The Muse" won the first prize. The sculptures of Nataliya are exhibited in the Museum of Contemporary Art in Kyiv (Ukraine).

"My stories are about small fragile men living beside us. They live their own life in our big and real world and me, I observe them. My characters are romantics and dreamers looking for adventures. Like us, they are searching for love and their own happiness. They dream about discoveries, victory and glory - briefly speaking - they play the same games as we do".

The faces of Nataliya Mudruk's characters are in evident antagonism: the animated objects, the refined dreamers, the miniature people feel lost among the luxurious and pulpy fruits of the land. Everything is made of bronze flesh. But it's all a game. An imaginary world, full of refined and fragile grace and sad grotesque. Action itself is absent but everything is based not on the intrigue and event but on the nuances of the mood and condition.

Art Critic - Elena Papeta

www.nataliamudruk.com.ua

Dès son plus jeune âge, Nataliya a fait ses études à l'école des beaux-arts Chevtchenko. A l'issue de son parcours académique (de 1993 à 1999) elle obtient le diplôme de l'Académie Nationale de Kiev mention arts et architecture. Depuis 2002, elle enseigne la sculpture dans une école d'art et participe activement à de nombreuses expositions. En 2005, elle gagne le concours du Prix du Président d'Ukraine pour sa sculpture 'La Muse'. Les sculptures de Nataliya font partie de la collection du Musée d'Art Contemporain de Kiev (Ukraine).

"Mes contes sont ceux de petits bonhommes fragiles qui vivent à nos côtés. Ils vivent leur propre vie dans notre monde grand et réel et moi seulement, je les observe. Mes personnages sont des romantiques et des rêveurs, des chercheurs d'aventures. Ils sont comme nous - ils rêvent d'amour et ils se lancent dans la recherche du bonheur. Ils rêvent de victoires, de découvertes et de gloire, bref, ils jouent aux mêmes jeux que nous."

Nataliya Mudruk

"Les visages des personnages de Nataliya Mudruk séjournent dans un antagonisme évident : les objets animés - les rêveurs raffinés, les personnages en miniature se trouvent perdus parmi les fruits de la terre luxuriants et charnus. Tout est fait en chair de bronze. Mais tout n'est que jeu. Un monde imaginaire, plein de grâce fragile et raffinée et de grotesque triste. L'action elle-même est absente, tout est construit non pas sur l'intrigue et l'événement, mais sur les nuances de l'humeur."

Elena Papeta, critique d'art.

www.nataliamudruk.com.ua

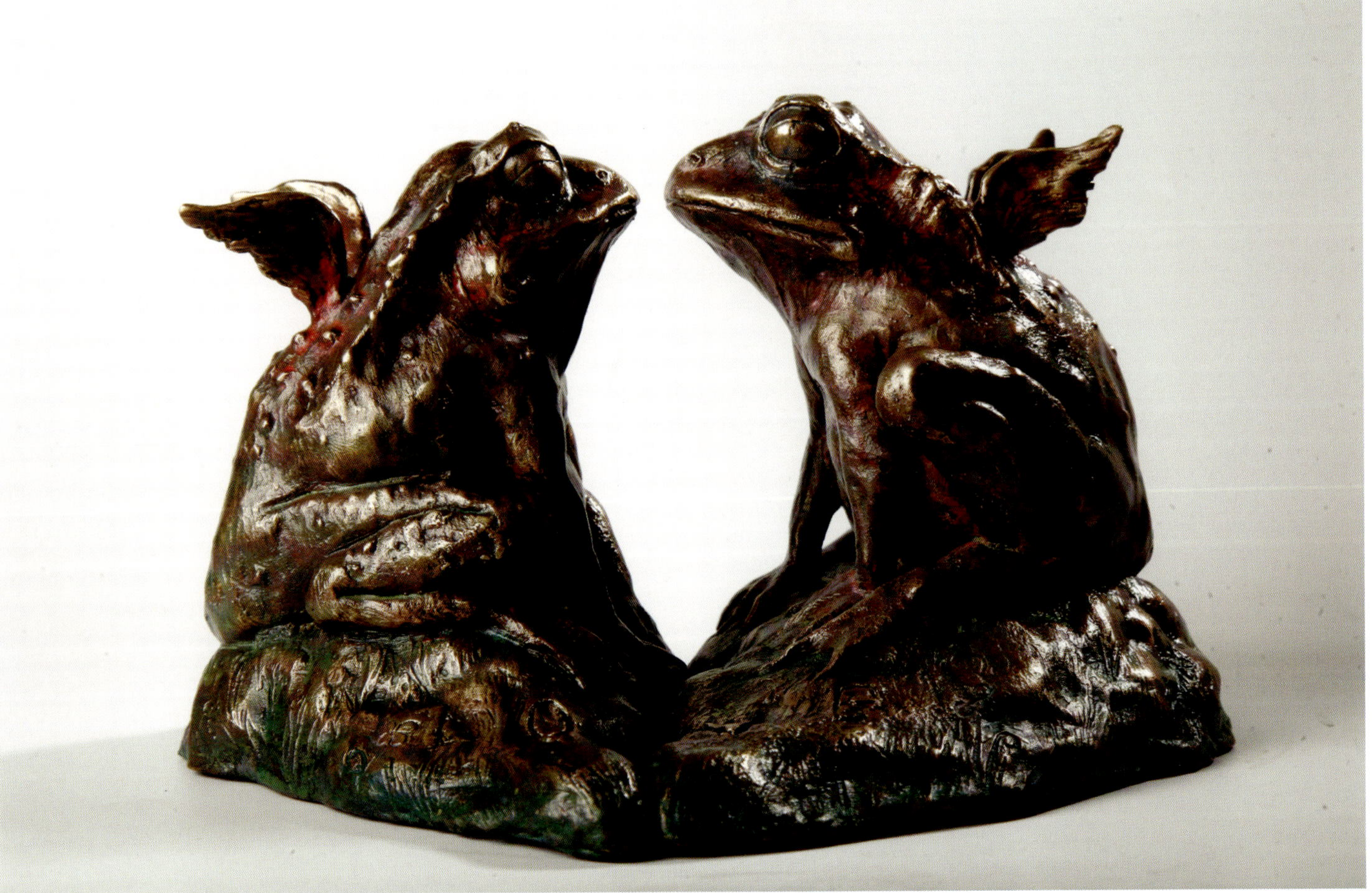

Love · Bronze

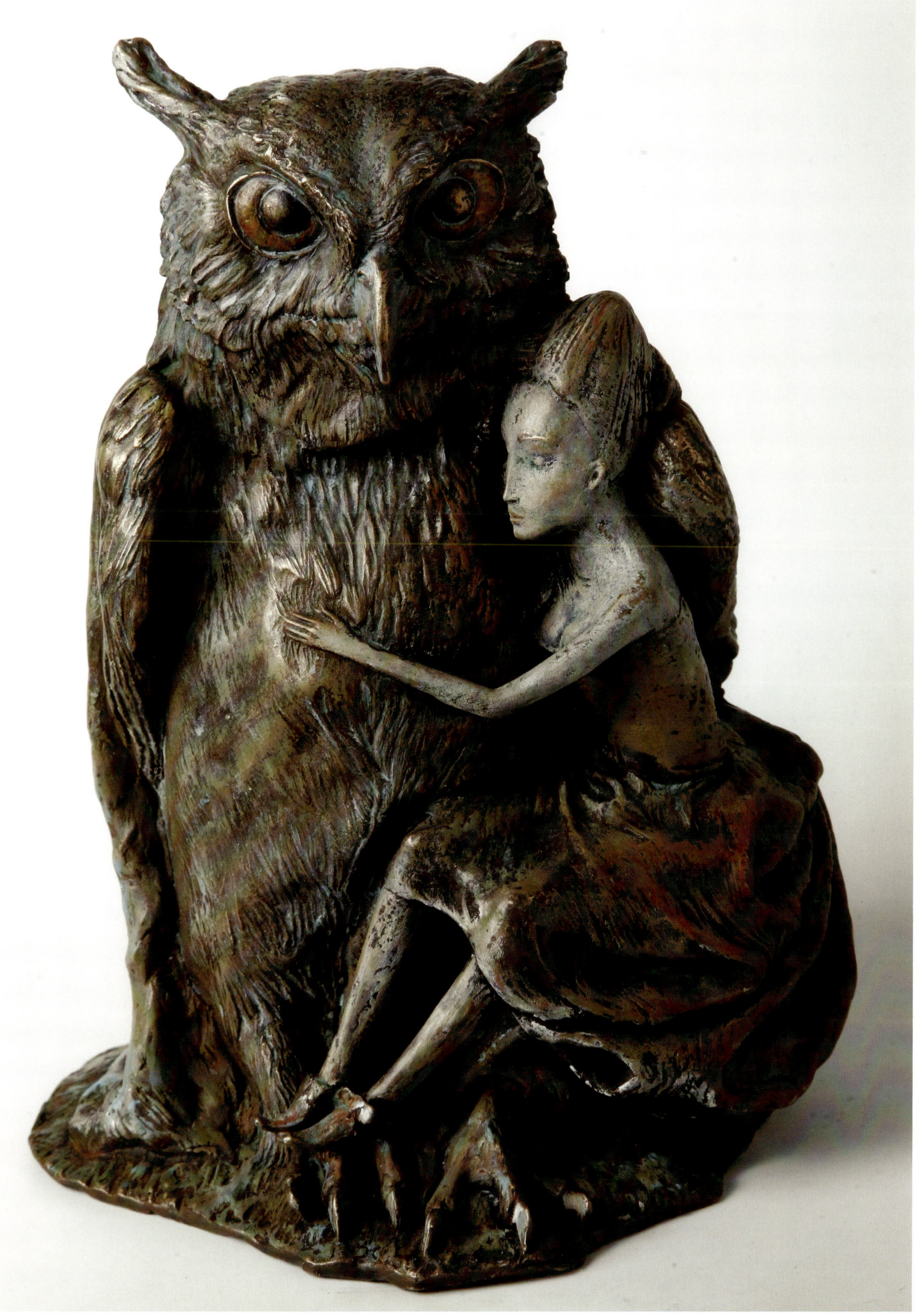

The Embrace of the dream · 27 x 20 x 24 cm · Bronze

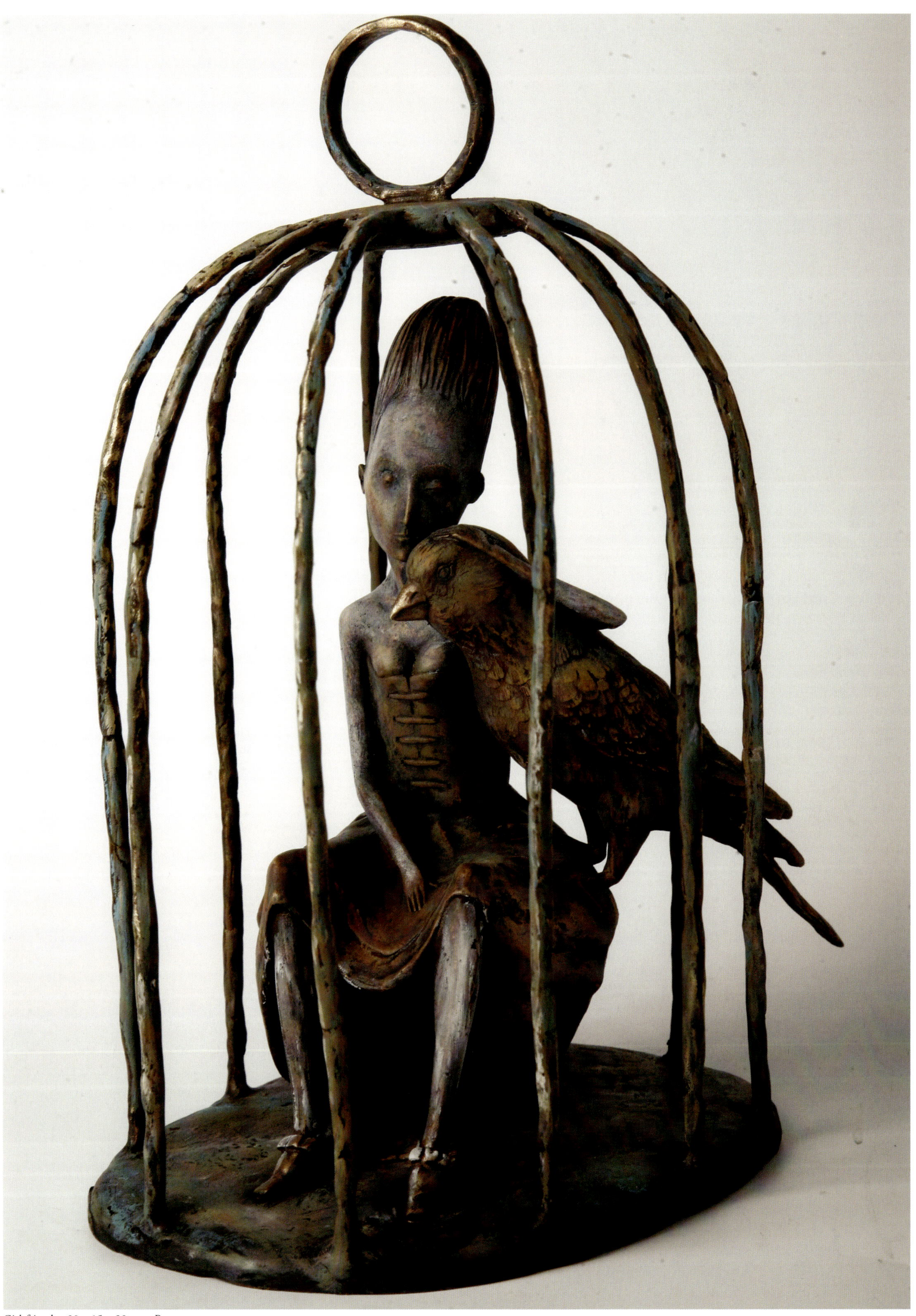

Girl-friends · 30 x 15 x 20 cm · Bronze

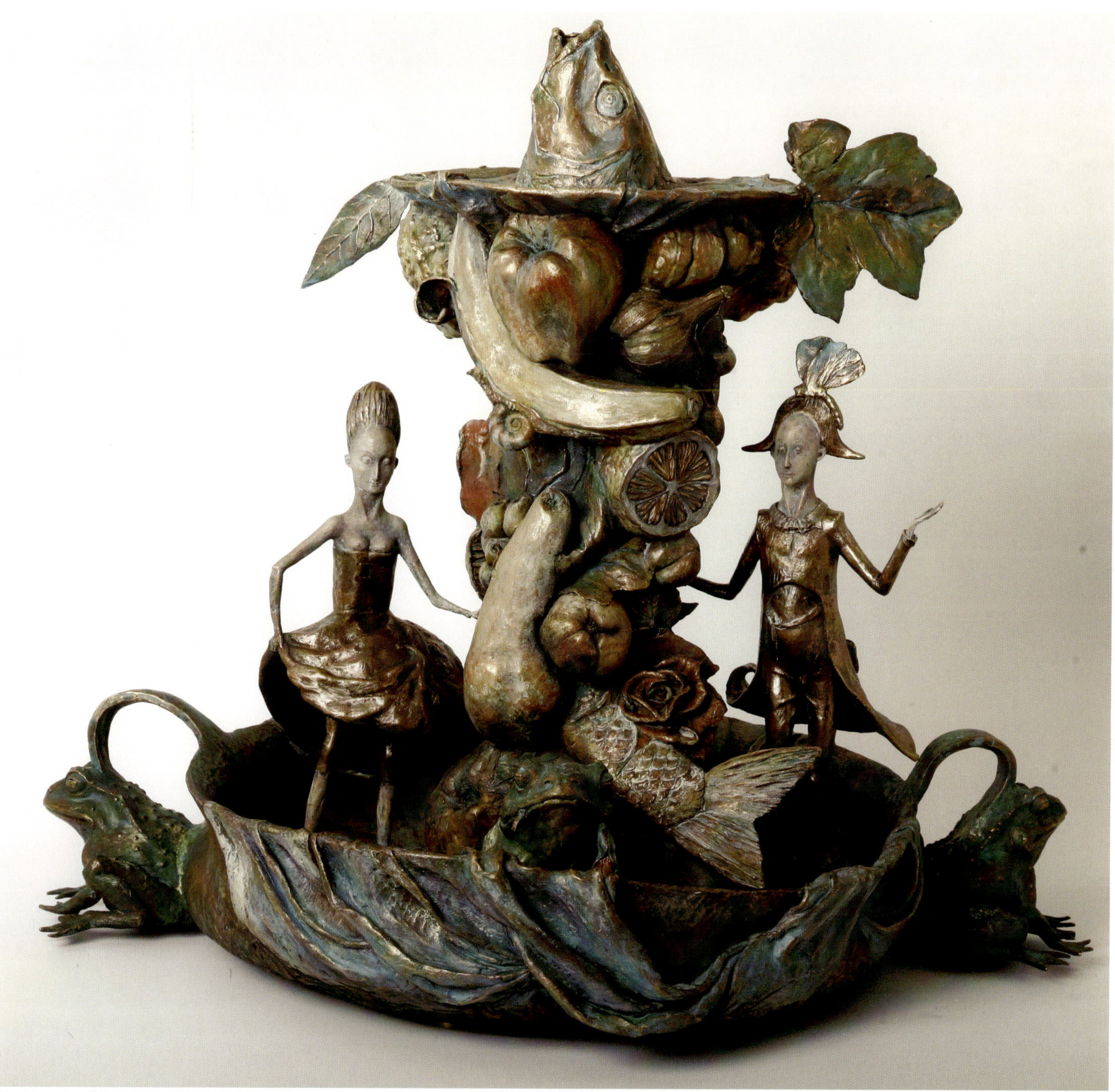

The Fountain of Abundance · 55 x 67 x 45 cm · Bronze

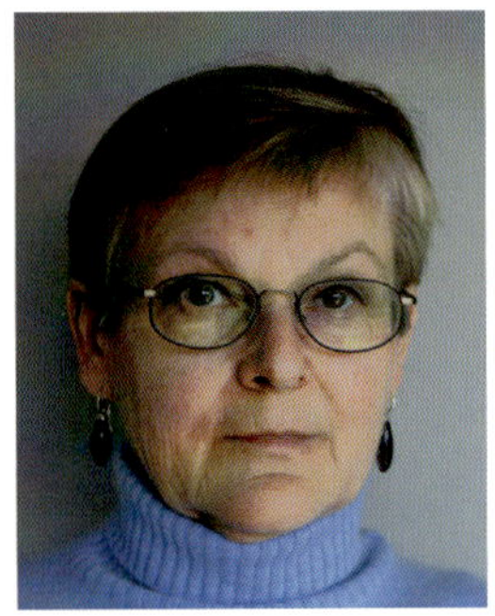

JO NIKLAUS

1941 Germany

Born in Münsterberg/Schlesien, she trained as an administration employee, afterwards she changed to the graphic trade and has been freelance since 1991.
1966 marriage with Hans Niklaus. After copying "Old Masters" from the originals in different museums, she turned to "trompe l'œil" and portrait painting. Preoccupation with Albrecht Dürer and also with famous stamps in new own works.
www.atelier-niklaus.de

Née à Münsterberg/Schlesien, Jo Niklaus a fait un apprentissage dans l'administration, qui l'a menée dans le commerce de matériel graphique.
En 1966, Jo a épousé Hans Niklaus. Après s'être exercée à copier les maîtres anciens dans différents musées, elle s'est tournée vers le "trompe l'oeil" et le portrait peint.
En 1991 elle s'est lancée dans une carrière free-lance.
Ses dernières oeuvres abordent le travail d'Albrecht Dürer et ses fameuses gravures.
www.atelier-niklaus.de

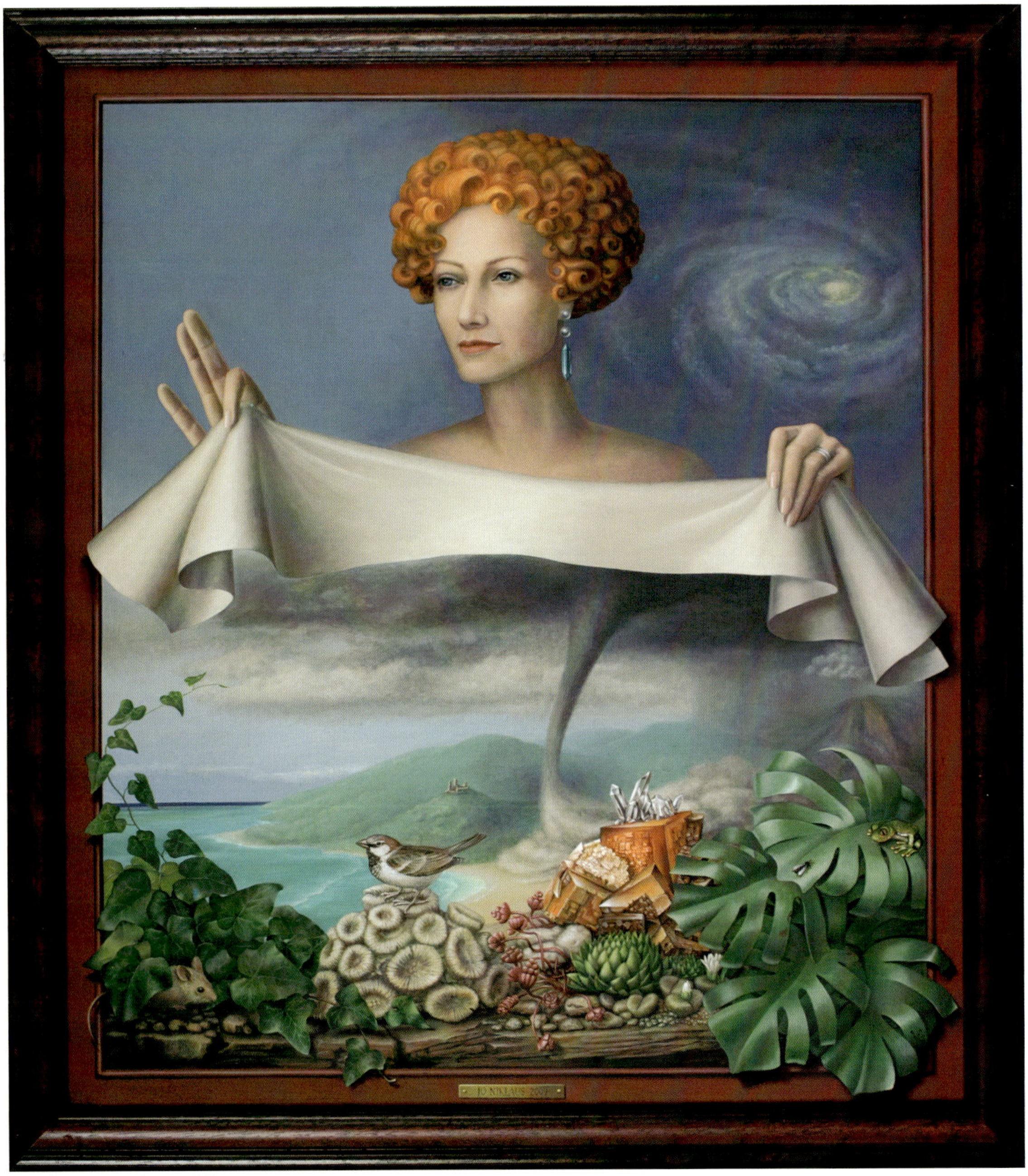

Sturmbraut · 70 X 60 cm · Oil on canvas

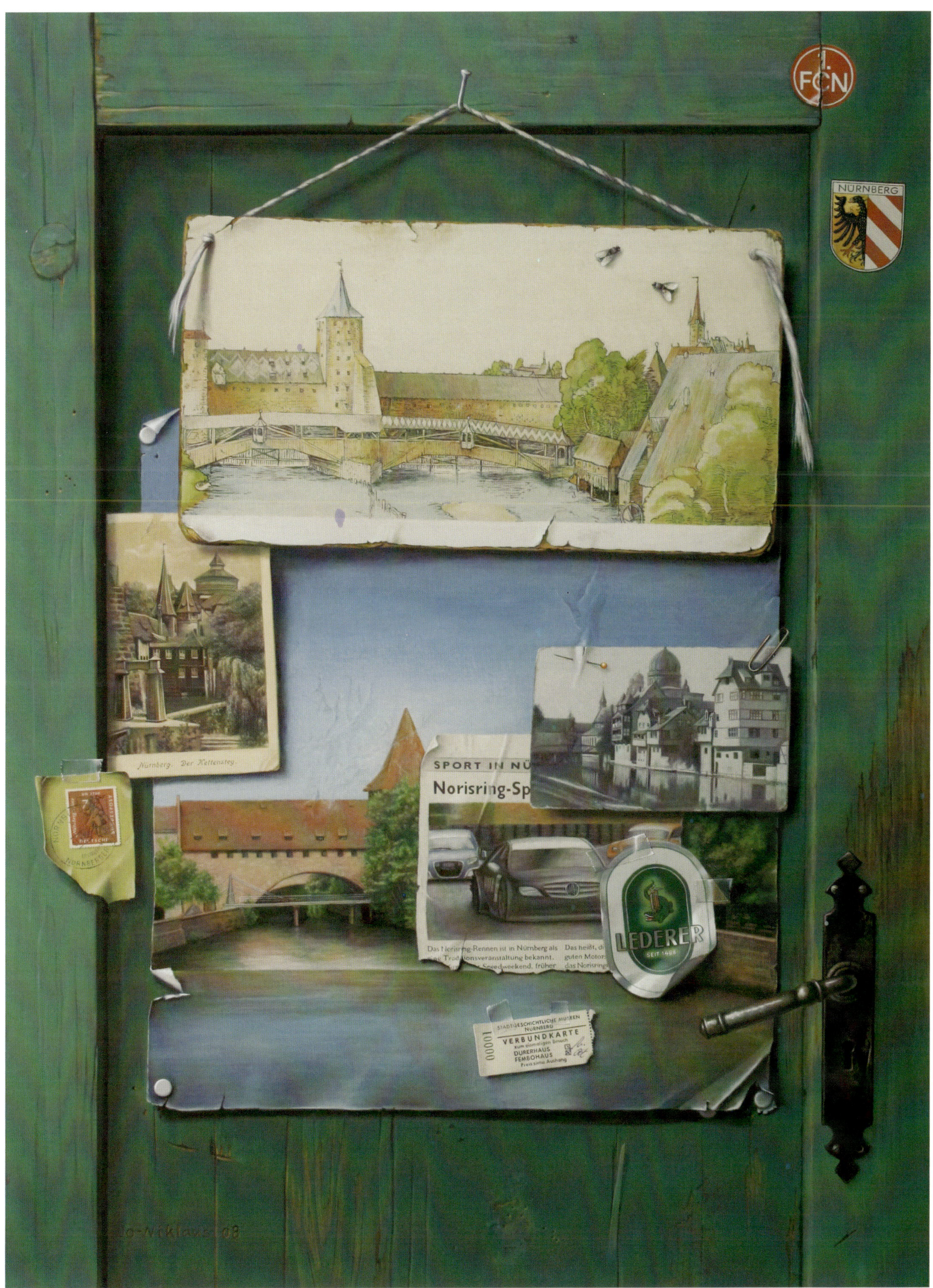

Dürers Nürnberg · 70 X 50 cm · Oil on canvas

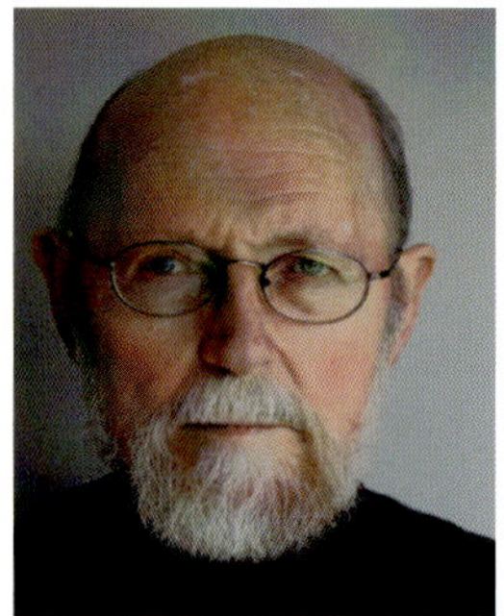

HANS NIKLAUS

1934 Germany

Born in Halle/Saale, stayed there to 1949. In 1952 apprenticed as a lithographer, has lived in Nuremberg since 1955, 1956 to 1964 pupil of Dürer prize winner George Weidenbacher, since 1991 free lance as a painter and draughtsman. Parallel to the occupational work as a lithographer, which is favoured by unpaid time off, constantly artistically active as painter and draughtsman - tries to succeed in three-dimensional painting and to remain free of mode influences. Besides different surrealistic picture contents, landscapes, still lives, portraits, he also approaches the trompe l´œil technique later on and depicts, among other things, snails and shells from his own, scientifically developed conch-collection (approx. 6500 pieces with 2700 kinds, as well as many subspecies and forms) in pictures and design processes.

www.atelier-niklaus.de

Né à Halle/Saale, où il habite jusqu'en 1949. En 1952 il reçoit une formation en lithographie.Vit depuis 1955 à Nuremberg. De 1956 à 1964 il est l'élève du lauréat Dürer, George Weidenbacher. Depuis 1991, il est peintre et dessinateur freelance. En plus de sa profession de lithographe qui lui permet de prendre des congés non payés, il est très actif en tant qu'artiste peintre et dessinateur d'art - essayant d'atteindre un haut degré d'impression tridimensionnelle et de rester libre des influences de mode. À côté des différents contenus d'images surréalistes, paysages, nature morte, portrait, il s'intéresse plus tard au trompe-l'œil. Il a peint et dessiné entre autres des escargots et des coquillages de sa propre collection, assemblée scientifiquement (environ 6500 pièces avec 2700 sortes, ainsi que de nombreuses sous-espèces et formes).

www.atelier-niklaus.de

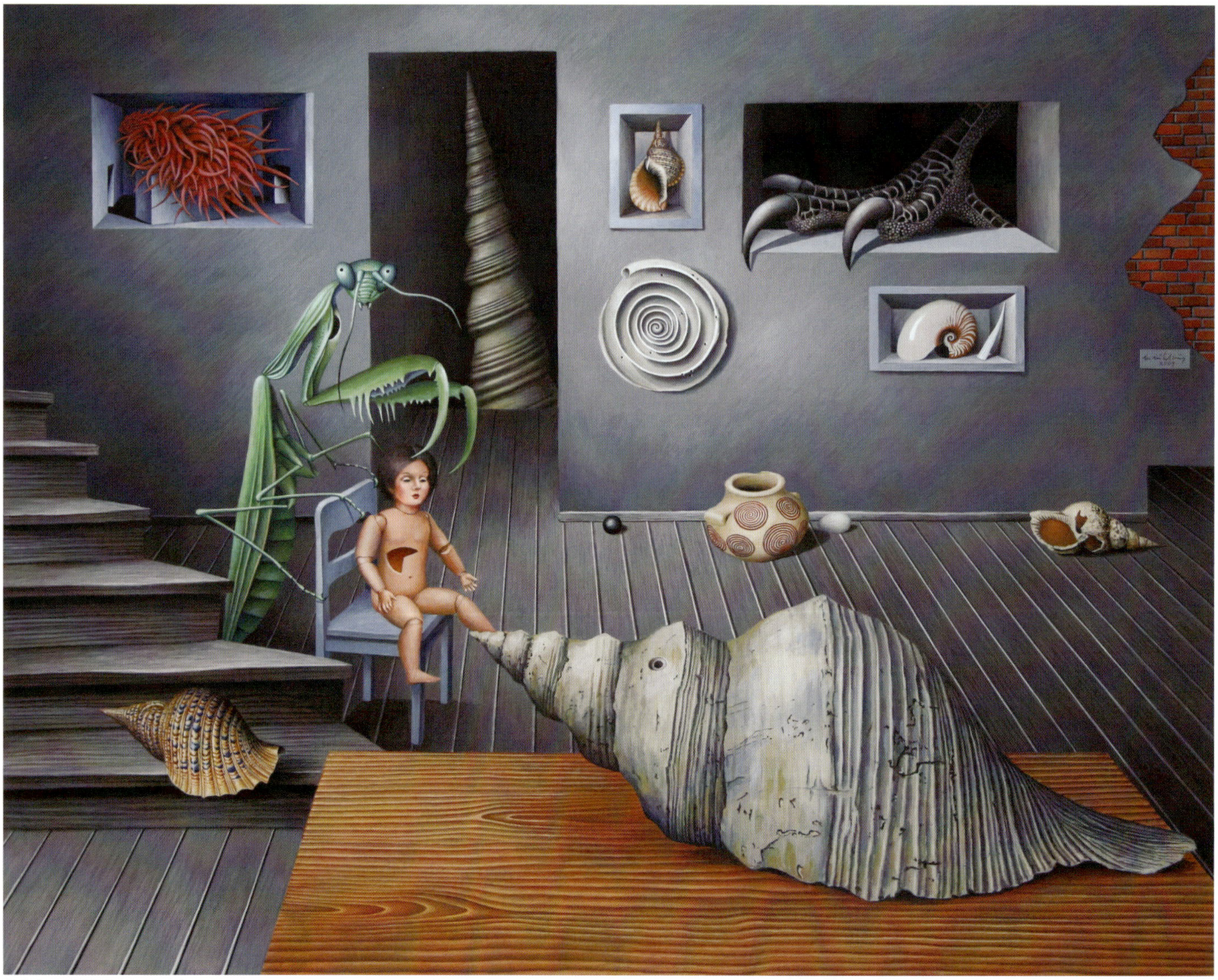

Galerie · 60 X 75 cm · Acryl on canvas

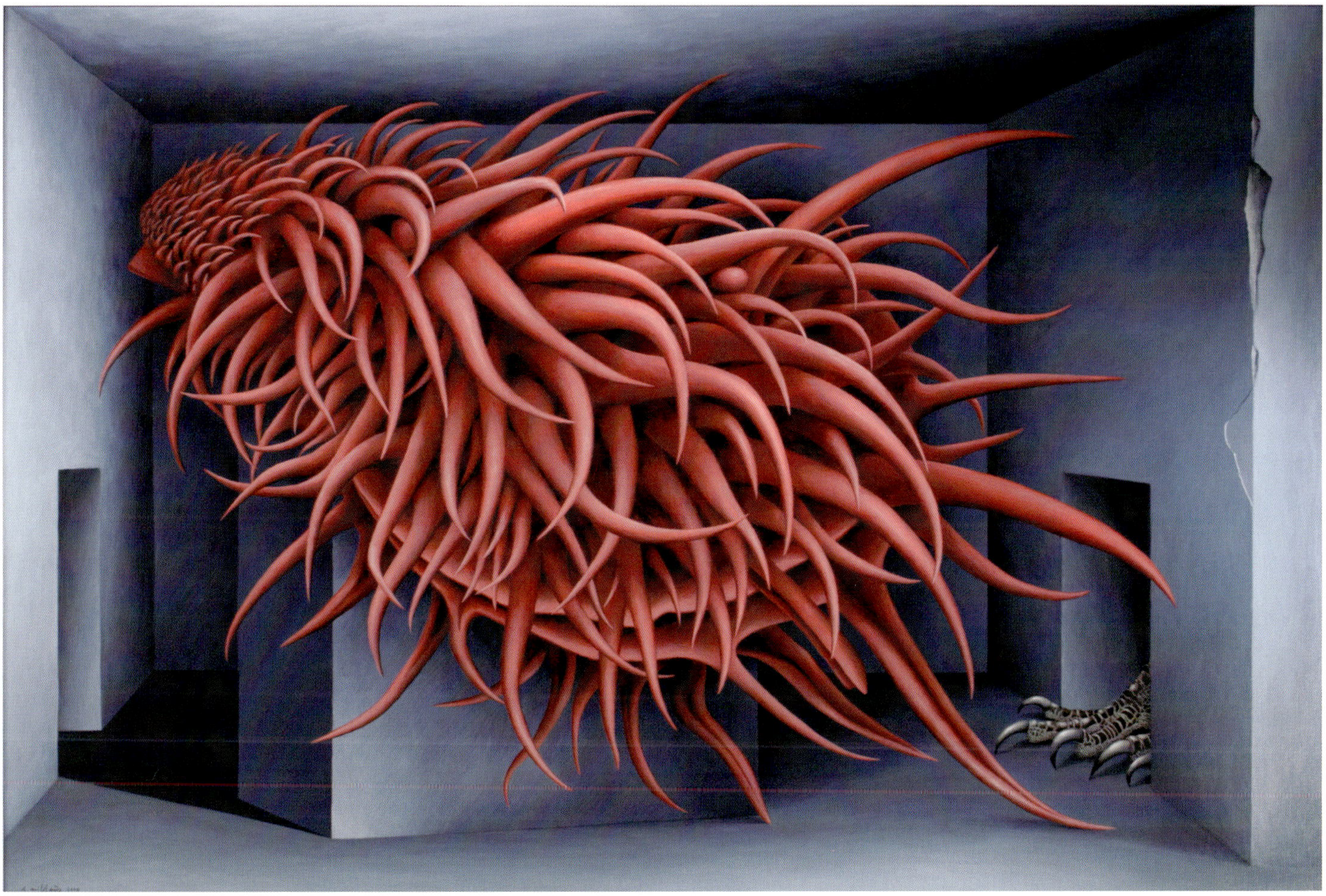

Der Besuch · 80 X 120 cm · Acryl on canvas

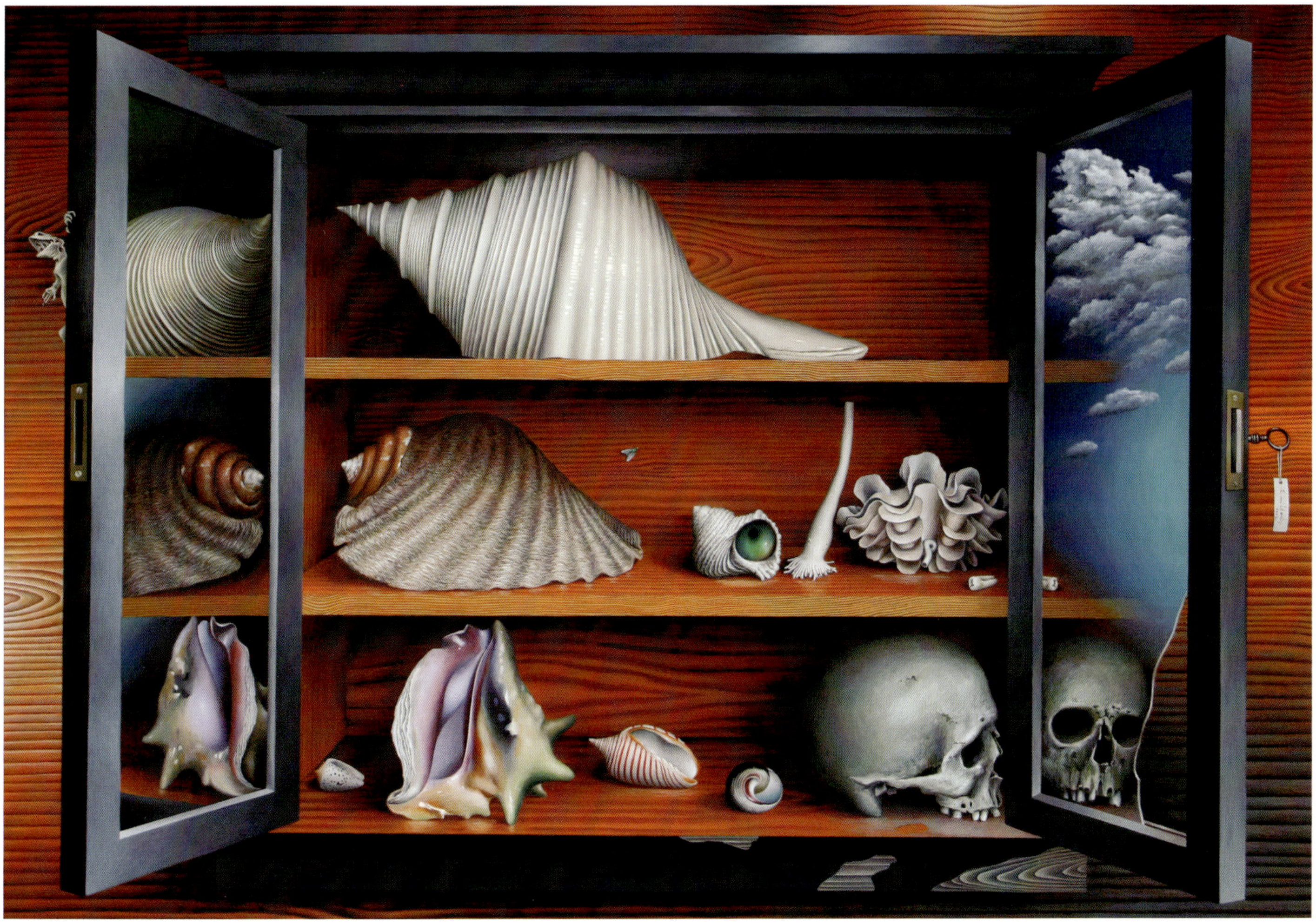

Der Conchilyensammler · 71 X 97 cm · Acryl on canvas

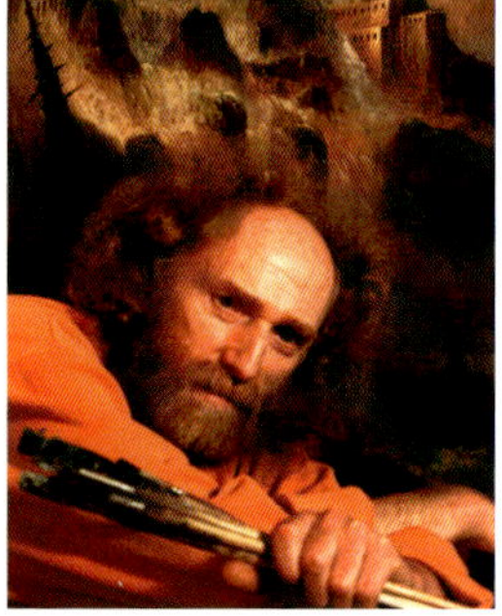

VOYTEK NOWAKOWSKI

1959 Canada

Born in a small city called Lenczyca - a city with a thousand year old history and many beautiful castles, old buildings and churches. " I started to paint when I was about 8 years old - entering old buildings and old ruins of castles looking for treasures and antiques. One day I found an old box of oil paints and some old paintings. I was charmed by the beauty of very old things and started to collect them, love, and appreciate them. I had the opportunity regularly to visit the museum which was located in our town castle, admiring old furniture, sculptures and, of course, paintings. Those experiences and the mysterious swamps surrounding Lenczyca had a huge impact on my work and life. The darkness of dungeons and legends about the greatest guardian of Lenczyca's treasure - Devil Boruta - appears on my canvases quite often. From that time until today, I use oil paints and the old masters' technique which I was influenced by (John Martin, Rembrandt, Rubens, Van Dyke) to create my own magical world from my imagination and dreams, about life and death in the atmosphere of mystery."

www.voytek-art.com

"Né dans une petite ville nommée Lenczyca - une ville avec une histoire millénaire et beaucoup de beaux châteaux, de vieux bâtiments et des églises. J'ai commencé à peindre quand j'avais environ 8 ans - pénétrant dans de vieux bâtiments et de vieilles ruines de châteaux et recherchant des trésors et des objets anciens. Un jour, j'ai trouvé une vieille boîte de peintures à l'huile et quelques vieux tableaux. J'ai été charmé par la beauté des choses très anciennes et j'ai commencé à les collectionner, les aimer et les apprécier. J'ai eu l'occasion de visiter régulièrement le musée, qui se trouvait dans le château de notre ville, pour admirer les vieux meubles, les sculptures et les peintures, naturellement. Ces expériences et les marais mystérieux entourant Lenczyca ont eu un impact énorme sur mon travail et ma vie. L'obscurité des cachots et les légendes sur le plus grand gardien du trésor de Lenczyca – Devil Boruta – apparaît sur mes toiles assez souvent. Depuis, et encore aujourd'hui, j'utilise les peintures à l'huile et la technique de grands maîtres qui m'ont influencé (John Martin, Rembrandt, Rubens, Van Dyke) pour créer mon propre monde magique, issu de mon imagination et de mes rêves, et concernant la vie et la mort dans une ambiance mystérieuse.

www.voytek-art.com

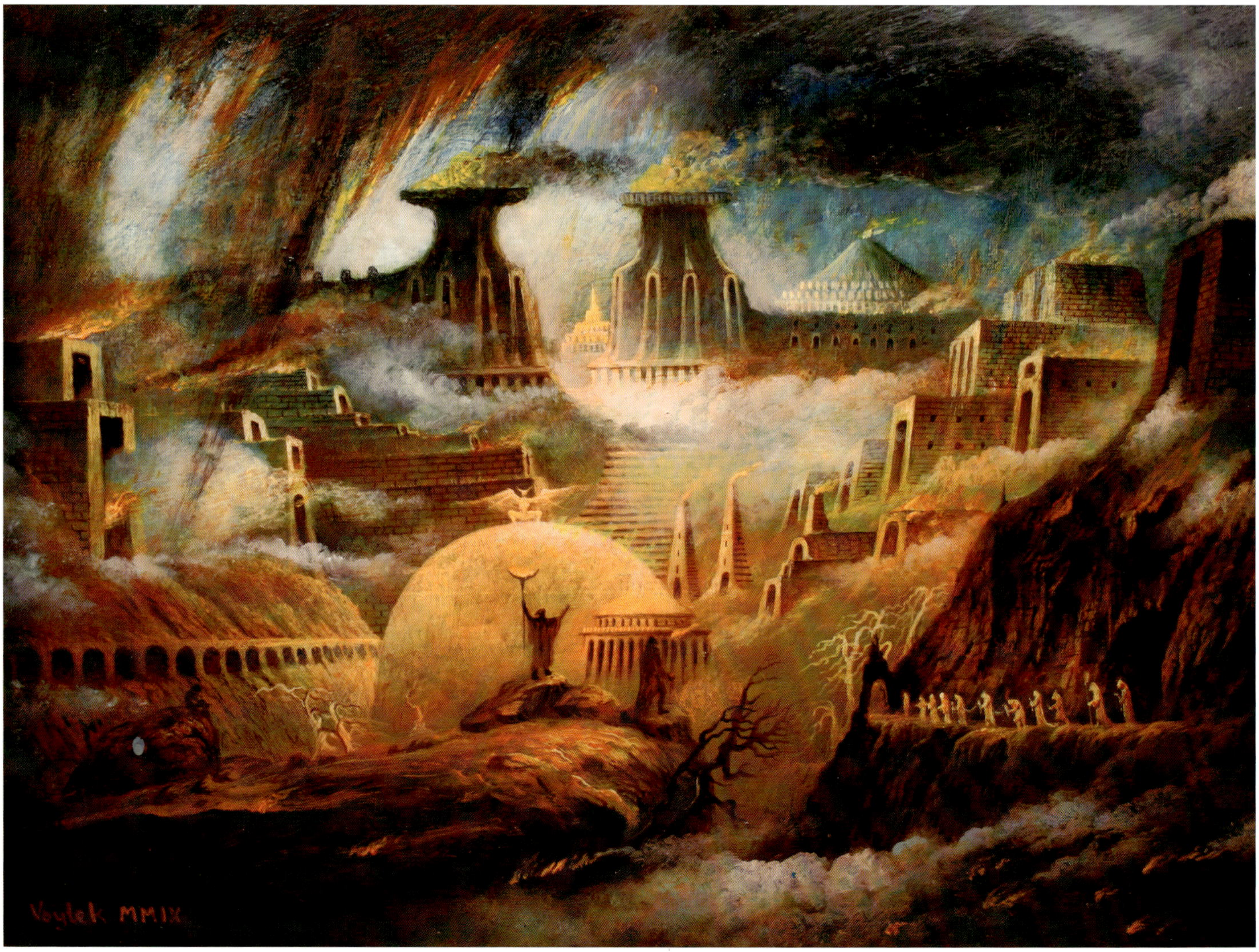

The metropolis of sins · 28 x 35.5 cm · Oil on masonite

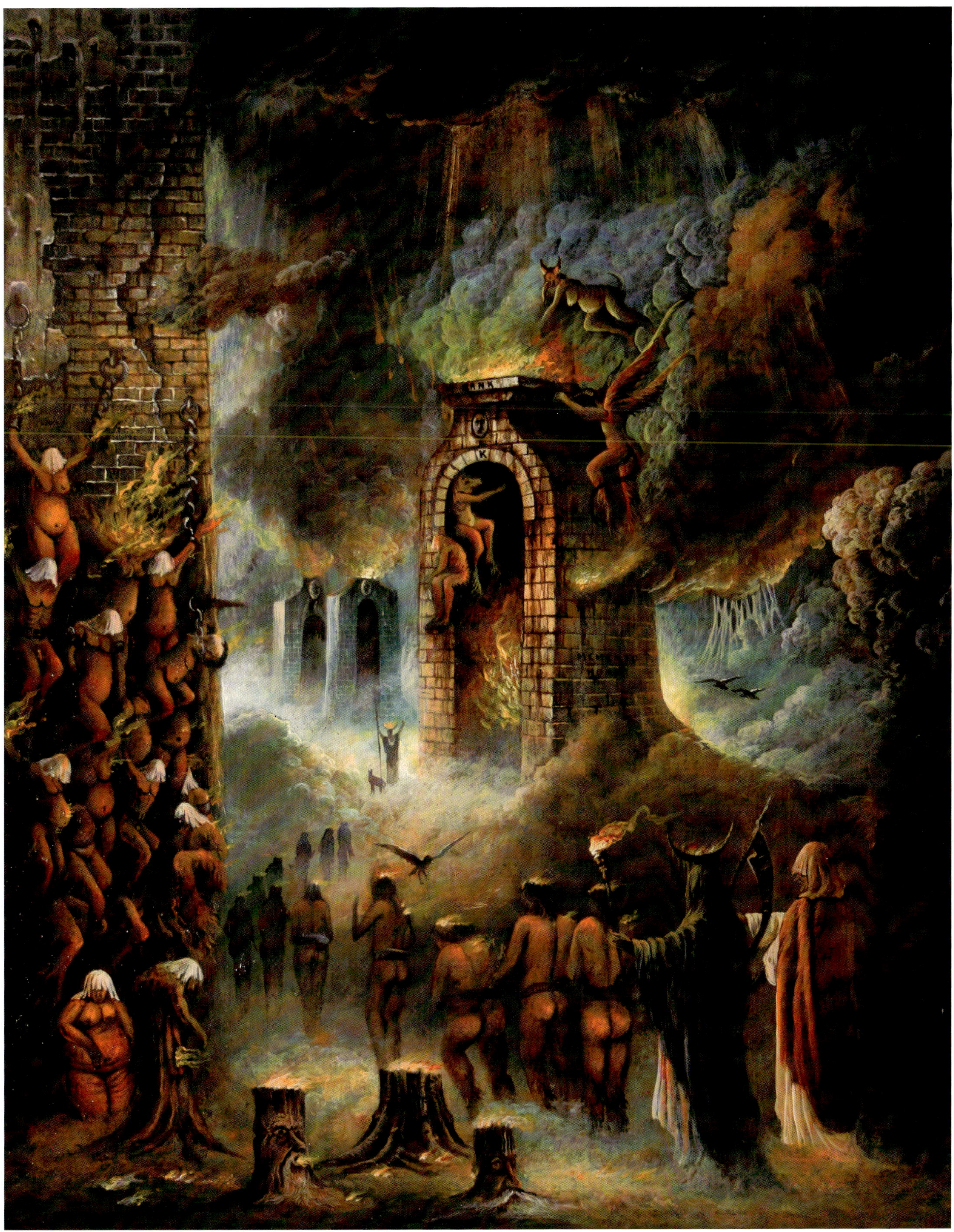

The way to confession · 28 x 35.5 cm · Oil on masonite

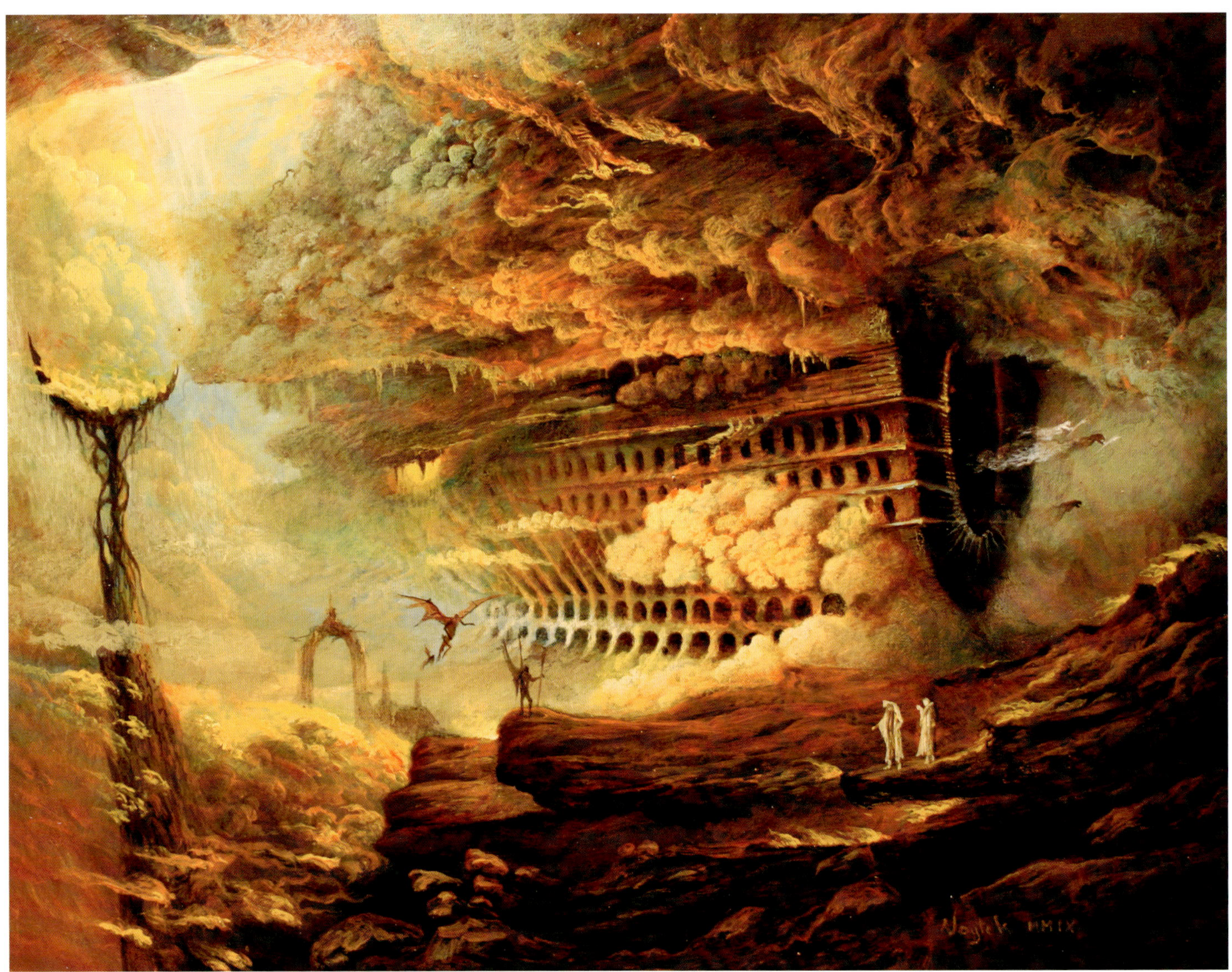

The ark of Lucypher · 28 x 35.5 cm · Oil on masonite

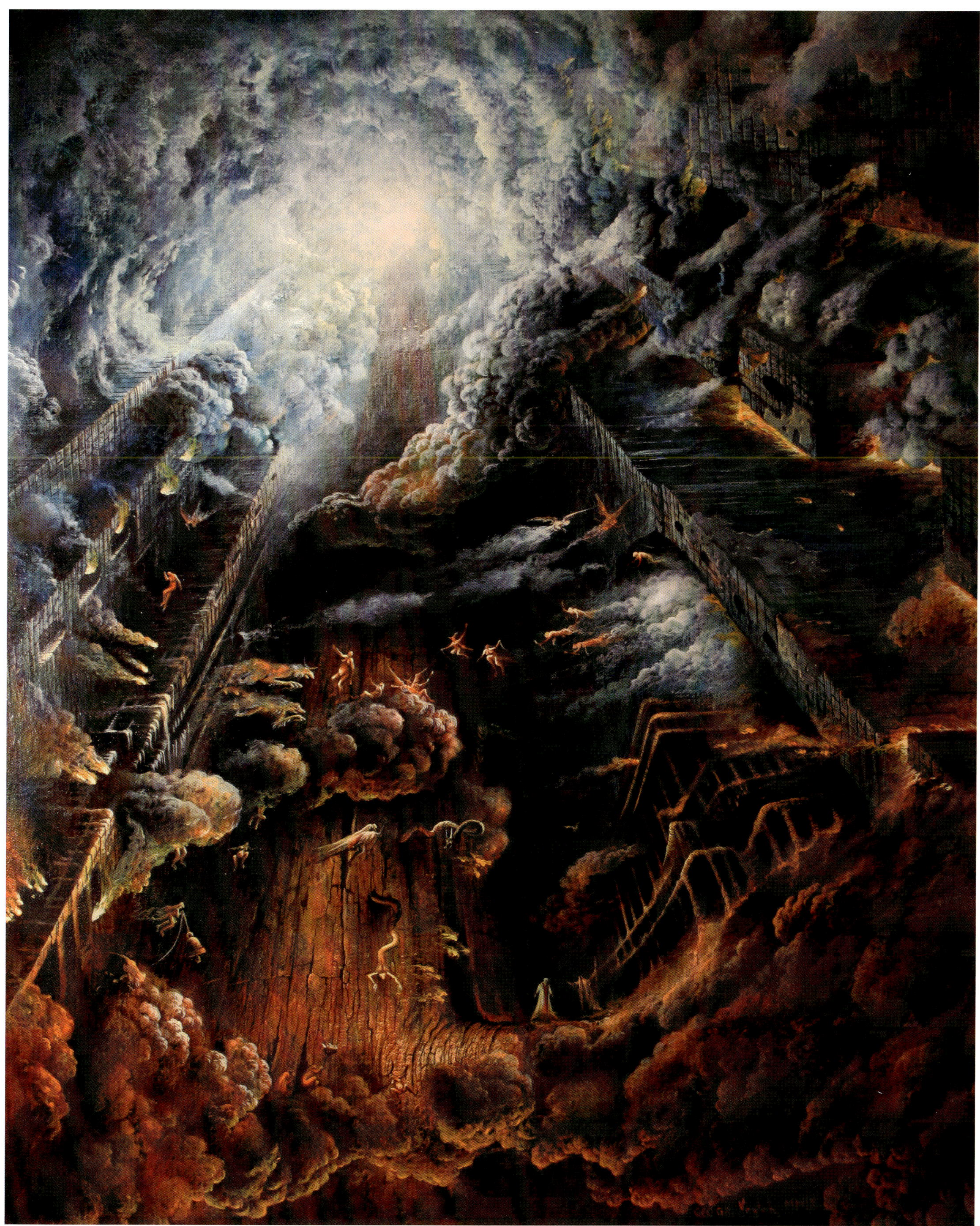

Apogeum · 76 x 61 cm · Oil on masonite

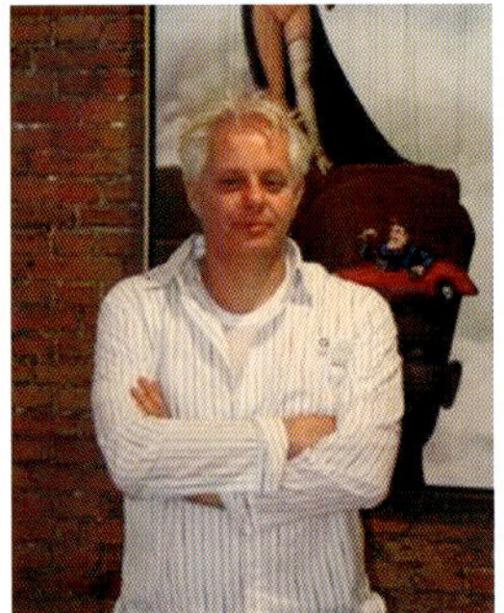

PETER VAN OOSTZANEN

1962 The Netherlands

By placing everyday objects and situations in a brandnew and often impossible context, Peter van Oostzanen, (The Netherlands, 1962), creates an imagined reality that not only alienates and surprises the onlooker, but also evokes a sense of familiarity. In the 1990s he began devoting himself in earnest to the art of painting. Nowadays, his work is bought and admired by an ever-increasing number of artlovers. While Peter's paintings manage to arouse strange yet slightly familiar sensations, they always leave room for the onlooker's own interpretation, like in his painting Hunted:

In a desolate, ominous landscape a small girl is trapped on an archer's target. Numerous arrows surround her, and several have even pierced her gown, pinning her helplessly to the target's wood. Yet the innocent child seems completely unaware of her precarious situation, and she carelessly plays with the arrows that keep her trapped. As onlookers, we wonder if her carefree attitude is justified, or whether her perpetrators are only hiding behind the sandy slopes.

www.vanoostzanen.com

Peter van Oostzanen a commencé à se consacrer à la peinture dans les années 90, ce qui lui a procuré un nombre toujours croissant d'amoureux d'art qui achètent et admirent son œuvre. En plaçant des objets et des situations ordinaires dans un nouveau contexte souvent impossible, Peter crée une réalité imaginée qui non seulement aliène et étonne le spectateur, mais évoque également une certaine intimité. La vie quotidienne lui apporte l'inspiration, et des observations occasionnelles sont souvent la base d'un fil de pensée spécifique qui lui permet d'esquisser son idée avant de la travailler avec de la peinture à l'acrylique ou à l'huile.

www.vanoostzanen.com

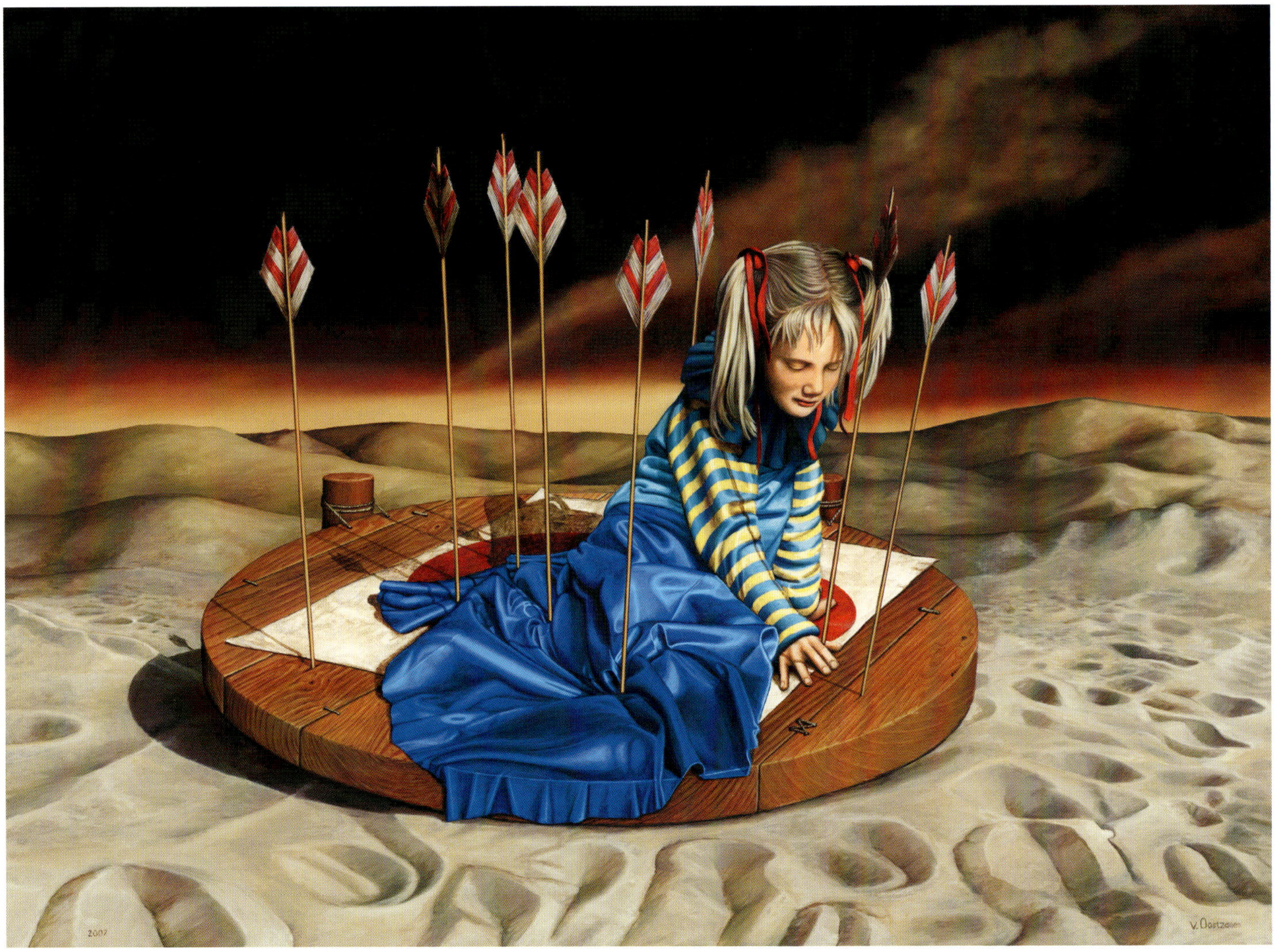

Hunted · 60 x 80 cm · Oil on canvas

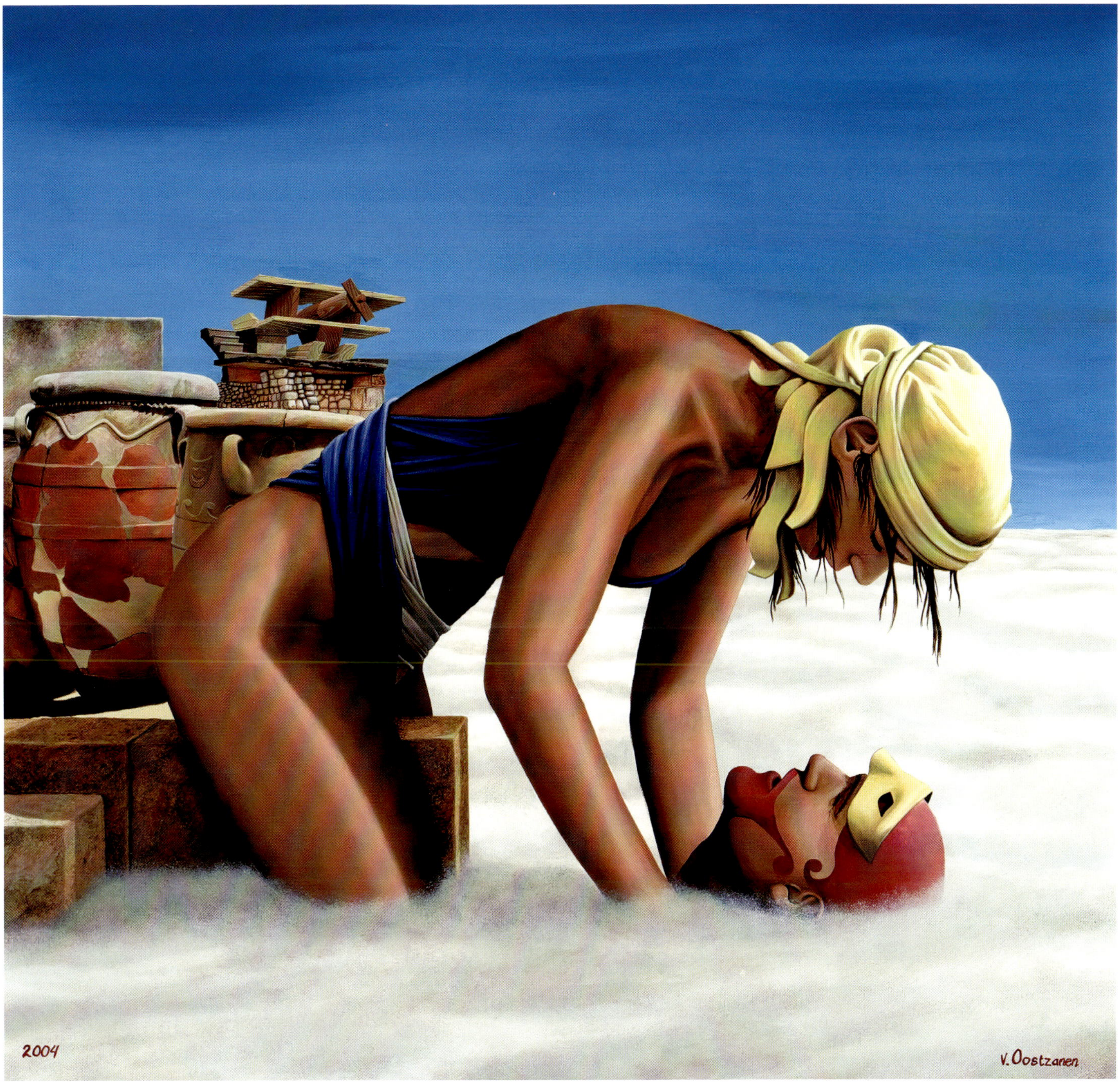

Caught breath · 110 x 110 cm · Oil on wood panel

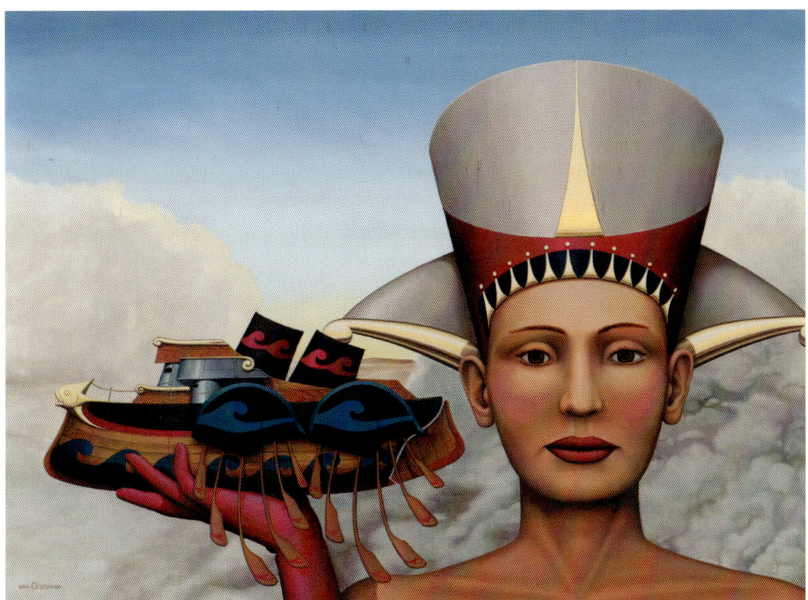

The yacht of the Egyptian prinsses · 60 x 80 cm · Oil on panel

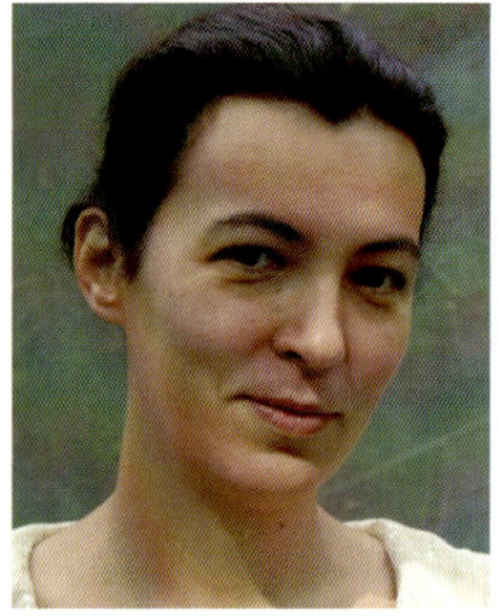

DANIELA OVTCHAROV

Bulgaria / USA

"In 1989 I finished the National Academy of Art in Sofia-Bulgaria, specializing in conservation and restoration of art. Since I was 33 I have lived in Albuquerque New Mexico. Through my paintings I want to force people to imagine and fantasize. I want to free them from the mass culture and societal clichés that have been imposed on them. The darkness and obscurity can not be removed, but with a single candle it can be illuminated. Art will save humanity, eventually."
www.ovtcharovart.com

"En 1989 j'ai terminé mes études à l'Académie Nationale de l'Art à Sofia - en Bulgarie. Je me suis spécialisée dans la conservation et la restauration de l'art. Depuis l'âge de 33 ans j'habite à Albuquerque au Mexique. À travers mes peintures, je veux forcer les gens à imaginer et fantasmer. Je veux les libérer de la culture de masse et des clichés sociaux qui leur ont été imposés. L'ombre et l'obscurité ne peuvent être supprimées, mais avec une seule bougie elle peuvent être éclairées. L'art sauvera l'humanité, finalement".
www.ovtcharovart.com

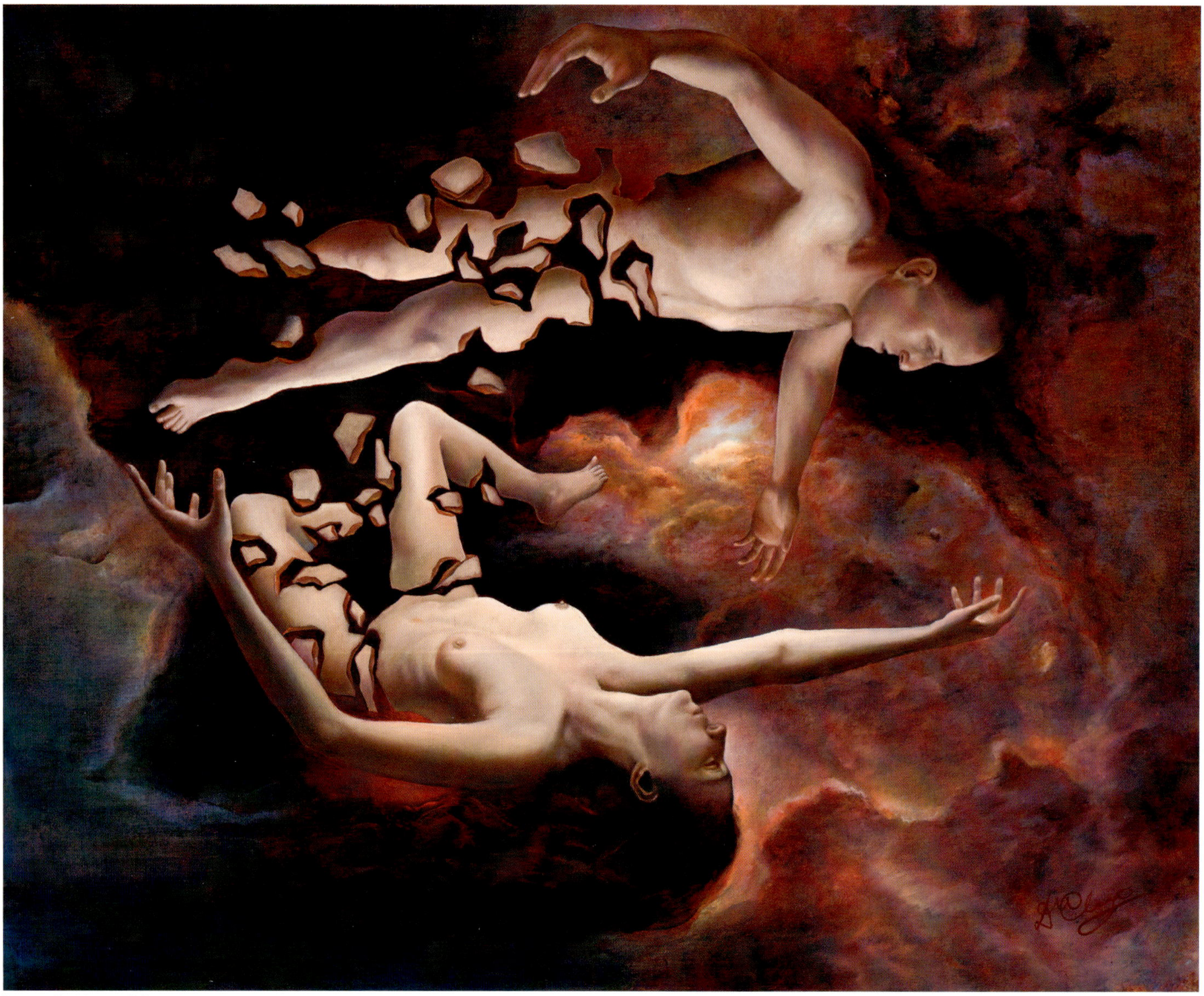

Lust · 76 x 92 cm · Oil on canvas

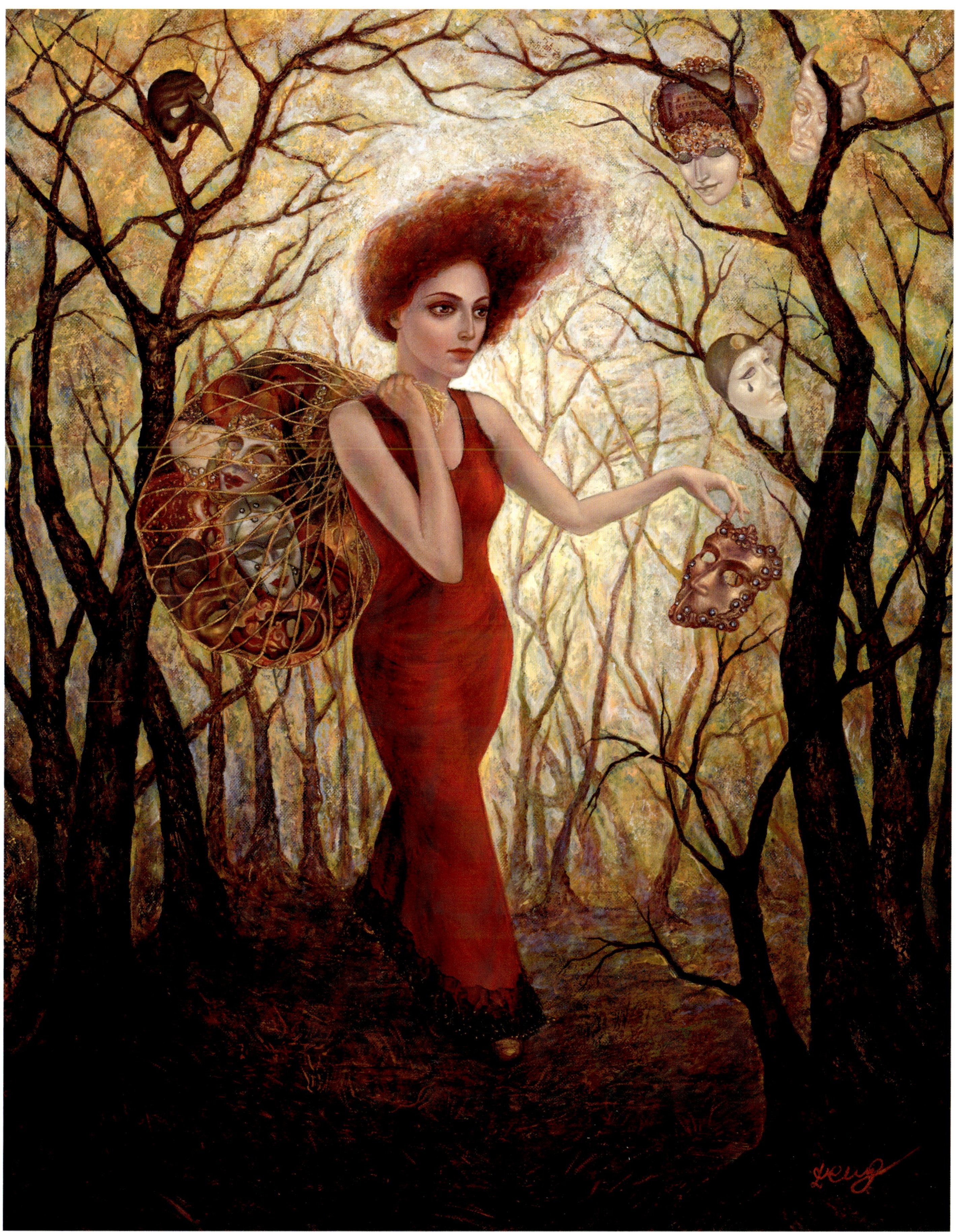

The Entertainer II · 71 x 56 cm · Oil on canvas

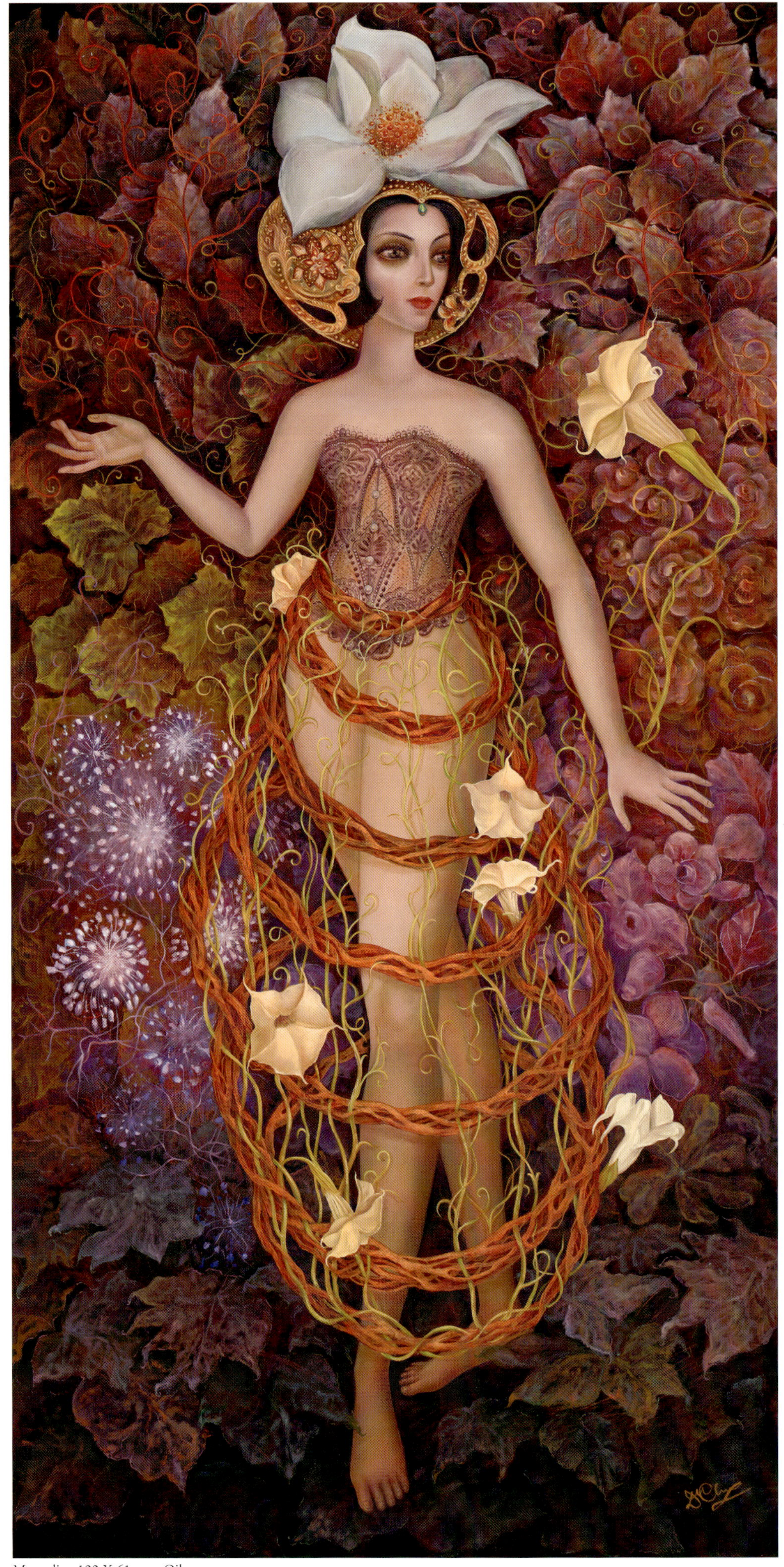

Magnolia · 122 X 61 cm · Oil on canvas

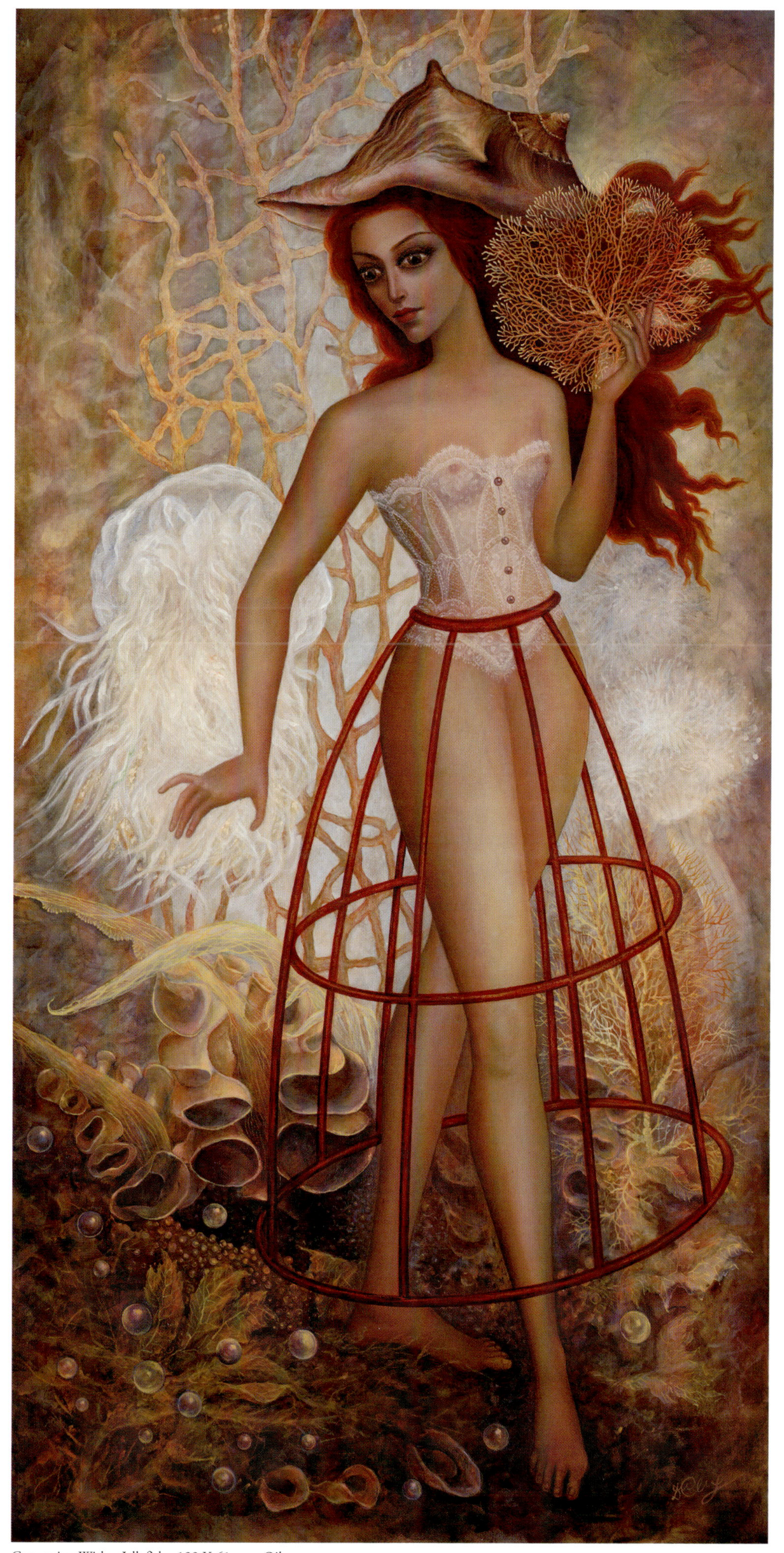

Conversing With a Jellyfish · 122 X 61 cm · Oil on canvas

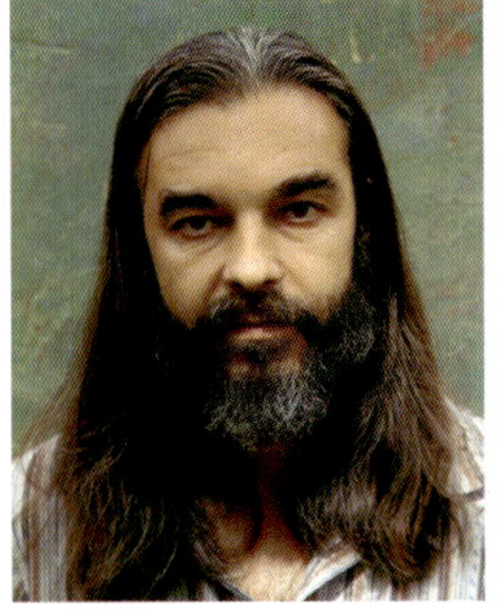

VLADIMIR OVTCHAROV

1963 Bulgaria / USA

"I try to find the darkness in light and light in darkness. I graduated from a middle school of Applied Arts in 1981 and The National Academy of Art in 1989. Meeting my wife and muse Daniela in 1985 helped me find my own idiosyncratic style and from her, I also learned icon-making techniques. Art is beautiful and I am glad to be part of it."
www.ovtcharovart.com

"J'essaie de trouver l'obscurité dans la lumière et la lumière dans l'obscurité. J'ai obtenu mes diplômes au collège des Arts Appliqués en 1981 et à l'Académie Nationale de l'Art en 1989. Le fait de rencontrer mon épouse et ma muse, Daniela, en 1985 m'a aidé à trouver mon propre style idiosyncrasique, et grâce à elle, j'ai également appris les techniques pour faire des icônes. L'art est beau et je suis heureux de faire partie de celui-ci".
www.ovtcharovart.com

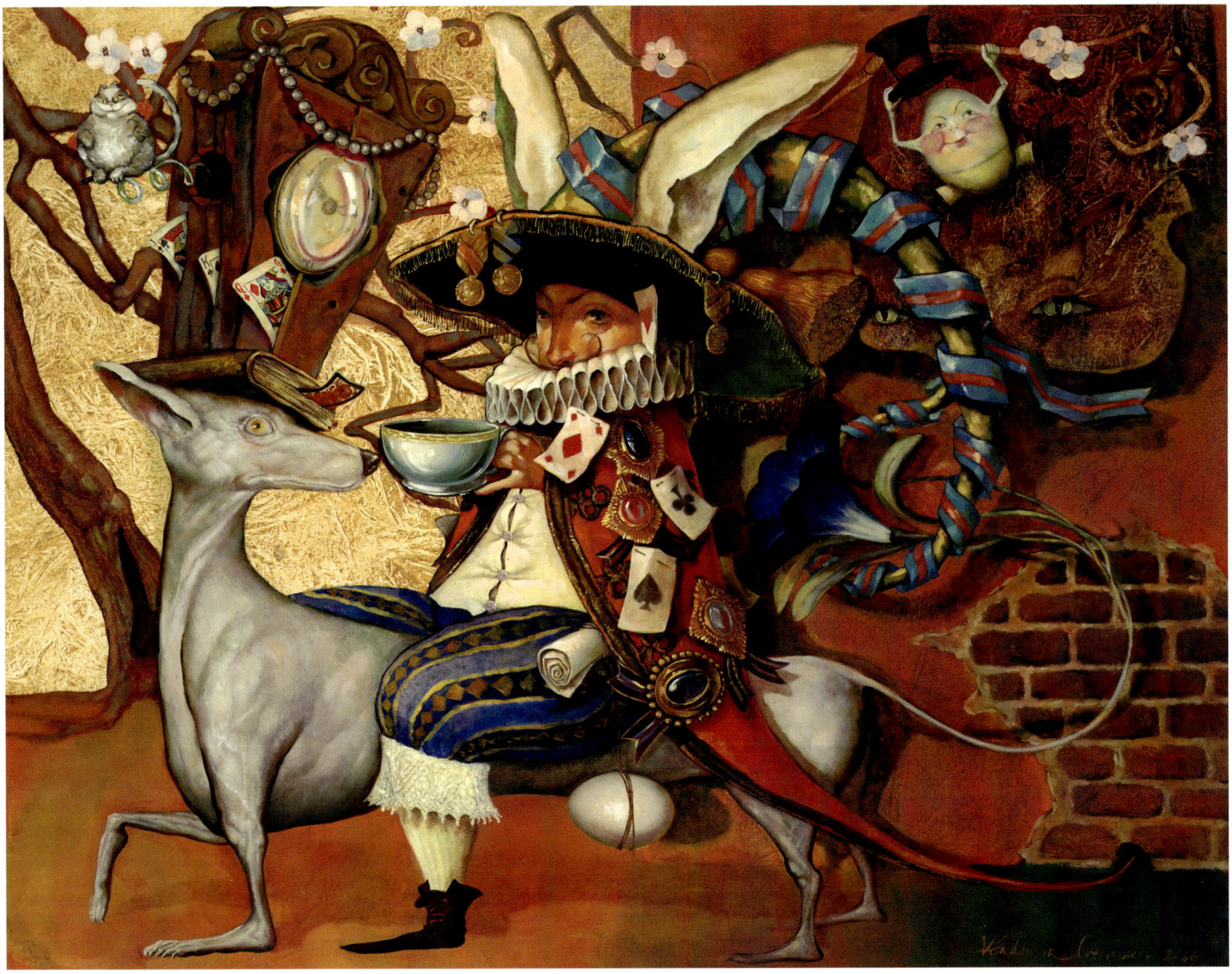

Dedicated to Lewis Carroll · 61 x 76 cm · Oil on hardboard

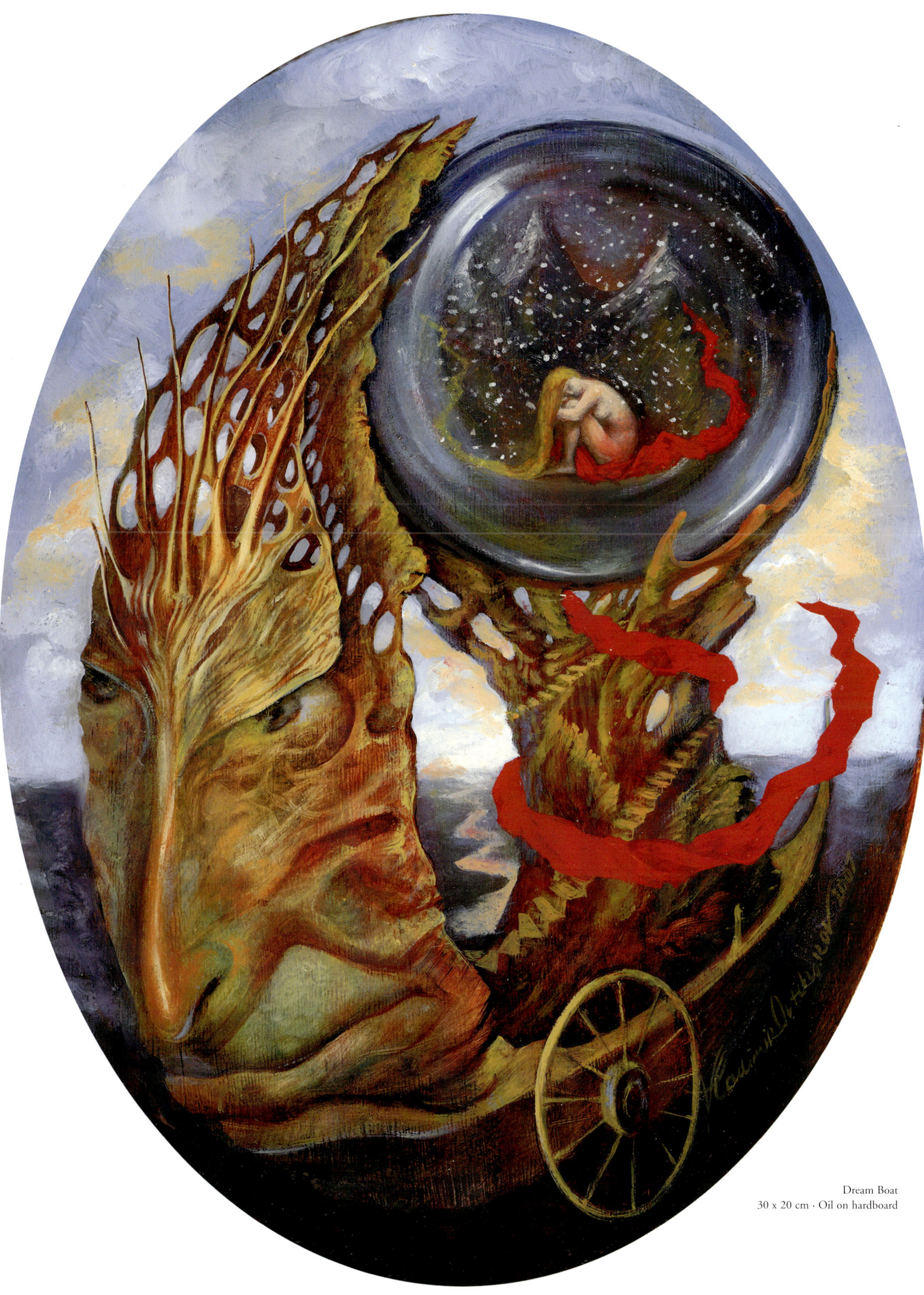

Dream Boat
30 x 20 cm · Oil on hardboard

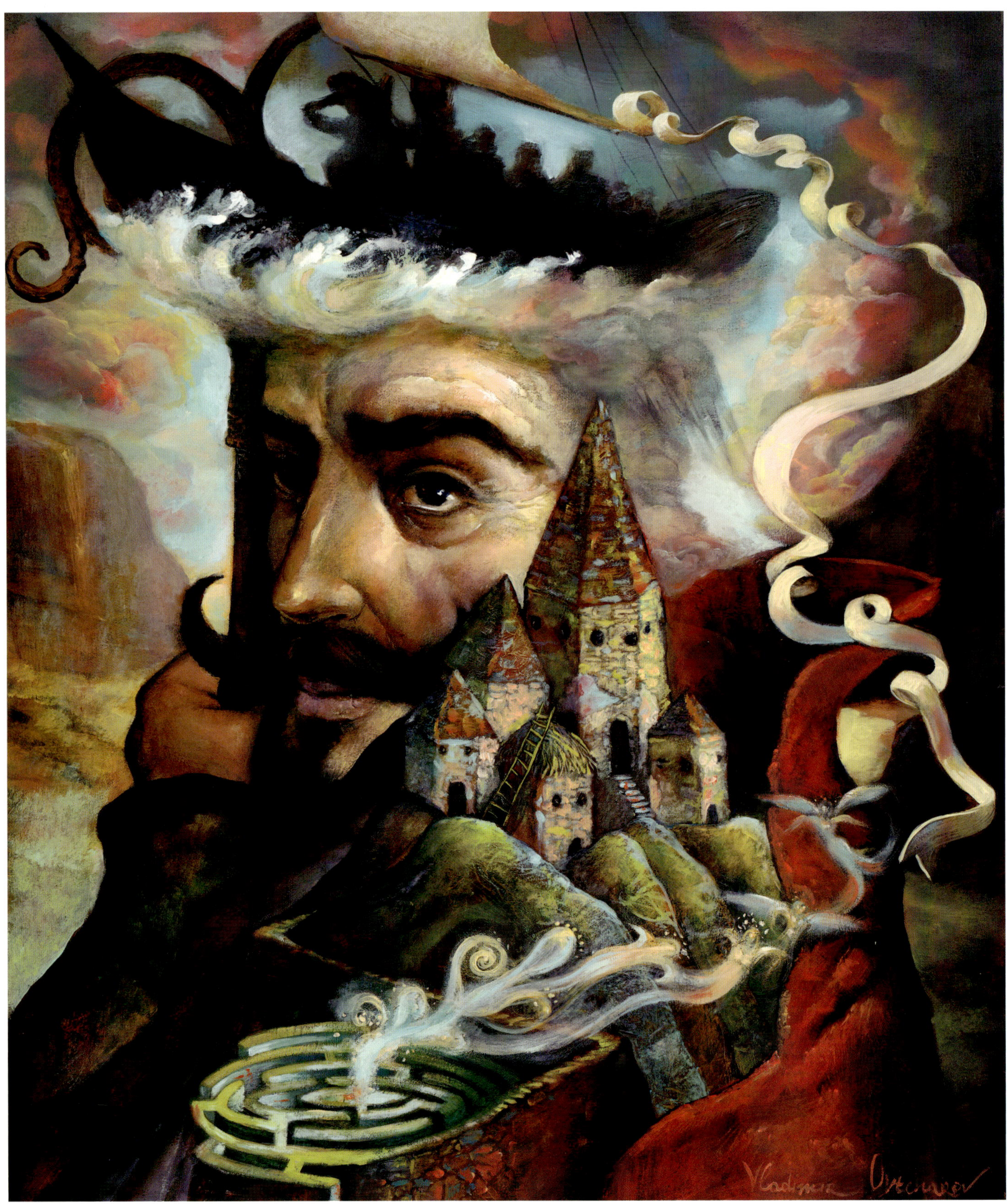

On My Way · 40 x 30 cm · Oil on hardboard

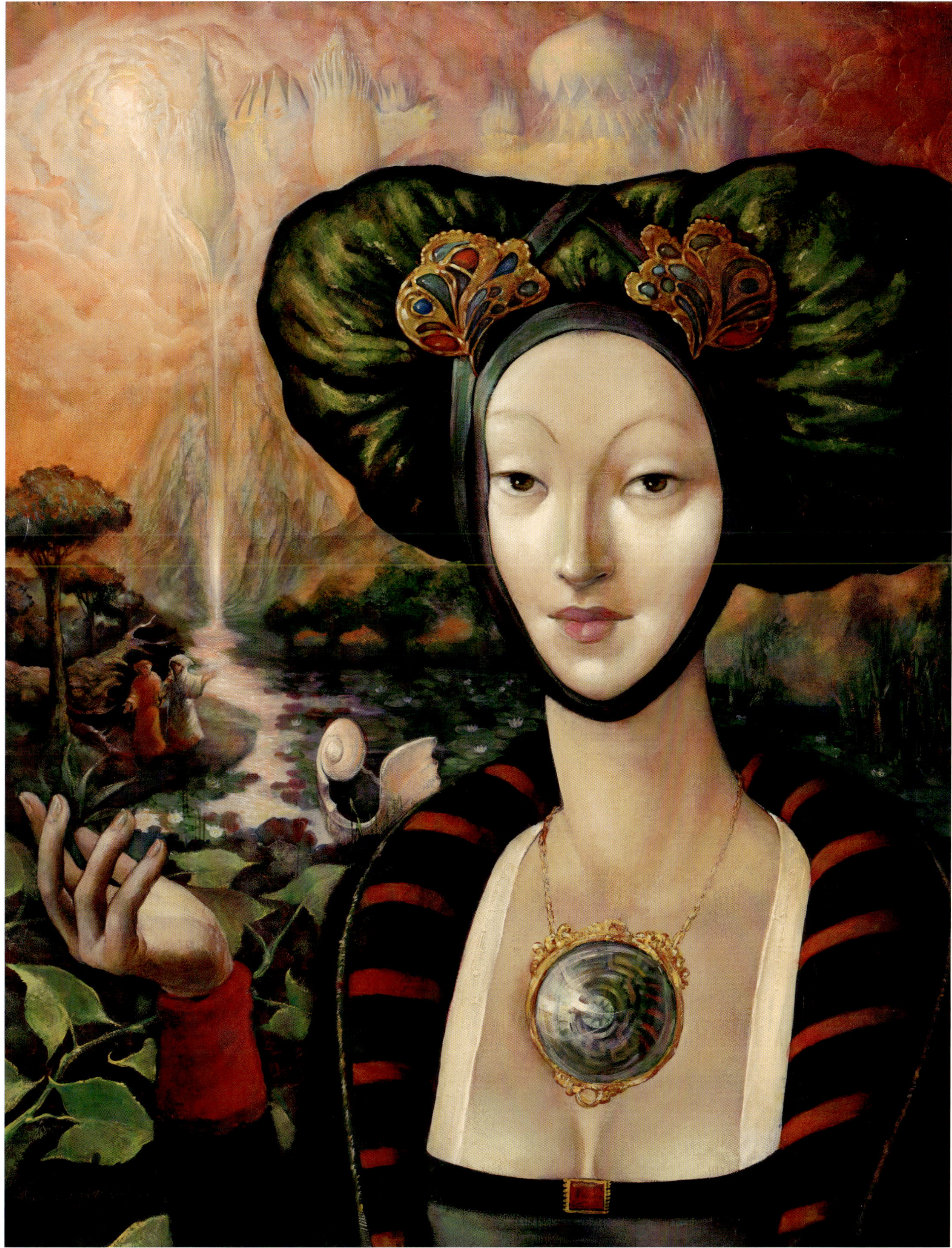
Beatrice · 76 x 59 cm · Oil on hardboard

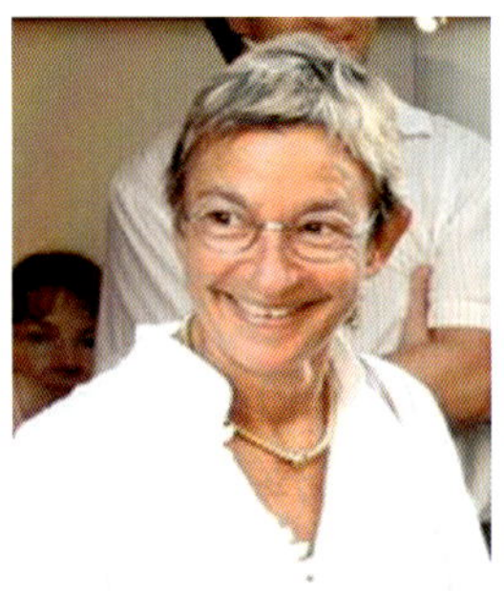

ISABELLE PLANTÉ

1949 France

Isabelle Planté was born in 1949 at Pau (France). From her earliest childhood she was drawn to painting and drawing, and won a poster competition at the age of fifteen. This decided her to make publicity her career. At the age of seventeen, she entered Art School, then continued her studies at the Ecole des arts Décoratifs in Paris. For ten years she worked in creative publicity. In 1974 she held her first exhibition in Tahiti. Since then she has made numerous exhibitions in France, USA, Belgium, Singapore, Japan, USA, Switzerland, Netherlands....
She exhibits regularly at St Paul de Vence, Nice, Honfleur, Vigny en Vexin.
www.isabelleplante.com

Isabelle Planté est née en 1949 à Pau (France). Attirée dès son plus jeune âge par la peinture et le dessin, elle gagne un concours d'affiches à l'age de 15 ans ce qui la décide à faire une carrière dans la publicité. A 17 ans, elle rentre aux Beaux Arts puis continue ses études aux arts décoratifs à Paris. Pendant dix ans, elle exerce son métier dans la création publicitaire. En 1974, elle fait sa première exposition à Tahiti. Depuis elle a fait de nombreuses expositions en France, Belgique, Singapore, Japon, USA, Suisse, Pays Bas.... Elle expose régulièrement à Saint Paul de Vence, Nice, Honfleur, Vigny
www.isabelleplante.com

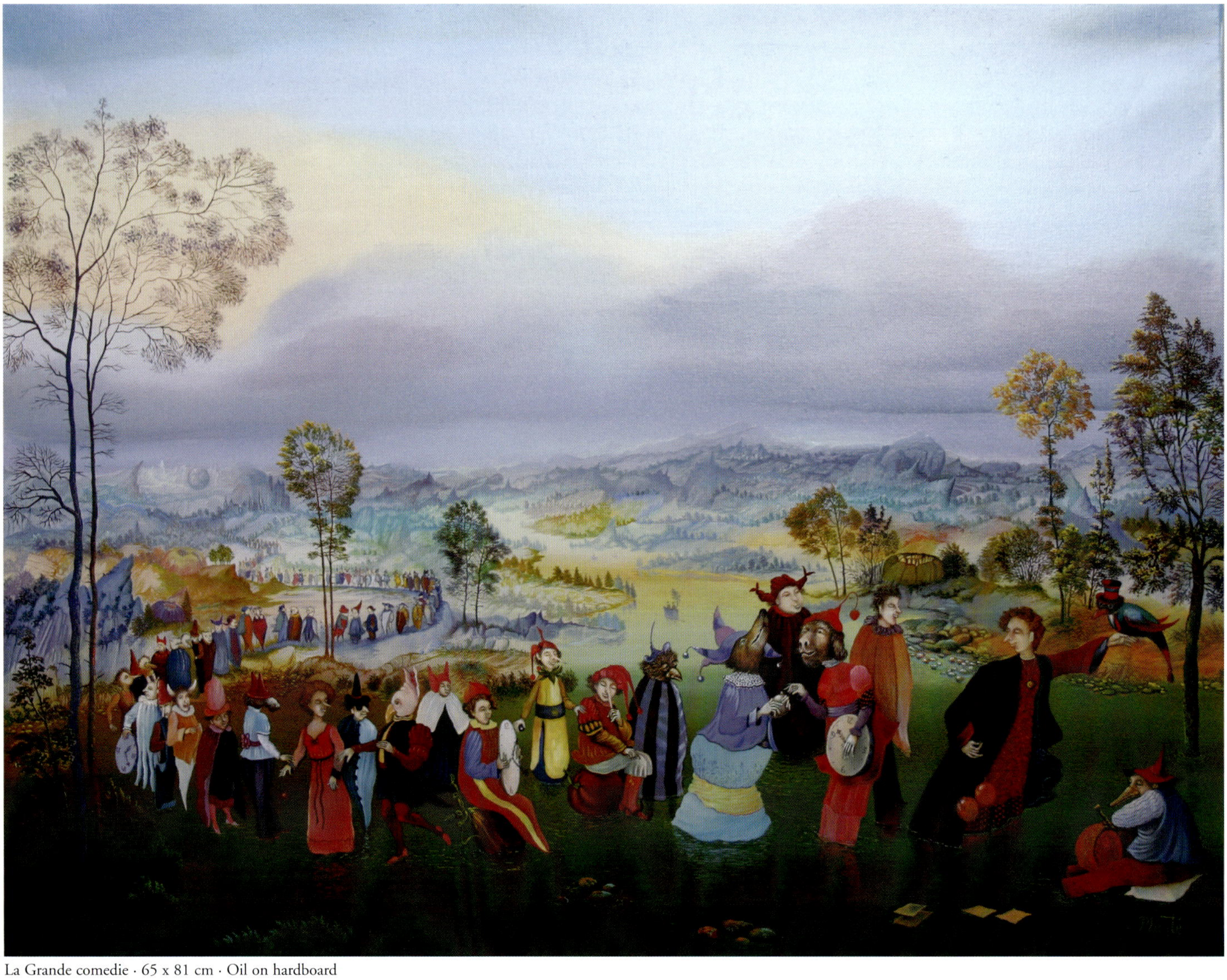

La Grande comedie · 65 x 81 cm · Oil on hardboard

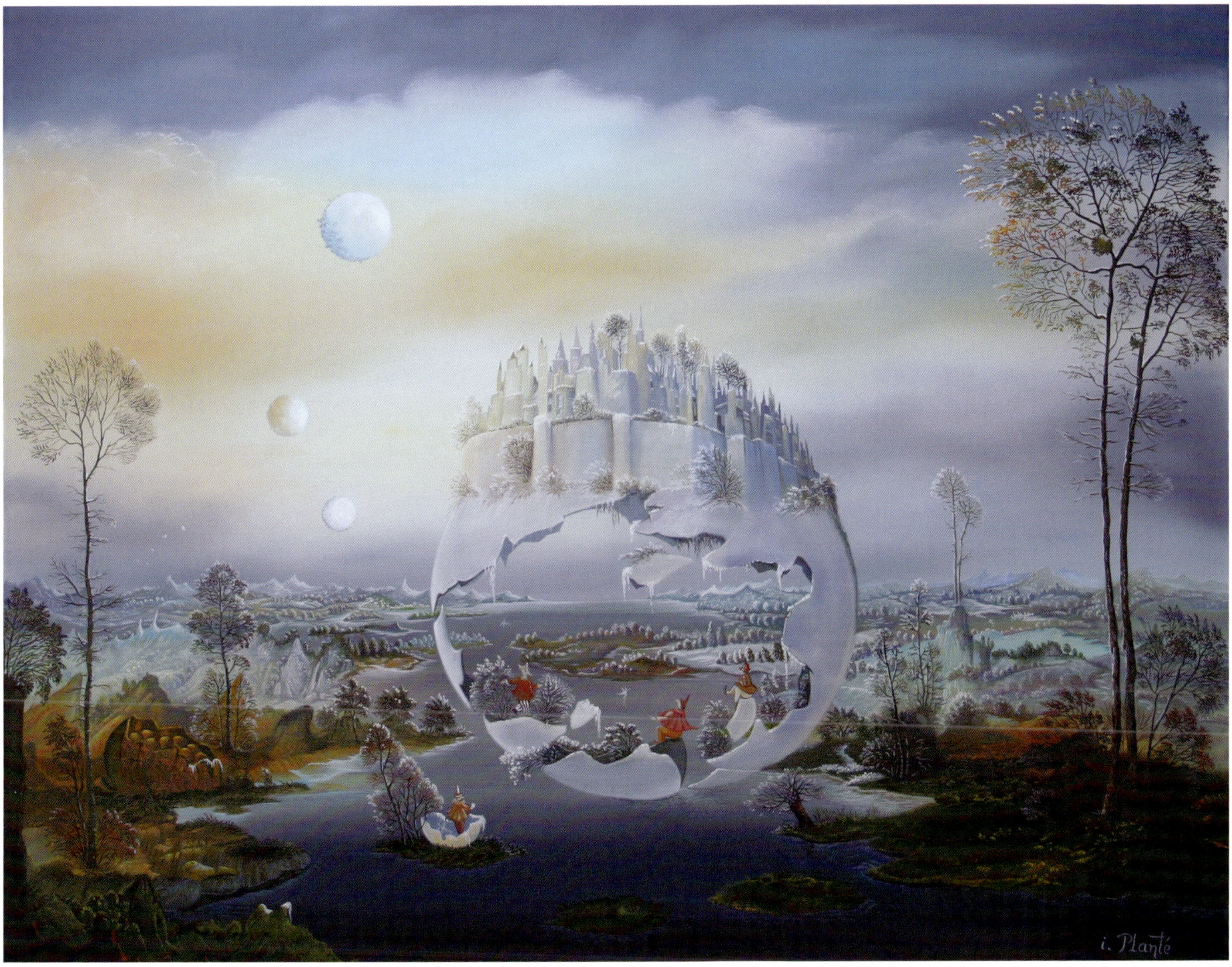

La Planete blanche · 54 x 65 cm · Oil on hardboard

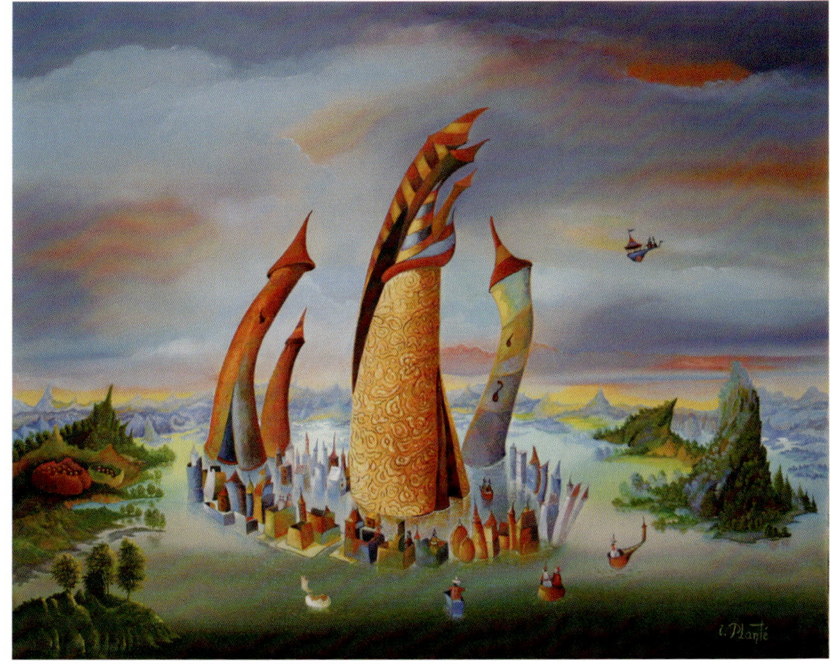

Demain la ville · 38 x 46 cm · Oil on hardboard

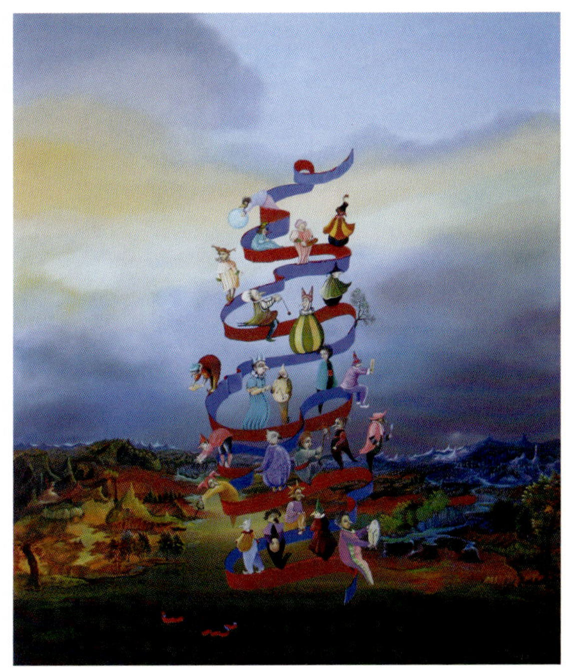

Le Serpentin · 73 x 60 cm · Oil on panel

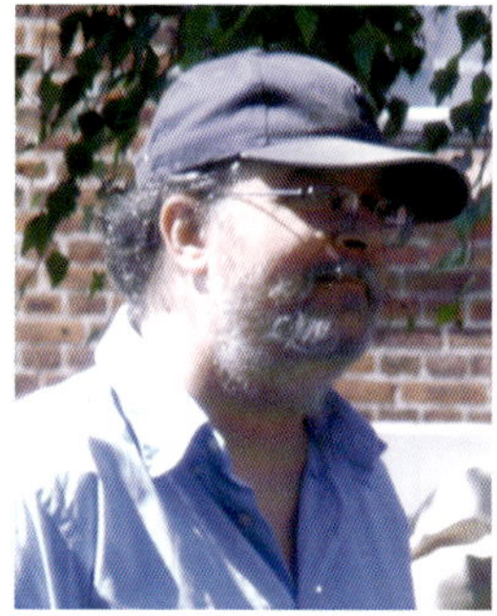

JOSÉ ROOSEVELT

1958 Brazil

José was born in Rio de Janeiro, and he discovered fantastic art as he was 15. He decided then to become a painter and produce the visions of his own subconscious, as Dali, Bosch or Moebius made before him. Since 1989, he lives in Switzerland, a country where the cheese seems like soft watches. José writes stories also, and illustrate them.
www.juanalberto.ch

José est né à Rio de Janeiro et il a découvert l'art fantastique quand il avait quinze ans. Il a alors décidé de devenir un peintre afin de produire les visions de son subconscient, comme Dalí, Bosch ou Moebius l'ont fait avant lui. Depuis 1989, il habite en Suisse, pays où le fromage fait penser aux montres molles. José écrit aussi des histoires et les illustre.
www.juanalberto.ch

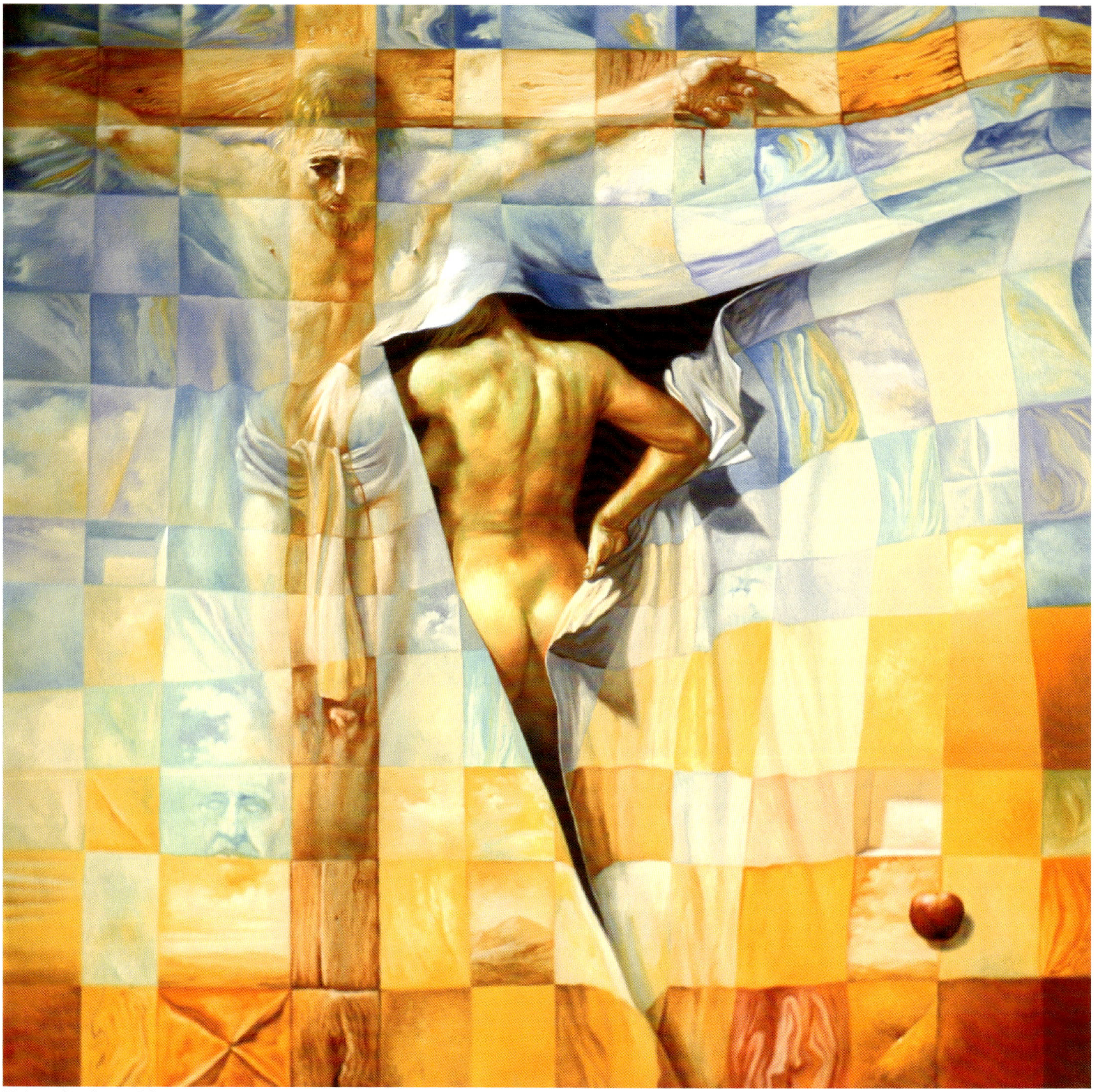

Marie 2 · 60 x 60 cm · Oil on canvas

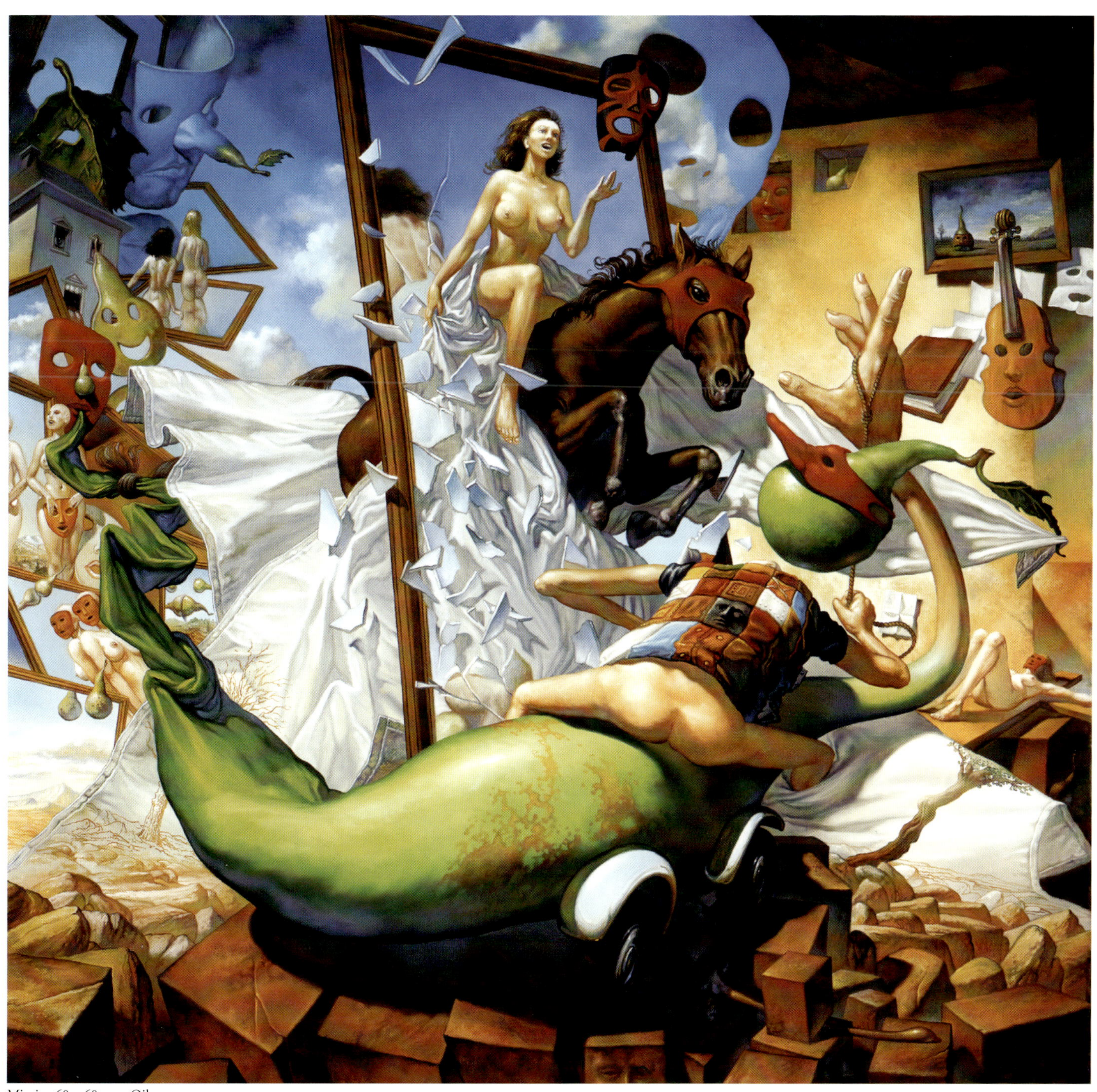

Miroir · 60 x 60 cm · Oil on canvas

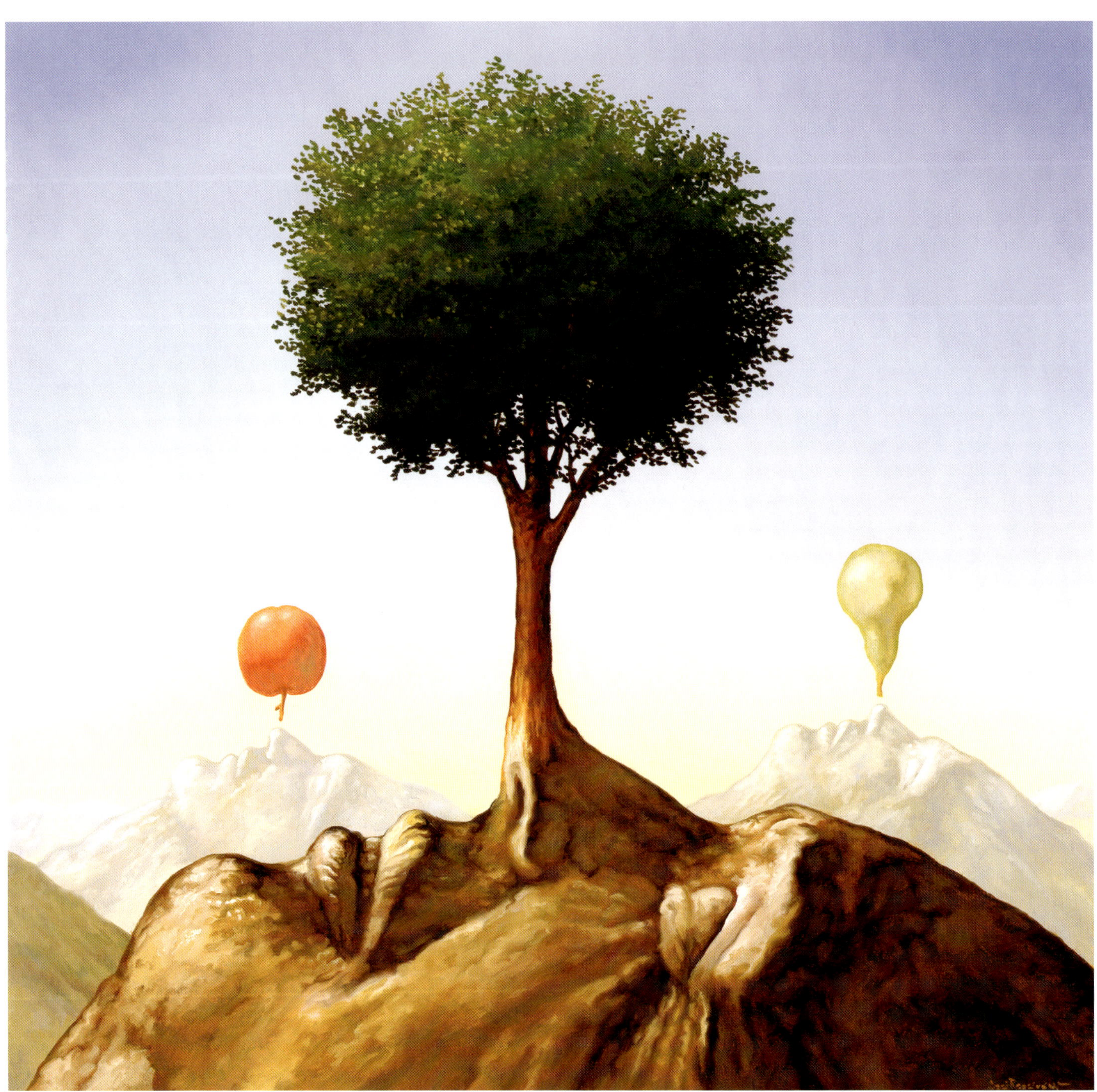

Paysage · 40 x 40 cm · Oil on canvas

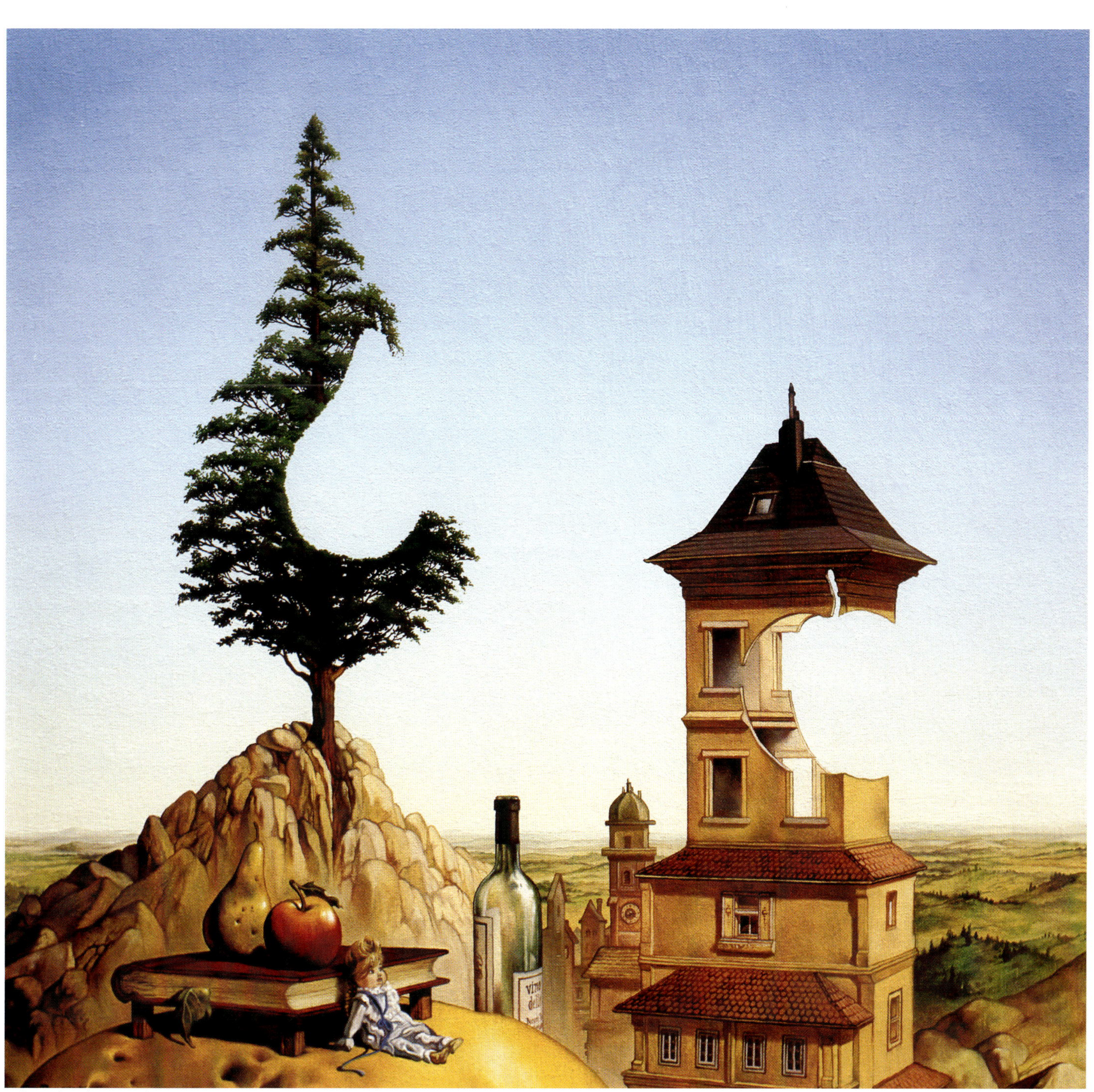

Reflets · 40 x 40 cm · Oil on canvas

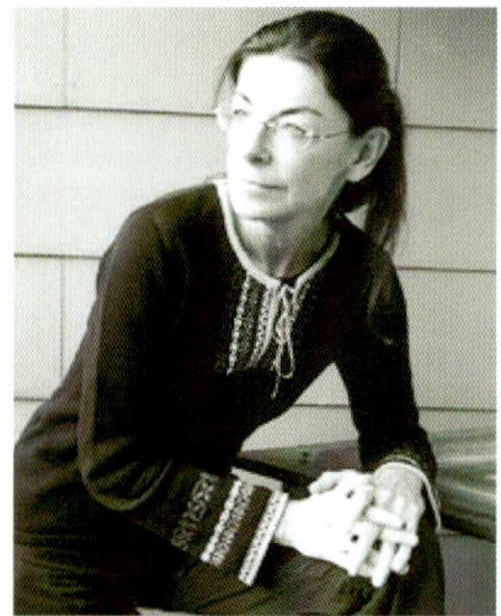

INES SCHEPPACH

1953 Germany

The order of the world is the beauty of the world. *Simone Weil*

Ines Scheppach's drawings are so dense in line and expression, that they can be considered as paintings rather than drawings. The artist calls them "Drawn pictures". Situations of life in their manifold forms are her subject matter. Beauty, age, loneliness, rebellion, pain, joy, grief, helplessness and shelter are only a small selection of the subjects dealt with in the paintings of the artist. Human and other beings, animals, nature, architecture, scientific phenomena are the means by which she expresses her thoughts. Where ideas seem difficult to transport, a personage can be seen, which seems to come from mythology, but these figures never appear just as figures but have a symbolic function. With this means of expression Ines Scheppach succeeds in conveying emotions, atmosphere, conditions of human life in her very special way.
www.ines-scheppach.de

Les dessins d'Ines Scheppach sont si denses dans leur écriture et expression qu'ils peuvent être considérés davantage comme des peintures. L'artiste les appelle, d'ailleurs, "tableaux dessinés". Les situations de la vie, dans leurs multiples formes, sont ses sujets. Beauté, âge, solitude, rébellion, souffrance, joie, chagrin, impuissance et protection constituent une petite sélection des sujets explorés par les oeuvres de l'artiste. Les êtres humains, les animaux, la nature, l'architecture et les phénomènes scientifiques sont les moyens par lesquels elle exprime ses pensées. Là où les idées peuvent être difficilement transposées, prennent place des personnages qu'on dirait sortis de la mythologie. Ces figures sont plus que ce qu'elles semblent: elles portent une fonction symbolique. Ines Scheppach réussit ainsi à exprimer des émotions, des atmosphères, la condition humaine, et tout cela dans un style très singulier.
www.ines-scheppach.de

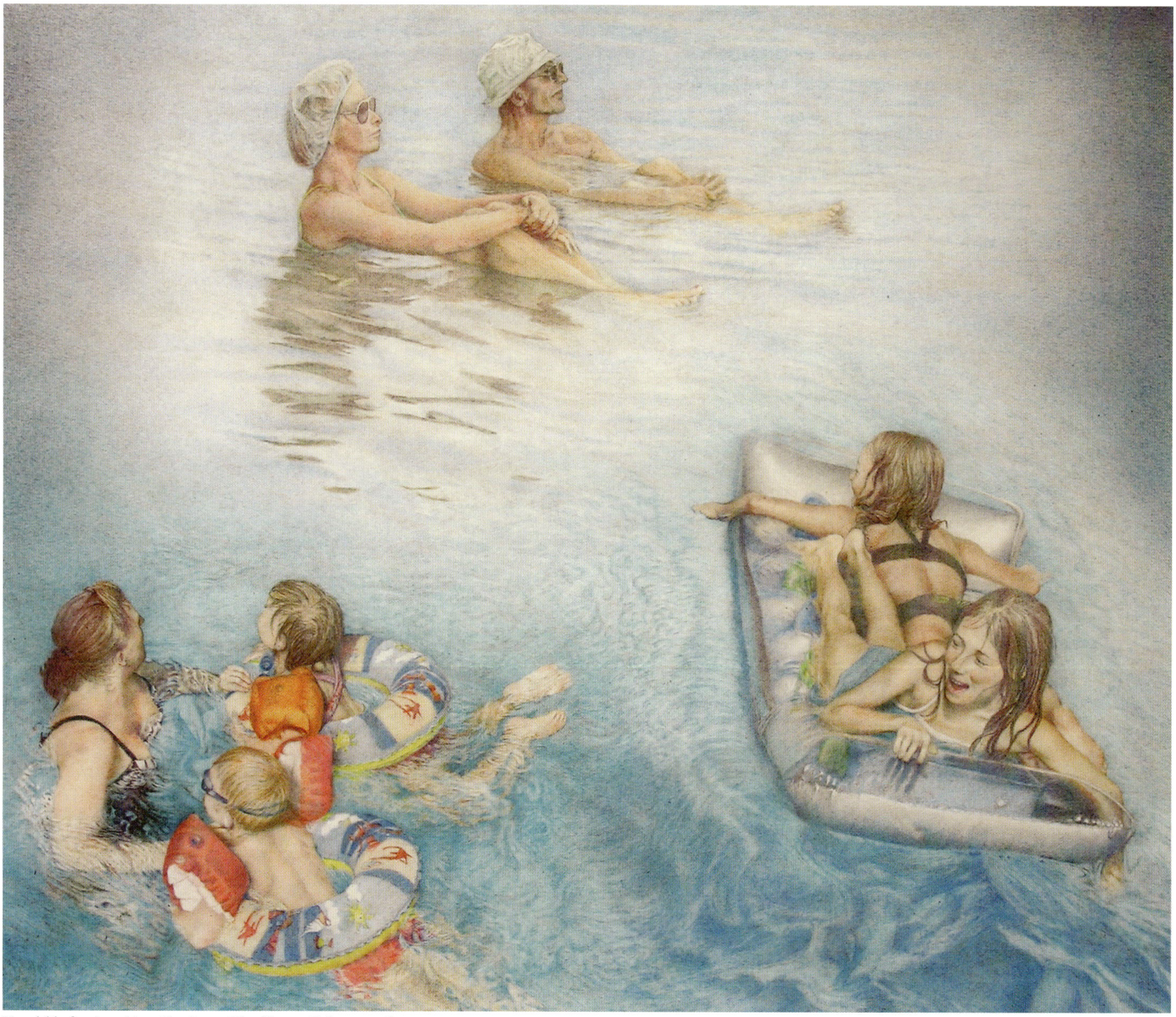

Vom lebhaften in ruhiges Gewässer · 39 x 41 cm · Colour pencil

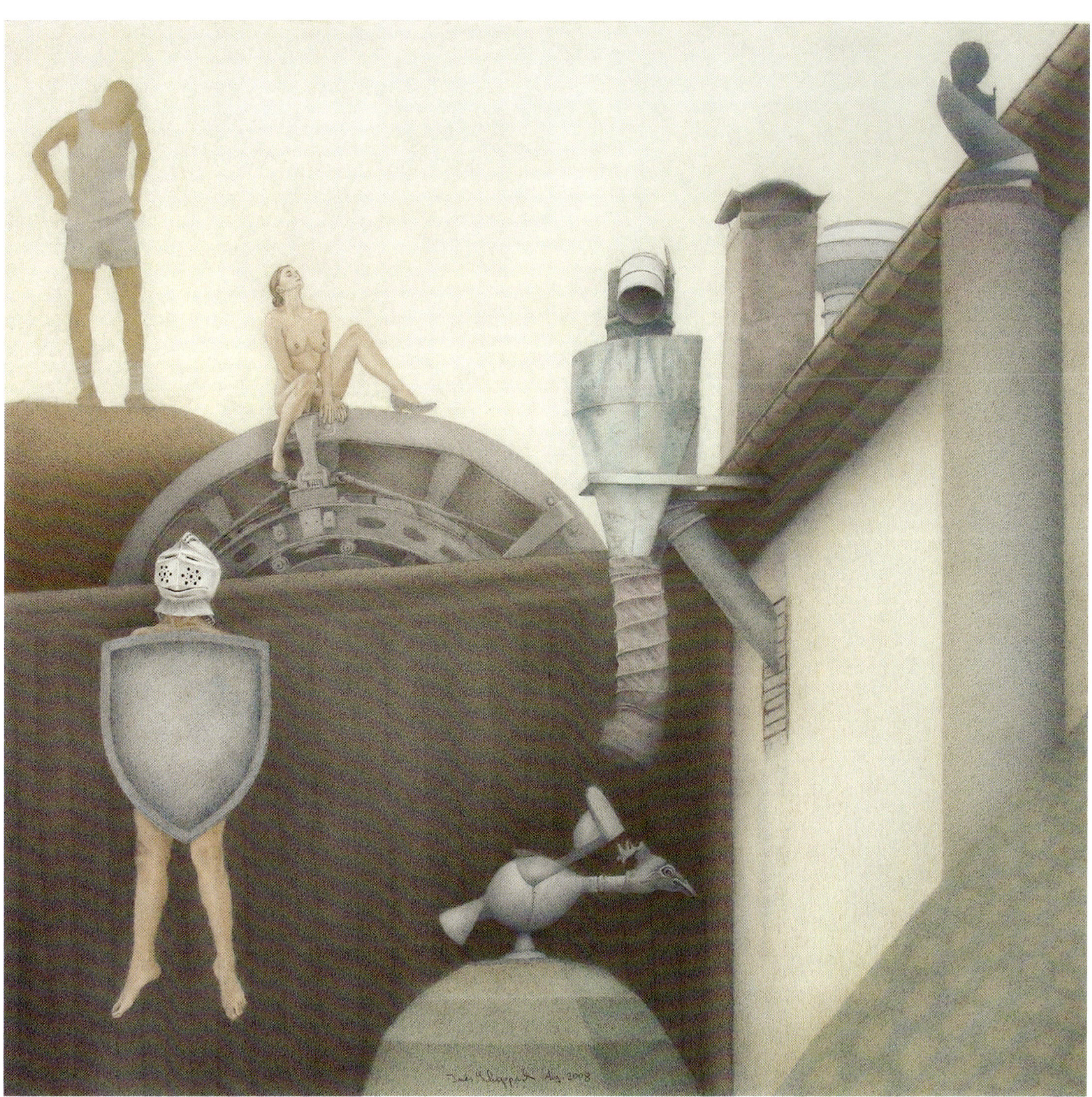

Ritterspiele · 39 x 41 cm · Colour pencil

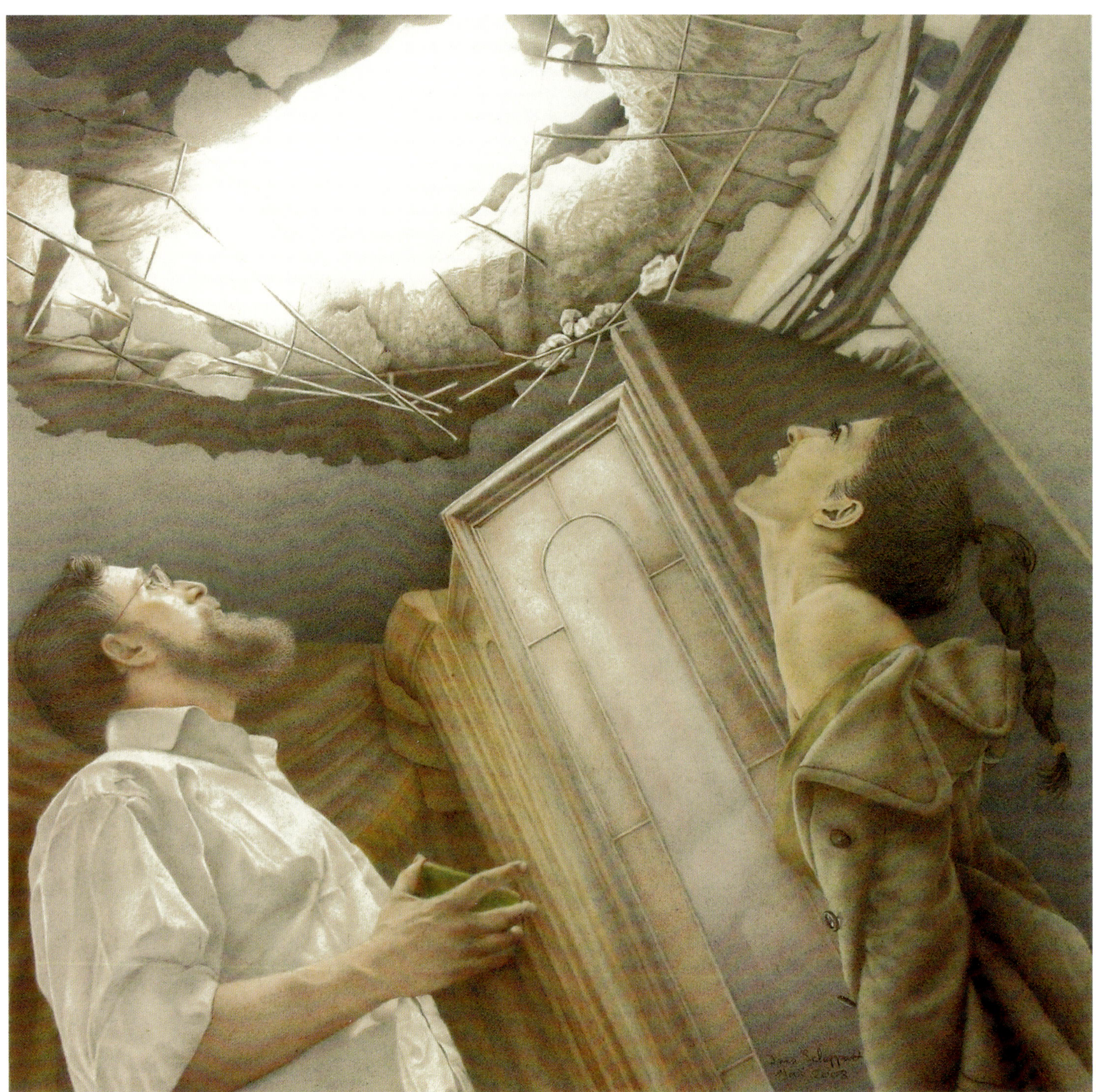

Die Öffnung · 43 x 43 cm · Colour pencil

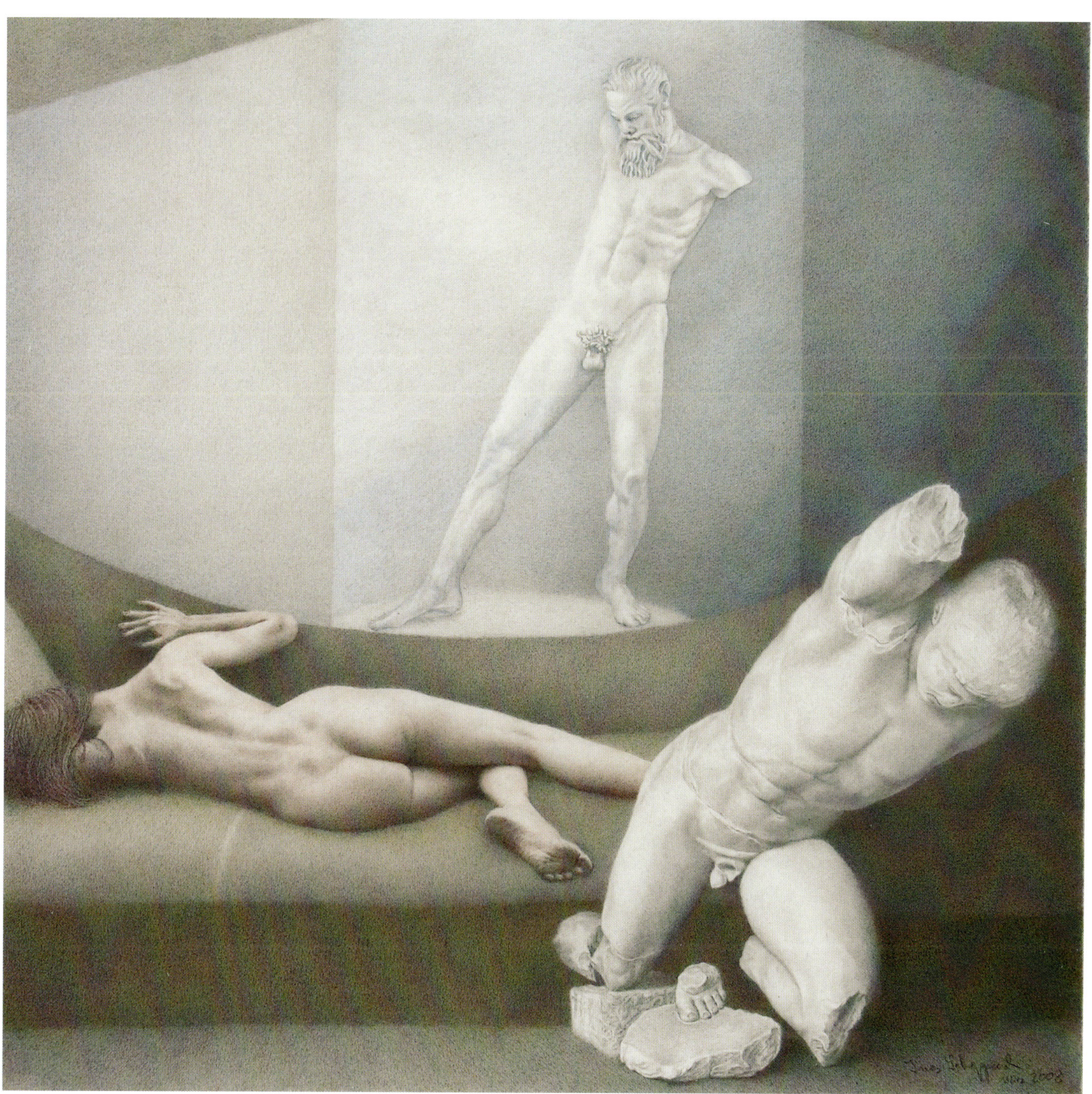

Fragilität · 36 x 36 cm · Colour pencil

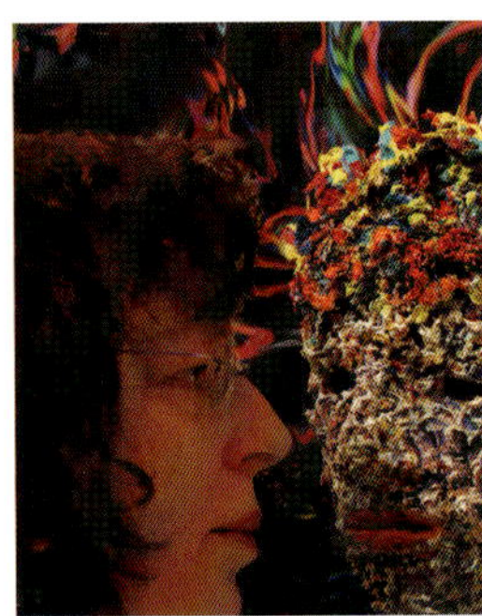

OLGA SPIEGEL

1943 USA

Inspiration exists when the soul finds joy in the infinite. Olga Spiegel, has evolved from the abstract and optical energy field influences of the 1960s through later study of the Old Master's technique with Ernst Fuchs, to her current unique visionary alphabet, that has lately included computer, digital paintings.

Nurtured by Psychedelic Art, European Fantastic Realism, Surrealism and Science Fiction, her art points to an inner process, a chemical visual interaction where the inner self's messages are deciphered through images and symbols taking the viewer into an edgy realm of realism and unnamable forms.

On the wings of improvisation free flowing images and color create associations to uncover a mysterious universe. Ancient icons, space-age imagery with metaphysical overtones, that reveal an evolutionary flowering, nature and its organisms populated into myriad of forms. Hidden in a fractal dimension a cosmic ricochet surfs into a realm incessantly reinventing itself. Journeys into fantastic dimensions.

www.olgaspiegel.com

Il y a inspiration quand l'âme trouve la joie dans l'infini. Le travail d'Olga Spiegel a évolué: des influences abstraites et optiques des années 60, en passant par l'étude de la technique des maîtres anciens auprès d'Ernst Fuchs, vers un alphabet visionnaire personnel. Qui, récemment, comprend aussi des peintures numériques.

Nourri par l'Art Psychédélique, par le Réalisme Fantastique Européen, le Surréalisme et la Science-Fiction, son art tend vers un processus intérieur, une sorte d'interaction visuelle chimique, dont les messages sont transformés en images et symboles qui portent le spectateur vers un royaume à la frontière entre le réalisme et les formes qu'on ne peut pas nommer.

Le flux libre d'images et couleurs, sur les ailes de l'improvisation, crée des associations qui dévoilent un univers mystérieux. Icônes anciennes, imagerie d'un âge cosmique aux tons métaphysiques, tout cela révèle une nature en pleine floraison évolutive, peuplée d'organismes qui se présentent en une myriade de formes. Venu d'une dimension fractale, un ricochet cosmique glisse vers un royaume qui se réinvente incessamment. Un véritable voyage vers des dimensions fantastiques.

www.olgaspiegel.com

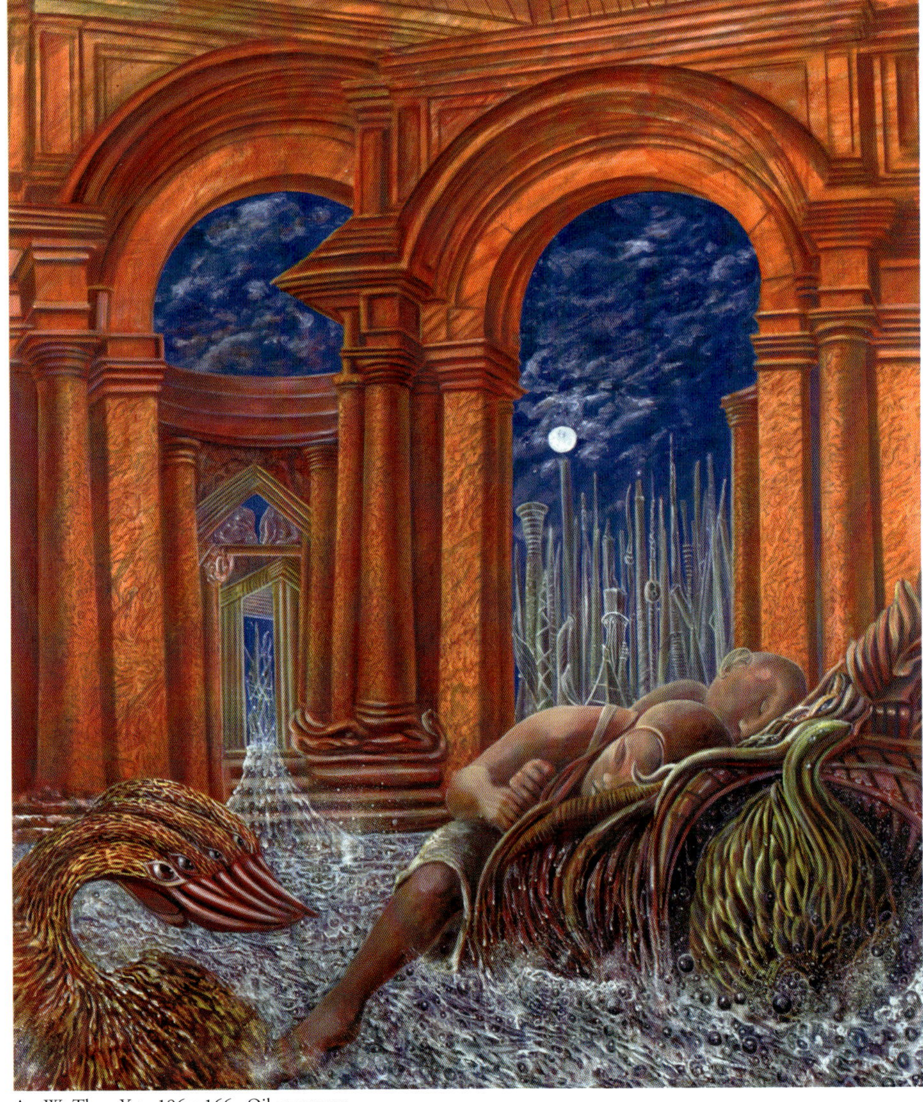

Are We There Yet · 196 x 166 · Oil on canvas

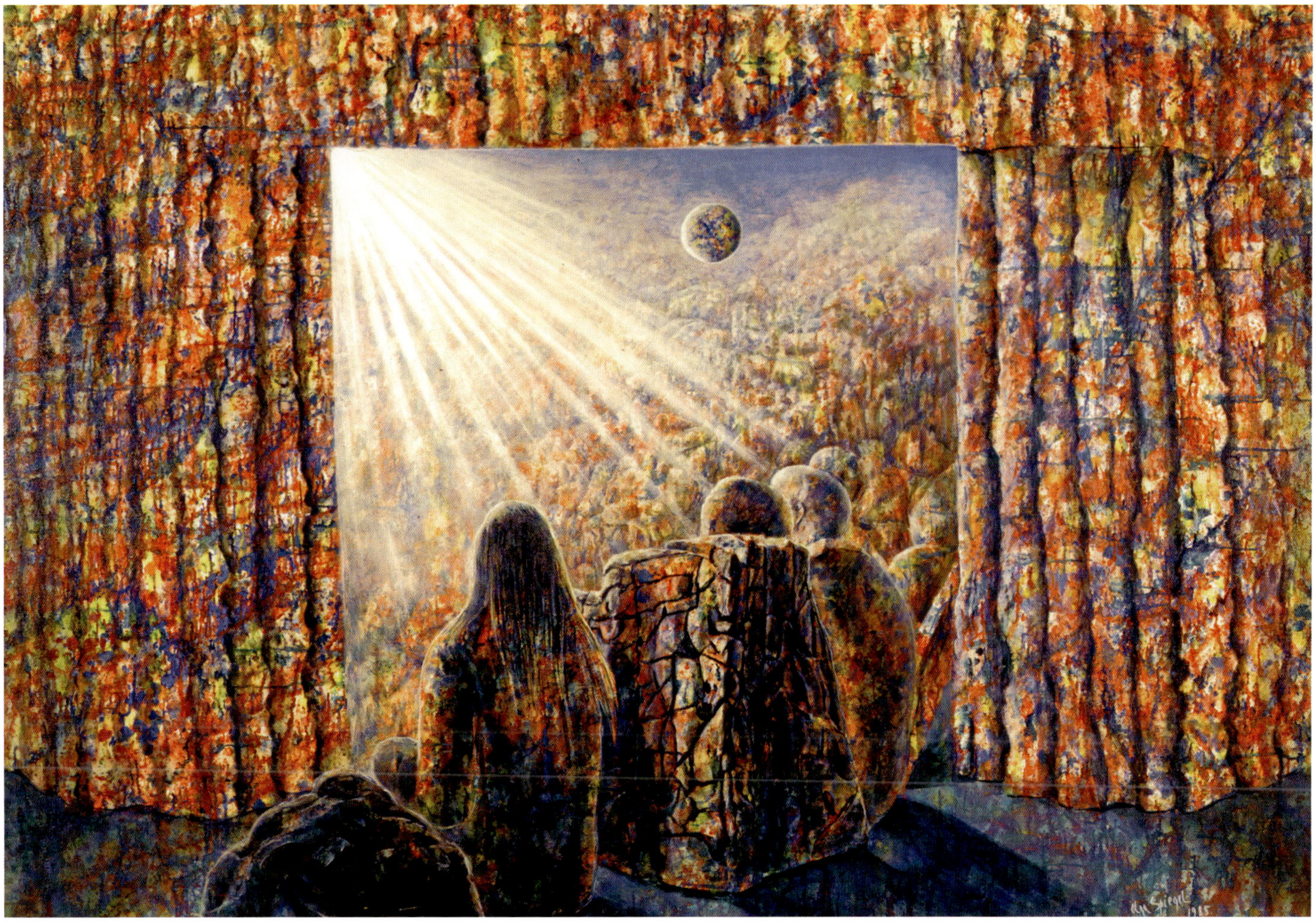

Watching the Light · 155 x 218 cm · Oil on canvas

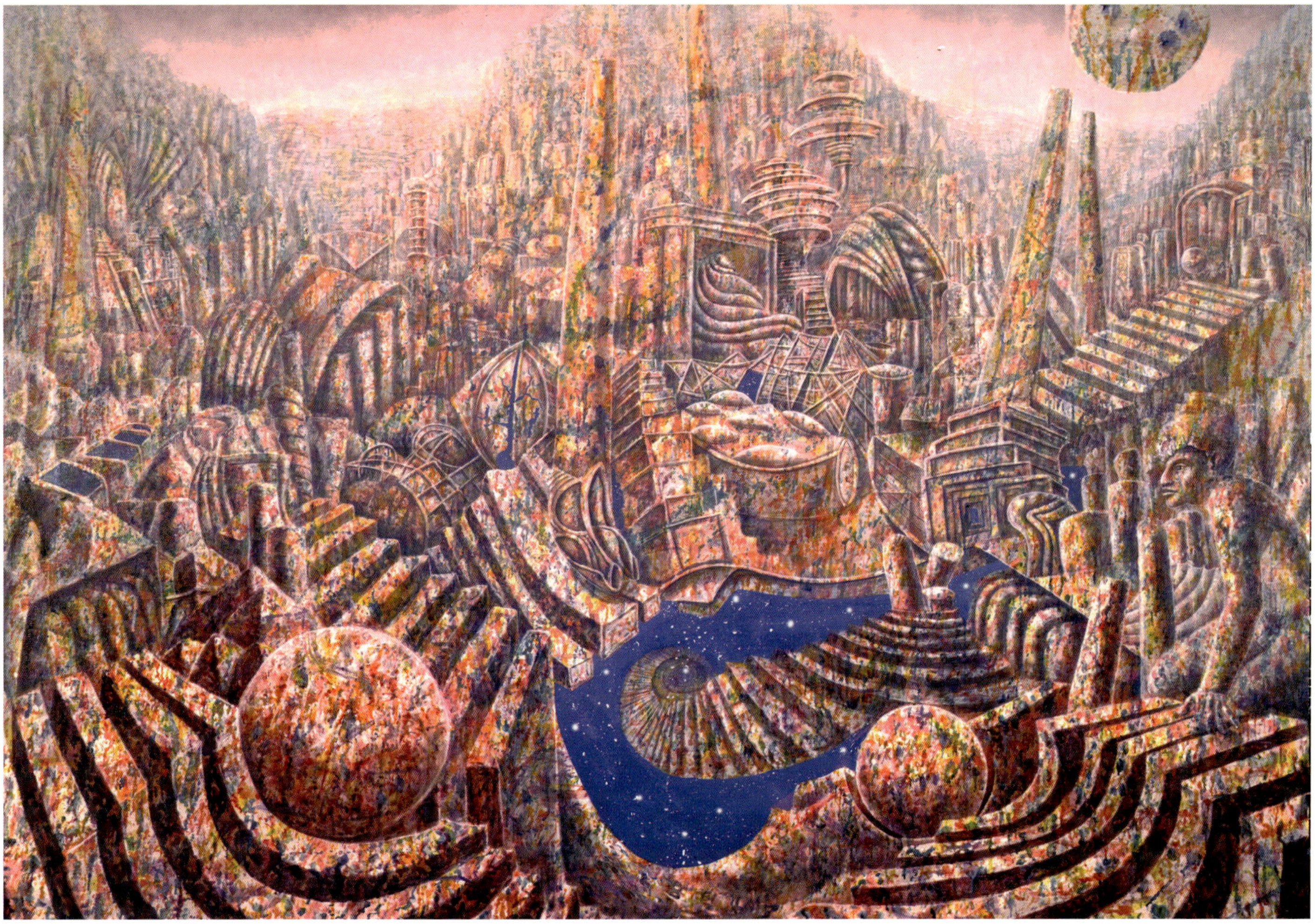

Return · 155 x 218 cm · Oil on canvas

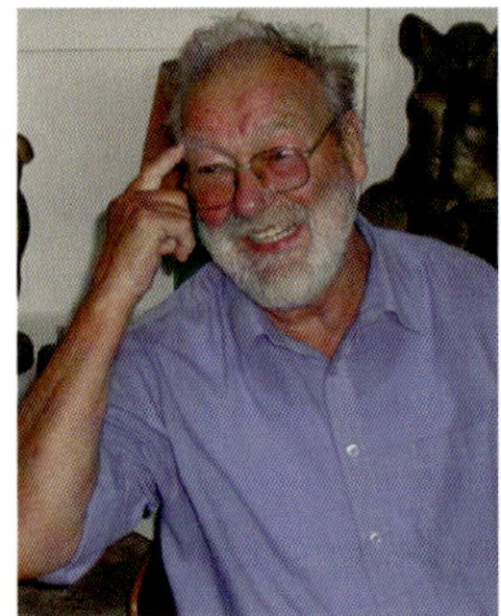

CARSTEN SVENNSON

1926 Denmark

According to Svennson, the world is a circus, a mad vaudeville in which the game of power is repeated eternally. Society's powerful people are held responsible for all the misfortunes of the world. Those in power are usually described by Svennson as fat and pompous, or wearing uniforms according to their rank and status. The animalistic features of the characters are derived from specific animals, such as donkeys, monkeys, pigs, lizards and monsters, or a mixture of these beasts. They are often looked upon as stupid and lazy animals, but perhaps the difference between animals and humans is not that big? Each and every creature plays its role, according to its own destructive lust. Often humans are perverted, so that they become unrecognisable. The human body is painted in a gloomy brown colour and has absurd, heavily distorted features. Svennson's sense of sculpturing is clear and his sense of form is revealed in the plasticity of his figure.

www.saligia.dk

Selon Svennson, le monde est un cirque, un vaudeville fou dans lequel le jeu de la puissance se répète éternellement. Les personnes puissantes de la société sont jugées responsables de tous les malheurs du monde. Ceux qui sont puissants, Svennson les décrit habituellement comme gros et pleins de suffisance, ou portant des uniformes selon leur rang et statut. Les traits animalistiques des personnages dérivent d'animaux bien spécifiques, tels que l'âne, le singe, le porc, le lézard et les monstres, ou un mélange de ces bêtes. Ils sont souvent considérés comme des animaux stupides et paresseux, mais peut-être la distance entre les animaux et les humains n'est pas si grande? Chaque créature joue son rôle, selon son propre désir de destruction. Souvent les êtres humains sont si pervertis qu'ils en deviennent méconnaissables. Le corps humain est peint dans une couleur brun sombre et les traits sont absurdes et fortement déformés. Le sens de la sculpture de Svennson est clair, et son sens des formes se révèle dans la plasticité de ses figures.

www.saligia.dk

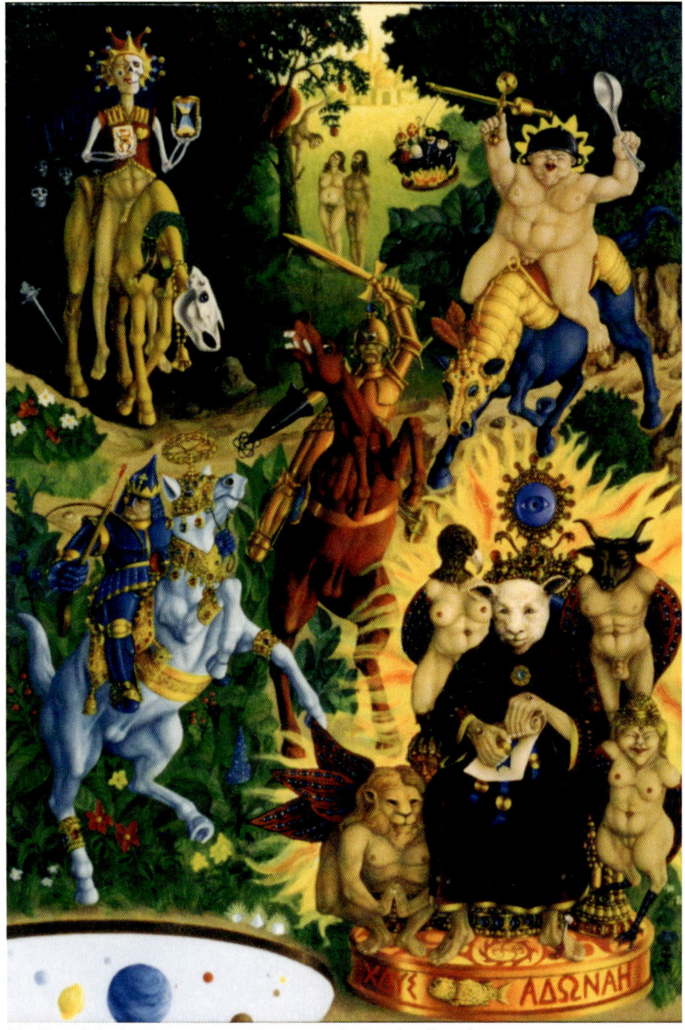

The Fourth Seal · 52,5 x 35 cm · Tempera and oil on hardboard

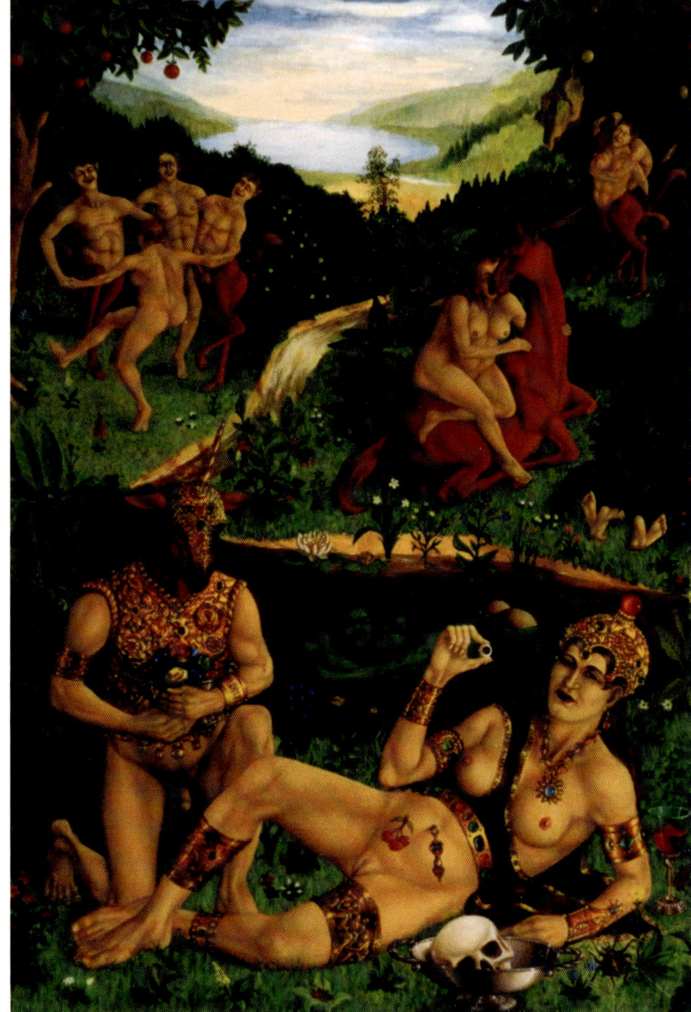

The Song of Love · 52,5 x 35 cm · Tempera and oil on hardboard

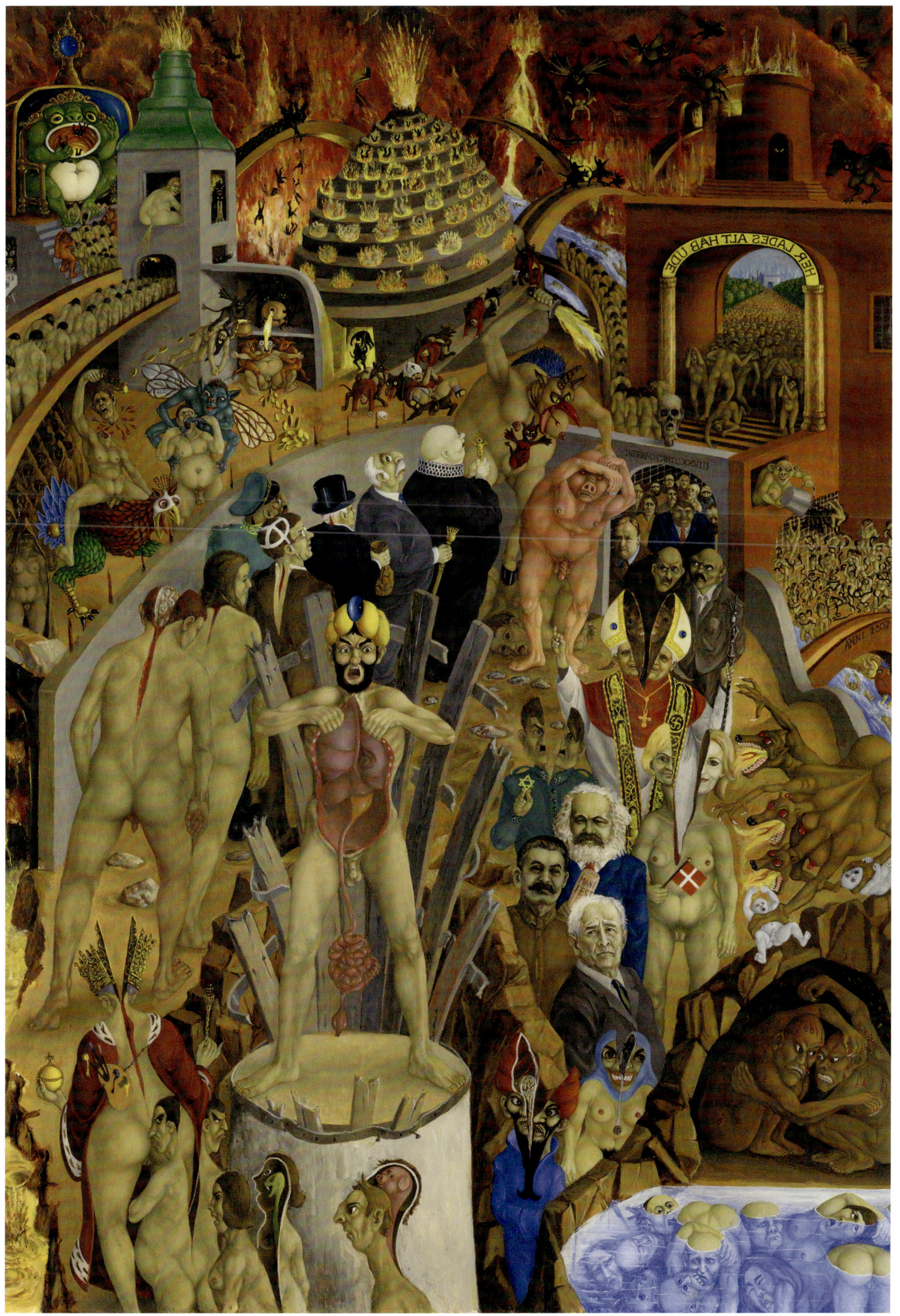

Inferno, Canto XXVIII · 100 x 75 cm · Tempera and oil on paper

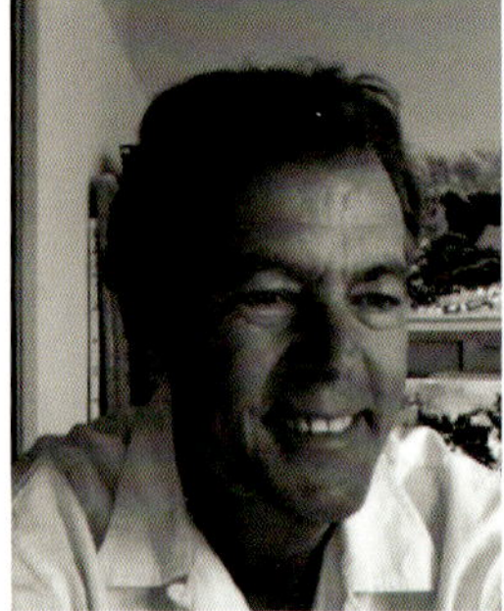

GUY THIRION

1952 France

The painter of the impossible
Guy Thirion is born on December 25, 1952 in Bouaké (Ivory coast) from a father officer in the colonial army and his Mediterranean mother. Back in France at the age of 14, he has kept from his youth in Central Africa, North Africa and Asia an understanding of the extreme brightness of contrasts.

After his study at the Ceramic college of Vierzon, and at the beaux arts,he became copyist at the Louvre museum, to understand better the great masters. Better than any other painters Guy Thirion give us the romantic atmosphere and strange of his subconscious. After 25 years of personal research in different styles, he finally presents an exceptional new revolutionary concept. The sensitive harmony of the nuances brings us close to a Turner or to a G. Moreau because of its symbolism. Each painting is a mixture of semi-precious stones of sculpture enhanced by golden sheets, pigments and of pieces of melted stained-glass. Each painting is made with one or several painting, lined, painted with magnifying glasses and with a minimum of 25 glazing recovered with a specific varnish of his invention.

Here all techniques are used: His universe is either very oriental or very fantastic but always with a hyper-realistic technique. Each painting is a recital of colours, sometime diffuse, tender or bright. Following the master's principles he show us through his painting, all the wide scale of his creativity, going from the light pale to the brighter colours.

www.guy-thirion.com

Le peintre de l'impossible
Guy Thirion est né le 25 décembre 1952 à Bouaké (Côte d'ivoire) d'un père officier dans la coloniale et d'une mère native de Hyéres dans le sud de la France. Rentré en France à l'age de 14 ans, il garde de son enfance d'Afrique noire,d' Afrique du nord et d'Asie une luminosité extrême des contrastes.

Après des études à l'école supérieure de céramique à Vierzon,et des études aux beaux arts,il devient copiste au musée du Louvre, pour mieux comprendre les maîtres. Installé en Provence il crée pour notre plus grand bonheur des instantanés de nos rêves. Comme nul autre peintre, Guy Thirion nous communique l'atmosphère romantique et étrange de son subconscient. Après 25 ans de recherches personnelles dans différents styles, enfin il nous présente un nouveau concept révolutionnaire exceptionnel. L'harmonie sensible des nuances nous rapproche d'un Turner et d'un G. Moreau pour son symbolisme. Chaque tableau est un mélange de pierres semi-précieuses, de sculptures rehaussées de feuilles d'or, de pigments et de fragments de vitraux fondus. Chaque toile se compose de un ou plusieurs tableaux marouflés peints à la loupe,et reçoit un minimum de 25 glacis recouverts d'un vernis spécifique de son invention.

Ici toutes les techniques sont utilisées: gouaches, huile, acrylique, pastel, encre de chine, aquarelle,etc... Son univers est tantôt très orientaliste ou très fantastique mais toujours avec une technique hyperréaliste. Chaque tableau est un véritable récital de couleurs, tantôt diffuses, tendres ou éclatantes. Suivant les principes des grands maîtres il nous montre a travers ses toiles, toute l'étendue de sa créativité, en passant des clairsobscurs, aux couleurs les plus vives.

www.guy-thirion.com

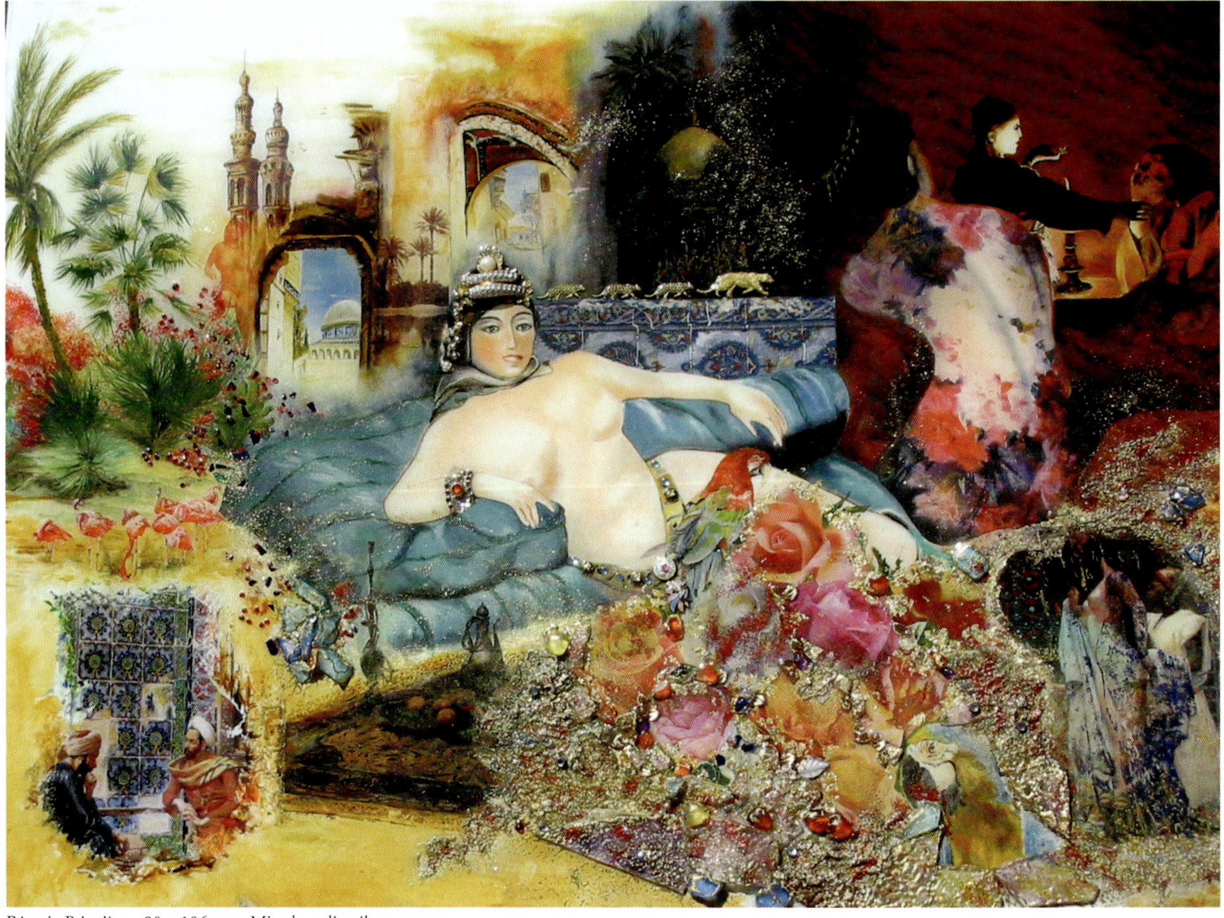

Rêverie Princière · 80 x 106 cm · Mixed media oil on canvas

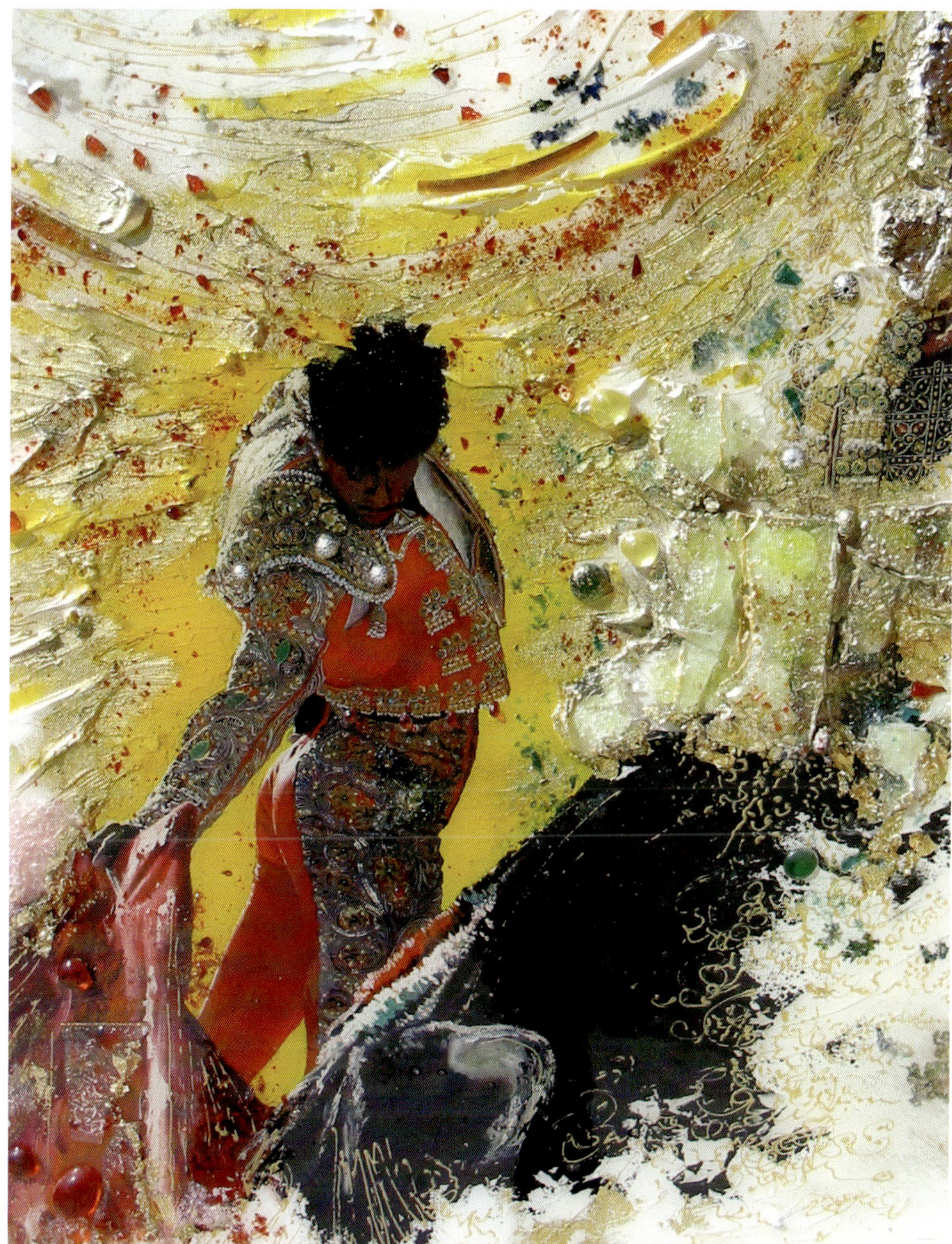

Grandiose Muletta · 80 x 80 cm · Mixed media oil on canvas

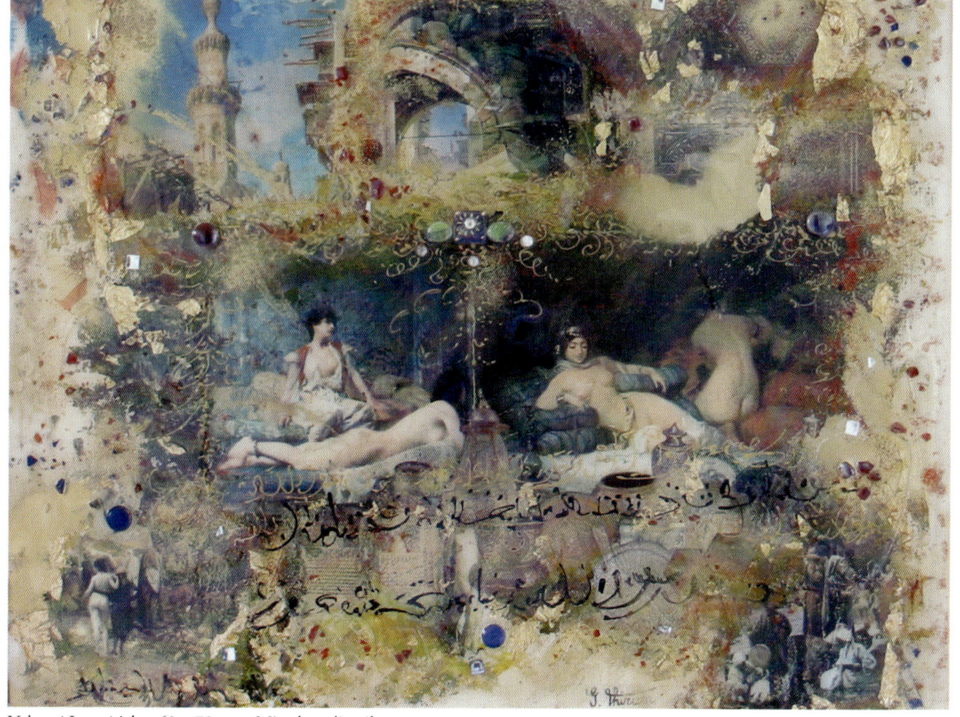

Volupté Imprériale · 60 x 73 cm · Mixed media oil on canvas

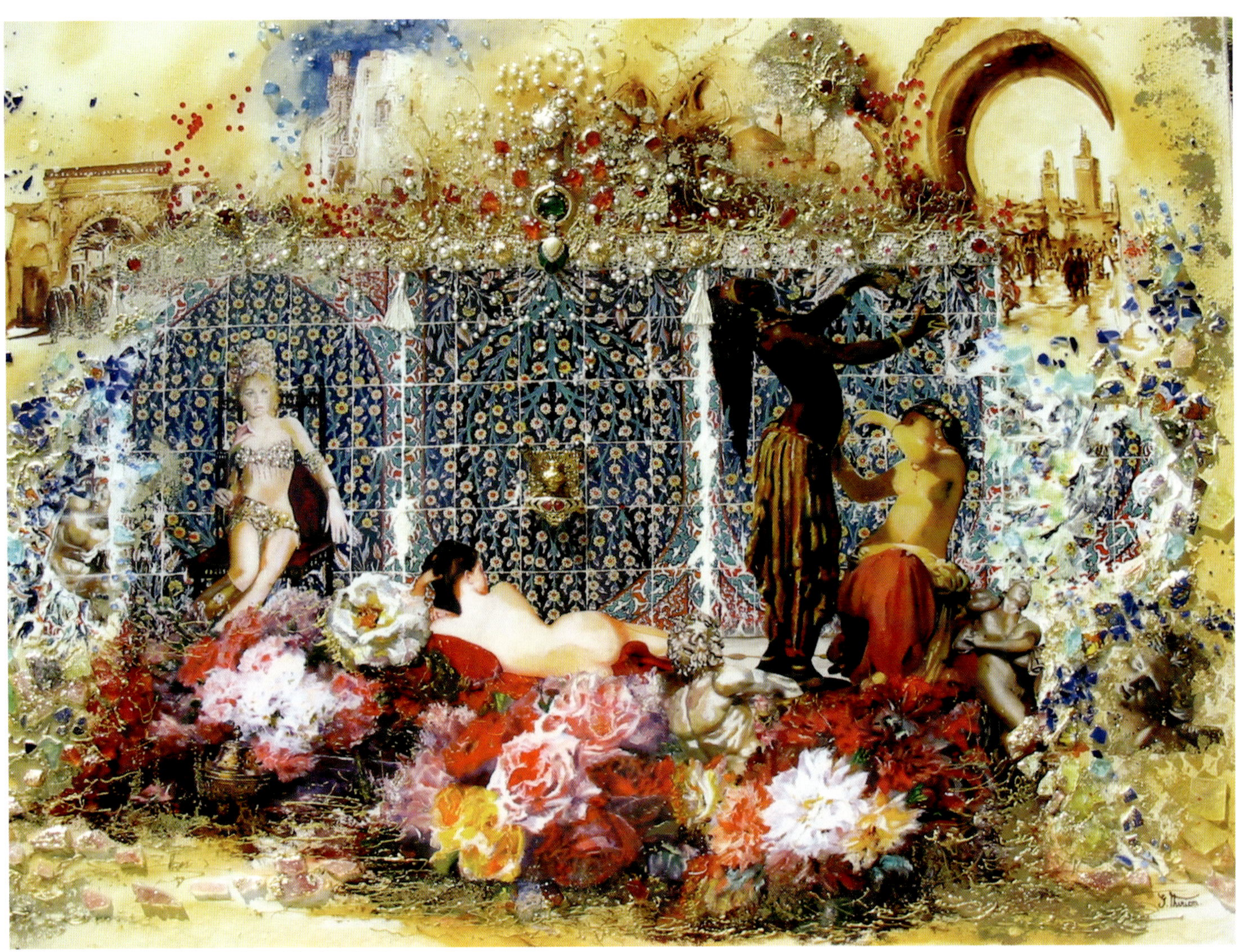
Songe d'une vie que passe · 89 x 116 cm · Mixed media oil on canvas

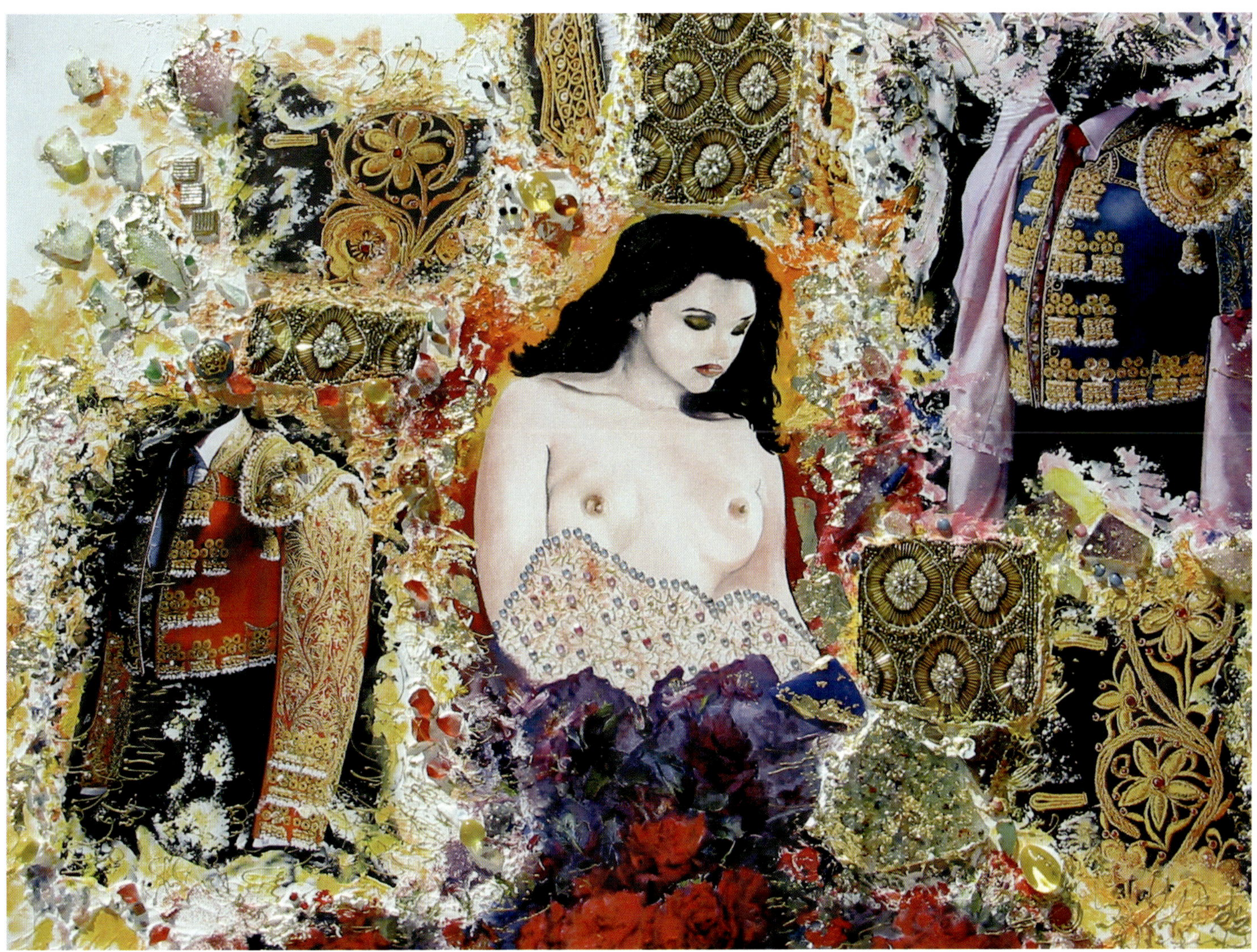

L'attente · 81 x 100 cm · Mixed media oil on canvas

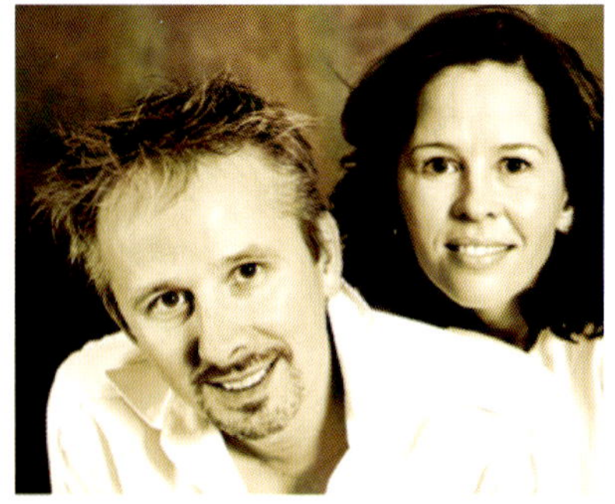

TWEEKUNST

Anne-Fieke & Eugène Later
1967 The Netherlands

In 2002 the Later twins discovered that the process of painting and composing is almost identical. Anne-Fieke is a fine art painter and Eugène a composer. They share the same method of working and creating ideas, and as such it was a logical step to enter this process together. Creating pieces alongside one another, in order to come to a new expression of art: Tweekunst (trnsl. Twinart). Painting and music composition go hand in hand, simultaneously growing towards one whole.
www.tweekunst.nl

En 2002 les jumeaux Later ont découvert que les processus de la peinture et de la composition sont presque identiques. Anne-Fieke est une artiste peintre excellente et Eugène est compositeur. Ils partagent la même méthode de travail et les mêmes idées créatrices, et ainsi entrer dans ce processus ensemble a été pour eux une démarche logique. Créer ensemble l'un à côté de l'autre, afin d'arriver à une nouvelle expression de l'art : Twinart, (art de jumeaux). La composition en peinture et en musique va de pair, simultanément s'élevant vers une totalité.
www.tweekunst.nl

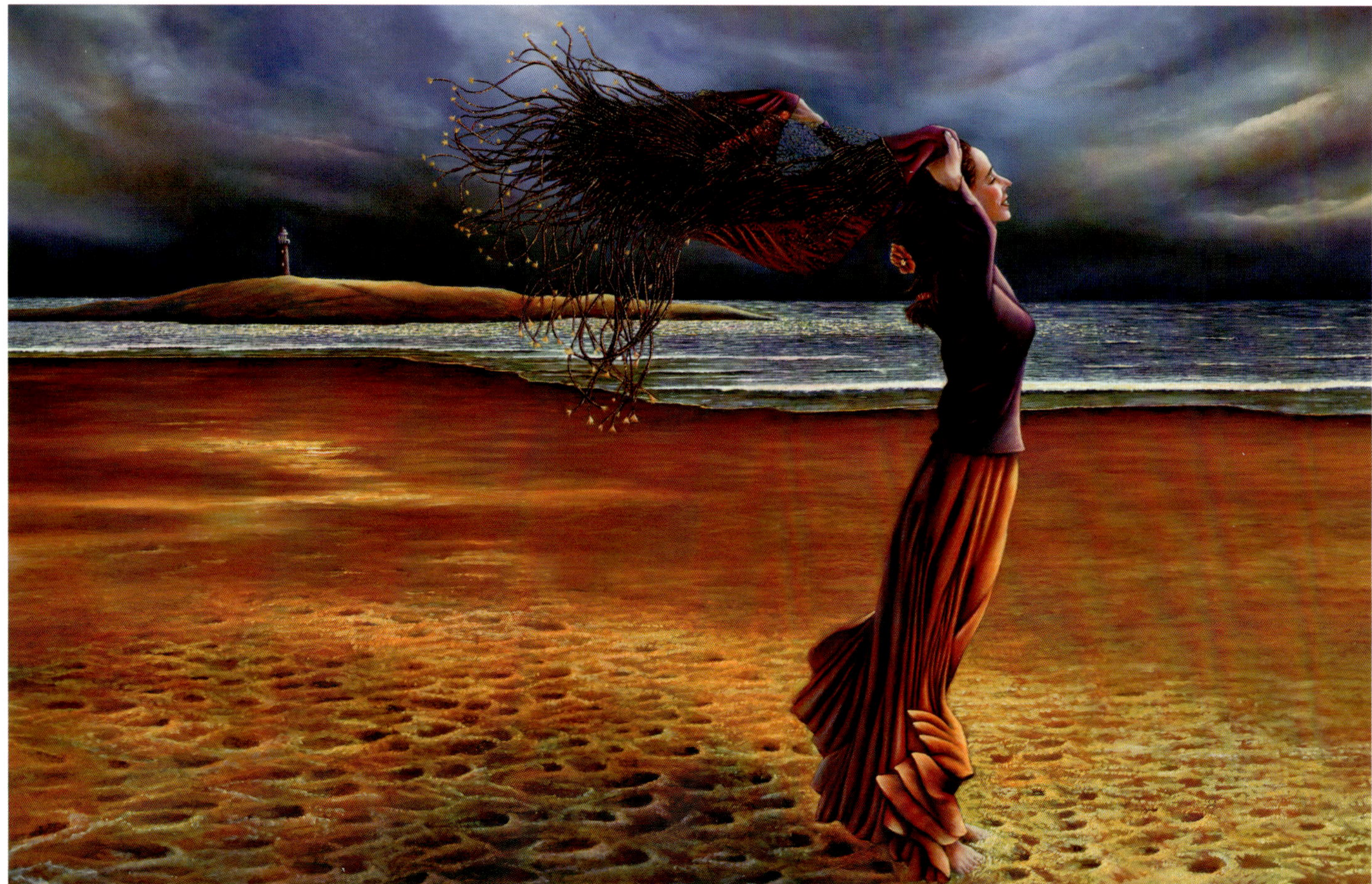

Heather · 91,5 x 126 cm · Oil on canvas

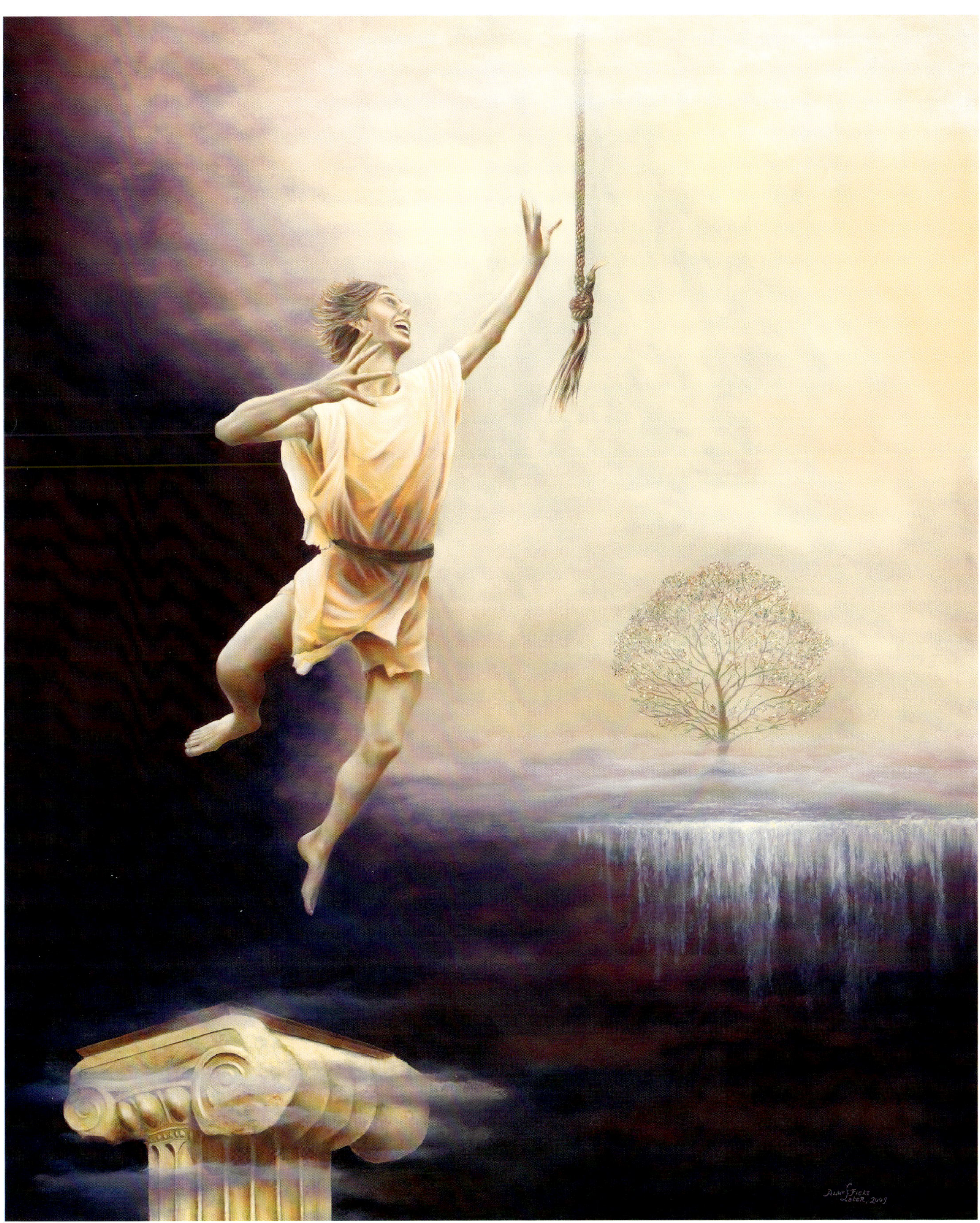

Highest Heaven · 97 x 78 cm · Oil on canvas

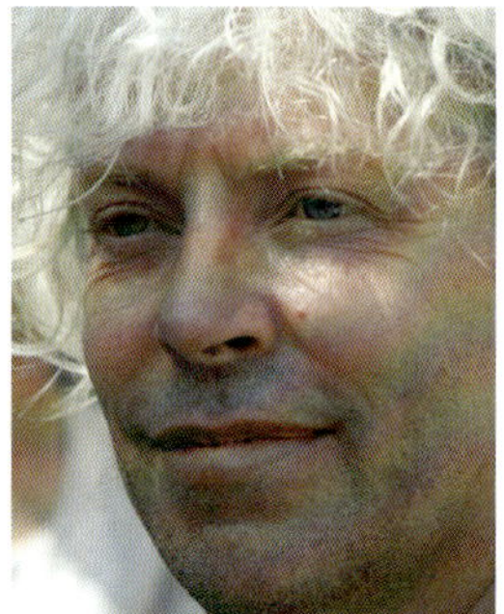

CAS WATERMAN

1958 The Netherlands

Far from timid, Cas Waterman's women are predominately warm-blooded earthly creatures.
His use of colour reminds us of the Pre-Raphaelites such as Edward Coley Burne-Jones emphasizing the dreamlike image. None of his women are the perfect goddesses or decorative images of noble women we see in the romantic paintings of the 19th century. They are alive, both emotionally and physically, without any attempt to disguise their faults. However Waterman draws them out of their mundane lives by setting them against a monochrome background or placing them in a dramatic landscape far from the present time. They live in an enclosed and often intimate world existing in a cocoon of bodily warmth. This results in a tension between timelessness and direct physical reality.
www.caswaterman.com

Loin d'être timides, les femmes peintes par Cas Waterman semblent plutôt d'ardentes créatures terrestres.
Les couleurs que l'artiste utilise font penser à celles des Pré-Raphaélites comme Edward Coley Burne-Jones, idéales pour donner à une image un aspect onirique. Pourtant, aucune de ses femmes ne ressemblent à des déesses aux traits parfaits, moins encore à des portrait décoratifs de nobles dames que nous pouvons voir dans la peinture romantique du XIXème siècle. Elles sont vivantes, tant au niveau des émotions que par leur physique. Et elles n'essayent pas de dissimuler leur défauts. Pourtant, Waterman les dessine en dehors de leurs existences mondaines, les plaçant soit sur un fond monochrome, soit sur un paysage dramatique bien éloigné du temps présent. Elles existent dans un monde souvent intime et renfermé, dans une sorte de cocon fait de chaleur corporelle. Une tension entre l'intemporalité et la réalité physique directe en est le surprenant résultat.
www.caswaterman.com

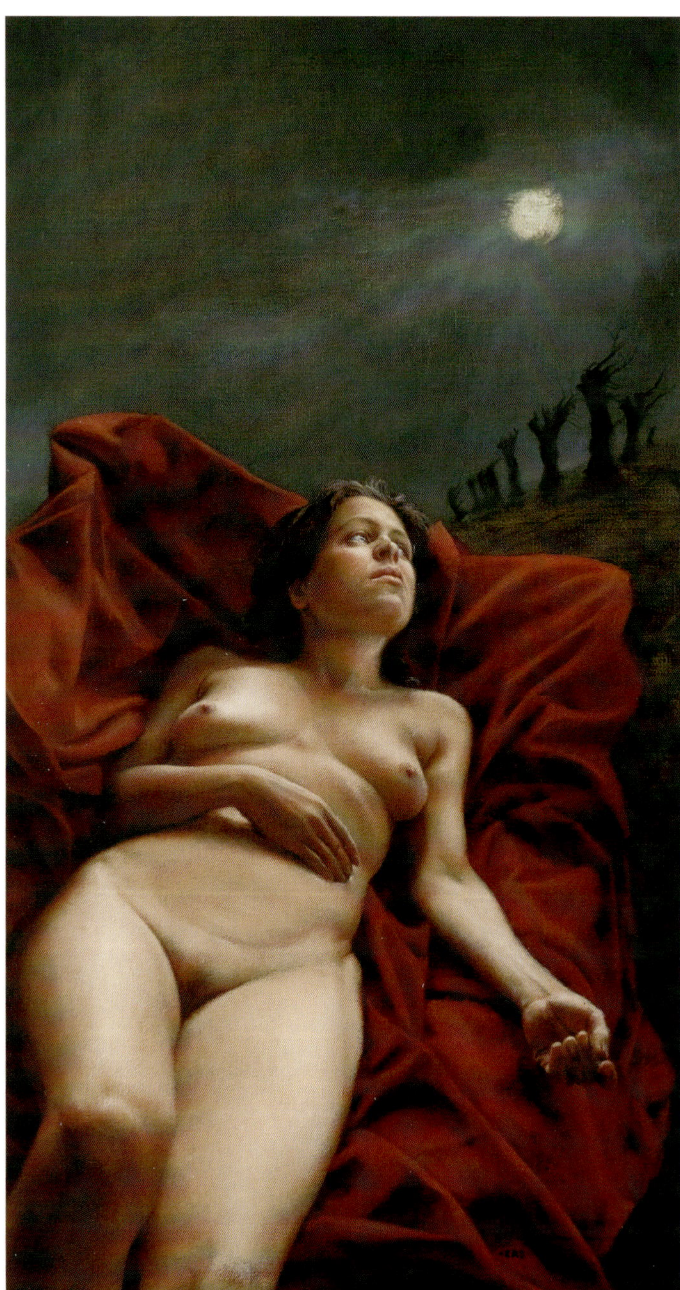

Scarlet · 60 x 32 cm · Oil on canvas

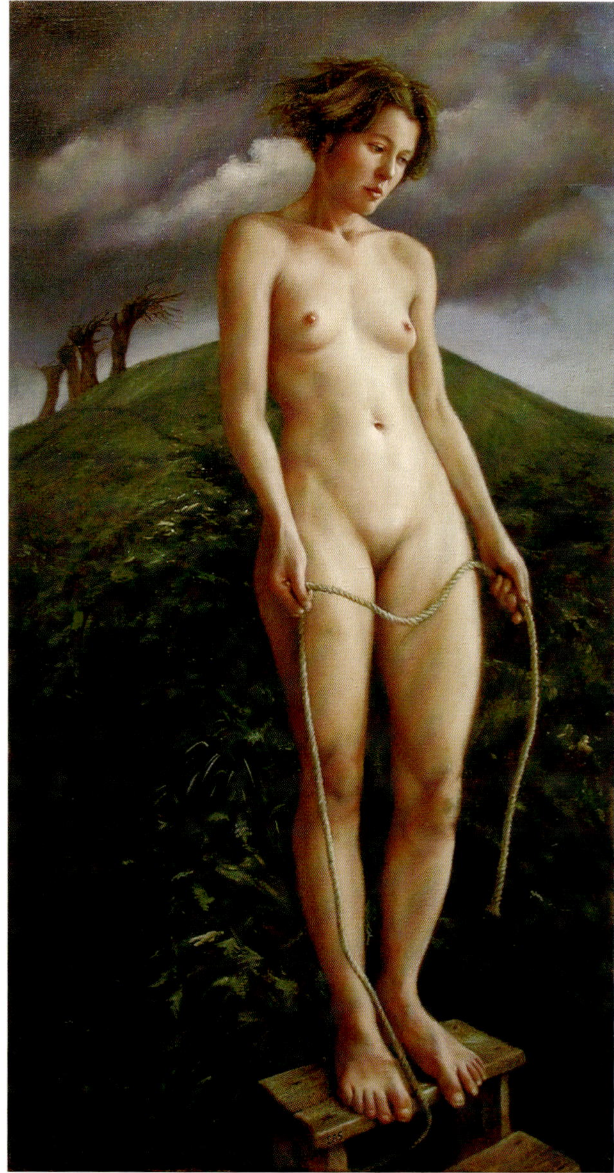

Springtouw · 70 x 36 cm · Oil on canvas

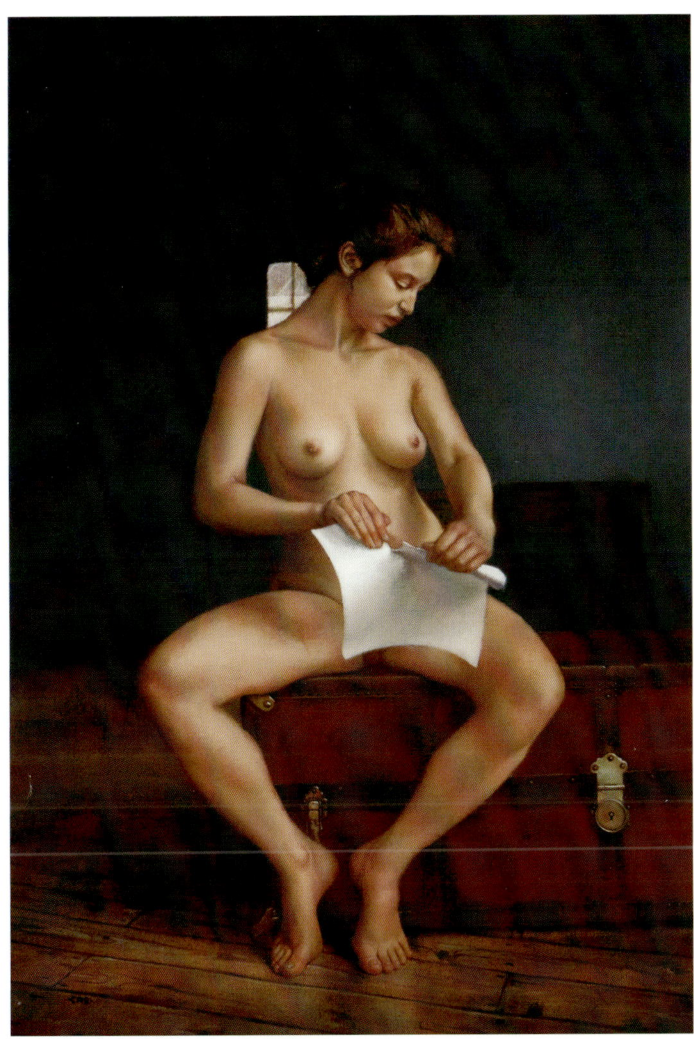
Dear John · 90 x 60 cm · Oil on canvas

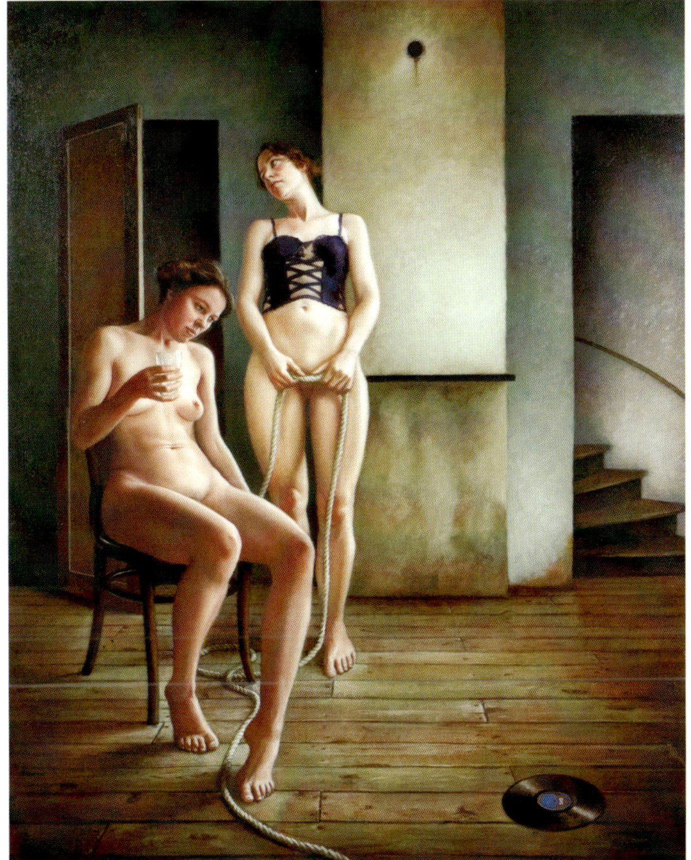
The Birthday · 152 x121 cm · Oil on canvas

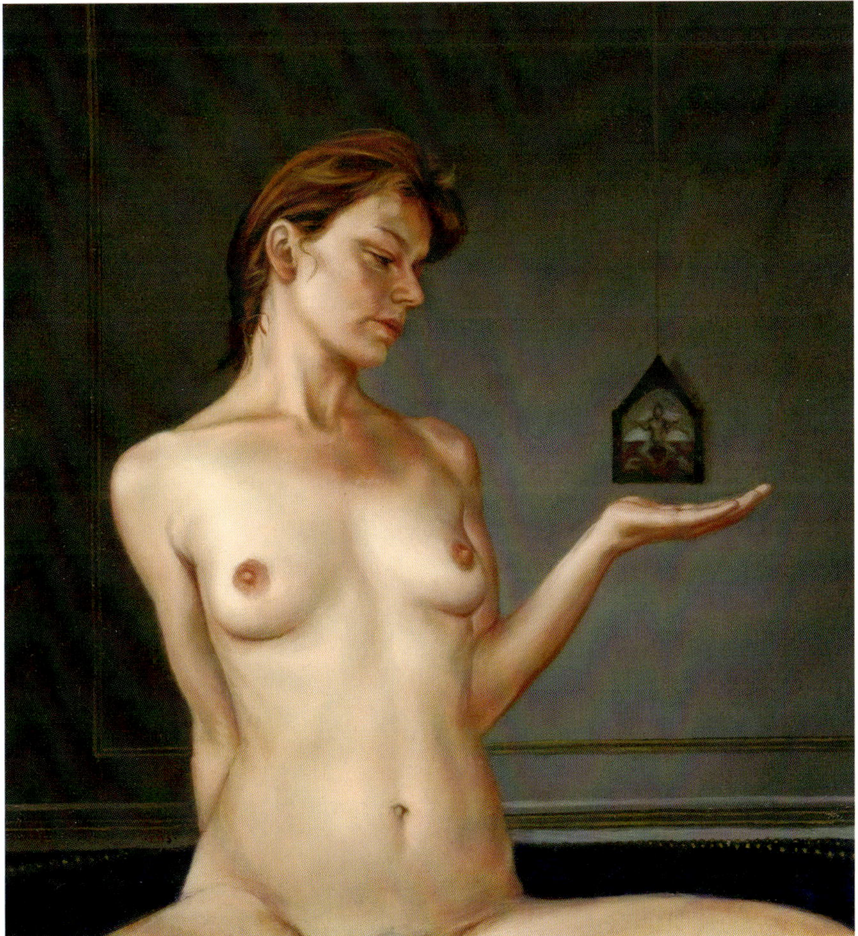
Weem · 19 x 17,6 cm · Oil and tempera on panel

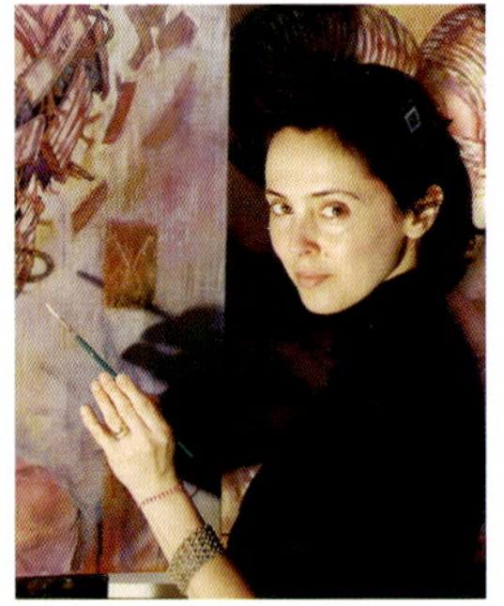

WESSI BENDERLIEVA KARLHOFER

1971 Bulgaria/Austria

I spent my childhood in Sofia, drawing and painting all the time. Art was the only space left for Imagination to grow, the only isle we could spend some time on, alone with ourselves, without fears and restriction. One day I came to Vienna and met another culture of languages and the only thing I took with me was the Babylon Tower. It grew into my head, attending me all the time. All my figures, the Hybrids, the Minotaurus and Masks and Gods gradually moved into the tower. So it became a home to them.

www.wessi.at

J'ai passé mon enfance à Sofia, dessinant et peignant tout le temps. L'art était le seul espace dans lequel l'Imagination pouvait grandir, la seule île où je pouvais passer mon temps, seul avec moi-même, sans peurs ni restrictions. Un jour, je suis allé à Vienne et j'ai rencontré une autre culture et d'autres langues. Tout ce que j'avais pris avec moi, c'était une tour, la Tour de Babylone. Elle a continué de croître dans ma tête, en prenant soin de moi tout le temps. Tous mes personnages: les Hybrides, le Minotaure, les Masques et les Dieux ont déménagé dans la Tour. Ainsi, elle est devenue leur foyer.

www.wessi.at

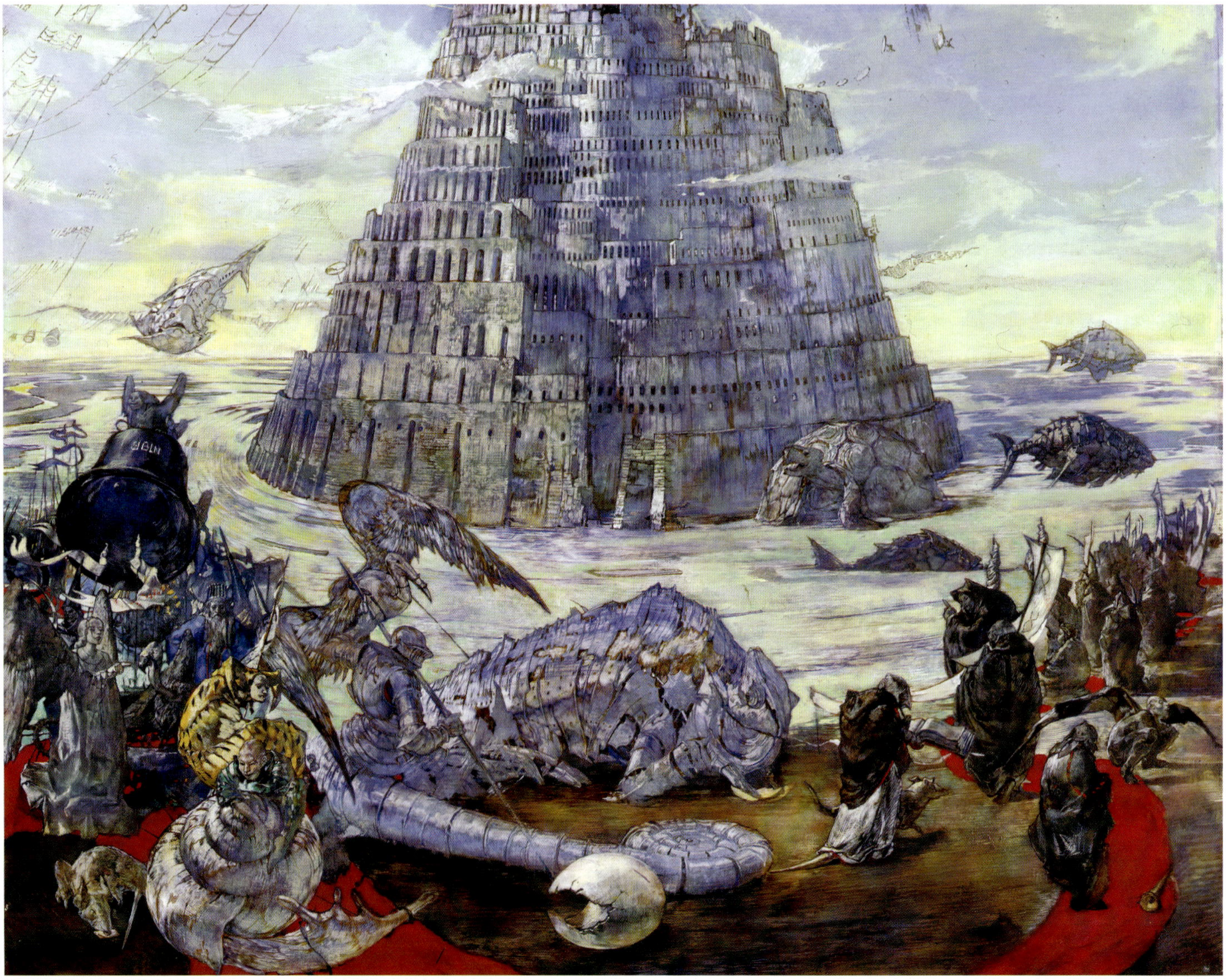

Carneval Tower to Babel · 90 x 110 cm · Tempera and oil on wood

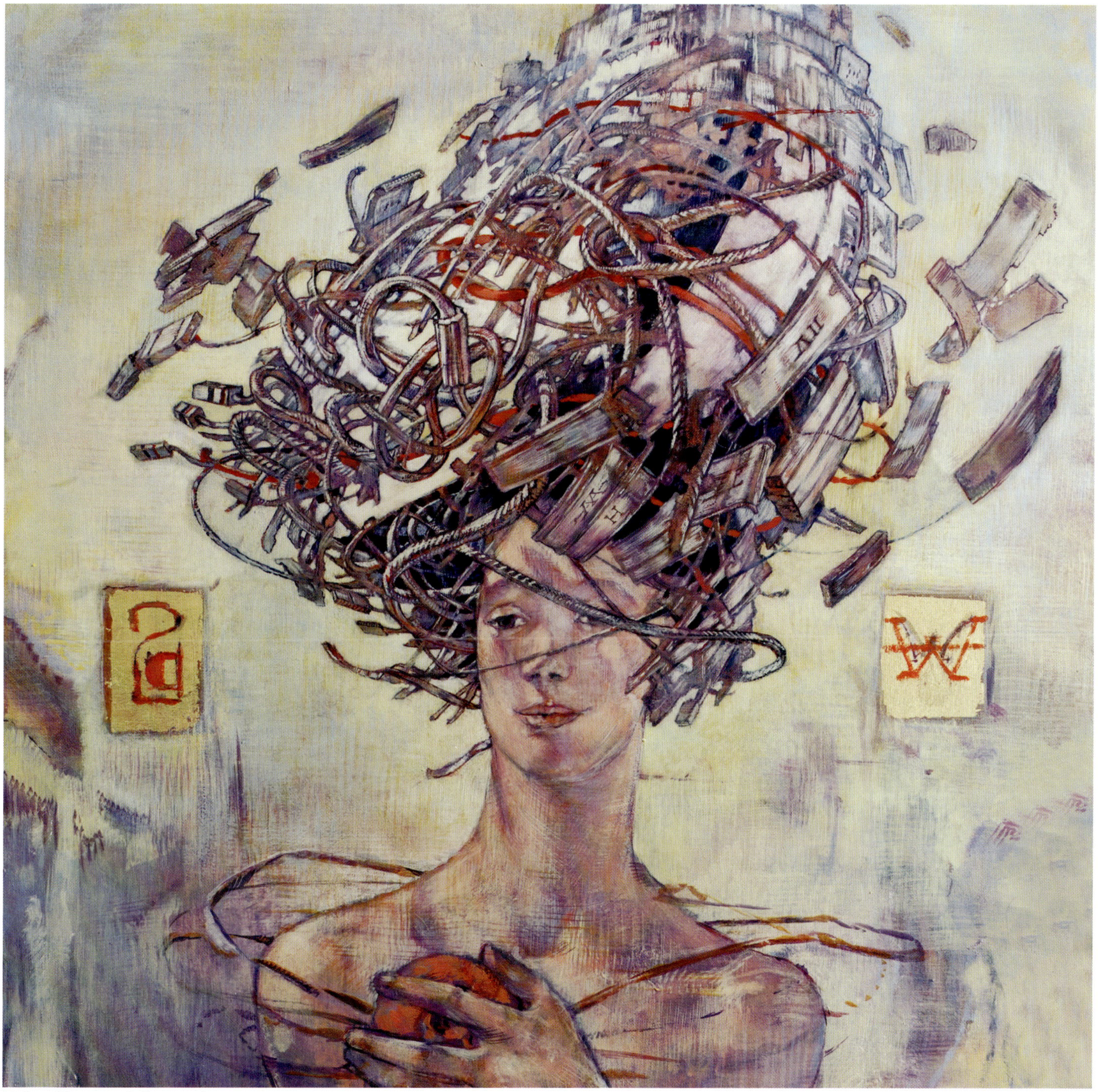

Medusa · Tempera and oil on wood

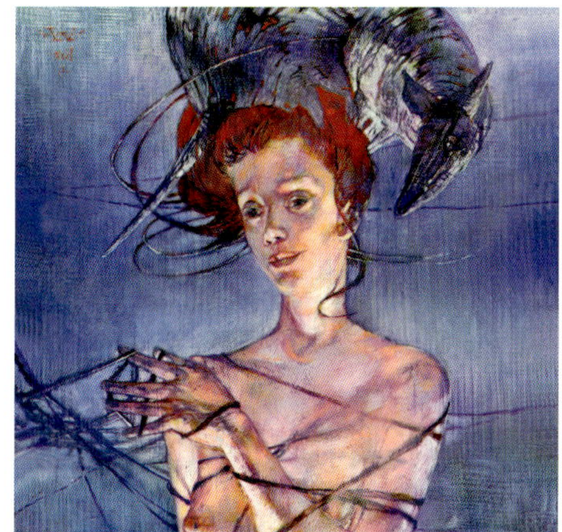
Night Queen · 33 x 30 cm · Tempera and oil on wood

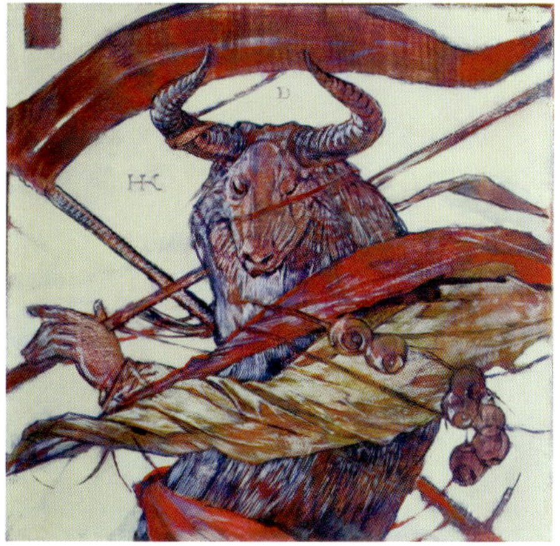
Warden · Tempera and oil on wood

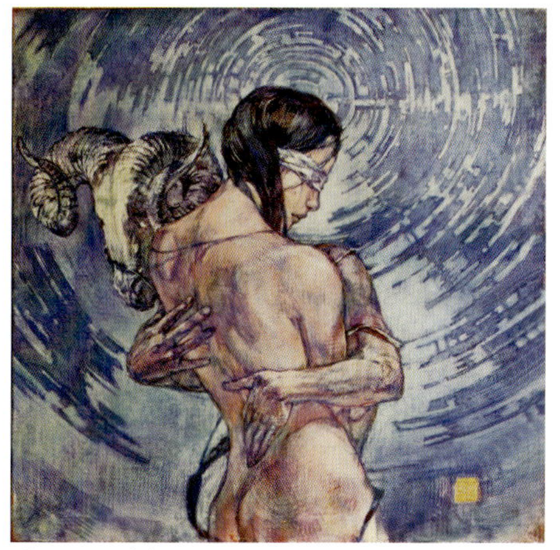
The Dance of the Minotaurus ·
80 x 80 cm · Tempera and oil on wood

MARK WILKINSON

1952 England

Mark Wilkinson has been working as a freelance illustrator for the past thirty years. His work has been used in a wide variety of formats, from book jackets, magazines, record sleeves and posters to postage stamp designs, advertising and film merchandise. The art of the album sleeve and poster design, which flourished during his youth, was the contemporary art that influenced him the most. After working for Marillion in the early eighties and subsequently Fish in his solo years, a career developed and Mark has now worked for bands and performers as diverse as Judas Priest, Bon Jovi, Iron Maiden, Kylie Minogue and Robbie Williams and The Darkness. His pictures were chosen for the 'Best Of British Illustration' exhibition at the Royal College Of Art a few years ago and he has exhibited his work in Germany, Switzerland, Denmark, Norway, Spain, Italy, Scotland and the USA.

www.the-masque.com

Mark Wilkinson a travaillé comme illustrateur free-lance durant les trente dernières années. Son oeuvre a été vu sous une grande variété de formats, des couvertures de livres et de magazines aux pochettes de disque, des posters aux timbres-poste, de la publicité à la promotion cinématographique. L'art qui figurait sur les pochettes des disques et les posters, florissant pendant la jeunesse de Mark, était le genre contemporain qui l'a plus influencé. Après avoir travaillé pour Marillion au début des années quatre-vingts et ensuite pour Fish dans sa période solo, Mark a conquis un prestige qui lui a valu de signer des travaux auprès de groupes musicaux et "performers" aussi divers que Judas Priest, Bon Jovi, Iron Maiden, Kylie Minogue, Robbie Williams et The Darkness. Certains de ses tableaux ont été choisis pour l'exposition "The Best of British Illustration" qui a eu lieu il y a quelques années au Collège Royal d'Art. Il a exposé son oeuvre en Allemagne, en Suisse, au Danemark, en Norvège, en Espagne, en Italie, en Ecosse et aux Etats-Unis.

www.the-masque.com

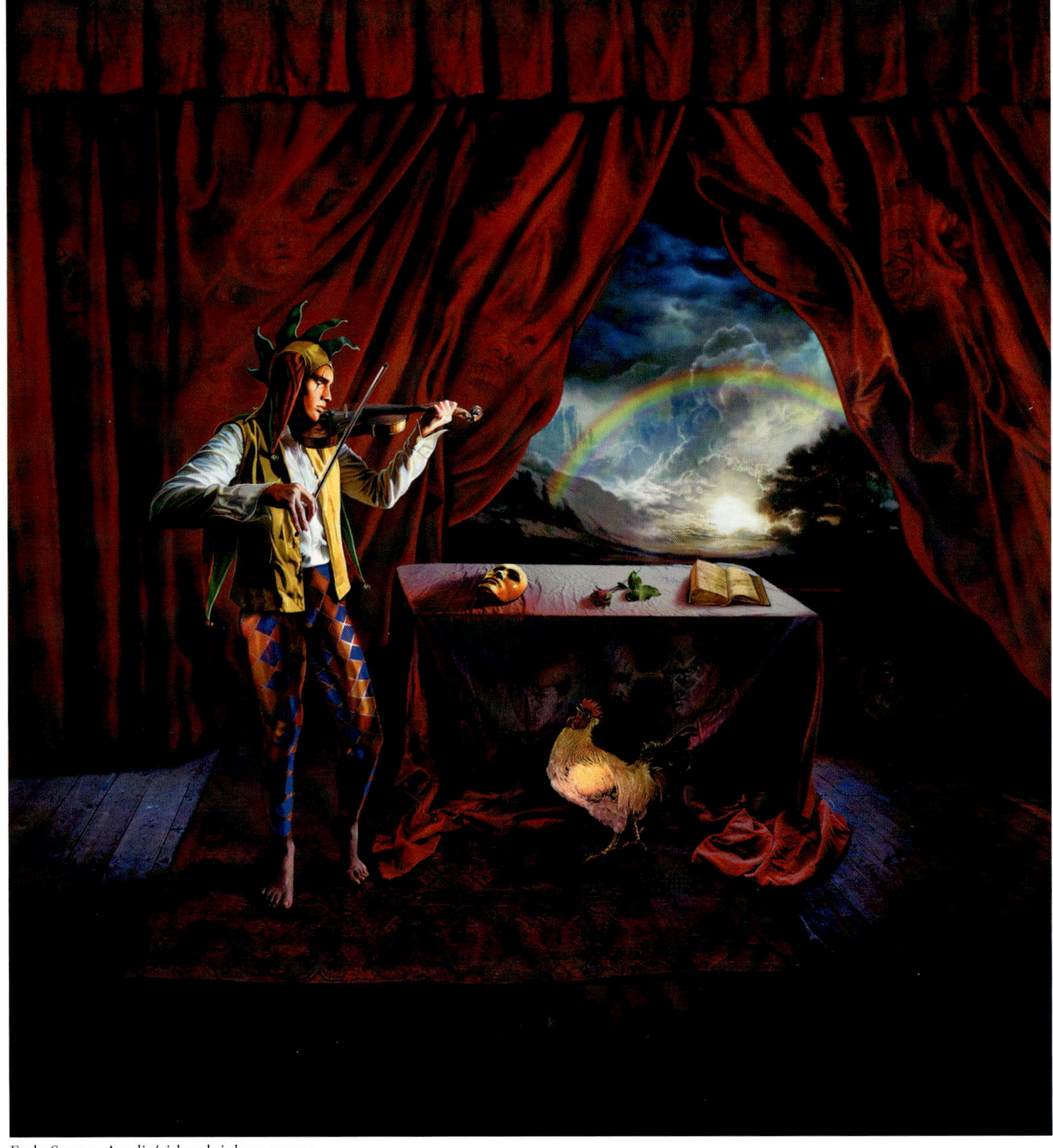

Early Stages · Acrylic/airbrush ink on canvas

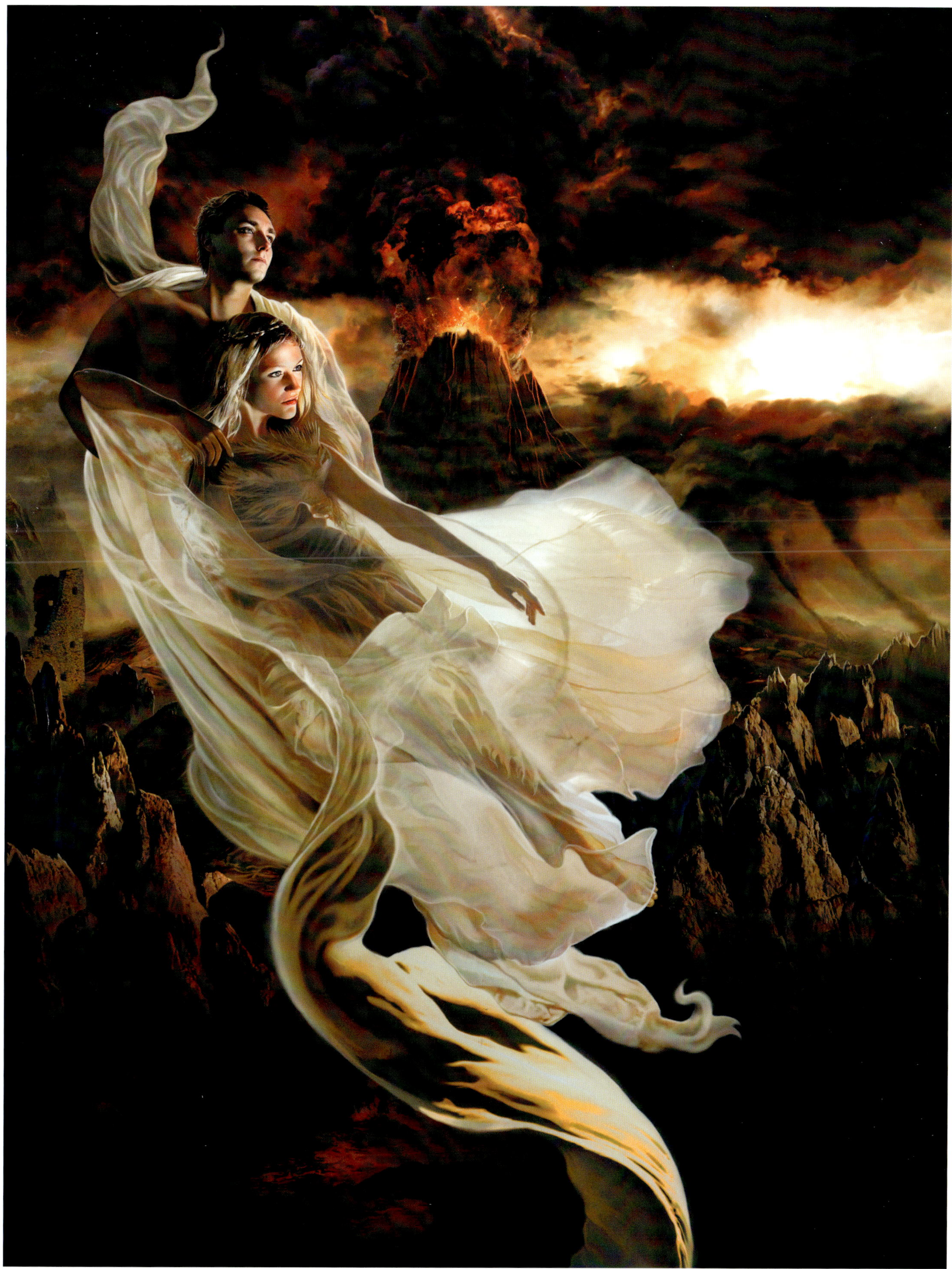

Paolo & Francesca · 60,9 · 45,7 cm · Acrylic/airbrush ink on canvas

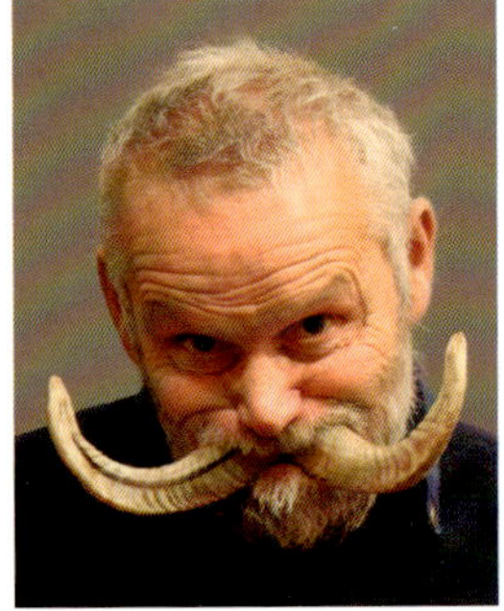

PATRICK WOODROFFE

1940 England

"I feel at home in my own imagery. I live in a world of my own, a planet with portraits and landscapes far too pretty to be called "modern art". My "Text & Images", which come just from my memories and my imagination, are nearly always limited to optimism. Tragic stories and ugly imagery never make me happy, so my website is here for good purposes - to keep in touch with friendly contacts, to meet up with new ones, especially with collaborators and sponsors for my ambitious projects.

www.patrickwoodroffe-world.com

"Je suis à l'aise dans mon monde imaginaire. Je vis dans un monde qui m'appartient, une planète avec des portraits et des paysages beaucoup trop beaux pour qu'on les appelle : « art moderne ». Mes "Textes & Images", qui sortent de mes mémoires et de mon imagination, se limitent presque toujours à l'optimisme. Les histoires tragiques et un monde imaginaire menaçant ne me rendront jamais heureux ; ainsi mon site internet a été créé pour de bonnes raisons – avoir des contacts amicaux, rencontrer de nouveaux gens, particulièrement des collaborateurs et des sponsors pour soutenir mes ambitieux projets".

www.patrickwoodroffe-world.com

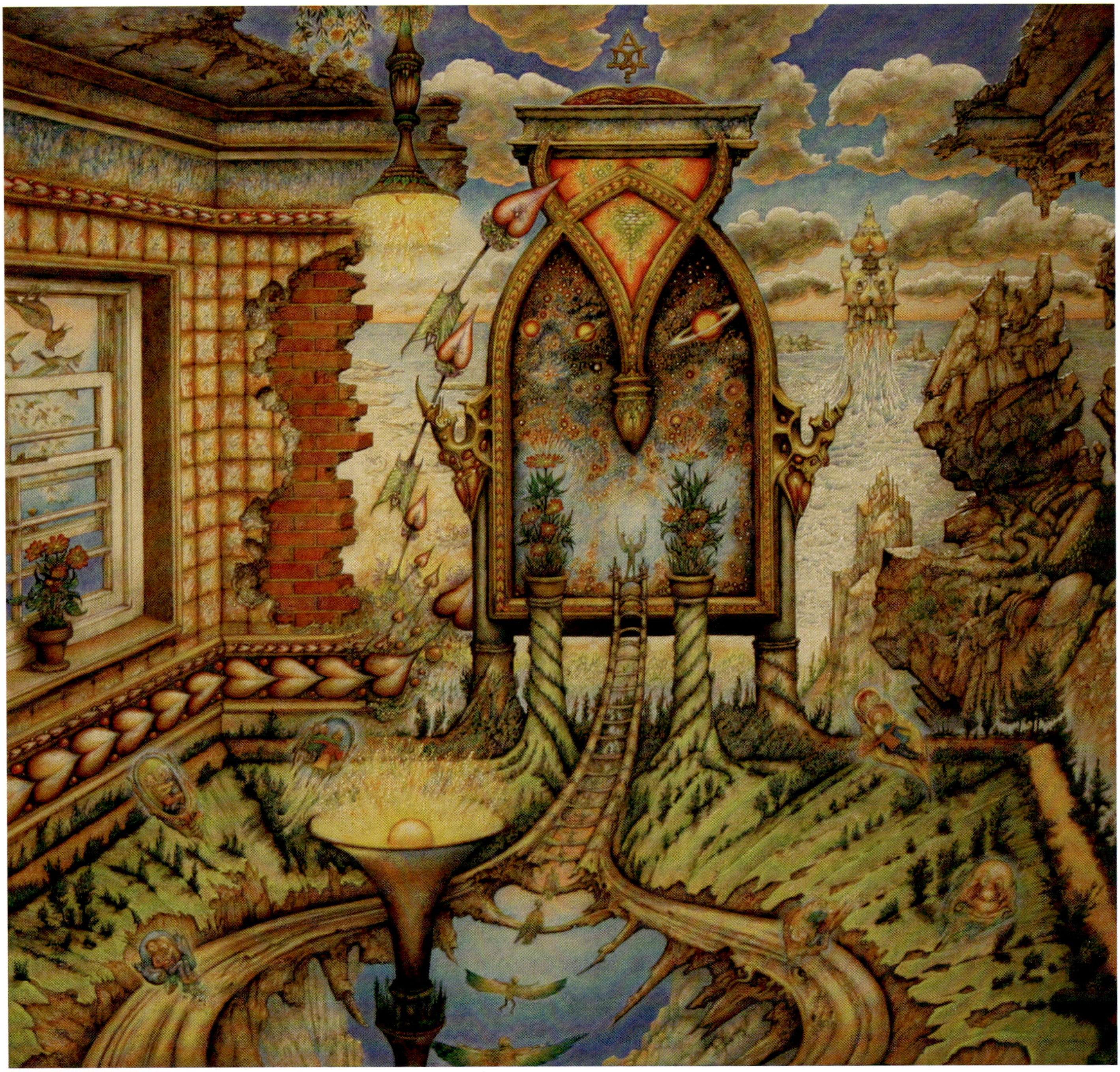

Jacob's Ladder · 34,2 x 32,9 cm · Oil on cardboard

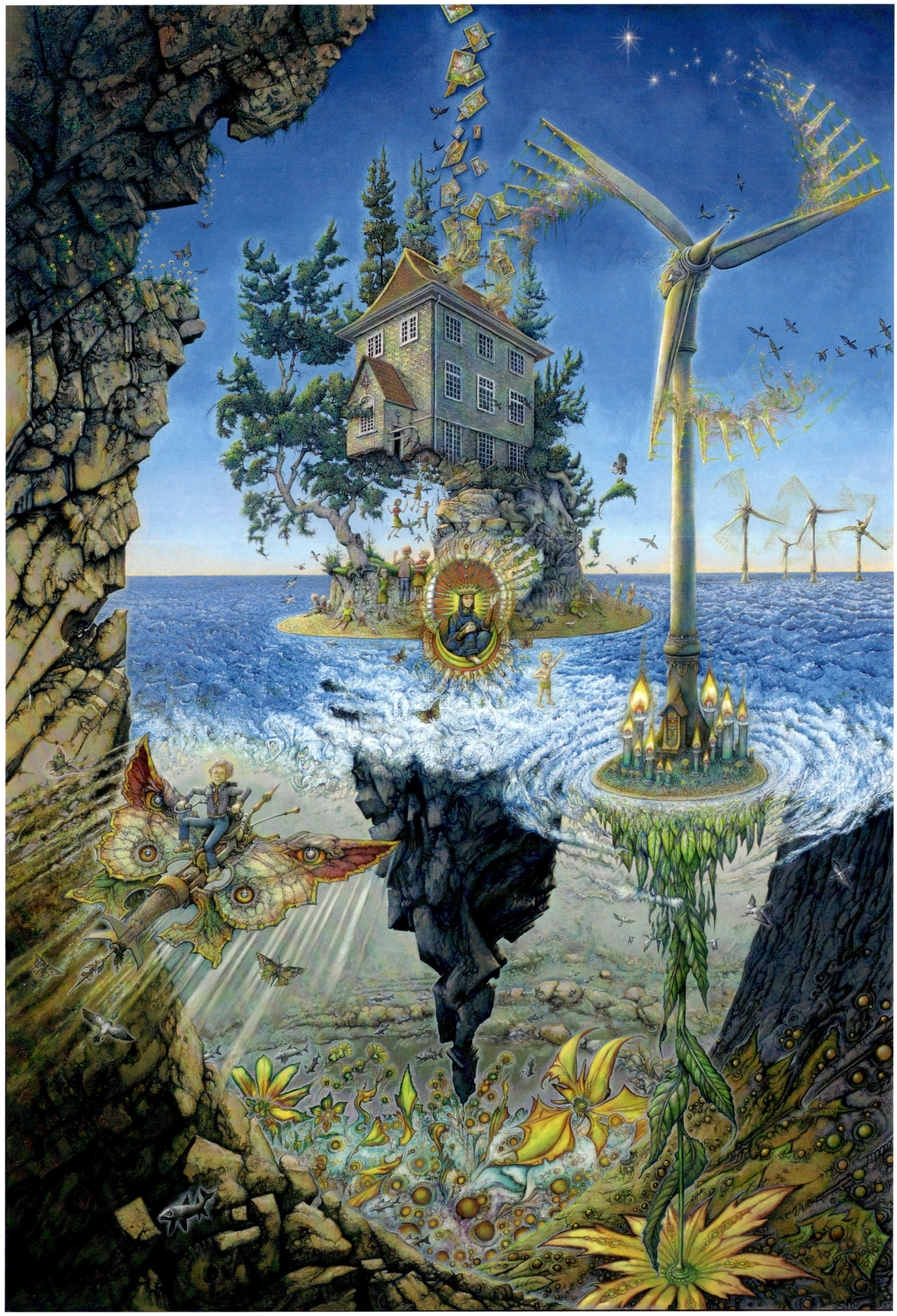

Our DEN with a MARK · 76.5 x 111 cm · Oil on hardboard

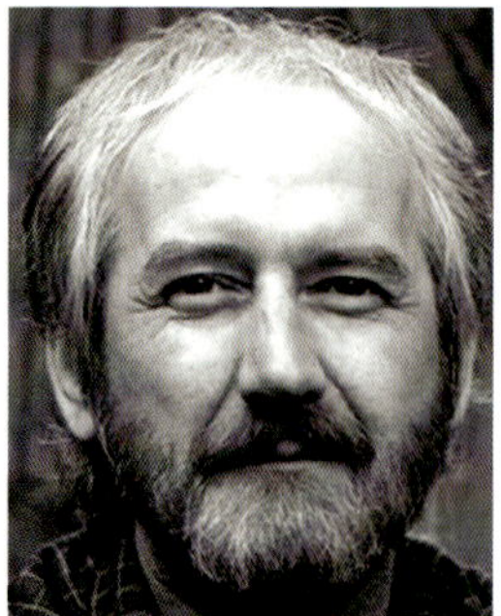

SIEGFRIED ZADEMACK

1952 Germany

The semantic sources of this art are both past and present. The quotation from art history stands alongside the Coca-Cola bottle. His true teachers were the masters of the early and late Italian Renaissance up to the Mannerists. The syntax of his work is completely determined by that of the classical masters. What is astonishing is that in adopting it for his own pictorial inventions, he employs such perfect technique - though this is indispensable, in view of his subjects. His figural inventions are clearly sculptured, but his iconology testifies to considerable knowledge of art history and politics. In some of his pictorial quotes, we detect the difference from the Surrealist approach: it is the historical angle, which was not yet possible - and this is the present-day aspect - in mannerist periods. Descartes had seen this without making an issue of it: mundus est fabula, the world is a grand fable, a never-ending story in which we are forever entangled.

www.zademack.com

Les sources sémantiques de cet art sont également le passé et le présent. Des citations de l'histoire de l'art côtoient la bouteille de Coca-Cola. Ses vrais professeurs sont les maîtres de la première Renaissance et de la Renaissance tardive italienne jusqu'aux Maniéristes. La syntaxe de son œuvre est complètement déterminée par celle des maîtres classiques. Ce qui étonne c'est que, en l'adoptant pour ses propres inventions imagées, il utilise une technique si parfaite - bien que cela soit indispensable, pour atteindre ses objectifs. Ses inventions figuratives sont clairement sculptées, mais son iconologie implique une connaissance considérable de l'histoire de l'art et de la politique. Dans certaines de ses citations imagées, on peut voir la différence par rapport à l'approche surréaliste : c'est l'angle historique, qui n'était pas encore possible - et ceci est l'aspect moderne - dans les périodes de maniérisme. Descartes l'avait vu sans en faire un problème : mundus est fabula, le monde est une grande fable, une histoire interminable dans laquelle nous sommes enchevêtrés pour toujours.

www.zademack.com

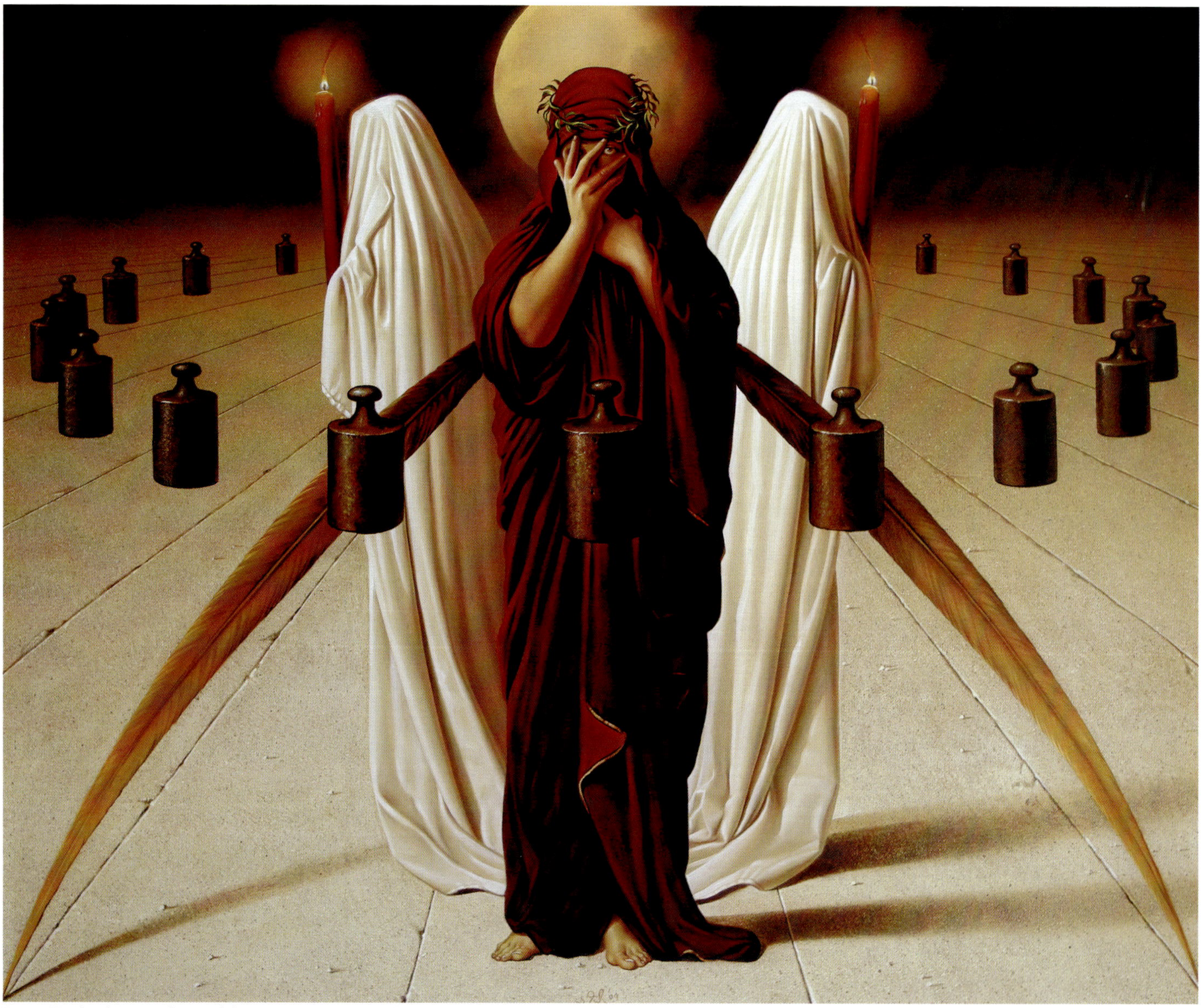

Dante, Virgil and Beatrice lose one's bearings · 65 x 80 cm · Oil on canvas

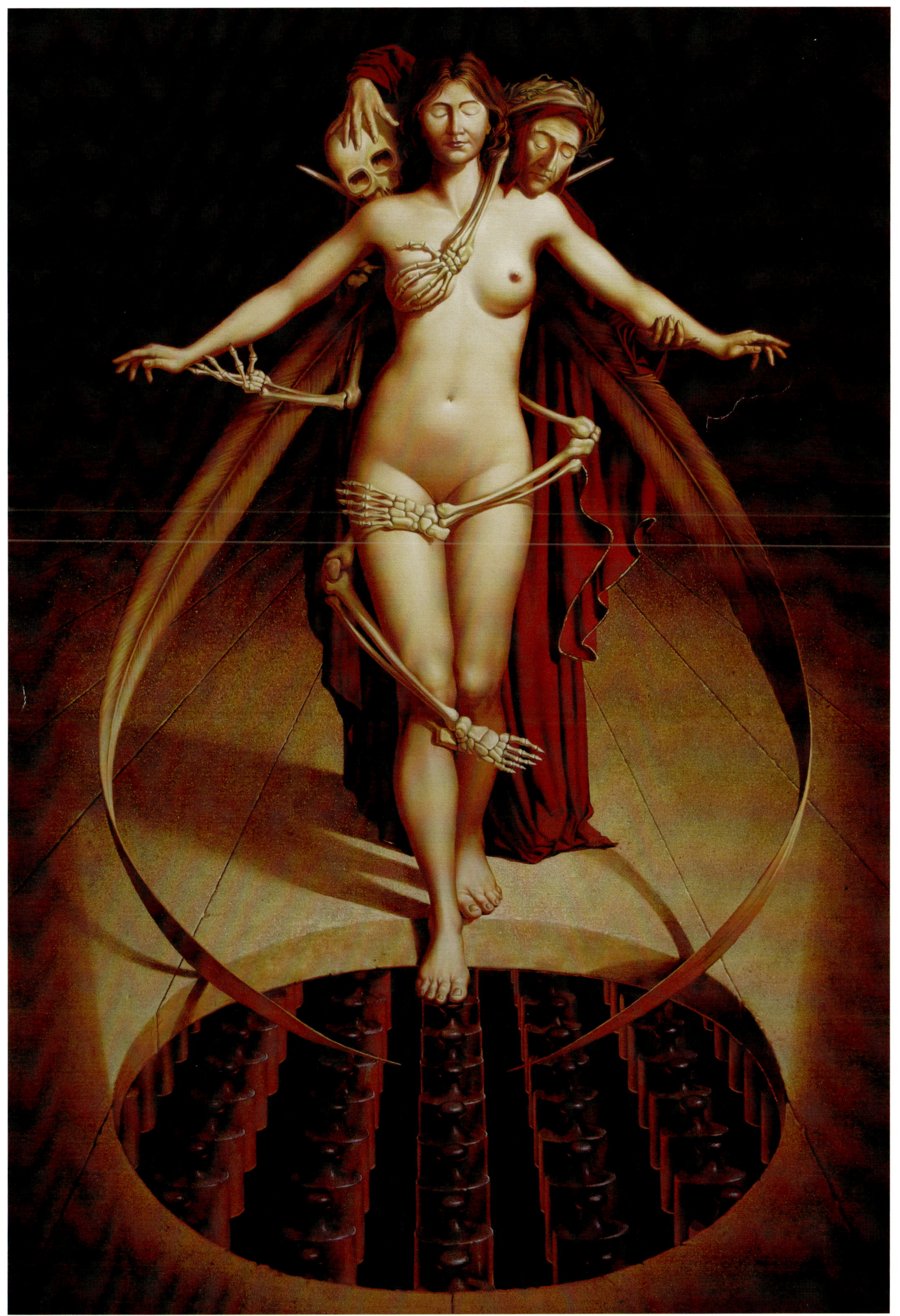

Dante and Beatrice with one food in hell · 110 x 75 cm · Oil on canvas

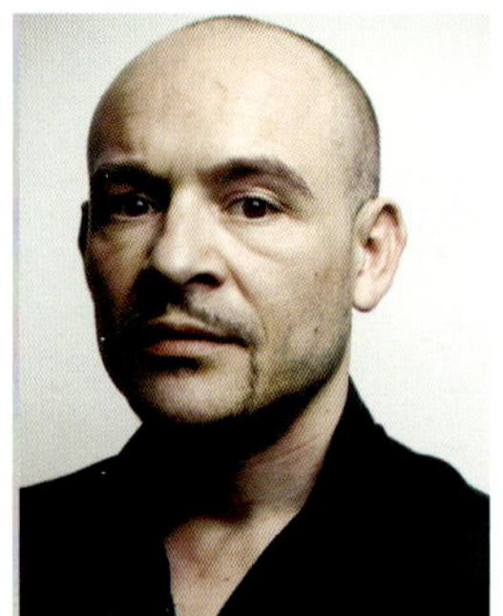

OLIVIER ZAPPELLI

1966 Switzerland

Zappelli's canvases are striking ; as the intensity of their colors and figures subsides, compositional and thematic complexity begins to emerge. He arranges figures painted in clashing colors and styles, and creates impressions of three-dimentional space that are bent and broken the moment they are established. His works momentarily let us admire their boldness and wonder. Detached contemplation is short-lived, however: Zappelli's works invite us to explore the interactions between their disparate elements and the infinite meanings located therein. Zappelli explains that his works dramatize a duality between the spiritual and the sensual, the heavenly and the earthly, the hopeful and the cynical. This universally relevant dialectic is broadly articulated between each of Zappelli's canvases, and simultaneously played out within every detail of each work.
www.zappelli.ch

Les toiles d'Olivier Zappelli sont frappantes. Lorsque l'intensité de leurs couleurs et de leurs figures s'estompent, la complexité de la thématique et de la composition commence à émerger. Zappelli dispose ses figures dans des styles et des couleurs discordantes, et crée des impressions d'espaces tri-dimentionnels tordus et brisés au moment même où ils s'établissent. Immédiatement, ses œuvres nous laissent admiratifs par leur audace et leur merveilleux. Cependant, la contemplation détachée est de courte durée: les tableaux de Zappelli nous invitent à explorer les interactions entre leurs éléments disparates et les significations infinies qu'ils recèlent. Zappelli explique que ses tableaux dramatisent une dualité entre le spirituel et le sensuel, entre le céleste et le terrestre, entre l'espoir et le cynisme. Cette pertinente dialectique universelle s'exprime simultanément dans chaque détail de chaque peinture.
www.zappelli.ch

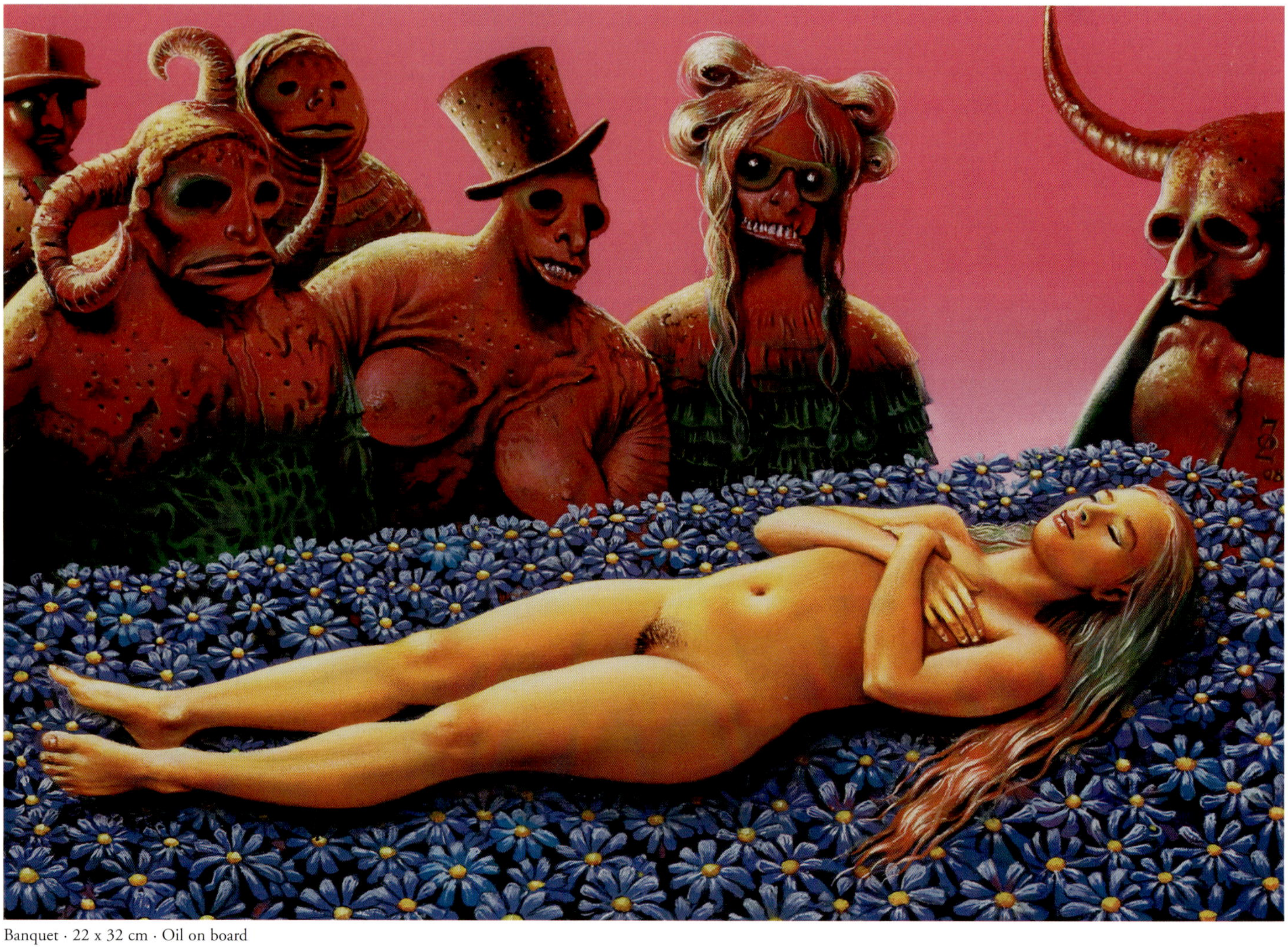

Banquet · 22 x 32 cm · Oil on board

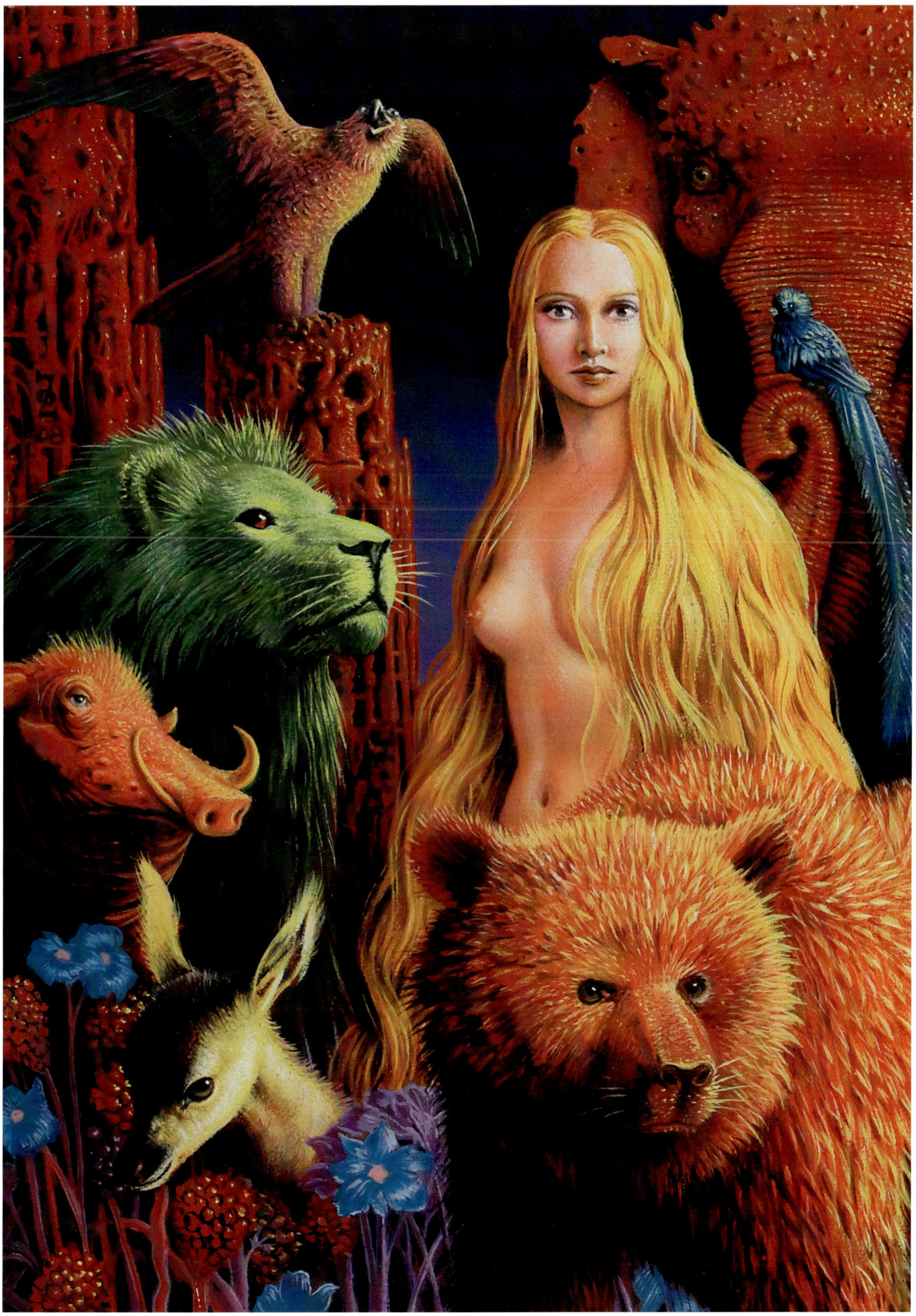

Diana · 22 x 32 cm · Oil on board

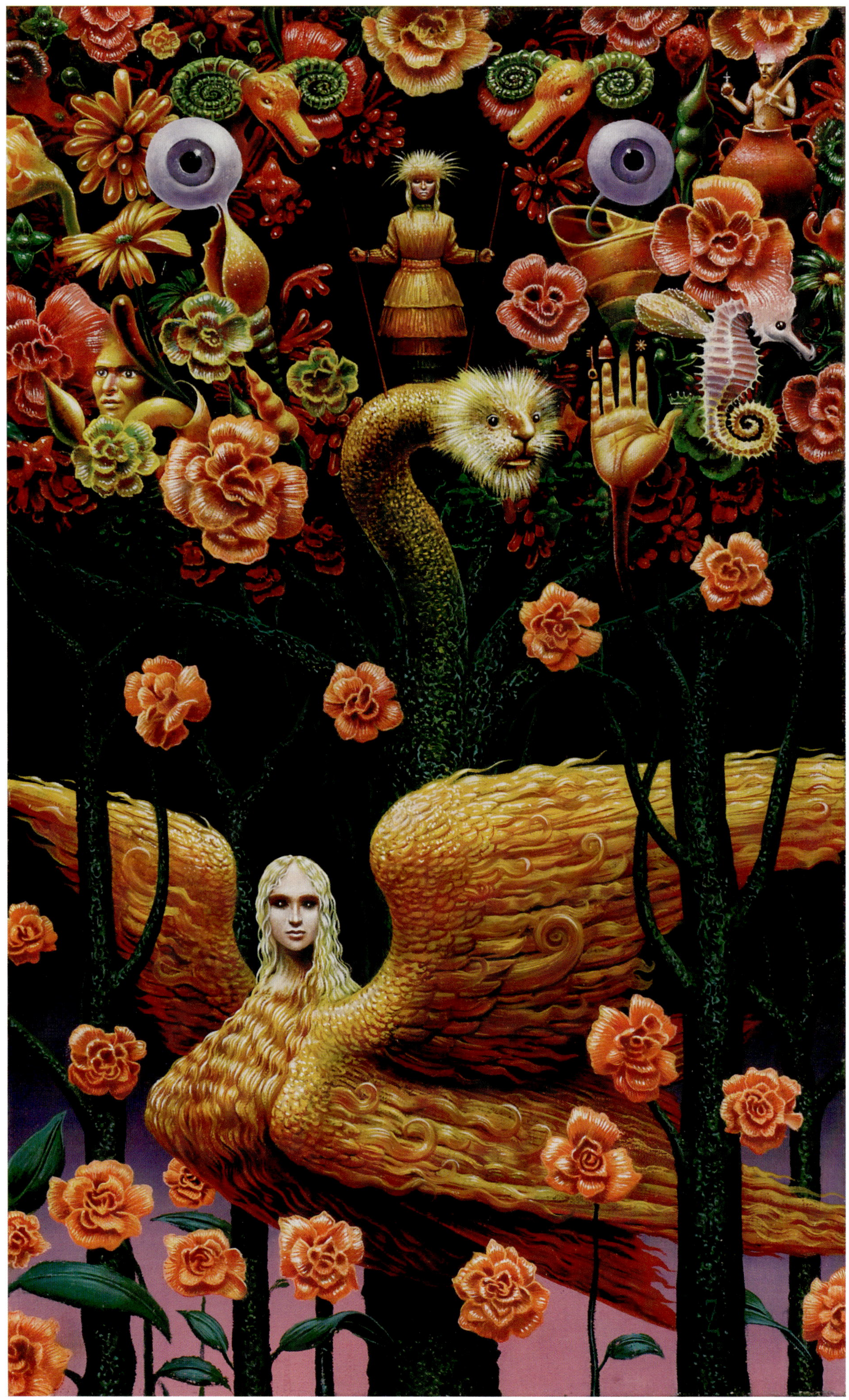

The guardian of the tree of life · 43 x 62 cm · Oil on board

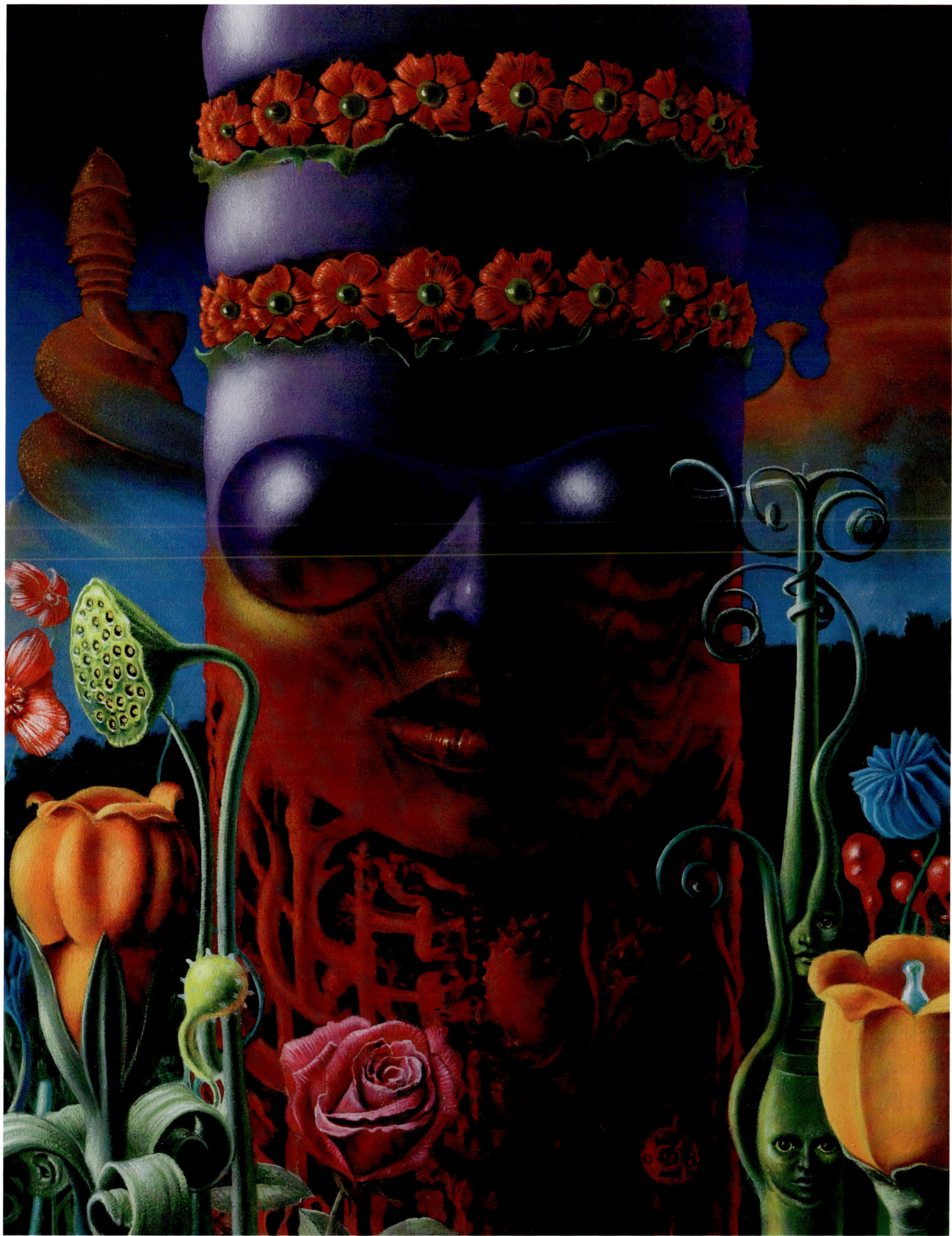

Floral totem · 40 x 60 cm · Oil on board

INDEX · TABLE DES MATIÉRES

IMAGINAIRE II

"Dreamscape 4"
Magic Realism 2010

First published in Denmark 2009

First edition

IMAGINAIRE II.
2010, with reg.
ISBN: 978-87-992147-4-7
EAN: 9788799214747

Introduction by Claus Brusen
Foreword text by Gil Bruvel

Special thanks to Gil & Marianne Bruvel

French translation and corrections by Fabienne Gapany Vellozo
English corrections by Monica Fagan
The artists' texts have only been corrected for spelling and punctuation errors
Set in Garamond Premier Pro
Design and Layout by Tegner Bruno, Dreamhouse, Aalborg, Denmark
Prepress and Printing by Prinfoaalborg, Denmark

Cover: Gil Bruvel, Time Transfer. oil on canvas
Backside: A mix of whats inside

Published and distributed in Europe by
FANTASMUS-ART

Distributed in North America by SCB-Distributors

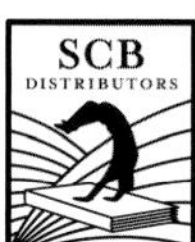

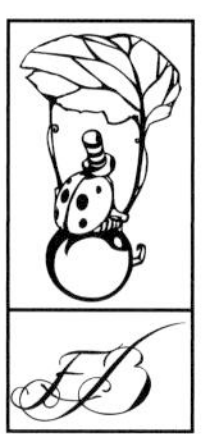

www.fantasmus-art.com

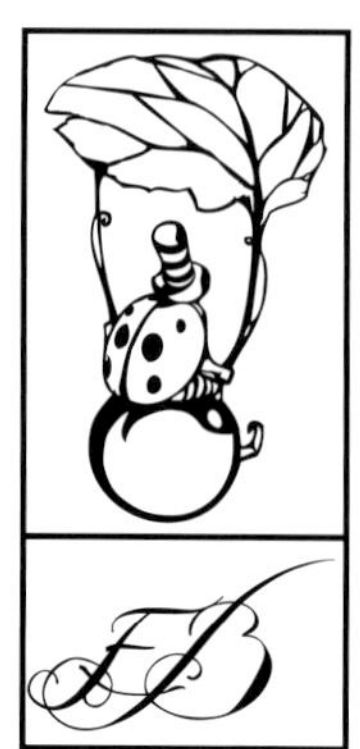

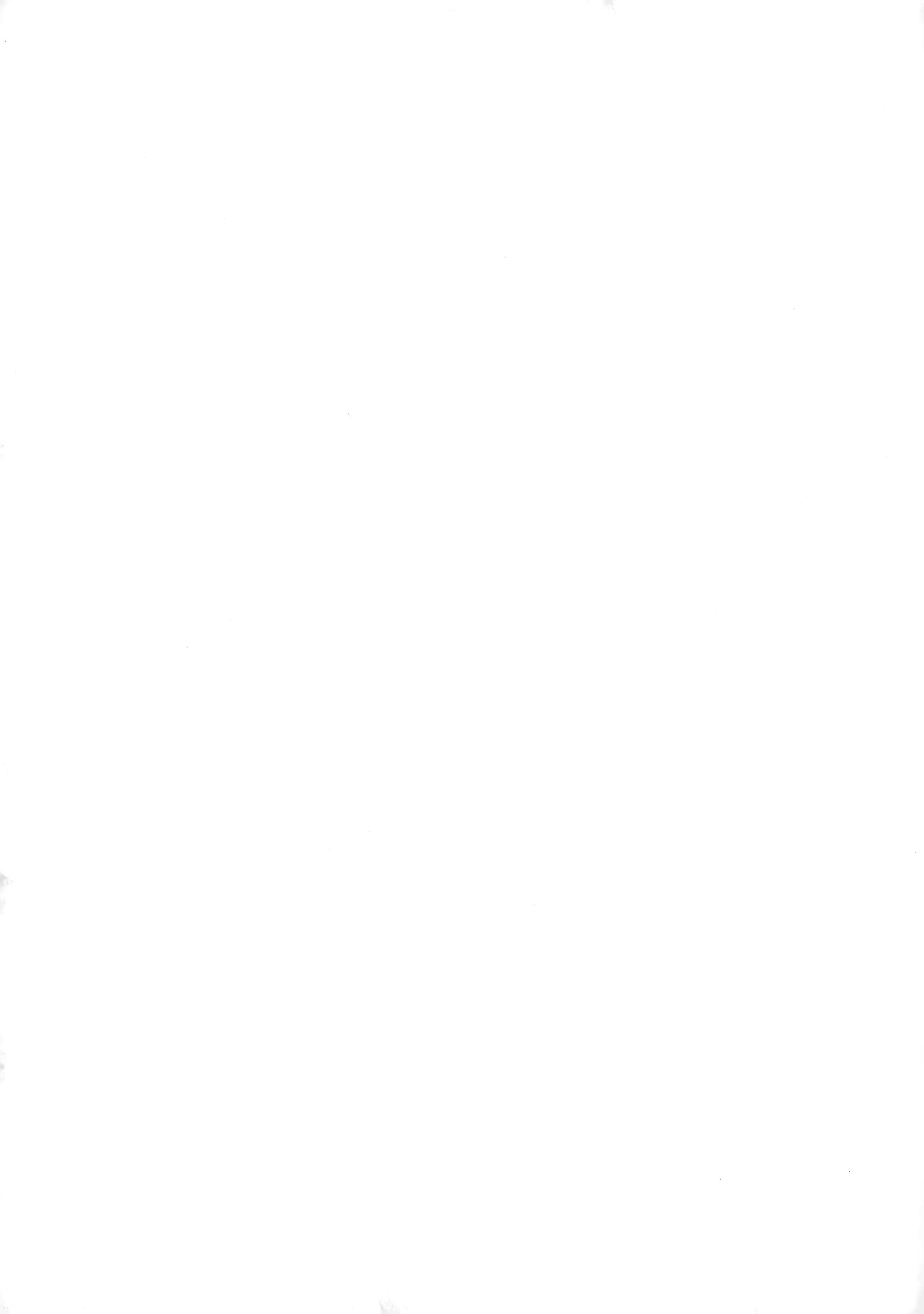

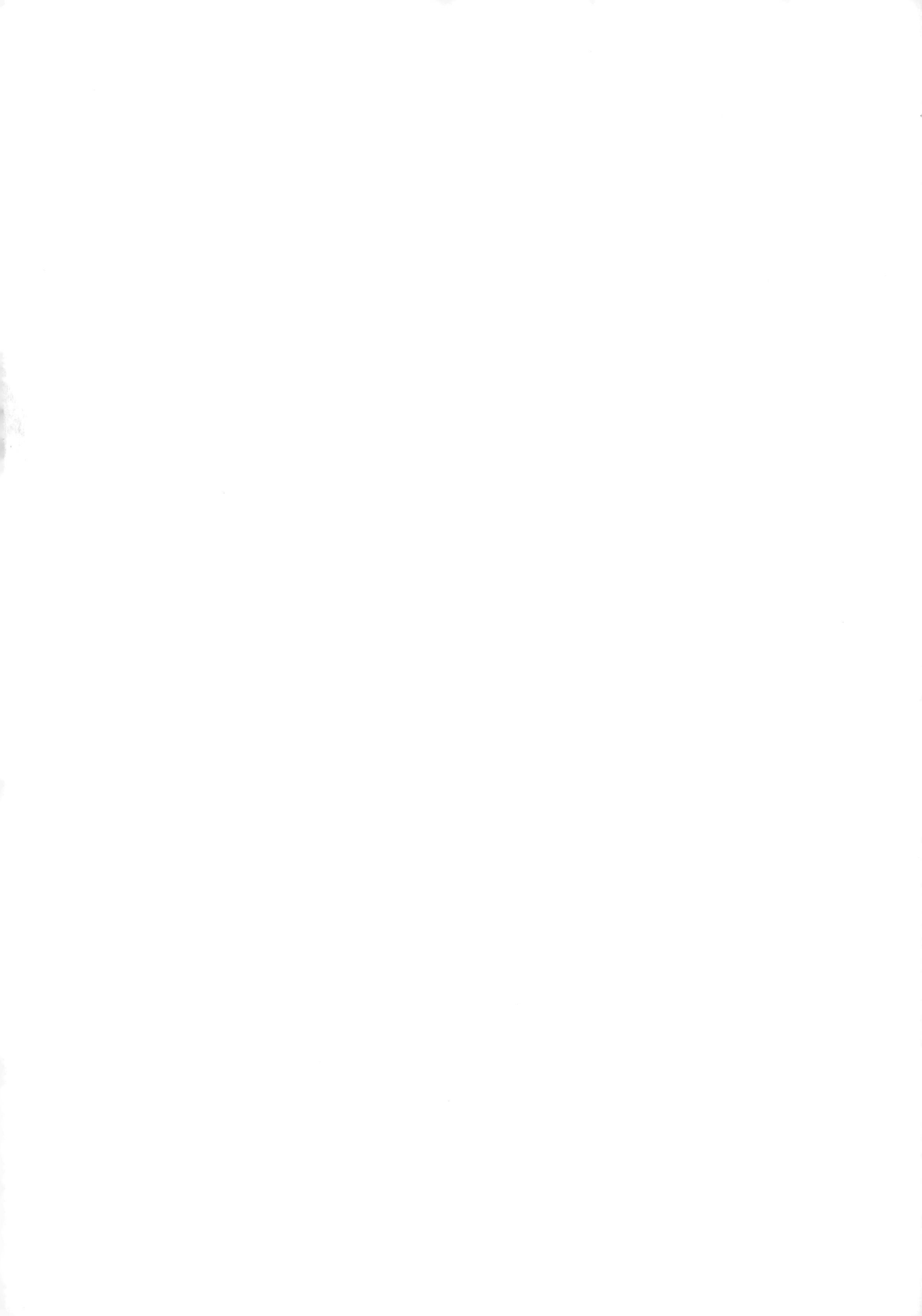